Entsendung und Entsendungsvertrag

Europäische Hochschulschriften

European University Studies

Publications Universitaires Européennes

Reihe II **Rechtswissenschaft**

Series II Law

Série II Droit

Band/ Volume **5995**

Nadine Hoffmann

Entsendung und Entsendungsvertrag

Eine Analyse aus Sicht des Arbeits-, Steuer- und Sozialversicherungsrechts mit Herausarbeitung einzelner Schnittstellen und dem Nachweisgesetz als gesetzlichem Anknüpfungspunkt

PETER LANG

Bibliografische Information der Deutschen Nationalbibliothek
Die Deutsche Nationalbibliothek verzeichnet diese Publikation in der Deutschen Nationalbibliografie; detaillierte bibliografische Daten sind im Internet über http://dnb.d-nb.de abrufbar.

Zugl.: Bielefeld, Univ., Diss., 2017

D 361
ISSN 0531-7312
ISBN 978-3-631-74612-7 (Print)
E-ISBN 978-3-631-74941-8 (E-PDF)
E-ISBN 978-3-631-74942-5 (EPUB)
E-ISBN 978-3-631-74943-2 (MOBI)
DOI 10.3726/b13524

Diese Publikation wurde begutachtet.

www.peterlang.com

Vorwort

Die vorliegende Arbeit wurde von der Fakultät für Rechtswissenschaft der Universität Bielefeld als Dissertation angenommen. Die Literatur und Rechtsprechung konnten bis einschließlich Juni 2017 berücksichtigt werden.

Bei der Entstehung dieser Arbeit haben mich einige Menschen begleitet, denen ich an dieser Stelle danken möchte.

Für die mir entgegengebrachte Unterstützung, die wertvollen Anregungen, die stets konstruktive Kritik, die Ermutigung und Motivation möchte ich mich herzlichst bei Herrn Prof. Dr. Oliver Ricken bedanken. Er nahm sich stets Zeit und stand mir mit Rat und Tat zur Seite.

Ich bedanke mich auch bei Frau Prof. Dr. Kamanabrou für die zügige Erstellung des Zweitgutachtens.

Mein Mann Dr. Volker Hoffmann hat es mir ermöglicht, dieses Ziel zu verwirklichen und mich in jeder Lebenslage liebevoll unterstützt. Durch seinen Rückhalt konnte ich mich während der letzten Jahre neben der Betreuung unserer beiden Kinder Jonas und Josefina wesentlich auf das Erstellen der Dissertation konzentrieren.

Besonderer Dank gebührt meinen Eltern Bernd und Sabine Priebe, meiner Schwester Svenja Priebe und meinem Großvater Werner Klos, die mich von Beginn meines Studiums an vorbehaltlos unterstützt und gefördert haben. Sie haben immer an meinen Erfolg geglaubt.

Diese Arbeit ist ihnen gewidmet.

Berlin, den 23.11.2017 Nadine Hoffmann

Inhaltsverzeichnis

Einleitung 15

Erster Teil: Die Grundlagen 19

A. Definition des Begriffs „Entsendung“ 19

I. Definition der Entsendung im Arbeitsrecht 19

II. Definition der Entsendung im Sozialversicherungsrecht 25

1. Definition nach deutschem Recht 25

a) Rechtsprechung des Bundessozialgerichts 25

b) Literatur 27

c) Stellungnahme 27

d) Begriff nach der Verwaltungspraxis der Spitzenverbände bundesdeutscher Krankenkassen 29

2. Definition nach Unionsrecht 30

III. Definition der Entsendung im Steuerrecht 35

IV. Zusammenfassung, Vergleich der Definitionen und Möglichkeit der Übertragung 37

1. Zusammenfassung 37

2. Vergleich mit Herausarbeitung der Unterschiede und Gemeinsamkeiten 38

3. Übertragung des sozial- und steuerrechtlichen Entsendungsbegriffs auf das Arbeitsrecht 40

V. Zusammenfassende Bewertung 42

B. Entsendung ohne zusätzlichen Vertrag nur aufgrund des Direktionsrechts 43

I. Direktionsrecht des Arbeitgebers aus § 106 GewO 43

II. Erweiterung des Direktionsrechts durch „Auslandsentsendungsklausel“ 48

1. AGB-Kontrolle nach §§ 305 ff. BGB, insb. Inhaltskontrolle nach § 307 Abs. 1 S. 1 BGB 50

2. Ausübungskontrolle 55

III. Zusammenfassende Bewertung 56

C. Entsendung durch zusätzlichen Vertrag: Die gängigen Vertragsmodelle 57
I. Überblick 57
II. Vertragstyp 1: Der Entsendungsvertrag – deutscher Arbeitsvertrag bleibt unverändert und Abschluss eines zusätzlichen Entsendungsvertrages 58
III. Vertragstyp 2: Der Lokalvertrag – deutscher Arbeitsvertrag wird durch Zusatzvereinbarung ruhend gestellt und Abschluss eines neuen Arbeitsvertrages mit dem ausländischen Unternehmen 64
IV. Vertragstyp 3: Das Split-Contract-Modell (geteiltes Arbeitsverhältnis) – getrennte Arbeitsverträge mit in- und ausländischer Konzerngesellschaft 66
V. Zusammenfassender Vergleich der Vertragsmodelle 71
D. Arbeitnehmerüberlassung und Entsendung: Die Abgrenzung und Analyse der Unterschiede und Gemeinsamkeiten von Entsendungs- und Leiharbeitsvertrag 73
I. Grundsätze des Arbeitnehmerüberlassungsgesetzes (AÜG) und Besonderheiten der grenzüberschreitenden Arbeitnehmerüberlassung 74
1. Gegenständlicher Anwendungsbereich: „im Rahmen wirtschaftlicher Tätigkeit“ ersetzt das frühere „gewerbsmäßig“ 75
2. Vorübergehende Überlassung 77
3. Grenzüberschreitende Arbeitnehmerüberlassung 81
II. Abgrenzung der Arbeitnehmerüberlassung zu anderen Formen des drittbezogenen Personaleinsatzes, wie der Entsendung in Form des Entsendungsvertrages, anhand des Merkmals „Überlassen zur Arbeitsleistung“ aus § 1 Abs. 1 AÜG 82
III. Die Einbettung des Leiharbeitsvertrages in das Gesamtgefüge der Arbeitnehmerüberlassung 84
IV. Die Analyse von Gemeinsamkeiten und Unterschieden von Leiharbeitsvertrag und Entsendungsvertrag 87
V. Zusammenfassung 88
E. Die Bedeutung des NachwG als normative Grundlage für die Gestaltung eines Entsendungsvertrages 89
I. Das NachwG als Formvorschrift 90

II. Der Aufbau des NachwG und seine Bedeutung für Auslandsentsendungen 92
III. Zusammenfassendes Ergebnis 95

F. Bei dem Abschluss eines Entsendungsvertrages anwendbares Arbeits-, Steuer- und Sozialversicherungsrecht und Möglichkeiten sowie Grenzen einer Rechtswahl 95
I. Arbeitsrecht 96
1. Arbeitsrecht, das bei der Gestaltung eines Entsendungsvertrages Anwendung findet, Art. 8 Abs. 2–4 ROM I-VO 98
2. Möglichkeit und Grenzen einer Rechtswahl der Parteien nach Art. 8 Abs. 1 i. V. m. Art. 3 ROM I-VO 100
a) Einschränkung des Grundsatzes der freien Rechtswahl durch den in Art. 8 Abs. 1 S. 2 ROM I-VO angeordneten Günstigervergleich 102
b) Einschränkung der freien Rechtswahl durch Art. 9 Abs. 1 ROM I-VO 105
3. Zusammenfassendes Ergebnis 107
II. Steuerrecht 108
1. Anwendung deutschen Steuerrechts – der Arbeitnehmer behält seinen deutschen Wohnsitz/gewöhnlichen Aufenthalt auch während der Entsendung bei 109
a) Zwischen Deutschland und dem ausländischen Tätigkeitsstaat besteht kein DBA 110
b) Zwischen Deutschland und dem ausländischen Tätigkeitsstaat besteht ein DBA 114
2. Anwendung ausländischen Steuerrechts – der Arbeitnehmer gibt während der Entsendung seinen deutschen Wohnsitz/gewöhnlichen Aufenthalt auf 121
3. Zusammenfassung 122
III. Sozialversicherungsrecht 123
1. Anwendung des deutschen Sozialversicherungsrechts bei einer Entsendung in einen Staat der EU/EWR 124
2. Anwendung des deutschen Sozialversicherungsrechts bei einer Entsendung in einen Nicht-EU-Staat mit Sozialversicherungsabkommen 130

3. Anwendung des deutschen Sozialversicherungsrechts bei einer Entsendung in einen Nicht-EU-Staat ohne Sozialversicherungsabkommen ... 132
4. Gestaltungsmöglichkeiten im Entsendungsvertrag ... 135
5. Möglichkeiten, durch freiwillige Versicherung den deutschen Sozialversicherungsschutz während der Auslandstätigkeit aufrechtzuerhalten ... 135
6. Exkurs: Leistungsrecht der deutschen Sozialversicherung während der Entsendung ... 137
7. Zusammenfassung ... 141
IV. Zusammenfassendes Ergebnis ... 141

Zweiter Teil: Der Entsendungsvertrag – eine Analyse der Klauseln aus arbeits-, steuer- und sozialversicherungsrechtlicher Perspektive ... 145

A. Klauseln des Entsendungsvertrages, die nach § 2 Abs. 1 NachwG generell bei allen Arbeitsverhältnissen erforderlich sind ... 146

B. Klauseln des Entsendungsvertrages, die nach § 2 Abs. 2 NachwG zusätzlich bei einer Erbringung der Tätigkeit im Ausland erforderlich sind ... 148
I. Dauer der Entsendung – Befristung des Entsendungsvertrages ... 149
1. Relevanz der Befristung des Entsendungsvertrages im Arbeitsrecht ... 149
a) Kontrolle der Befristung nach dem TzBfG ... 149
aa) Anwendbarkeit des TzBfG nach der ROM I-VO ... 150
bb) Anwendbarkeit des TzBfG speziell für Entsendungsverträge ... 151
b) Kontrolle der Befristung nach den Anforderungen des § 2 KSchG ... 154
c) Kontrolle der Befristung nach den Anforderungen des § 307 Abs. 1 BGB ... 157
d) Sonderfall: Der Arbeitnehmer wird erst für die Entsendung eingestellt und es bestand zuvor kein Grundarbeitsverhältnis zum deutschen Arbeitgeber (sog. Einvertragsmodell) ... 160

e) Mitbestimmung des Betriebsrates nach §§ 99 Abs. 1 S. 1 und 95 Abs. 3 S. 1 BetrVG bei Befristung des Entsendungsvertrages ... 165
aa) Räumlicher/persönlicher Anwendungsbereich des BetrVG bei Entsendungsverträgen ... 165
bb) Ausgestaltung des Mitbestimmungsrechts bei Entsendungsverträgen ... 169
f) Der Begriff der Ausstrahlung im BetrVG im Vergleich zu dem Ausstrahlungsbegriff des Sozialversicherungsrechts ... 170
g) Zusammenfassendes Ergebnis ... 171
2. Steuerrechtliche Bedeutung der Befristung des Entsendungsvertrages ... 173
3. Die Bedeutung der Befristung des Entsendungsvertrages im Sozialversicherungsrecht ... 175
4. Informations- und Aufklärungspflicht des Arbeitgebers bzgl. des Krankenversicherungsschutzes ... 178
5. Informations- und Aufklärungspflicht des Arbeitgebers bei Abschluss des Entsendungsvertrages bzgl. einer drohenden Doppelbesteuerung ... 181
6. Zusammenfassendes Ergebnis ... 182
II. Währung, in der das Entgelt ausgezahlt wird ... 185
1. Arbeitsrecht ... 185
a) Zulässigkeit der Überweisung auf ein Konto im Tätigkeitsstaat ... 185
b) Notwendigkeit und Zulässigkeit einer Wertsicherungsklausel ... 188
2. Zusammenfassendes Ergebnis ... 190
III. Vergütung: Zusätzliches, mit der Entsendung verbundenes Entgelt und damit verbundene zusätzliche Sachleistungen ... 191
1. Arbeitsrecht ... 191
a) Zusätzliches Entgelt und Sachleistungen ... 192
b) Mitbestimmungsrecht des Betriebsrates nach § 87 Abs. 1 Nr. 10 BetrVG ... 194

aa) Persönlicher Anwendungsbereich des BetrVG....... 195
bb) Lohnbegriff.......... 196
cc) Kollektiver Tatbestand 198
c) Angemessenheit einer Rückzahlungsklausel 199
aa) Risiko- und Verantwortungssphäre.......... 200
bb) Rückforderungssumme.......... 202
cc) Bindungsdauer.......... 203
dd) Unangemessene Klauseln 203
2. Steuerrecht.......... 204
a) Steuerausgleichsmodelle.......... 205
aa) Steuerschutzvereinbarung (tax protection)............ 205
bb) Echter Steuerausgleich (tax equalisation) 206
b) Laissez-faire-Ansatz: Keine Vereinbarung eines Steuerausgleichs.......... 208
c) Gewährung von steuerfreien oder steuerbegünstigten zusätzlichen Entgelten oder Sachleistungen als Gestaltungsmittel bei der Vergütung.......... 209
aa) Beispiele für steuerbegünstigte Vergütungsbestandteile im ausländischen Tätigkeitsstaat 211
bb) Beispiele für steuerbegünstigte Vergütungsbestandteile in Deutschland.......... 212
3. Sozialversicherungsrecht 216
a) Definition des Arbeitsentgeltbegriffs nach § 14 SGB IV.......... 217
b) Einordnung der zusätzlichen Vergütungsbestandteile nach der SvEV.......... 218
4. Zusammenfassendes Ergebnis und Schnittstelle.......... 219
a) Zusammenfassendes Ergebnis.......... 219
b) Schnittstelle: Mitbestimmungsrecht nach § 87 Abs. 1 Nr. 10 BetrVG bei den Steuerausgleichsmodellen..............221
IV. Rückkehrbedingungen.......... 223
1. Arbeitsrechtliche Vereinbarungen zu Rückkehrbedingungen in Entsendungsverträgen.......... 223

a) Wiedereingliederungsklausel 224
aa) Ausgestaltung der Wiedereingliederungsklausel 224
(1) Interessenlage des Arbeitnehmers 225
(2) Position des deutschen Arbeitgebers 226
(3) Sinnvoller Ausgleich der Interessen 226
bb) Abgrenzung zur Wiedereinstellungszusage 228
cc) Ausschluss der betriebsbedingten Kündigung 229
b) Vorzeitige Beendigung des Auslandseinsatzes: Rückrufrecht und Rückrufpflicht des Arbeitgebers; Rückkehrrecht des Arbeitnehmers 230
aa) Rückrufrecht des Arbeitgebers 231
bb) Rückkehrrecht des Arbeitnehmers 234
(1) Arbeitsrechtliche Situation bei Eintritt einer Gefahrenlage 235
(2) Entgeltfortzahlungspflicht des Arbeitgebers bei Rückkehr des Arbeitnehmers nach Deutschland 237
(3) Arbeitsunfall und Gesundheitsschaden 239
cc) Rückrufpflicht des Arbeitgebers 240
2. Zusammenfassendes Ergebnis 241

Zusammenfassung der wesentlichen Ergebnisse 243

Literaturverzeichnis 253

Einleitung

Für viele deutsche mittelständische und große Unternehmen ist es im Zuge der Globalisierung nichts Ungewöhnliches mehr, ihre Mitarbeiter ins Ausland zu entsenden. Mit der Vernetzung der Kommunikation sind die Märkte mehr und mehr zusammengewachsen. Ausländische Absatzmärkte und Produktionsstandorte, die früher nur den Global Playern vorbehalten waren, sind schon längst auch für mittelständische Unternehmen interessant. Die Zusammenarbeit mit Unternehmen in China, Japan, Afrika, den USA oder Saudi-Arabien ist für viele deutsche Unternehmen Alltag.

Neben dem Export von Waren engagieren sich deutsche Unternehmen auch direkt in anderen Industrie- und Schwellenländern, z.B. durch Gründung einer eigenen Niederlassung, Gründung von Tochtergesellschaften oder durch Zusammenarbeit mit einem ausländischen Unternehmen im Rahmen eines Joint Ventures.[1] Joint Venture bezeichnet eine vertragliche Vereinbarung über wirtschaftliche Aktivität zwischen rechtlich und wirtschaftlich voneinander unabhängigen Parteien, bei dem diese Geld, Sachleistungen oder Technologien beisteuern und das finanzielle Risiko und die Führungsverantwortung gemeinsam tragen.[2] Die fortschreitende Arbeitsteilung im Rahmen der Globalisierung der Produktion verlangt i. d. R. die Entsendung eines Fachmannes, der deutsches Know-how an das ausländische Unternehmen weitergibt.[3] Regelmäßig leiten deutsche Führungskräfte auch die Integration einer neu erworbenen ausländischen Tochtergesellschaft in den Konzern, um so spezifische Kenntnisse und Erfahrungen über den ausländischen Markt zu sammeln und Führungsstil, Arbeitsweise und Kommunikation der deutschen Muttergesellschaft an die Mitarbeiter im Ausland zu vermitteln. Die Spitzenstellung Deutschlands unter den größten Exportländern der Welt lässt sich auf Dauer nur halten, wenn neben der Qualität der Ware der Preis und eine schnelle Lieferung überzeugen und ein kundenorientierter Außenhandel erfolgt, der nur durch kurz-, mittel- oder langfristige Entsendungen deutscher Fach- und Führungskräfte ins Ausland ermöglicht wird.[4]

Kurzfristige Auslandseinsätze kann der Arbeitgeber je nach Art der Tätigkeit und Ausgestaltung des Arbeitsvertrages häufig mittels Direktionsrecht anordnen.

---

1 *Seel,* MDR 2011, S. 6; *Gnann/Gerauer,* Arbeitsvertrag bei Auslandsentsendung, S. 1.

2 *Jacobs,* Internationale Unternehmensbesteuerung, S. 1262.

3 *Gnann/Gerauer,* Arbeitsvertrag bei Auslandsentsendung, S. 1.

4 *Gnann/Gerauer,* Arbeitsvertrag bei Auslandsentsendung, S. 1.

Bei längerfristiger Tätigkeit im Ausland ist es in der Praxis üblich, die Modalitäten des Auslandseinsatzes für den Arbeitnehmer, beispielsweise eine Mehrvergütung und Mietkostenzuschüsse, Kaufkraftausgleich, Schulgeld für die Kinder usw., in einem zusätzlichen Vertrag, i. d. R. einem Entsendungsvertrag, zu vereinbaren.

Ein Arbeitnehmer, der für einen Auslandseinsatz vorgeschlagen wird, ist häufig, wenn er nicht als Externer für den Einsatz eingestellt wird, im deutschen Unternehmen bereits in einer gehobenen Position tätig. Für ihn bedeutet ein Auslandseinsatz die Möglichkeit, seine Karriere weiter voranzutreiben. Einen Arbeitnehmer, der von einem deutschen Unternehmen ins Ausland entsendet wird, bezeichnen Literatur und Praxis auch als „Expatriate".[5]

In der Praxis sind für die arbeitsvertragliche Gestaltung des Auslandseinsatzes eines Mitarbeiters eines deutschen Unternehmens drei Vertragsmodelle gängig: der Entsendungsvertrag, der Lokalvertrag mit Zusatzvereinbarung und das geteilte Arbeitsverhältnis bei Konzerngesellschaften (Split-Contract).

Bei der Gestaltung dieser Verträge ist wie bei kaum einer anderen Vertragsgestaltung das Spannungsverhältnis der drei Rechtsgebiete des Arbeits-, Steuer- und Sozialversicherungsrechts zu beachten.[6]

In der Literatur finden sich über die Jahre einige Handbücher, Praxisratgeber und Aufsätze zu den typischen praxisrelevanten Themenbereichen des Arbeits-, Steuer- und Sozialversicherungsrechts von Auslandseinsätzen und eine Vielzahl an Mustern zu den drei Vertragstypen.[7] Insgesamt liegt der Schwerpunkt der Betrachtung dabei auf der steuer- und sozialversicherungsrechtlichen Perspektive.[8] Dies ist insoweit verständlich, als das vorrangige Ziel in der Praxis darin besteht, die Kosten der Entsendung so gering wie möglich zu halten. Steuern und Sozialversicherungsabgaben stellen neben dem Arbeitsentgelt und den Umzugskosten den größten Kostenfaktor einer Entsendung dar. Sollen die Kosten so gering wie

---

5 Die Bezeichnung „Expatriate" ist in der Literatur rund um das Thema Entsendung gängige Bezeichnung für den Arbeitnehmer, der ins Ausland geht, so z.B. bei *Jacobs,* Internationale Unternehmensbesteuerung, S. 1360 ff. oder *Duchetsmann,* AuA 2009, S. 695 ff.

6 *Roßmayer,* in: Gerauer, Auslandseinsatz von Arbeitnehmern, Rdnr. 121.

7 So z.B. bei *Bauer/Lingemann/Diller,* Anwalts-Formularbuch Arbeitsrecht oder *Hümmerich/Reufels,* Gestaltung von Arbeitsverträgen; bei *Maurer,* Personaleinsatz im Ausland sind die Vertragsmuster auch auf Englisch; ebenso bei *Schrader/Klagges* in: Schaub/Schrader/Staube/Vogelsang, Arbeitsrechtliches Formular- und Verfahrenshandbuch, A. 2. Rdnrn. 274 ff.

8 *Roßmayer,* in: Gerauer, Auslandseinsatz von Arbeitnehmern, Rdnr. 121; *Allary,* Entsendung, S. 3; *Schliemann,* BB 2001, S. 1302; ebenso bei *Wellisch/Näth/Thiele,* Vergütung bei internationalen Mitarbeiterentsendungen, S. 4.

möglich gehalten werden, ist es aus Sicht der Praxis sinnvoll, geschickte steuerliche und sozialrechtliche Überlegungen als Ausgangspunkt der arbeitsvertraglichen Gestaltung des Entsendungsvertrages zu nehmen.

Die vorliegende Arbeit wählt als Ausgangspunkt für die Analyse der notwendigen Klauseln des Entsendungsvertrages das Arbeitsrecht, um arbeitsrechtliche Besonderheiten und die arbeitsrechtliche Perspektive herauszuarbeiten.

Gegenstand der Arbeit ist es, die nach dem Nachweisgesetz (NachwG) erforderlichen Mindestregelungen des Entsendungsvertrages aus der Perspektive des jeweiligen Rechtsgebiets zu analysieren und einzelne Schnittstellen des Arbeitsrechts zum Steuer- und Sozialversicherungsrecht zu untersuchen. Die Arbeit folgt nicht dem Aufbau der typischen Musterentsendungsverträge, die in der Praxis verwendet werden. Sie orientiert sich am NachwG, das normativ u.a. den Mindestinhalt von Entsendungsverträgen regelt.

Die Darstellung der Grundlagen im ersten Teil beginnt mit der Analyse des Entsendungsbegriffs im Arbeits-, Sozialversicherungs- und Steuerrecht. Dabei bildet der arbeitsrechtliche Entsendungsbegriff der Literatur den Ausgangspunkt der Überlegungen. Die Frage der Übertragung der Definitionen im Sozialversicherungs- und Steuerecht auf das Arbeitsrecht wird unter Beachtung des jeweiligen Sinn und Zwecks der Definitionen beantwortet.

Im darauffolgenden Teil wird analysiert, inwieweit der Arbeitgeber eine Entsendung allein aufgrund seines Direktionsrechts anordnen kann und wie eine Auslandsentsendungsklausel das Direktionsrecht erweitert.

Der nächste Teil erörtert die drei gängigsten Vertragsmodelle, durch die eine Entsendung vertraglich geregelt werden kann. Den Schwerpunkt bildet der Entsendungsvertrag, der zwischen dem deutschen Arbeitgeber und dem Arbeitnehmer in Ergänzung zum bisherigen Arbeitsvertrag geschlossen wird und für die Dauer der Entsendung den Arbeitsvertrag modifiziert.

Im Anschluss daran werden die Unterschiede und Gemeinsamkeiten zwischen einem Entsendungsvertrag und einem Leiharbeitsvertrag analysiert. Beide Verträge regeln einen drittbezogenen Personaleinsatz.

Dann folgt ein Teil, in dem die Bedeutung des NachwG als normativer Anknüpfungspunkt für die Gestaltung eines Entsendungsvertrages herausgearbeitet wird.

Der nächste Abschnitt befasst sich mit der Analyse, ob deutsches oder ausländisches Arbeits-, Steuer- und Sozialversicherungsrecht auf den Entsendungsvertrag anwendbar ist und ob eine Rechtswahl möglich ist.

Im zweiten Teil folgt die Untersuchung der nach dem NachwG notwendigen Klauseln in einem Entsendungsvertrag aus Sicht des Arbeits-, Steuer- und Sozialversicherungsrechts.

Der Untersuchungsgegenstand der Arbeit beschränkt sich dabei ausschließlich auf die nach § 2 Abs. 2 NachwG für Entsendungsverträge erforderlichen Klauseln zu Dauer, Währung, Vergütung und Rückkehrbedingungen. Diese nur für Entsendungsverträge erforderlichen Klauseln werden aus der Perspektive der drei Rechtsgebiete analysiert und etwaige Schnittstellen zwischen den Rechtsgebieten herausgearbeitet. Die nach § 2 Abs. 1 NachwG erforderlichen Klauseln sind notwendiger Bestandteil für alle Arten von Arbeitsverträgen, deshalb sind sie nicht Untersuchungsgegenstand der vorliegenden Arbeit.

Die Klausel des Entsendungsvertrages, welche die Geltung des Entsendungsvertrages auf die Dauer der Entsendung befristet, wird im ersten Abschnitt des zweiten Teils untersucht. Aus der Perspektive des Arbeitsrechts spielt hierbei v.a. eine Rolle, welche Anforderungen an die Angemessenheit der Klausel gestellt werden und ob ein Mitbestimmungsrecht des Betriebsrates besteht.

Der nächste Abschnitt analysiert die Klausel zur Währung, in der das Entgelt ausgezahlt wird, ausgehend von der Regelung des § 107 GewO und ihrer erweiterten Auslegung für im Ausland tätige Arbeitnehmer. In diesem Abschnitt wird zudem die Zulässigkeit und Notwendigkeit von Wertsicherungsklauseln im Entsendungsvertrag herausgearbeitet.

Daran anschließend wird die Klausel der Vergütung zunächst aus arbeitsrechtlicher Sicht untersucht im Hinblick auf mögliche zusätzliche Vergütungsbestandteile während der Entsendung, ob ein Mitbestimmungsrecht des Betriebsrates bzgl. der Lohngestaltung besteht und unter welchen Voraussetzungen Rückzahlungsklauseln zulässig sind. Den Schwerpunkt der Untersuchung zur Vergütung bilden aber steuerrechtliche Aspekte, zum einen die verschiedenen Modelle zum Ausgleich eines unterschiedlichen Steuerniveaus zwischen Deutschland und dem ausländischen Tätigkeitsstaat, zum anderen die Gewährung von steuerfreien oder steuerbegünstigten zusätzlichen Vergütungsbestandteilen in Entsendungsverträgen als steuerliches Gestaltungsmittel. Aus sozialversicherungsrechtlicher Perspektive spielt die Vergütungsregelung in Entsendungsverträgen nur eine Rolle bei der Frage, welche zusätzlichen Vergütungsbestandteile unter den sozialversicherungsrechtlichen Entgeltbegriff fallen und damit für die Berechnung der Beiträge relevant sind.

Unter welchen Voraussetzungen Rückkehrbedingungen arbeitsrechtlich als Wiedereingliederungsklausel oder Rückrufrecht, Rückkehrrecht oder Rückrufpflicht ausgestaltet werden können, analysiert der letzte Abschnitt des zweiten Teils.

Am Schluss erfolgt eine Zusammenfassung der wesentlichen Ergebnisse.

Erster Teil: Die Grundlagen

A. Definition des Begriffs „Entsendung"

I. Definition der Entsendung im Arbeitsrecht

Der Begriff Entsendung ist im Arbeitsrecht nicht gesetzlich definiert.

Eine Meinung in der arbeitsrechtlichen Literatur definiert den Begriff Entsendung als Auslandstätigkeit, die zwischen wenigen Monaten und mehreren Jahren dauert und die auf der Grundidee basiert, dass ein lang andauerndes Inlandsarbeitsverhältnis besteht, innerhalb dessen eine vergleichsweise kurze Auslandstätigkeit auf Weisung des deutschen Arbeitgebers erfolgt.[9] Zudem muss eine Rückkehr des Arbeitnehmers in das deutsche Unternehmen vorgesehen sein.[10] Die Grundidee setzt außerdem voraus, dass der Auslandseinsatz vorübergehend ist, eine zeitliche Höchstgrenze legt diese Meinung für die Entsendung nicht fest.[11] Außerdem muss das Arbeitsverhältnis zum deutschen Unternehmen auch während der Dauer des Auslandseinsatzes fortbestehen, die Verbindung zum Herkunftsstaat bleibt erhalten.[12]

Eine andere Ansicht der Literatur unterteilt Auslandseinsätze anhand ihrer Dauer in die Begriffe Abordnung, Delegation, Entsendung, Versetzung und Transfer.[13] Einige Autoren differenzieren nur nach der zeitlichen Dauer des Auslandseinsatzes,[14]

---

9 *Borgmann,* in: Grobys/Panzer SWK Arbeitsrecht, Auslandstätigkeit/Entsendung, Rdnr. 7; *Hantel,* Europäisches Arbeitsrecht, S. 195 f.

10 *Däubler,* in: Däubler/Hjort/Schubert/Wolmerath, Arbeitsrecht, Art. 35 EGBGB, Rdnr. 35; *Reuter,* in: Kessler/Kröner/Köhler, Konzernsteuerrecht, § 9, Rdnr. 1; *Thüsing,* Europäisches Arbeitsrecht, § 9, Rdnr. 1.

11 *Däubler,* in: Däubler/Hjort/Schubert/Wolmerath, Arbeitsrecht, Art. 35 EGBGB, Rdnr. 35; *Reuter,* in: Kessler/Kröner/Köhler, Konzernsteuerrecht, § 9, Rdnr. 1; *Günther/Pfister,* ArbRAktuell 2014, S. 346.

12 *Melms,* in: Münchener Anwaltshandbuch ArbR, Teil C, § 11 Arbeitsverhältnisse mit Auslandsberührung, Rdnr. 31; *Thüsing,* Europäisches Arbeitsrecht, § 9, Rdnr. 1; *Hantel,* Europäisches Arbeitsrecht, S. 195.

13 Z. B. *Maurer,* Personaleinsatz im Ausland, S. 5 f; *Wirth,* Mitarbeiter im Auslandseinsatz, S. 209; *Laws,* in: Laws/Koziner/Waldenmaier, Mitarbeiter ins Ausland entsenden, S. 30, *Hasbargen,* AuA 2012, S. 344; *Reichel/Spieler,* BB 2011, S. 2741; ebenfalls bei *Heuser/Heidenreich/Fritz,* Auslandsentsendung, Rdnrn. 3 ff.

14 *Laws,* in: Laws/Koziner/Waldenmaier, Mitarbeiter ins Ausland entsenden, S. 30; ebenso: *Hasbargen,* AuA 2012, S. 344, die zwischen Abordnung, Delegation, Entsendung,

andere zusätzlich noch nach dem Ziel des Einsatzes und danach, ob der Expatriate seinen Wohnsitz ins Ausland verlegt.[15]

Eine Ansicht in der Literatur bezeichnet einen Einsatz bis zu einer Dauer von 18 Monaten als Abordnung/Delegation/Entsendung und bei einer Dauer bis zu fünf Jahren als Versetzung/Transfer.[16] Eine andere Literaturansicht geht bei einem Auslandseinsatz von bis zu drei Monaten von einer Dienstreise aus, von drei Monaten bis einem Jahr handelt es sich um eine Abordnung, bei einem Einsatz von einem bis zu drei Jahren um eine Delegation.[17] Eine weitere Ansicht differenziert nur zwischen Versetzung und Delegation und geht bei einer Dauer von drei bis zu 14 Monaten von einer Delegation und bei einer Dauer von vier bis acht Jahren von einer Versetzung aus.[18]

Eine weitere Literaturmeinung bezeichnet einen Auslandseinsatz bei einer Dauer von vier Wochen bis einem Jahr als Abordnung/Auslösung/Delegation, bei vier Monaten bis drei Jahren als Entsendung und bei einer Dauer von zwei bis fünf Jahren als Versetzung/Übertritt. Außerdem spielen zusätzliche Kriterien wie z.B. das Ziel des Einsatzes oder die Verlagerung des Wohnsitzes ins Ausland eine Rolle.[19] Ist das Ziel des Auslandseinsatzes ein Know-how-Transfer zu einer ausländischen Tochtergesellschaft, spricht dies für eine Entsendung, während eine Versetzung dadurch gekennzeichnet ist, dass der Expatriate langfristig eine Führungsaufgabe im ausländischen Unternehmen übernimmt.[20] Verlagert der Expatriate seinen Wohnsitz ins Einsatzland, spricht dies für eine Entsendung oder eine Versetzung, die Beibehaltung des deutschen Wohnsitzes soll nach dieser Ansicht auf eine Abordnung/Delegation hindeuten.[21] Einige Autoren unterscheiden auch nur zwischen „short term delegation“ für Auslandseinsätze bis zu einem Jahr und „long term delegation“ für länger als ein Jahr dauernde Einsätze.[22]

Übertritt, Versetzung, Lokalisierung und Dienstreise unterscheidet; *Heuser/Heidenreich/Fritz,* Auslandsentsendung, Rdnrn. 3 ff.

15 *Maurer*, Personaleinsatz im Ausland, S. 5 f.

16 *Laws,* in: Laws/Koziner/Waldenmaier, Mitarbeiter ins Ausland entsenden, S. 30.

17 *Heuser/Heidenreich/Fritz,* Auslandsentsendung, Rdnrn. 3 ff.

18 *Wirth,* Mitarbeiter im Auslandseinsatz, S. 209.

19 *Maurer*, Personaleinsatz im Ausland, S. 5 f.

20 *Maurer*, Personaleinsatz im Ausland, S. 5 f.

21 *Maurer*, Personaleinsatz im Ausland, S. 5 f.

22 *Görl,* IStR 2002, S. 444; dabei bezeichnet *Wellisch/Näth,* IStR 2008, S. 548 einen Auslandseinsatz bis zu 183 Tagen als kurzfristige Entsendung; *Laws,* in: Laws/Koziner/Waldenmaier, Mitarbeiter ins Ausland entsenden, S. 30 geht bei sechs bis 18 Monaten von einem short-term-assignment aus, bei einer Dauer von bis zu fünf Jahren von

Gegen die zweite differenzierende Meinung spricht, dass zwischen den Autoren selbst Uneinigkeit besteht, was die zeitlichen Grenzen für die Abgrenzung anbelangt. Die Begrifflichkeiten werden uneinheitlich definiert und zum Teil parallel verwendet.[23] Unter den Begriff Entsendung soll beispielsweise nach einer Ansicht ein Auslandseinsatz bis zu 18 Monaten[24] und nach einer anderen Ansicht ein Auslandseinsatz von vier Monaten bis drei Jahren fallen.[25] Eine Einordnung anhand starrer Zeitgrenzen erscheint willkürlich und ist außerdem nicht erforderlich, weil an sie keinerlei Rechtsfolge anknüpft. Eine Differenzierung anhand der Dauer des Einsatzes vorzunehmen, ist insofern auch problematisch, als noch während des Einsatzes die Dauer verkürzt oder verlängert werden kann.

Die Verlagerung des Wohnsitzes ins Ausland hat zum einen mit der Dauer des Einsatzes, zum anderen aber auch mit der privaten und familiären Situation des Expatriates zu tun. Das zusätzliche Kriterium der Verlagerung des Wohnsitzes erscheint deshalb ebenfalls wenig aussagekräftig für eine Differenzierung zwischen verschiedenen Arten von Auslandseinsätzen.

Nach der hier vertretenen Auffassung ist der ersten Meinung zu folgen, nach der eine Entsendung nicht in einem bestimmten Zeitfenster liegen, sondern nur zeitlich begrenzt sein muss.

Bei einer dauerhaften Tätigkeit im Ausland handelt es sich nach beiden Meinungen jedenfalls nicht mehr um eine Entsendung.[26]

In der arbeitsrechtlichen Rechtsprechung wird der Begriff Entsendung häufig im Zusammenhang mit dem Arbeitnehmerentsendegesetz (AEntG) erwähnt und verwendet wie der Begriff „Auslandstätigkeit."[27] Die Entsendung wird in der Rechtsprechung nicht definiert. Es besteht auch keine Notwendigkeit dazu, weil sich aus der begrifflichen Einordnung des Auslandseinsatzes als Entsendung

---

einem long-term-assignment; nach *Mennen/Schellert/Wolf*, Mitarbeiterentsendung, S. 29 handelt es sich um eine short-term-delegation bei Auslandseinsätzen bis zu 3/12/18 oder 24 Monate, bei long-term-delegation bei Einsätzen zwischen zwei und fünf Jahren.

23 So auch *Mastmann/Stark*, BB 2005, S. 1849; auch *Heuser/Heidenreich/Fritz*, Auslandsentsendung, Rdnr. 2 stellt die Zweckmäßigkeit der Differenzierung in Frage.

24 *Laws*, in: Laws/Koziner/Waldenmaier, Mitarbeiter ins Ausland entsenden, S. 30.

25 *Maurer*, Personaleinsatz im Ausland, S. 5 f.

26 *Borgmann*, in: Grobys/Panzer SWK Arbeitsrecht, Auslandstätigkeit/Entsendung, Rdnr. 13; *Melms*, in: Münchener Anwaltshandbuch ArbR, Teil C, § 11 Arbeitsverhältnisse mit Auslandsberührung, Rdnrn. 31 ff.; *Maurer*, Personaleinsatz im Ausland, S. 4; *Hasbargen*, AuA 2012, S. 344; *Heuser/Heidenreich/Fritz*, Auslandsentsendung, Rdnr. 2.

27 BAG 06.11.2002 – 5 AZR 617/01, DB 2003, 556; BAG 25.06.2002 – 9 AZR 439/01, DB 2003, 2290.

keine Rechtsfolgen ergeben. Unter grenzüberschreitend entsandte Arbeitnehmer i. S. d. § 1 S. 1 AEntG fallen solche, die in ausländischen Unternehmen angestellt sind und in Deutschland Dienst- und Werkleistungen für das ausländische Unternehmen ausführen. Die Arbeitnehmer unterliegen dabei den günstigeren arbeits- und sozialversicherungsrechtlichen Vorschriften des ausländischen Staates.[28] Aus der Perspektive des AEntG ist Deutschland der Tätigkeitsstaat und das Ausland der Entsendestaat.

Das AEntG regelt durch die Anwendbarkeit bestimmter Tarifverträge nach § 3 S. 1 AEntG die Mindestbedingungen, die ein ausländischer Arbeitgeber bestimmter Branchen (§ 4 Nr. 1–8 AEntG) einhalten muss, wenn er seine Mitarbeiter in Deutschland beschäftigt, und dient damit neben dem Schutz der Arbeitnehmer in erster Linie auch dem Schutz der deutschen Wirtschaft, indem ein tariflich vorgeschriebener Mindestlohn von dem ausländischen Unternehmen an die in Deutschland arbeitenden Mitarbeiter gezahlt werden muss, woraufhin die ausländischen Unternehmen in Deutschland die Preise nicht durch billige Arbeitskräfte abwärts treiben können.[29]

Das AEntG und die Rechtsprechung verwenden den Begriff Entsendung als Synonym für „Tätigkeit im Ausland.“ Dem AEntG liegt kein eigenständiger Entsendungsbegriff zugrunde.

Die Möglichkeit zur Arbeitnehmerentsendung ist für die Mitgliedsstaaten der EU in Art. 56 Vertrag über die Arbeitsweise der Europäischen Union (AEUV) geregelt. Art. 56 AEUV bestimmt, dass ein Anbieter bei der Erbringung von Dienstleistungen das Recht hat, eigene Arbeitnehmer aus seinem Herkunftsstaat in den Bestimmungsstaat zu entsenden, wenn bei der Erbringung von Dienstleistungen ein Einsatz von seinen Arbeitnehmern notwendig ist.[30] Der Anbieter

---

28 *Schlachter*, in: ErfK, § 1 AEntG, Rdnrn. 1 ff.; *Mayer*, in: Däubler/Hjort/Schubert/Wolmerath, Arbeitsrecht, § 1 AEntG, Rdnrn. 1 f; *Kühn*, in: Hümmerich/Boecken/Düwell, § 1 AEntG, Rdnr. 5.

29 Z. B. in der deutschen Baubranche bestand erhebliche Gefahr durch Billiglohnunternehmen aus Osteuropa. Dies war auch der Hintergrund für die EntsendeRL 96/71/EG, auf deren Grundlage das AEntG geschaffen wurde, *Schlachter*, in: ErfK, § 1 AEntG, Rdnr. 3 f.

30 *Thüsing*, Europäisches Arbeitsrecht, § 9, Rdnr. 2 wonach Fälle von Entsendungen keine Fälle der Arbeitnehmerfreizügigkeit nach Art. 45 AEUV sind, weil im Freizügigkeitsrecht der Arbeitnehmer den Zugang zum Arbeitsmarkt eines anderen Mitgliedsstaates sucht, im Falle der Entsendung nach Art. 56 AEUV sucht der Arbeitgeber den Zugang; ebenso: *Hantel*, Europäisches Arbeitsrecht, S. 195; eine Arbeitserlaubnis muss für den entsandten Arbeitnehmer nicht eingeholt werden so EuGH 27.03.1990 – Rs. C-113/89, Slg. 1990 I, 1417, NZA 1990, 653.

ist nicht etwa gezwungen, Ortskräfte im Bestimmungsland anzuwerben.[31] Innerhalb der EU kann die Arbeitnehmerentsendung wegen Art. 56 AEUV nicht unterbunden werden.[32]

Ein Anknüpfungspunkt für eine Definition von Entsendung außerhalb der Literatur ergibt sich möglicherweise bei der Untersuchung, ob und unter welchen Voraussetzungen deutsches Arbeitnehmerschutzrecht (KSchG, ArbZG und BetrVG) auf im Ausland tätige Arbeitnehmer anwendbar ist.

Von seinem räumlichen Anwendungsbereich ist der erste Abschnitt des KSchG nur auf in Deutschland gelegene Betriebe anwendbar und ausnahmsweise auf im Ausland tätige Arbeitnehmer, wenn auf ihr Arbeitsverhältnis nach den Regelungen der ROM I-VO deutsches Recht anzuwenden ist.[33] Verrichtet der Arbeitnehmer gewöhnlich seine Tätigkeit in Deutschland und wird er nur vorübergehend ins Ausland entsendet, findet nach Art. 8 Abs. 2 S. 1 ROM I-VO auch während der Tätigkeit im Ausland grundsätzlich deutsches Kündigungsschutzrecht Anwendung. Haben Arbeitgeber und Arbeitnehmer die Anwendbarkeit ausländischen Arbeitsrechts vereinbart, gilt dieses gem. Art. 8 Abs. 1 ROM I-VO nur, wenn es günstiger ist als das deutsche KSchG.[34]

Die Abschnitte zwei und drei des KSchG werden nur auf deutsche Betriebe angewendet, weil nur deutsche Betriebe Betriebsräte i. S. d. deutschen Rechts haben.[35] Für den sachlichen Anwendungsbereich muss der Schwellenwert für die Anzahl der Beschäftigten in dem deutschen Betrieb nach § 23 Abs. 1 S. 2 KSchG in Deutschland erfüllt werden.[36]

Das deutsche ArbZG gilt nach § 1 ArbZG nur für Arbeitnehmer, die in Deutschland arbeiten, sog. Territorialitätsprinzip. Das ArbZG ist für im Ausland tätige Arbeitnehmer nicht anwendbar, selbst wenn sie nur vorübergehend oder nur während einer Dienstreise im Ausland arbeiten.[37] Sie müssen sich den

---

31 *Thüsing*, Europäisches Arbeitsrecht, § 9, Rdnr. 3.

32 *Thüsing*, Europäisches Arbeitsrecht, § 9, Rdnr. 3; *Schlachter*, in: ErfK, § 1 AEntG, Rdnr. 3.

33 *Oetker*, in: ErfK, § 1 KSchG, Rdnr. 9.

34 *Mayer*, in: Gallner/Mestwerdt/Nägele, Kündigungsschutzrecht, § 1 KSchG, Rdnr. 96; zur ROM I-VO mehr auf S. 94.

35 *Reiter*, in: NZA 2004, S. 1249.

36 *Mayer*, in: Gallner/Mestwerdt/Nägele, Kündigungsschutzrecht, § 1 KSchG, Rdnr. 96; zur ROM I-VO mehr auf S. 94.

37 *Wichert*, in: Hümmerich/Boecken/Düwell, § 1 ArbZG, Rdnr. 7; BAG 12.12.1990 – 4 AZR 238/90, NZA 1991, 386 wonach die Vereinbarung einer wöchentlichen Arbeitszeit von 54 Stunden bei einem Projektleiter, der vorübergehend in Saudi Arabien tätig ist, zulässig ist.

ausländischen Arbeitszeiten anpassen, alles andere würde den Betriebsablauf stören und damit auch eine erfolgreiche Zusammenarbeit behindern.

Für das BetrVG gilt ebenfalls das Territorialitätsprinzip, wonach nur Arbeitnehmer von Betrieben mit Betriebssitz innerhalb der Bundesrepublik Deutschland geschützt werden.[38] Ob das BetrVG bei Kündigungen von im Ausland tätigen Arbeitnehmern Anwendung findet, bestimmt sich nach den Umständen des Einzelfalles.[39] Sind die im Ausland tätigen Arbeitnehmer während der Auslandstätigkeit rechtlich und tatsächlich weiterhin an den deutschen Betrieb gebunden, ist eine Ausstrahlungswirkung des BetrVG zu bejahen.[40] Eine rechtliche Bindung besteht dabei durch ein ruhendes Arbeitsverhältnis zum deutschen Arbeitgeber. Die tatsächliche Bindung ergibt sich aus Indizien, beispielsweise der Dauer der Auslandstätigkeit, einer Weisungsabhängigkeit vom deutschen Arbeitgeber, der Vereinbarung einer Wiedereingliederungsklausel und einer Rückrufklausel.[41]

Das Arbeitnehmerschutzrecht gilt grundsätzlich nur innerhalb Deutschlands. Das deutsche KSchG findet auf das Arbeitsverhältnis auch Anwendung bei einer vorübergehenden Verlagerung der Tätigkeit ins Ausland.

Das BetrVG findet auf im Ausland tätige Arbeitnehmer nur Anwendung, wenn auch während der Auslandstätigkeit eine Bindung zum deutschen Unternehmen durch einen Vertrag und ein weiterhin bestehendes Weisungsrecht oder eine Wiedereingliederungsklausel erhalten bleibt.

Die Voraussetzungen, unter denen deutsches Arbeitnehmerschutzrecht auf im Ausland tätige Arbeitnehmer anwendbar ist (vorübergehende Tätigkeit, Weisungsrecht, Wiedereingliederungsklausel), bilden Kriterien für ein arbeitsrechtliches Verständnis von Entsendung, welches somit nicht ausschließlich von der Literatur bestimmt wird.

---

38 *Koch*, in: Ascheid/Preis/Schmidt, § 102 BetrVG, Rdnr. 11, auch im Folgenden auf S. 164 ff.

39 *Ricken*, in: Henssler/Willemsen/Kalb, Arbeitsrecht Kommentar, § 102 BetrVG, Rdnr. 8.

40 Dazu mehr im folgenden Text auf S. 164 ff.; BAG 21.10.1980 – 6 AZR 640/79, NJW 1981, 1175; BAG Beschluss vom 22.03.2000 – 7 ABR 34/98, NZA 2000, 1119; BAG Beschluss vom 25.11.1992 – 7 ABR 7/92, NZA 1993, 955.

41 Dazu mehr auf S. 164 ff.; vgl. auch *Ricken*, in: Henssler/Willemsen/Kalb, Arbeitsrecht Kommentar, § 102 BetrVG, Rdnr. 8; *Koch*, in: Ascheid/Preis/Schmidt, § 102 BetrVG, Rdnr. 12; *Heuser/Heidenreich/Fritz*, Auslandsentsendung, Rdnr. 235; *Reiter*, NZA 2004, S. 1250; *Mückl/Kaueroff*, ArbRAktuell 2013, S. 568; BAG Beschluss vom 20.02.2001 – 1 ABR 30/00, NZA 2001, 1033; BAG Beschluss vom 16.01.1990 – 1 ABR 47/88; juris.

II. Definition der Entsendung im Sozialversicherungsrecht

1. Definition nach deutschem Recht

Der Begriff Entsendung hat seinen Ursprung im Sozialversicherungsrecht.[42] Er ist neben dem Bestehen eines inländischen Beschäftigungsverhältnisses und der zeitlichen Begrenzung des Auslandseinsatzes Voraussetzung für das Vorliegen einer Ausstrahlung in § 4 Abs. 1 SGB IV. Nach dieser Norm strahlt die deutsche Sozialversicherungspflicht unter bestimmten Voraussetzungen ins Ausland aus.

§ 4 SGB IV wurde am 01.07.1977 ins Gesetz aufgenommen, davor gab es keine vergleichbare Vorschrift.[43] Die Rechtsprechung erkannte aber bereits seit Ende des 19. Jahrhunderts das Rechtsinstitut der Ausstrahlung an und dehnte die deutsche Versicherungspflicht auf vorübergehende Auslandstätigkeiten aus.[44]

Voraussetzung der Ausstrahlung nach § 4 SGB IV ist eine Beschäftigung oder selbstständige Tätigkeit im Geltungsbereich des SGB IV, eine Entsendung und die zeitliche Begrenzung der Entsendung. Der Begriff Entsendung ist in § 4 SGB IV selbst nicht definiert, er wird aber durch die Rechtsprechung und Literatur sowie die „Gemeinsame Verlautbarung zur versicherungsrechtlichen Beurteilung entsandter Arbeitnehmer" (früher: Aus- und Einstrahlungsrichtlinie) bestimmt.

a) Rechtsprechung des Bundessozialgerichts

Nach der Rechtsprechung liegt eine Entsendung im sozialversicherungsrechtlichen Sinne nach § 4 SGB IV vor, wenn sich der Arbeitnehmer auf Weisung des deutschen Arbeitgebers von Deutschland ins Ausland begibt, wobei er grundsätzlich zuvor in Deutschland für seinen entsendenden Arbeitgeber gearbeitet haben muss.[45]

Handelt es sich um den Sonderfall, dass das Beschäftigungsverhältnis erst für die Entsendung begründet worden ist, bejaht die Rechtsprechung eine Entsendung nur, wenn der Expatriate zu Beginn der Entsendung in Deutschland seinen Wohnsitz/gewöhnlichen Aufenthalt innehatte.[46] Mit dem Wohnsitz/gewöhnlichen Aufenthalt wird ein Bezug zur deutschen Sozialversicherung hergestellt, der neben der vorgesehenen Rückkehr nach Deutschland nach Ende

---

42 *Heuser/Heidenreich/Fritz,* Auslandsentsendung, Rdnr. 2; *Laws,* in: Laws/Koziner/Waldenmaier, Mitarbeiter ins Ausland entsenden, S. 30.

43 *Seewald,* in: KassKomm, § 4 SGB IV, Rdnrn. 1–3.

44 *Seewald,* in: KassKomm, § 4 SGB IV, Rdnrn. 1–3.

45 BSG 27.05.1986 - 2 RU 12/85, NZA 1986, 806; BSG 25.08.1994 - 2 RU 14/93, juris.

46 BSG 23.02.1994 - 10 RAr 8/93, BB 1994, 895.

der Auslandstätigkeit entscheidend für die Aufrechterhaltung der deutschen Sozialversicherung ist.[47] Hat der Arbeitnehmer seinen Wohnsitz/gewöhnlichen Aufenthalt vor Beschäftigungsbeginn bereits im Ausland oder sogar im ausländischen Beschäftigungsstaat, fehlt ein Bezug zur deutschen Sozialversicherung von Beginn an, eine Entsendung liegt nicht vor.[48]

Bei dem Sonderfall, dass das Beschäftigungsverhältnis erst für den Auslandseinsatz begründet wird, dürfen zudem keine Anhaltspunkte gegen eine Rückkehr des Arbeitnehmers nach Deutschland sprechen, um den Bezug zur deutschen Sozialversicherung auch während der Auslandstätigkeit aufrechtzuerhalten. Ein Anhaltspunkt, der gegen eine Rückkehr nach Deutschland spricht, kann bei einem ausländischen Staatsangehörigen eine fehlende deutsche Arbeitserlaubnis sein, wenn absehbar ist, dass er diese nicht erhalten wird. An dieser Stelle ist die Staatsangehörigkeit insoweit relevant, als ein Nicht-EU-Bürger für die Rückkehr nach Deutschland eine deutsche Arbeitserlaubnis benötigt, ein deutscher Staatsangehöriger nicht.[49]

In einem Fall hatte das Bundessozialgericht die Entsendung abgelehnt, bei dem ein jugoslawischer Arbeitnehmer – aus Jugoslawien kommend – von einer deutschen Firma für das Ausland eingestellt wurde.[50] Der Arbeitnehmer war der Ansicht, ein Bezug zur deutschen Sozialversicherung bestehe dadurch, dass er vor der Entsendung einige Zeit seinen gewöhnlichen Aufenthalt in Deutschland innehatte.[51] Das Bundessozialgericht hat eine Entsendung u.a. mit der Begründung, dass der jugoslawische Arbeitnehmer keine deutsche Arbeitserlaubnis besaß und auch keine erhalten hätte.[52] Diese Tatsache stand einer Weiterbeschäftigung in Deutschland nach der Entsendung entgegen, weshalb es an dem Bezug zur deutschen Sozialversicherung fehlte. Eine andere Beurteilung wird sich in dem Fall ergeben, dass der ausländische Staatsangehörige eine deutsche Arbeitserlaubnis erhalten würde, weil dann keine Umstände vorliegen, die gegen eine Rückkehr nach Deutschland sprechen. Dieser Fall wurde gerichtlich noch nicht entschieden.

---

47 BSG 27.05.1986 – 2 RU 12/85, NZA 1986, 806; BSG 25.08.1994 – 2 RU 14/93, juris.

48 BSG 27.05.1986 – 2 RU 12/85, NZA 1986, 806; BSG 25.08.1994 – 2 RU 14/93, juris.

49 BSG 25.08.1994 – 2 RU 14/93, Juris.

50 BSG 25.08.1994 – 2 RU 14/93, Juris mit Verweis auf BSG SozR 5970 § 1 Nr. 9.

51 BSG SozR 5970 § 1 Nr. 9.

52 BSG SozR 5970 § 1 Nr. 9.

b) *Literatur*

Die Literatur definiert eine Entsendung i. S. v. § 4 SGB IV genau wie die Rechtsprechung als die Bewegung eines Arbeitnehmers vom Inland ins Ausland auf Weisung des Arbeitgebers, wobei der Arbeitnehmer grundsätzlich zuvor in Deutschland für das entsendende Unternehmen gearbeitet haben muss.[53]

Bei der Beurteilung des Sonderfalles, dass das Beschäftigungsverhältnis erst für die Entsendung begründet wird, ist sich die Literatur uneinig. Eine Meinung folgt der Ansicht der Rechtsprechung und stellt in diesem Sonderfall auf den Wohnsitz/gewöhnlichen Aufenthalt und die Staatsangehörigkeit ab.[54] Der andere Teil der Literatur folgt der Ansicht der Rechtsprechung nicht, sondern beurteilt das Vorliegen einer Entsendung allein nach dem Merkmal Beschäftigung und setzt demnach zwingend die vorherige Ausübung der Tätigkeit, zumindest eine geringfügige Inlandstätigkeit des Expatriates in Deutschland, voraus, sei es auch nur im Rahmen einer Einarbeitung.[55]

Die Literatur kritisiert die Anknüpfung an den Wohnsitz auch, weil es ihrer Ansicht nach für ein Aufrechterhalten des Bezugs zur deutschen Sozialversicherung nicht ausreichend sein kann, dass ein Arbeitnehmer mit deutschem Wohnsitz irgendwann noch einmal beabsichtigt, in Deutschland seinen Wohnsitz zu nehmen und keine Umstände gegen eine Rückkehr nach Deutschland sprechen.[56]

c) *Stellungnahme*

Die von der Rechtsprechung abweichende Literaturmeinung bejaht eine Entsendung bei dem Sonderfall nur, wenn eine Einarbeitung des Arbeitnehmers in Deutschland erforderlich ist. Von einem derart zufälligen Kriterium das Fortbestehen des deutschen Versicherungsschutzes abhängig zu machen, ist nach der hier vertretenen Auffassung nicht sachgerecht.[57]

Bei der Einschätzung, ob das Beschäftigungsverhältnis einen Bezug zur deutschen Sozialversicherung aufweist, wenn es erst für die Auslandstätigkeit begründet wird, kann nur darauf abgestellt werden, ob vor und nach der Auslandstätigkeit

53 *Seewald*, in: KassKomm, § 4 SGB IV, Rdnr. 8; *Marschner*, in: Kreikebohm, § 4 SGB IV, Rdnr. 1.

54 *Marschner*, in: Kreikebohm, § 4 SGB IV, Rdnr. 1.

55 *Seewald*, in: KassKomm, § 4 SGB IV, Rdnrn. 5 f.

56 *Seewald*, in: KassKomm, § 4 SGB IV, Rdnr. 10.

57 Die Rechtsprechung wendet sich auch ausdrücklich gegen diese Literaturmeinung, so: BSG 25.08.1994 – 2 RU 14/93, juris; auch dagegen: *Wietek*, in: Winkler Kommentar SGB IV, § 4, Rdnr. 13.

ein Bezug des Arbeitnehmers zur deutschen Sozialversicherung durch den Wohnsitz/gewöhnlichen Aufenthalt in Deutschland besteht. Hatte der Arbeitnehmer vor der Auslandstätigkeit einen deutschen Wohnsitz oder Aufenthalt und hat er den Willen, nach der Auslandstätigkeit nach Deutschland zurückzukehren, entspricht es dem Sinn und Zweck des § 4 SGB IV, den Arbeitnehmer auch während der Tätigkeit im Ausland in der deutschen Sozialversicherung zu versichern. Mit der Rechtsprechung und der Anknüpfung an den deutschen Wohnsitz/gewöhnlichen Aufenthalt lassen sich auch Fälle sachgerecht lösen, in denen der Arbeitnehmer keine Beschäftigung vor der Entsendung ausübte, wenn er z. B. arbeitslos oder Student war. In diesen Fällen müsste nach der von der Rechtsprechung abweichenden Literatur eine Entsendung verneint werden, wenn nicht zufällig im deutschen Unternehmen vor der Entsendung eine Einarbeitungszeit stattfand. Der Expatriate bliebe nicht Mitglied der deutschen Sozialversicherung, auch wenn er nach ein paar Jahren nach Deutschland zurückkehren und dort eine Beschäftigung ausüben würde. Dies widerspricht dem Schutzzweck des Gesetzes, denn Sinn und Zweck der Ausstrahlung ist es, die Versicherung für eine gewisse Zeit im Ausland aufrechtzuerhalten, weil die Auslandstätigkeit in ein vorher und nachher bestehendes Versicherungsverhältnis in Deutschland eingebettet ist. Die Personengruppen Studenten und Arbeitslose sind auch Mitglieder der deutschen Sozialversicherung und es spricht nach der hier vertretenen Auffassung nichts dagegen, die Mitgliedschaft während der Auslandstätigkeit aufrechtzuerhalten, wenn keine Umstände gegen eine Rückkehr nach Deutschland sprechen. Der sozialrechtliche Wohnsitz ist dort, wo jemand eine Wohnung unter Umständen innehat, die darauf schließen lassen, dass er diese beibehalten und benutzen will, er richtet sich nach tatsächlichen und wirtschaftlichen Gegebenheiten und einem „realen Verhalten(…) in Bezug auf einen Lebensmittelpunkt."[58] Bei der Frage, wo der Schwerpunkt des Beschäftigungsverhältnisses liegt, führt ein Abstellen auf den Lebensmittelpunkt zu weniger zufälligen Ergebnissen, als darauf abzustellen, ob eine Einarbeitung erforderlich ist.[59]

Die Meinung der Rechtsprechung erscheint nach der hier vertretenen Auffassung vorzugswürdig.

58 BSG 25.08.1994 – 2 RU 14/93, juris; *Wietek,* in: Winkler Kommentar SGB IV, § 4, Rdnr. 13; *Hänlein,* in: Knickrehm/Kreikebohm/Waltermann, Komm SozR, 10. § 30 SGB I, Rdnrn. 4 f.

59 *Wietek,* in: Winkler Kommentar SGB IV, § 4, Rdnr. 13.

d) *Begriff nach der Verwaltungspraxis der Spitzenverbände bundesdeutscher Krankenkassen*

Die bundesdeutschen Krankenkassen bzw. ihre Spitzenverbände entwickelten aus ihrer Verwaltungspraxis heraus bereits im Jahr 1979 die sog. Aus- und Einstrahlungsrichtlinien, die sie zuletzt am 18.11.2015 wegen der inzwischen eingetretenen Änderungen im über- und zwischenstaatlichen Recht aktualisierten.[60] Sie nennt sich nunmehr „Gemeinsame Verlautbarung zur versicherungsrechtlichen Beurteilung entsandter Arbeitnehmer" und regelt weiterhin die versicherungsrechtliche Beurteilung von Arbeitnehmern, die im Voraus zeitlich befristet ins Ausland entsendet werden. Ihr kommt erhebliche Bedeutung in der Verwaltungspraxis zu, weil die Krankenkassen zugleich Einzugsstellen für den Gesamtsozialversicherungsbeitrag i. S. d. § 28 h Abs. 2 SGB IV sind und darüber entscheiden, ob eine Ausstrahlung vorliegt. Für die Sozialgerichte ist die „Gemeinsame Verlautbarung" nicht verbindlich, denn der Rechtsnatur nach handelt es sich um eine Verwaltungsvorschrift, die nach Art. 3 Abs. 1 GG nur zu einer Selbstbindung der Verwaltung im Außenverhältnis führt.[61]

In 3.1 der Verlautbarung wird der Begriff Entsendung definiert, wobei sich die Definition stark an der Rechtsprechung des Bundessozialgerichts orientiert. Bei einer Auslandstätigkeit handelt es sich um eine Entsendung i. S. d. 3.1 der Verlautbarung, wenn sich der Beschäftigte auf Weisung des Arbeitgebers ins Ausland begibt, um dort für den Arbeitgeber tätig zu sein.

Den Sonderfall, dass der Expatriate eigens für den Auslandseinsatz eingestellt und in Deutschland noch nicht für den Arbeitgeber tätig wurde, löst die Verlautbarung nach den von der Rechtsprechung aufgestellten Grundsätzen (3.1 der Verlautbarung). Lebte der Beschäftigte unmittelbar vor der Entsendung in Deutschland, hat aber keine Beschäftigung ausgeübt, liegt nach 3.1 der Verlautbarung eine Entsendung vor, genau wie nach Ansicht der Rechtsprechung. Rechtsprechung und Verlautbarung werden geprägt von dem Grundgedanken der „fortbestehenden Inlandsintegration bei vorübergehender Auslandstätigkeit," aus dem sich auch ergibt, dass keine Anhaltspunkte gegen eine Rückkehr des Expatriates nach Deutschland sprechen dürfen (3.1 der Verlautbarung).

Genau wie die Rechtsprechung verneint die Verlautbarung eine Entsendung, wenn der Beschäftigte bereits im Tätigkeits- oder einem Drittstaat wohnt, denn dann fehlt der Bezug des Beschäftigungsverhältnisses zur deutschen

60 *Seewald*, in: KassKomm, Vorbemerkungen zu §§ 4–6 SGB IV, Rdnr. 1; *Hänlein*, in: Kreikebohm, SGB IV Erster Abschnitt, Erster Titel, D, Rdnr. 26.

61 *Seewald*, in: KassKomm, Vorbemerkungen zu §§ 4–6 SGB IV, Rdnr. 1.

Sozialversicherung, welcher auch nicht dadurch hergestellt werden kann, dass der Expatriate beabsichtigt, nach der Auslandstätigkeit eine Beschäftigung in Deutschland auszuüben (3.1 der Verlautbarung).

2. *Definition nach Unionsrecht*

Seit dem 01.05.2010 sind die Vorschriften der Art. 12 VO 883/2004, Art. 14/15 VO 987/2009 und der Beschluss Nr. A2 der Verwaltungskommission in Kraft und bei Entsendungen innerhalb der EU zu beachten.[62] Um Wirksamkeit zu entfalten, bedarf es keines Umsetzungsaktes der VOen oder des Beschlusses in deutsches Recht, sie gelten nach Art. 288 AEUV unmittelbar.

Die VO 883/2004 des Europäischen Parlaments und Rates vom 29.04.2004 hat die Koordinierung der nationalen Systeme der sozialen Sicherheit zum Gegenstand und dient der Verbesserung des Lebensstandards und der Arbeitsbedingungen (Nr. 1 der Erwägungsgründe der VO 883/2004). Die VO 883/2004 ersetzt die alte VO 1408/1971, die mehrfach geändert und aktualisiert wurde, um den Entwicklungen auf Unionsebene und den Urteilen des EuGH Rechnung zu tragen (Nr. 3 der Erwägungsgründe der VO 883/2004). Die VO 883/2004 wurde durch die VO 465/2012 am 22.05.2012 bereits teilweise modifiziert. In dem Zuge wurde auch der für die Definition der Entsendung relevante Art. 12 Abs. 1 VO 883/2004 geändert, indem der Wortlaut „nicht eine andere Person ablöst" ersetzt wurde durch den Wortlaut „nicht eine andere entsandte Person ablöst" (Art. 1 VO 465/2012). Diese Modifizierung dient der Klarstellung, dass eine erneute Entsendung nicht zur Weitergeltung des Sozialrechts des Entsendestaates führt, wenn ein Expatriate einen anderen Entsandten ablöst.[63] Löst der Expatriate eine Ortskraft ab, gilt für ihn dagegen das Recht des Entsendestaates weiter. Ortskräfte sind Beschäftigte, die vor Beginn ihrer Beschäftigung bereits im Tätigkeitsstaat gewohnt haben.

Die Regelungen der VO 883/2004 galten allerdings gem. Art. 89, 91 VO 883/2004 erst mit Inkrafttreten der DurchführungsVO 987/2009.

---

62 Amtsblatt der EU, Nr. C 106 vom 24.04.2010; *Plagemann/Seifert,* in: Münchener Anwaltshandbuch Sozialrecht, § 5 Der versicherte Arbeitnehmer, Rdnr. 15.

63 *Plagemann/Seifert,* in: Münchener Anwaltshandbuch Sozialrecht, § 5 Der versicherte Arbeitnehmer, Rdnr. 34; *Steinmeyer,* in: Fuchs Europäisches Sozialrecht, Art. 12 VO 883/2004, Rdnr. 14; *Schreiber,* in: Schreiber/Wunder/Dern, VO 883/2004, Art. 12, Rdnr. 18.

Die Durchführungs VO 987/2009 wurde am 16.09.2009 vom Europäischen Parlament und dem Rat der EU erlassen und regelt die Modalitäten für die Durchführung der VO 883/2004.

Die Verwaltungskommission fasste am 12.06.2009 den Beschluss Nr. A2 zur Auslegung des Artikels 12 der VO 883/2004. Grundlage für den Beschluss war Art. 72a VO 883/2004, wonach die Verwaltungskommission alle Verwaltungs- und Auslegungsfragen zu behandeln hat, die sich aus den VOen 883/2004 und 987/2009 ergeben.

Im europäischen Koordinierungsrecht zur sozialen Sicherheit gilt grundsätzlich nach Art. 11 Abs. 3 a VO 883/2004 das Territorialitätsprinzip, wonach eine Person in dem Mitgliedsstaat sozialversichert ist, in dem sie eine Beschäftigung ausübt (Tätigkeitsstaat). Eine Ausnahme vom Territorialitätsprinzip bildet die Entsenderegel in Art. 12 Abs. 1 VO 883/2004, wonach bei Vorliegen bestimmter Voraussetzungen das Sozialrecht des Staates, aus dem sie vorübergehend entsandt wird (Entsendestaat), z.B. Deutschland, auch während einer vorübergehenden Tätigkeit in einem anderen Mitgliedsstaat weiter gilt. Die Regelung in Art. 12 VO 883/2004 ist von ihren Voraussetzungen und der Rechtsfolge z. T. vergleichbar mit der Ausstrahlungsregelung in § 4 SGB IV. Bei beiden ist die Entsendung nur eine von mehreren Voraussetzungen für ein Fortgelten des Rechts des Entsendestaates während eines Auslandseinsatzes. Das ergibt sich für das europäische Koordinierungsrecht aus dem Wortlaut des Art. 12 VO 883/2004, wonach für ein Fortgelten des Rechts des Entsendestaates eine Entsendung als eines von mehreren Kriterien, darunter u.a. eine Dauer von weniger als 24 Monaten, gegeben sein muss.

Ausgangspunkt für ein Fortgelten des Sozialrechts des Entsendestaates und damit auch der Definition der Entsendung auf unionsrechtlicher Ebene bildet Art. 12 Abs. 1 VO 883/2004.

Die Vorschrift regelt, unter welchen Voraussetzungen das Sozialrecht des Entsendemitgliedsstaates bei einer Tätigkeit des Arbeitnehmers in einem anderen Mitgliedsstaat der EU fortgilt.

Voraussetzung nach Art. 12 Abs. 1 VO 883/2004 ist zunächst, dass der Arbeitgeber gewöhnlich in einem ersten Mitgliedsstaat, z.B. Deutschland, tätig ist. Außerdem muss der Arbeitnehmer grundsätzlich in Deutschland auf Rechnung des Arbeitgebers eine Beschäftigung ausüben. Von diesem ersten Mitgliedsstaat (Deutschland) entsendet der Arbeitgeber eine Person in einen anderen Staat. Voraussetzung ist außerdem noch, dass die voraussichtliche Dauer des Auslandsaufenthaltes 24 Monate nicht überschreitet und die Person nicht eine andere Person ablöst.

Die Voraussetzungsmerkmale werden im Einzelnen in Art. 14 Abs. 2 VO 987/2009, dem Beschluss Nr. A2 und der Kommentarliteratur konkretisiert.

Für ein Fortgelten des Sozialrechts des Entsendestaates (z.B. Deutschland) ist erforderlich, dass das entsendende Unternehmen seine Geschäftstätigkeit gewöhnlich in Deutschland ausübt, was der Fall ist, wenn das Unternehmen in Deutschland andere nennenswerte Tätigkeiten als bloß rein interne Verwaltungstätigkeiten ausübt (Art. 14 Abs. 2 VO 987/2009). Die Beurteilung, ob mehr als nur reine Verwaltungstätigkeit ausgeübt wird, erfordert die Berücksichtigung aller Kriterien, die kennzeichnend für die Tätigkeit des betreffenden Unternehmens sind (Art. 14 Abs. 2 VO 987/2009). Die Verwaltungskommission stellt bei der Bestimmung der anderen nennenswerten Tätigkeiten u.a. auf den Ort ab, an dem das Unternehmen seinen Sitz und seine Verwaltung hat, die Zahl der im Mitgliedsstaat seiner Betriebsstätte bzw. in dem anderen Mitgliedsstaat in der Verwaltung Beschäftigten, den Ort, an dem die entsandten Arbeitnehmer eingestellt werden, den Ort, an dem der Großteil der Verträge mit Kunden geschlossen wird, und das Recht, dem die Verträge unterliegen, die das Unternehmen mit seinen Kunden bzw. Arbeitnehmern schließt.[64] Insgesamt soll mit dem Erfordernis einer Geschäftstätigkeit, die über eine rein interne Verwaltungstätigkeit hinausgeht, das Ausnutzen der Entsendemöglichkeit vermieden werden, indem Briefkastenfirmen gegründet werden, um einen Unternehmenssitz vorzutäuschen.[65]

Ein Fortgelten des Sozialrechts des Entsendestaates setzt nach Unionsrecht zudem noch voraus, dass der Arbeitnehmer in Deutschland für Rechnung des Arbeitgebers eine Beschäftigung ausübt, also bei dem deutschen Unternehmen vor dem Auslandseinsatz beschäftigt war (Art. 12 Abs. 1 VO 883/2004).

Für den Sonderfall, dass der Expatriate erst für den Auslandseinsatz eingestellt wird, muss er unmittelbar vor Beginn der Beschäftigung den Rechtsvorschriften des Mitgliedsstaates unterliegen, bei dem das Unternehmen seinen Sitz hat, das ihn einstellt (Art. 14 Abs. 1 VO 987/2009). Der Expatriate muss also im Sonderfall vor Beginn der Beschäftigung den deutschen Sozialrechtsvorschriften

64 Nr. 1 des Beschlusses Nr. A2 der Verwaltungskommission vom 12.06.2009; *Steinmeyer,* in: Fuchs Europäisches Sozialrecht, Art. 12 VO 883/2004, Rdnr. 5; *Schreiber,* in: Schreiber/Wunder/Dern, VO 883/2004, Art. 12, Rdnr. 7; ein im Entsendestaat erwirtschafteter Umsatzanteil von 25 % ist nach Auffassung der Kommission ausreichend für eine nennenswerte Tätigkeit.

65 *Plagemann/Seifert,* in: Münchener Anwaltshandbuch Sozialrecht, § 5 Der versicherte Arbeitnehmer, Rdnr. 30; *Schreiber,* in: Schreiber/Wunder/Dern, VO 883/2004, Art. 12, Rdnr. 7; *Steinmeyer,* in: Fuchs Europäisches Sozialrecht, Art. 12 VO 883/2004, Rdnr. 5.

unterliegen. Unmittelbar bedeutet dabei mindestens einen Monat vor Beginn der Beschäftigung, bei weniger als einem Monat ist eine einzelfallbezogene Bewertung unter Berücksichtigung aller anderen Faktoren notwendig (Art. 14 Abs. 1 VO 987/2009).[66]

Diese Regelung zum Sonderfall ähnelt der Rechtsprechung des Bundessozialgerichts, wonach der Beschäftigte unmittelbar vor Beginn der Auslandstätigkeit in Deutschland seinen Wohnsitz/gewöhnlichen Aufenthalt innehaben muss. Damit ist die Ansicht des Bundessozialgerichts näher am Europarecht als die Ansicht der von der Rechtsprechung abweichenden sozialrechtlichen Literatur,[67] die für die Ausstrahlung eine zumindest geringfügige Tätigkeit in Deutschland vor der Entsendung fordert. Das Bundessozialgericht definiert den Begriff „unmittelbar" nicht. Es ist jedoch durchaus denkbar, dass hier auf die Regelungen des Unionsrechts zur Monatsgrenze zurückgegriffen werden könnte.

Zudem wird eine Entsendung vorausgesetzt, was bedeutet, dass der Beschäftigte sich auf Weisung des Arbeitgebers ins Ausland begibt, um dort auf Rechnung des Arbeitgebers zu arbeiten.[68] Die Ortsveränderung muss durch den Arbeitgeber veranlasst sein.[69] Für eine Entsendung muss außerdem während der Auslandstätigkeit zwischen deutschem Arbeitgeber und dem Arbeitnehmer eine arbeitsrechtliche Bindung bestehen, die sich nach verschiedenen Merkmalen beurteilt, insbesondere nach der Verantwortung für Anwerbung, Arbeitsvertrag, Entlohnung, Entlassung, Kündigungsbefugnis, Direktionsrecht und Entscheidungsgewalt über die Art der Arbeit insgesamt.[70]

---

66 Ebenso Nr. 1 des Beschlusses Nr. A2 der Verwaltungskommission vom 12.06.2009; *Steinmeyer,* in: Fuchs Europäisches Sozialrecht, Art. 12 VO 883/2004, Rdnr. 6.

67 *Seewald,* in: KassKomm, § 4 SGB IV, Rdnrn. 5 f.

68 *Plagemann/Seifert,* in: Münchener Anwaltshandbuch Sozialrecht, § 5 Der versicherte Arbeitnehmer, Rdnr. 31; *Fuchs,* in: Knickrehm/Kreikebohm/Waltermann, Komm SozR, 5. VO 883/2004, Rdnr. 70; *Steinmeyer,* in: Fuchs Europäisches Sozialrecht, Art. 12 VO 883/2004, Rdnr. 7; eine Entsendung liegt deshalb nicht vor bei sog. Ortskräften, d.h. solche, die erst in dem anderen Mitgliedsstaat eingestellt worden sind; *Schreiber,* in: Schreiber/Wunder/Dern, VO 883/2004, Art. 12, Rdnr. 10.

69 *Fuchs,* in: Knickrehm/Kreikebohm/Waltermann, Komm SozR, 5. VO 883/2004, Rdnr. 70; *Steinmeyer,* in: Fuchs Europäisches Sozialrecht, Art. 12 VO 883/2004, Rdnr. 7.

70 Nr. 1 des Beschlusses Nr. A2 der Verwaltungskommission vom 12.06.2009 wonach kurze Unterbrechungen einer Entsendung nicht entgegenstehen; eine Entsendung liegt nicht vor, wenn die aufnehmende Einrichtung über den Arbeitnehmer weiterverfügt, indem sie ihn z.B. einem anderen Unternehmen überlässt; ebenso: *Steinmeyer,* in: Fuchs Europäisches Sozialrecht, Art. 12 VO 883/2004, Rdnrn. 8, 10; *Schreiber,* in:

Ein Fortgelten des deutschen Sozialrechts ist abzulehnen, wenn die voraussichtliche Dauer des Auslandseinsatzes auf mehr als 24 Monate festgelegt ist, wobei eine Unterbrechung wegen Krankheit, Fortbildung oder Urlaub nicht zu einer Verlängerung führt.[71] Nach der alten VO 1408/1971 war der Auslandseinsatz auf 12 Monate begrenzt mit anschließender Verlängerungsmöglichkeit von 12 Monaten. Die Erweiterung der Frist auf 24 Monate bedeutet für die Unternehmen eine deutliche Vereinfachung des Verwaltungsaufwandes, weil sie nicht mehr die Genehmigung der zuständigen Behörde des Tätigkeitsstaates nach Art. 14 Nr. 1b VO 1408/1971 (VorgängerVO der VO 883/2004) einholen müssen, wenn die Beschäftigungsdauer 12 Monate überschreitet.[72]

Das deutsche Sozialrecht bestimmt für eine Entsendung keine zeitliche Obergrenze, die Auslandstätigkeit muss lediglich vorübergehend sein. Das führt zu der Frage, ob bei Entsendungen von Deutschland in einen anderen Mitgliedsstaat, die auf mehr als 24 Monate angelegt sind, ein Fortgelten des deutschen Sozialrechts möglich ist. Nach deutschem Recht würde in diesem Fall deutsches Recht weitergelten, nach europäischem Recht bliebe es bei dem Recht des Tätigkeitsstaates. Nach Art. 288 Abs. 2 AEUV genießen Verordnungen der EU Vorrang gegenüber innerstaatlichem Recht, sofern dies im Widerspruch zur Verordnung steht.[73]

Die Ausstrahlungsnorm in § 4 SGB IV steht nach § 6 SGB IV unter dem Vorbehalt abweichender Regelungen im über- oder zwischenstaatlichen Recht, weshalb EU-VOen oder Sozialversicherungsabkommen vorrangig sind.

In der Praxis werden Entsendungen von mehr als 24 Monaten i. d. R. nach der Ausnahmevorschrift Art. 16 VO 883/2004 gelöst, nach der Expatriate und Arbeitgeber ein Fortgelten deutscher Rechtsvorschriften beantragen können, wenn die Voraussetzungen in Art. 12 VO 883/2004 nicht vorliegen. Der Spitzenverband Bund der Krankenkassen ermöglicht gem. § 217 a SGB V bei Entsendungen in EU-Mitgliedsstaaten die Weitergeltung der deutschen Rechtsvorschriften

---

Schreiber/Wunder/Dern, VO 883/2004, Art. 12, Rdnr. 10 die arbeitsrechtliche Bindung kann auch für den Zeitraum der Entsendung modifiziert sein.

71 Nr. 3b des Beschlusses Nr. A2 der Verwaltungskommission vom 12.06.2009.

72 *Plagemann/Seifert*, in: Münchener Anwaltshandbuch Sozialrecht, § 5 Der versicherte Arbeitnehmer, Rdnr. 33; *Steinmeyer*, in: Fuchs Europäisches Sozialrecht, Art. 12 VO 883/2004, Rdnr. 15 wonach die 24 Monatsfrist auch in zahlreichen Sozialversicherungsabkommen enthalten ist.

73 *Oetker*, in: Münchener Handbuch zum ArbR, Band 1, Erstes Buch, § 10 Europarechtliche Grundlagen des Arbeitsrechts, Rdnr. 10; EuGH 15.07.1964 Rs. C-6/64, NJW 1964, 2371; EuGH 22.10.1998 C-10/97 bis C-22/97, NJW 1999, 200.

auf Antrag bis zu einem Zeitraum von fünf Jahren ohne weitere Begründung (4.3 des Antrages).[74] Er stützt sich dabei auf die Ausnahmevorschrift in § 16 VO 883/2004. Die Erteilung einer Ausnahmegenehmigung steht im Ermessen der deutschen Verbindungsstelle Krankenversicherung Ausland und kommt bei einer Befristung bis max. fünf Jahre und einer anschließenden Verlängerung von max. drei Jahren in Betracht, wenn die Umstände des Einzelfalles dies rechtfertigen.[75]

III. Definition der Entsendung im Steuerrecht

Die Finanzverwaltung hat erstmals im Jahr 2001 bei Beantwortung der Frage der Einkünfteabgrenzung zwischen international verbundenen Unternehmen bei Auslandsentsendungen in dem BMF-Schreiben „Verwaltungsgrundsätze-Arbeitnehmerentsendung“ den Begriff der Entsendung definiert.[76] BMF-Schreiben können nach Art. 108 Abs. 3 S. 2 GG i. V. m. Art. 85 Abs. 3 GG vom Bundesministerium der Finanzen erlassen werden. Sie entfalten nur für die Finanzämter Bindungswirkung, für die Finanzgerichte sind sie aufgrund des Gewaltenteilungsprinzips unverbindlich. Gegenüber dem Steuerpflichtigen legen sie die Verwaltungspraxis offen.

Eine Entsendung i. S. d. Nr. 2.1 des BMF-Schreibens liegt vor, wenn Arbeitnehmer und bisheriger Arbeitgeber (entsendendes Unternehmen) eine Vereinbarung über eine zeitlich befristete Tätigkeit bei einem verbundenen Unternehmen (aufnehmendes Unternehmen) treffen und das aufnehmende Unternehmen eine arbeitsrechtliche Vereinbarung mit dem Arbeitnehmer schließt oder wirtschaftlich als Arbeitgeber anzusehen ist. Das BMF-Schreiben stellt beim Arbeitgeberbegriff nicht auf den lohnsteuerrechtlichen, sondern auf den wirtschaftlichen Arbeitgeberbegriff ab, weil dieser für den Zweck des Schreibens geeigneter ist (2.2 des Schreibens).

Wirtschaftlicher Arbeitgeber ist nach 2.2 des Schreibens, wer den Arbeitnehmer in seinen Geschäftsbetrieb integriert, weisungsbefugt ist und die Vergütung für die Tätigkeit unmittelbar an den Arbeitnehmer zahlt oder dem entsendenden

74 Der Antrag ist auf der Internetseite des GKV herunterladbar www.dvka.de und findet sich unter der Rubrik: Arbeitgeber und Erwerbstätige – Anträge finden – Abschluss einer Ausnahmevereinbarung.

75 *Plagemann/Seifert,* in: Münchener Anwaltshandbuch Sozialrecht, § 5 Der versicherte Arbeitnehmer, Rdnrn. 36 f.

76 BMF-Schreiben vom 09.11.2001 IV B 4 – S 1341 – 20/01, BStBl. I 2001, 796; *Reuter,* in: Kessler/Kröner/Köhler, Konzernsteuerrecht, § 9, Rdnr. 55; auf den Entsendungsbegriff des BMF-Schreibens greift auch *Eisgruber,* in: Kirchhof EStG § 38, Rdnr. 9 zurück.

Unternehmen die Vergütung erstattet.[77] Bei einer Entsendung von mehr als drei Monaten geht das BMF von einer Integration in das aufnehmende Unternehmen aus (2.2 des Schreibens). Damit wird das aufnehmende Unternehmen wirtschaftlicher Arbeitgeber. Das Schreiben beinhaltet somit die widerlegbare Vermutung, dass bei Fehlen einer Vereinbarung zwischen Arbeitnehmer und aufnehmendem Unternehmen eine Entsendung erst ab einem Zeitraum von mehr als drei Monaten anzunehmen ist.[78] Unter dem Begriff der „verbundenen Unternehmen" sind im Steuerrecht im Rahmen des Jahresabschlusses von Kapitalgesellschaften in § 271 Abs. 2 HGB „Unternehmen, die als Mutter- und Tochterunternehmen in den Konzernabschluss eines Mutterunternehmens nach den Vorschriften… einzubeziehen sind", zu verstehen.

Das Schreiben legt auch eindeutig fest, wann eine Arbeitnehmerentsendung zu verneinen ist. Erfüllt der Arbeitnehmer eine Dienst- oder Werkleistungsverpflichtung des entsendenden Unternehmens bei einem anderen verbundenen Unternehmen und ist sein Lohn Preisbestandteil der Dienst- oder Werkleistung (z. B. Fälle des gewerblichen Arbeitnehmerverleihs oder Anlagenbaus), liegt keine Entsendung i. S. d. Schreibens vor.

Die Verwaltungsgrundsätze Arbeitnehmerentsendung dienen dazu, bei den Fällen der grenzüberschreitenden Arbeitnehmerentsendung zwischen verbundenen Unternehmen Regelungen zur Aufteilung des Aufwandes der Entsendung zu treffen (Nr. 1 des Schreibens). Welches Unternehmen den Aufwand des Auslandseinsatzes, z. B. Gehalts- und sonstige Kosten bzw. Teile davon, zu tragen hat, bestimmt sich anhand des betrieblichen Interesses. Mit dem Abstellen auf das betriebliche Interesse knüpft das BMF an das in § 4 Abs. 4 EStG verankerte Veranlassungsprinzip an und folgt damit den Leitgedanken der bisherigen Verwaltungspraxis, der Rechtsprechung[79] und der h. M. im Schrifttum,[80] die Einkünfte bei Auslandseinsätzen anhand der Kriterien des Veranlassungsprinzips und des Fremdvergleichs abgrenzten.[81] Diese Kriterien bestätigt die Finanzverwaltung mit dem Schreiben in Nr. 3 ff., indem sie diese als Beurteilungskriterien für die Einkünfteabgrenzung verwendet.

Das Veranlassungsprinzip besagt, dass Kosten, die als Betriebsausgabe nach § 4 Abs. 4 EStG abgezogen werden, betrieblich veranlasst sein müssen, was der

---

77 Ebenso: BFH 21.08.1985 – I R 63/80, BStBl. 1986 II, S. 4.

78 *Reuter,* in: Kessler/Kröner/Köhler, Konzernsteuerrecht, § 9, Rdnr. 55.

79 BFH 11.04.1984 – I R 175/79, BStBl. II 1984, 535, BB 1984, 1531.

80 *Dahnke,* IStR 1992, S. 99; *Kratzenberg,* StBp 1989, S. 205.

81 *Bortsell,* in: Vögele/Borstell/Engler, Verrechnungspreise, 5. Teil Kapitel Q, Rdnr. 6 m. og. N.; *Schnorberger/Waldens,* IStR 2001, S. 40.

Fall ist, wenn der Betrieb ein Interesse an dem Einsatz hat.[82] Im Erlass nennt die Finanzverwaltung konkrete Beurteilungskriterien für die Interessenlage, z. B. die ausgeübte Funktion des Expatriates, Tätigkeitsort, Projektbezogenheit der Tätigkeit und Initiative für den Einsatz.

Der Fremdvergleich erfolgt nach den drei Methoden, die in 3.2 des Schreibens genannt sind (betriebsintern, -extern und hypothetisch), und dient dazu, den angemessenen Aufwand für eine vergleichbare Entsendung zu ermitteln.

Die Literatur kritisiert das BMF-Schreiben teilweise.[83] Sie ist der Ansicht, die Dreimonatsgrenze führe, wenn es zu einer unvorhergesehenen Verlängerung des Auslandseinsatzes kommt, rückwirkend zu einer Kostenbelastung, was insbesondere bei der Rechnungslegung Probleme bereitet, wenn sich der Zeitraum über einen Bilanzstichtag erstreckt.[84] Kritisiert werden auch die extrem hohen Anforderungen, welche die Finanzverwaltung an die Ermittlung einer angemessenen Vergütung bei dem Fremdvergleich in 3.2 ff. des Schreibens stellt, da diese keinerlei Rechtsgrundlage haben und zu einem sehr hohen administrativen Aufwand bei den Unternehmen führen, der insbesondere bei kurzen Entsendungen unverhältnismäßig ist.[85]

IV. Zusammenfassung, Vergleich der Definitionen und Möglichkeit der Übertragung

1. Zusammenfassung

Die arbeitsrechtliche Literatur definiert die Entsendung als eine zeitlich befristete Auslandstätigkeit, die mehrere Monate bis zu einigen Jahren dauert und bei der eine Rückkehr des Expatriates nach Deutschland von vornherein vorgesehen ist. Die Definition wird von der Grundidee geprägt, dass ein langandauerndes Inlandsarbeitsverhältnis durch eine vergleichsweise kurze Auslandstätigkeit unterbrochen und danach fortgeführt wird.

Ausgangspunkt für die Definition der Entsendung im deutschen Sozialrecht bildet die Regelung der Ausstrahlung in § 4 SGB IV. Darin wird die Entsendung als eine von mehreren Voraussetzungen der Ausstrahlung genannt, die durch die Rechtsprechung, Literatur und Verlautbarung definiert wird.

82 *Schnorberger/Waldens,* IStR 2001, S. 40.

83 *Kraft,* in: Kraft Außensteuergesetz, § 1, Rdnr. 654; *Reuter,* in: Kessler/Kröner/Köhler, Konzernsteuerrecht, § 9, Rdnr. 55.

84 *Reuter,* in: Kessler/Kröner/Köhler, Konzernsteuerrecht, § 9, Rdnr. 56.

85 *Reuter,* in: Kessler/Kröner/Köhler, Konzernsteuerrecht, § 9, Rdnr. 57.

Die Rechtsprechung, Literatur und Verlautbarung bejahen einheitlich eine Entsendung, wenn sich der Arbeitnehmer auf Weisung des deutschen Arbeitgebers von Deutschland ins Ausland begibt, wobei er grundsätzlich zuvor in Deutschland für seinen entsendenden Arbeitgeber gearbeitet haben muss. Der Sonderfall, dass der Arbeitnehmer und deutsche Arbeitgeber das Beschäftigungsverhältnis erst zum Zwecke des Auslandseinsatzes begründen, wird in Rechtsprechung, Literatur und Verlautbarung einheitlich als Problem der Entsendung gesehen, aber teilweise anders gelöst. Die Rechtsprechung bejaht eine Entsendung bei dem Sonderfall, wenn der Arbeitnehmer vor Beschäftigungsbeginn seinen Wohnsitz/gewöhnlichen Aufenthalt in Deutschland innehatte. Der Wohnsitz/gewöhnliche Aufenthalt stellt einen Bezug zur Sozialversicherung her. Außerdem dürfen für eine Entsendung im sozialrechtlichen Sinne keine Anhaltspunkte gegen eine Rückkehr des Arbeitnehmers im Anschluss an die Auslandstätigkeit nach Deutschland sprechen. Denn nur bei vorgesehener Rückkehr besteht eine Bindung zur deutschen Sozialversicherung fort. Ein Teil der sozialrechtlichen Literatur setzt für den Sonderfall voraus, dass der Arbeitnehmer vor Beschäftigungsbeginn zumindest eine geringfügige Tätigkeit in Deutschland ausgeübt hat, z.B. in Form einer Einarbeitung. Die Verlautbarung löst den Sonderfall nach den Kriterien der Rechtsprechung.

Voraussetzung für eine Entsendung im europarechtlichen Sinne ist die Bewegung des Arbeitnehmers von Deutschland ins Ausland auf Weisung des Arbeitgebers, um in einem anderen Mitgliedsstaat für diesen zu arbeiten. Zudem muss eine arbeitsrechtliche Bindung zwischen Arbeitgeber und Arbeitnehmer auch während der Auslandstätigkeit fortbestehen.

Der steuerliche Entsendungsbegriff setzt eine Vereinbarung zwischen Arbeitnehmer und bisherigem Arbeitgeber (entsendendes Unternehmen) über eine zeitlich befristete Tätigkeit bei einem verbundenen Unternehmen (aufnehmendes Unternehmen) voraus, und das aufnehmende Unternehmen muss eine arbeitsrechtliche Vereinbarung mit dem Arbeitnehmer schließen oder wirtschaftlicher Arbeitgeber sein.

2. *Vergleich mit Herausarbeitung der Unterschiede und Gemeinsamkeiten*

Die Voraussetzung, dass der Arbeitnehmer sich auf Weisung des Arbeitgebers ins Ausland begibt, um dort für diesen zu arbeiten, sind im Arbeits- und Sozialrecht genauso wie im europäischen Koordinierungsrecht und im deutschen Steuerrecht Voraussetzung für die Entsendung. Die Initiative für den Auslandseinsatz muss bei einer Entsendung vom Arbeitgeber ausgehen. Damit wird die

Entsendung zu einer Auslandstätigkeit abgegrenzt, bei der sich der Arbeitnehmer selbst eine neue Beschäftigung in einem ausländischen Unternehmen sucht.

Bei der zeitlichen Begrenzung der Auslandstätigkeit setzt das Arbeitsrecht eine vorübergehende Tätigkeit voraus, ebenso das Steuerrecht. Im deutschen Sozialrecht ist die zeitliche Begrenzung nicht als Teil der Voraussetzungen der Entsendung geregelt, sondern eine Ebene darüber bei den Voraussetzungen der Ausstrahlung. Das ist vergleichbar mit dem europäischen Koordinierungsrecht, wonach die Begrenzung auf 24 Monate nicht Teil der Voraussetzungen der Entsendung ist, sondern eine Ebene darüber eine der Voraussetzungen für ein Fortgelten des Rechts des Entsendestaates ist. Die zeitliche Begrenzung grenzt die Entsendung zu zeitlich unbefristeten Auslandseinsätzen ab, bei denen der Expatriate dann von Beginn an dem ausländischen Unternehmen und der ausländischen Rechtsordnung, z. B. Sozialrechtsordnung, zugeordnet ist.

Im nationalen Sozialrecht und europäischen Koordinierungsrecht bilden die Regelungen zur Ausstrahlung/zum Fortgelten des Rechts des Entsendestaates eine gesetzliche Anknüpfung für die Definition nach § 4 SGB IV und Art. 12 VO 883/2004. Der steuerrechtliche Entsendungsbegriff wurde von der Finanzverwaltung in dem BMF-Schreiben zur Arbeitnehmerentsendung entwickelt, hat aber über die Finanzverwaltung hinaus keine Bindungswirkung. Der arbeitsrechtliche Entsendungsbegriff wurde allein von der Literatur entwickelt.

Eine gesetzliche Definition der Entsendung ist im Sozialrecht notwendig, weil sie eine Voraussetzung für die Ausstrahlung und damit für das Fortbestehen der deutschen Sozialversicherung während des Auslandseinsatzes ist.

Im Steuerrecht ergibt sich aus der Definition die einheitliche Handhabung der Finanzverwaltung bei der sachgerechten Aufteilung der Entsendungskosten zwischen verbundenen Unternehmen.

Einer gesetzlichen Definition der Entsendung im Arbeitsrecht bedarf es nicht, denn die Einstufung eines Auslandseinsatzes als Entsendung hat keinerlei rechtliche Auswirkungen. Arbeitsrechtliche Auswirkungen ergeben sich z. B. aus der Dauer des Auslandseinsatzes, indem bei einem länger als einen Monat dauernden Einsatz ein Nachweis i. S. d. § 2 Abs. 2 NachwG und die Zustimmung des Betriebsrates nach §§ 99, 95 Abs. 3 BetrVG erforderlich sind.

Die Voraussetzung einer vertraglichen Bindung zwischen Arbeitnehmer und ausländischem Arbeitgeber oder die wirtschaftliche Arbeitgeberstellung des ausländischen Unternehmens ist nur Teil des steuerlichen Entsendungsbegriffs. Diese Voraussetzung begründet sich durch den Sinn und Zweck der Verwaltungsgrundsätze, die das betriebliche Interesse des entsendenden und aufnehmenden Unternehmens ermitteln. Dafür muss auf der einen Seite eine Bindung des Arbeitnehmers zum entsendenden Unternehmen bestehen, indem dies eine vertragliche Vereinbarung über den Auslandseinsatz mit dem Arbeitnehmer trifft. Auf der anderen Seite muss eine Bindung zum aufnehmenden Unternehmen vertraglicher Natur oder durch die wirtschaftliche Arbeitgeberstellung bestehen.

3. Übertragung des sozial- und steuerrechtlichen Entsendungsbegriffs auf das Arbeitsrecht

Die Definition der Entsendung basiert im Sozialrecht und europäischen Koordinierungsrecht auf einer gesetzlichen Grundlage, im Steuerrecht auf dem Willen der Bundesfinanzverwaltung. Das arbeitsrechtliche Verständnis von Entsendung bestimmt sich in erster Linie durch die Literatur, aber auch die Voraussetzungen, unter denen deutsches Arbeitnehmerschutzrecht auf im Ausland tätige Arbeitnehmer anwendbar ist (vorübergehende Tätigkeit, Weisungsrecht, Wiedereingliederungsklausel), bilden Kriterien dafür, was das Arbeitsrecht unter dem Begriff Entsendung versteht.

Dennoch besteht grundsätzlich die Frage, ob die sozial- oder steuerrechtliche Definition auf das Arbeitsrecht übertragbar ist.

Eine Übertragung setzt einen vergleichbaren Sinn und Zweck der Definition voraus. Sie macht nur Sinn, wenn sie dem Grundgedanken der arbeitsrechtlichen Definition nicht zuwiderläuft. Diese ist gekennzeichnet durch die Grundidee eines lange andauernden Inlandsarbeitsverhältnisses, das durch eine vergleichsweise kurze Auslandstätigkeit unterbrochen wird.

Die Definition der Entsendung im deutschen Sozialrecht in § 4 SGB IV greift diese Grundidee auf, indem sie die deutsche Sozialversicherung nur für die Auslandstätigkeit aufrechterhält, wenn diese grundsätzlich in eine Beschäftigung in Deutschland eingebettet ist, indem vorher ein Beschäftigungsverhältnis bestand und keine Anhaltspunkte gegen eine Rückkehr nach Deutschland sprechen.

Allerdings ist die sozialrechtliche Definition viel weiter als die arbeitsrechtliche aus dem Grunde, weil im Sozialrecht die Entsendung nur eine von mehreren Voraussetzungen bei der Definition des Begriffs Ausstrahlung ist. Die Voraussetzungen, dass die Auslandstätigkeit vorübergehend sein muss und im Rahmen eines inländischen Beschäftigungsverhältnisses erfolgen muss, sind erst Teil der Definition der Ausstrahlung. Das Arbeitsrecht kann diesen sehr weiten Begriff der sozialrechtlichen Entsendung nicht übernehmen, weil unter den sozialrechtlichen Entsendungsbegriff damit auch zeitlich unbegrenzte Auslandseinsätze fallen und solche, bei denen das deutsche Arbeitsverhältnis unterbrochen wird.

Das widerspricht dem arbeitsrechtlichen Verständnis von Entsendung, selbst nach der Mindermeinung in der Literatur.

Nach europäischem Koordinierungsrecht muss für eine Entsendung eine arbeitsrechtliche Bindung zwischen Arbeitnehmer und deutschem Arbeitgeber während der Auslandstätigkeit bestehen. Nach europäischem Koordinierungsrecht bestimmt sich die arbeitsrechtliche Bindung durch die Kriterien Verantwortung für Anwerbung, Arbeitsvertrag, Entlohnung, Entlassung und Entscheidungsgewalt über die Art der Arbeit insgesamt.[86] Das deutsche Arbeitsrecht steht diesem Verständnis nicht entgegen, denn danach besteht eine vertragliche Bindung durch den Grundarbeitsvertrag, der i. d. R. für die Dauer der Entsendung durch eine Zusatzvereinbarung in Form des Entsendungsvertrages modifiziert werden kann.

Die arbeitsrechtliche Definition beinhaltet noch zusätzliche Voraussetzungen, wie die zeitliche Begrenzung der Auslandstätigkeit. Die zeitliche Begrenzung findet sich im europäischen Recht bei den Voraussetzungen für ein Fortgelten des Rechts des Entsendestaates, sie ist auf 24 Monate festgelegt. Würde man den europäischen Begriff auf das deutsche Arbeitsrecht übertragen, würden unter den Begriff Entsendung auch zeitlich unbegrenzte Auslandstätigkeiten fallen. Differenziertere Abgrenzungen bei Auslandseinsätzen zwischen Monaten und Jahren (Entsendung, Abordnung, Delegation) sind nach hier vertretener Auffassung zwar nicht erforderlich, die Abgrenzung zu unbefristeten Einsätzen ist aus arbeitsrechtlicher Sicht aber relevant für die Definition der Entsendung, damit eine Entsendung ihren Grundgedanken eines langandauernden Inlandsarbeitsverhältnisses, das durch eine vergleichsweise kurze Auslandstätigkeit unterbrochen wird, erfüllt. Zudem beschränkt sich der europäische Entsendungsbegriff auf Entsendungen in einen anderen Mitgliedsstaat der EU, der arbeitsrechtliche nicht. Deshalb ist eine Übertragung der europäischen Definition auf die arbeitsrechtliche Definition ausgeschlossen.

Die Übertragung des steuerlichen Entsendungsbegriffs auf das Arbeitsrecht ist nicht sachgerecht, denn der steuerliche Entsendungsbegriff beschränkt sich nur auf eine Entsendung zwischen verbundenen Unternehmen, der arbeitsrechtliche erfasst auch Entsendungen zwischen nicht verbundenen Unternehmen. Der Unterschied kommt u.a. dadurch zum Ausdruck, dass der steuerliche Entsendungsbegriff eine vertragliche Verbindung zwischen dem Arbeitnehmer und ausländischem Arbeitgeber fordert.

---

86 Nr. 1 des Beschlusses Nr. A2 der Verwaltungskommission vom 12.06.2009.

Gegen eine Übertragung des steuerlichen auf den sozialrechtlichen Entsendungsbegriff spricht der unterschiedliche Sinn und Zweck der Vorschriften des BMF-Schreibens und der § 4 SGB IV. Bei Vorliegen einer Entsendung i. S. d. BMF-Schreibens ist das Interesse des entsendenden und aufnehmenden Unternehmens an der Entsendung zu ermitteln, um den Kostenaufwand der Entsendung angemessen zu verteilen und um schließlich zu einem steuerlich sachgerechten Abzug der Betriebsausgaben zu kommen. Der steuerliche Entsendungsbegriff gilt nur für verbundene Unternehmen, während der sozialrechtliche auch für nicht verbundene Unternehmen gilt.

Das Vorliegen einer Entsendung im sozialrechtlichen Sinne führt als eine von mehreren Voraussetzungen zum Fortgelten des deutschen Sozialrechts.

Wegen dieser unterschiedlichen Zielsetzungen ist eine Übertragung vom steuerlichen Entsendungsbegriff auf den sozialrechtlichen nicht möglich.

Eine Übertragung des steuerlichen oder sozialversicherungsrechtlichen Entsendungsbegriffs auf das Arbeitsrecht würde nur dann möglich sein, wenn die Parteien des Arbeitsvertrages bzw. Entsendevertrages für sich entscheiden, den steuerlichen/sozialversicherungsrechtlichen Entsendebegriff anwenden zu wollen.

V. Zusammenfassende Bewertung

Der Begriff Entsendung wird im Arbeits-, Steuer- und Sozialrecht sowie im europäischen Koordinierungsrecht definiert.

Die arbeitsrechtliche Definition wurde von der Literatur entwickelt, die sich teilweise an der nationalen sozialrechtlichen Rechtsprechung und Literatur zum Ausstrahlungsbegriff orientiert. Deshalb sind einige Merkmale der arbeitsrechtlichen Definition nicht Teil der sozialrechtlichen Entsendungsdefinition, sondern erst Voraussetzung der Ausstrahlung. Dasselbe gilt für das europäische Koordinierungsrecht, das die Merkmale der arbeitsrechtlichen Definition eine Ebene höher als Voraussetzung bei dem Fortgelten des Rechts des Entsendestaates aufführt.

Der steuerliche Entsendungsbegriff unterscheidet sich deutlich von der arbeits- und sozialrechtlichen Definition, indem er für eine Entsendung eine arbeitsrechtliche Vereinbarung zwischen dem aufnehmenden Unternehmen und dem Arbeitnehmer oder das aufnehmende Unternehmen in der Rolle des wirtschaftlichen Arbeitgebers fordert.

Eine Übertragung der Definitionen von einem Rechtsgebiet auf ein anderes ist nicht möglich, weil die Definition in jedem Rechtsgebiet einen anderen Sinn und Zweck erfüllt:

Im Arbeitsrecht soll die Definition im Wesentlichen zu unbefristeten Auslandseinsätzen abgrenzen, im Sozialrecht ist die Entsendung eine von mehreren Voraussetzungen für ein Fortgelten des Sozialrechts des Entsendestaates und im Steuerrecht dient der Begriff „Entsendung" zur Aufteilung des Interesses und damit auch des Betriebsausgabenabzugs zwischen entsendendem und aufnehmendem Unternehmen.

Ausgangspunkt für die arbeitsrechtliche Analyse des Entsendungsvertrages im zweiten Teil der Arbeit ist der weite arbeitsrechtliche Entsendungsbegriff.

Im Hinblick auf die Bewertung von steuer- und sozialversicherungsrechtlichen Fragen muss auf die spezifischen Entsendungsbegriffe zurückgegriffen werden.

B. Entsendung ohne zusätzlichen Vertrag nur aufgrund des Direktionsrechts

Nach der arbeitsrechtlichen Definition ist eine Entsendung ein vorübergehender Auslandseinsatz, bei dem das Arbeitsverhältnis zum deutschen Unternehmen fortbesteht und die Rückkehr des Arbeitnehmers nach Deutschland geplant ist. Nach diesem weiten arbeitsrechtlichen Verständnis von Entsendung gibt es keine Mindest- bzw. Höchstdauer für Entsendungen, weshalb auch kurzfristige, d.h. nur wenige Tage oder Wochen andauernde Auslandseinsätze unter den weiten Entsendungsbegriff fallen.[87]

Häufig vereinbaren Arbeitgeber und Arbeitnehmer einvernehmlich eine Entsendung und schließen eine zusätzliche Vereinbarung, einen sog. Entsendungsvertrag, über die Modalitäten einer Entsendung, der v. a. die Dauer, ein zusätzliches Gehalt und die Rückkehrbedingungen regelt.

Möglich ist aber auch, dass der Arbeitgeber eine Entsendung des Arbeitnehmers ins Ausland nur durch sein Direktionsrecht auf Grundlage des Arbeitsvertrages anordnet, ohne einen zusätzlichen Vertrag mit dem Arbeitnehmer zu schließen. Das Direktionsrecht des Arbeitgebers kann von vornherein durch eine sog. Auslandsentsendungsklausel im Arbeitsvertrag erweitert werden.

I. Direktionsrecht des Arbeitgebers aus § 106 GewO

Das Direktionsrecht des Arbeitgebers wurde durch das Dritte Gesetz zur Änderung der Gewerbeordnung und sonstiger gewerberechtlicher Vorschriften vom 24.08.2002 (am 01.01.2003 in Kraft getreten) neu in § 106 GewO gesetzlich

---

87 Siehe bereits oben auf S. 6 ff.; *Loritz,* NZA 1997, S. 1190.

geregelt.[88] Davor war das Weisungs- und Direktionsrecht des Arbeitgebers in § 121 GewO a. F. geregelt und gehörte nach ständiger Rechtsprechung des Bundesarbeitsgerichts zum „wesentlichen Inhalt eines jeden Arbeitsverhältnisses," weil die Leistungspflicht des Arbeitnehmers nach § 611 BGB im Arbeitsvertrag nicht detailliert konkretisiert ist.[89] Obwohl das Direktions- oder Weisungsrecht über die Regelung in § 121 GewO a. F. hinaus allgemein anerkannt war, hielt der Gesetzgeber eine ausführlichere gesetzliche Normierung aus Gründen der Rechtssicherheit und Rechtsklarheit im Arbeitsverhältnis in § 106 GewO für erforderlich.[90]

Das Weisungsrecht des § 106 S. 1 GewO umfasst das Recht des Arbeitgebers, Weisungen zu erteilen und einseitige Anordnungen zu treffen, durch die Art, Qualität, Zeit, Inhalt und Ort der Arbeit näher bestimmt werden können. Nach § 106 S. 2 GewO kann der Arbeitgeber sein Weisungsrecht auch hinsichtlich der Ordnung und des Verhaltens der Arbeitnehmer im Betrieb ausüben. Die Schranken des Direktionsrechts sind in § 106 S. 1 GewO geregelt und ergeben sich aus den Regelungen des Arbeitsvertrages, eines Tarifvertrages, einer Betriebsvereinbarung und gesetzlichen Regelungen.[91] § 106 S. 3 GewO bestimmt als eine zusätzliche Schranke des Weisungsrechts die Rücksichtnahme auf Behinderungen.

Das Direktionsrecht unterliegt zwei Voraussetzungen:[92] Die Weisung des Arbeitgebers muss sich in den Grenzen des Arbeitsvertrages halten und die

88 BGBl. 2002, Teil I Nr. 62, ausgegeben am 30.08.2002, S. 3412.

89 BAG 07.12.2000 – 6 AZR 444/99, AP BGB § 315 Nr. 78; ebenso: BAG 17.12.1997 – 5 AZR 332/96, AP BGB § 611 Nr. 52; *Lembke,* in: Henssler/Willemsen/Kalb, Arbeitsrecht Kommentar, § 106 GewO, Rdnr. 1.

90 BT-Drs. 14/8796, 24; *Lembke,* in: Henssler/Willemsen/Kalb, Arbeitsrecht Kommentar, § 106 GewO, Rdnr. 2; *Kolbe,* in: Dornbusch/Fischermeier/Löwisch, Kommentar zum Arbeitsrecht, § 106 GewO, Rdnr. 5; materiell rechtlich hat sich aber durch die Neuregelung nichts geändert, sodass auf die frühere Rechtsprechung zum Weisungsrecht zurückgegriffen werden kann.

91 *Preis,* in: ErfK, § 106 GewO, Rdnr. 4; *Becker,* in: Däubler/Hjort/Schubert/Wolmerath, Arbeitsrecht, § 106 GewO, Rdnr. 2; *Wank,* in: Tettinger/Wank/Ennuschat, § 106 GewO, Rdnrn. 13 ff. wonach auch §§ 134, 138 BGB und § 7 Abs. 1 AGG das Weisungsrecht beschränken; *Kolbe,* in: Dornbusch/Fischermeier/Löwisch, Kommentar zum Arbeitsrecht, § 106 GewO, Rdnr. 47.

92 *Müller-Glöge,* in: MüKo BGB, § 611 BGB, Rdnr. 1016; *Elz,* in: Hümmerich/Boecken/Düwell, § 315 BGB, Rdnrn. 17 ff.; *Gragert,* in: Münchener Anwaltshandbuch ArbR, Teil D, § 12 Art der Tätigkeit, Rdnrn. 28 f; *Lembke,* in: Henssler/Willemsen/Kalb, Arbeitsrecht Kommentar, § 106 GewO Rdnrn. 8 f.

Ausübung der Weisung muss nach billigem Ermessen gem. §§ 106 S. 1 GewO, 315 BGB erfolgen.

Die Erteilung der Weisung hält sich im Rahmen des Arbeitsvertrages, wenn durch sie eine Arbeitspflicht konkretisiert wird.[93] Unzulässig sind Weisungen des Arbeitgebers, die über den Arbeitsvertrag hinausgehen und damit die Leistungspflicht einseitig verändern.[94] Ob sich die Weisung des Arbeitgebers zu einer Auslandsentsendung in den Grenzen des Arbeitsvertrages hält, beurteilt sich anhand der konkreten Umstände des Einzelfalles.

Wird ein bestimmter Arbeitsort im Arbeitsvertrag festgelegt, ist dort die Arbeitsleistung zu erbringen, für die Ausübung des Weisungsrechts bleibt kaum Spielraum.[95] Der Arbeitnehmer müsste der Beschäftigung an einem anderen Ort zustimmen oder der Arbeitgeber müsste eine Änderungskündigung aussprechen, eine bloße Weisung des Arbeitgebers reicht nicht, um eine Auslandstätigkeit anzuordnen.

Wird kein Arbeitsort festgelegt, ist durch Auslegung gem. §§ 133, 157 BGB ein Arbeitsort zu ermitteln.[96] Bei Tätigkeiten, die an verschiedenen Orten erbracht werden müssen, wie z.B. Verkaufsfahrer, Bauarbeiter oder Reinigungspersonal bei einem Reinigungsunternehmen, stellt der Sitz des Betriebes, für den der Arbeitnehmer eingestellt wurde, den Arbeitsort dar (§ 269 Abs. 1 BGB).[97] Bei Berufsgruppen, die typischerweise einen wechselnden Arbeitsort haben, ist der Arbeitgeber schon wegen der Art der Tätigkeit berechtigt, den Arbeitnehmer

---

93 *Müller-Glöge,* in: MüKo BGB, § 611 BGB, Rdnr. 1016; *Preis,* in: ErfK, § 106 GewO, Rdnr. 5; *Wank,* in: Tettinger/Wank/Ennuschat, § 106 GewO, Rdnrn. 4 f.

94 *Müller-Glöge,* in: MüKo BGB, § 611 BGB, Rdnr. 1016; *Gragert,* in: Münchener Anwaltshandbuch ArbR, Teil D, § 12 Art der Tätigkeit, Rdnr. 20.

95 *Lembke,* in: Henssler/Willemsen/Kalb, Arbeitsrecht Kommentar, § 106 GewO, Rdnr. 25; *Kolbe,* in: Dornbusch/Fischermeier/Löwisch, Kommentar zum Arbeitsrecht, § 106 GewO, Rdnr. 12 im Gegenzug zu dieser Sicherheit hat der Arbeitnehmer eine enger begrenzte Austauschbarkeit i. R. d. Sozialauswahl nach § 1 Abs. 3 KSchG, „die Reichweite des Direktionsrechts bestimmt die Reichweite des Kündigungsschutzes."

96 *Gragert,* in: Münchener Anwaltshandbuch ArbR, Teil D, § 13 Arbeitsort, Rdnr. 4; *Becker,* in: Däubler/Hjort/Schubert/Wolmerath, Arbeitsrecht, § 106 GewO, Rdnr. 9; *Lembke,* in: Henssler/Willemsen/Kalb, Arbeitsrecht Kommentar, § 106 GewO, Rdnr. 27; *Kolbe,* in: Dornbusch/Fischermeier/Löwisch, Kommentar zum Arbeitsrecht, § 106 GewO, Rdnr. 25.

97 BAG 03.12.1985 - 4 AZR 325/84, AP TVG § 1 Nr. 5; *Becker,* in: Däubler/Hjort/Schubert/Wolmerath, Arbeitsrecht, § 106 GewO, Rdnr. 9; *Hoffmann/Schulte,* in: Pielow GewO, § 106, Rdnr. 33; *Lembke,* in: Henssler/Willemsen/Kalb, Arbeitsrecht Kommentar, § 106 GewO, Rdnr. 29.

dort einzusetzen, wo das Unternehmen Aufträge zu erfüllen hat.[98] Neben dem Ort der Arbeitsleistung wird bei einer Anordnung zu einer Auslandstätigkeit auch der Inhalt und die Zeit der Arbeitsleistung einseitig vom Arbeitgeber verändert.

Entscheidend für die Beurteilung, ob sich die Weisung in den Grenzen des Arbeitsvertrages hält, ist das Berufsbild und das Tätigkeitsprofil des Arbeitnehmers sowie die Dauer der Auslandstätigkeit.[99]

Nach der hier vertretenen Auffassung ist zu unterscheiden zwischen Berufsgruppen, bei denen das Reisen Haupttätigkeit ist, z.B. Piloten oder Zugführer, Berufsgruppen, bei denen das Reisen üblich ist, z.B. Vertriebsmitarbeiter, und Berufsgruppen, bei denen Reisen unüblich sind, z.B. Sachbearbeiter, Büroangestellte.

Die Weisung des Arbeitgebers zu gelegentlichen kurzfristigen Auslandsentsendungen hält sich bei jeder Berufsgruppe in den Grenzen des arbeitsvertraglich Vereinbarten, denn im Zuge der Globalisierung können Auslandseinsätze von jedem Arbeitnehmer verlangt werden, soweit diese sich bzgl. Dauer und Häufigkeit im Rahmen des Üblichen halten.[100] Beispielsweise kann der Arbeitgeber von einem Assistenten verlangen, seinen Vorgesetzten für ein paar Tage zu einer Messe ins Ausland zu begleiten, selbst wenn ansonsten Reisen des Assistenten unüblich sind.

Ist eine Reisetätigkeit im Berufsbild und Tätigkeitsprofil einer Berufsgruppe angelegt, spricht vieles dafür, dass auch eine Anordnung des Arbeitgebers zu längeren und häufigeren Auslandsreisen sich in den Grenzen des Arbeitsvertrages hält. Anweisungen zu häufigeren und länger dauernden Entsendungen ins Ausland halten sich bei Berufsgruppen, bei denen Reisen üblich sind oder bei denen Reisen einen Teil der Haupttätigkeit nach § 611 BGB darstellen, regelmäßig im Rahmen des Arbeitsvertrages.[101] Die Weisung zu einer mehrtägigen oder

---

98 *Becker*, in: Däubler/Hjort/Schubert/Wolmerath, Arbeitsrecht, § 106 GewO, Rdnr. 9; *Lembke,* in: Henssler/Willemsen/Kalb, Arbeitsrecht Kommentar, § 106 GewO, Rdnr. 29.

99 BAG 29.08.1991 – 6 AZR 593/88, NZA 1992, 67; *Loritz,* NZA 1997, S. 1190; *Preis,* in: ErfK, § 106 GewO, Rdnr. 5; *Schrader/Klagges*, in: Schaub/Schrader/Staube/Vogelsang, Arbeitsrechtliches Formular- und Verfahrenshandbuch, A. 2. Rdnr. 271.

100 *Loritz,* NZA 1997, S. 1190; *Lembke,* in: Henssler/Willemsen/Kalb, Arbeitsrecht Kommentar, § 106 GewO, Rdnr. 28; *Mennen/Schellert/Wolf,* Mitarbeiterentsendung, S. 40.

101 *Loritz,* NZA 1997, S. 1190; *Preis,* in: ErfK, § 106 GewO, Rdnr. 17; *Borgmann,* in: Grobys/Panzer, SWK Arbeitsrecht, Auslandstätigkeit/Entsendung, Rdnr. 3; *Lembke,* in: Henssler/Willemsen/Kalb, Arbeitsrecht Kommentar, § 106 GewO, Rdnr. 28;

zwei- bzw. dreiwöchigen Auslandsentsendung dürfte sich bei einem Vertriebsmitarbeiter noch im Rahmen des Arbeitsvertrages halten, denn dann sind vom Arbeitnehmer die üblichen privaten Vorbereitungen, die auch bei Abwesenheit während eines mehrwöchigen Urlaubes erfolgen müssen, zu treffen. Auslandsentsendungen von mehreren Wochen oder Monaten dürften aber regelmäßig bei jeder Berufsgruppe wegen der damit verbundenen einschneidenden privaten Veränderungen der Lebensumstände über die Grenzen des Arbeitsvertrages hinausgehen.[102]

Bei der Unterscheidung zwischen kurz- und langfristigen Entsendungen gibt es keine starre Zeitgrenze, nach der festgelegt werden kann, zu welchen Auslandsentsendungen der Arbeitgeber den Arbeitnehmer anweisen kann, weil diese Festlegung einzelfallbezogen erfolgt.

In einem zweiten Schritt ist zu prüfen, ob die Weisung zu einer kurzfristigen Auslandsentsendung auch den Anforderungen des billigen Ermessens genügt.[103] Billiges Ermessen wird nach Ansicht des Bundesarbeitsgerichts gewahrt, wenn die wesentlichen Umstände des Falles abgewogen und die Interessen von Arbeitgeber und Arbeitnehmer angemessen berücksichtigt werden.[104] Auf Arbeitgeberseite sind beispielsweise sein Interesse an einem ungestörten und ordnungsgemäßen Arbeitsablauf, die Interessen anderer Arbeitnehmer, die Vermeidung unnötiger Kosten und die Vertraulichkeit von Geschäfts- und

---

nach *Mennen/Schellert/Wolf*, Mitarbeiterentsendung, S. 41 sind Anordnungen zu Auslandseinsätzen, die über die übliche Dauer von Montage- oder Projekteinsätzen hinausgehen nicht mehr vom Direktionsrecht gedeckt.

102 BAG 20.04.1989 – 2 AZR 431/88, NZA 1990, S. 32; *Heuser/Heidenreich/Fritz*, Auslandsentsendung, Rdnrn. 78 f; bei dauerhaften Versetzungen macht *Gragert*, in: Münchener Anwaltshandbuch Sozialrecht, § 13, Rdnr. 12 die Möglichkeit einer dauerhaften Versetzung in einen ausländischen Betrieb allein aufgrund des Direktionsrechts von einer Einzelfallentscheidung abhängig; nach *Gotthardt*, MDR 2001, S. 961 stellt dies einen Eingriff in den Kernbestand des Arbeitsvertrages dar; *Hasbargen*, AuA 2012, S. 345; *Kolbe*, in: Dornbusch/Fischermeier/Löwisch, Kommentar zum Arbeitsrecht, § 106 GewO, Rdnr. 24.

103 *Müller-Glöge*, in: MüKo BGB, § 611 BGB, Rdnr. 1016; *Gragert*, in: Münchener Anwaltshandbuch ArbR, Teil D, § 12 Art der Tätigkeit, Rdnr. 29; *Hoffmann/Schulte*, in: Pielow GewO, § 106, Rdnrn. 91 f; *Wank*, in: Tettinger/Wank/Ennuschat, § 106 GewO, Rdnr. 19; *Lembke*, in: Henssler/Willemsen/Kalb, Arbeitsrecht Kommentar, § 106 GewO, Rdnr. 115.

104 BAG 24.04.1996 - 5 AZR 1031/94, NZA 1996, 1088; BAG 23.06.1993 - 5 AZR 337/92, NZA 1993, 1127.

Betriebsgeheimnissen zu berücksichtigen.[105] Aufseiten des Arbeitnehmers sind beispielsweise familiäre Verpflichtungen, sein Gesundheitszustand und sein Interesse an der Fortsetzung einer langjährig ausgeübten Tätigkeit in die Abwägung einzubeziehen.[106] Ob eine derartige Abwägung stattfand, unterliegt der gerichtlichen Kontrolle und ist uneingeschränkt nachzuprüfen.[107] Sind beide Voraussetzungen erfüllt, kann der Arbeitgeber den Arbeitnehmer rechtmäßig zu einer Entsendung ins Ausland anweisen.

II. Erweiterung des Direktionsrechts durch „Auslandsentsendungsklausel“

Eine Auslandsentsendungsklausel im Arbeitsvertrag kann die Grenzen des Arbeitsvertrages insofern erweitern, als sie den Arbeitgeber berechtigt, den Arbeitnehmer auch längerfristig ins Ausland zu entsenden.[108] Die Möglichkeit der Vereinbarung einer Auslandsentsendungsklausel folgt schon aus § 106 S. 1 GewO, wonach die im Arbeitsvertrag festgelegten Arbeitsbedingungen den Rahmen des Direktionsrechts bilden.[109] Auslandsentsendungsklauseln tragen dem Anpassungs- und Flexibilisierungsbedürfnis des Arbeitgebers Rechnung.[110] Ein Anpassungs- und Flexibilisierungsbedürfnis ergibt sich aus dem Arbeitsvertrag als Dauerschuldverhältnis, bei welchem der Arbeitgeber im Zeitpunkt des

---

105 *Becker*, in: Däubler/Hjort/Schubert/Wolmerath, Arbeitsrecht, § 106 GewO, Rdnr. 24; *Wank*, in: Tettinger/Wank/Ennuschat, § 106 GewO, Rdnr. 20; *Lembke*, in: Henssler/Willemsen/Kalb, Arbeitsrecht Kommentar, § 106 GewO, Rdnr. 120.

106 *Preis/Genenger*, NZA 2008, S. 976; *Becker*, in: Däubler/Hjort/Schubert/Wolmerath, Arbeitsrecht, § 106 GewO, Rdnr. 9; *Wank*, in: Tettinger/Wank/Ennuschat, § 106 GewO, Rdnr. 20; *Lembke*, in: Henssler/Willemsen/Kalb, Arbeitsrecht Kommentar, § 106 GewO, Rdnr. 121; *Kolbe*, in: Dornbusch/Fischermeier/Löwisch, Kommentar zum Arbeitsrecht, § 106 GewO, Rdnr. 56.

107 BAG 24.04.1996 - 5 AZR 1031/94, NZA 1996, 1089.

108 *Poeche*, in: Küttner, Personalbuch, Versetzung, Rdnr. 2; *Borgmann*, in: Grobys/Panzer, 32. Auslandstätigkeit/Entsendung, Rdnr. 4; *Gragert*, in: Münchener Anwaltshandbuch ArbR, Teil D, § 13 Arbeitsort, Rdnr. 12.

109 Auch: *Preis*, in: ErfK, § 106 GewO, Rdnr. 10; *Preis/Genenger*, NZA 2008, S. 971; *Hoffmann/Schulte*, in: Pielow GewO, § 106, Rdnr. 108; *Wank*, in: Tettinger/Wank/Ennuschat, § 106 GewO, Rdnr. 27; *Lembke*, in: Henssler/Willemsen/Kalb, Arbeitsrecht Kommentar, § 106 GewO, Rdnr. 73.

110 *Gerhardt*, in: Grobys/Panzer, Versetzung, Rdnr. 3; *Gragert*, in: Münchener Anwaltshandbuch ArbR, Teil D, § 12 Art der Tätigkeit, Rdnr. 40; *Kolbe*, in: Dornbusch/Fischermeier/Löwisch, Kommentar zum Arbeitsrecht, § 106 GewO, Rdnr. 23.

Vertragsschlusses noch nicht die erforderlichen Anpassungen vorhersagen und vorwegnehmen kann.[111]

Auslandsentsendungsklauseln fallen unter den Begriff der Versetzungsklauseln. Versetzungsklauseln erweitern das Direktionsrecht des Arbeitgebers, indem sie ihn dazu ermächtigen, Art und Ort der vom Arbeitnehmer geschuldeten Tätigkeit flexibel zu gestalten.[112] Generell gibt es unternehmensweite Versetzungsklauseln und Konzernversetzungsklauseln, wobei durchaus auch eine Versetzung in ein ausländisches Konzernunternehmen vereinbart sein kann.

Inwieweit der Arbeitnehmer im Gegenzug zu der von ihm geforderten Flexibilität bei einer Konzernversetzungsklausel einen einsprechend erweiterten Schutz seines Arbeitsverhältnisses in Form eines konzernweiten Weiterbeschäftigungsanspruches bei betriebsbedingter Kündigung erhält, hängt davon ab, ob das vertragsschließende Unternehmen einen bestimmenden Einfluss auf die Weiterbeschäftigung in dem anderen Konzernunternehmen hat.[113] Ein bestimmender Einfluss liegt vor, wenn das vertragsschließende Unternehmen ein rechtliches (z. B. aufgrund eines Bestimmungsvertrages) oder faktisches Bestimmungsrecht über das aufnehmende Unternehmen innehat.[114] Das vertragsschließende Unternehmen muss hinreichende rechtliche oder tatsächliche Möglichkeiten zur Durchsetzung der Weiterbeschäftigung des Arbeitnehmers bei dem anderen Konzernunternehmen haben.[115] Die Entscheidung über die Aufnahme des Arbeitnehmers darf jedenfalls nicht dem zur Übernahme bereiten Unternehmen vorbehalten sein.[116]

Ohne die Vereinbarung einer Konzernversetzungsklausel kann sich der Arbeitnehmer bei betriebsbedingter Kündigung nicht darauf berufen, dass in einer ausländischen Tochtergesellschaft ein freier Arbeitsplatz existiert, denn die

111 *Gragert,* in: Münchener Anwaltshandbuch ArbR, Teil D, § 12 Art der Tätigkeit, Rdnr. 40; *Kolbe,* in: Dornbusch/Fischermeier/Löwisch, Kommentar zum Arbeitsrecht, § 106 GewO, Rdnr. 23.

112 *Schiefer,* in: Hümmerich/Reufels, Gestaltung von Arbeitsverträgen, A. § 1 Arbeitsverträge, 63. Versetzungsklauseln, Rdnrn. 3885 ff.; *Linck,* in: Schaub Arbeitsrechts-Handbuch, VIII Buch § 45, Rdnr. 59.

113 BAG 23.03.2006 - 2 AZR 162/05, NZA 2007, 30.

114 BAG 23.03.2006 - 2 AZR 162/05, NZA 2007, 30.

115 BAG 23.03.2006 - 2 AZR 162/05, NZA 2007, 30; faktische Beherrschung z. B. durch gemeinsamen Geschäftsführer BAG 21.02.2002 - 2 AZR 749/00, NZA 2002, 1416 und BAG 18.09.2003 - 2 AZR 79/02, NZA 2004, 375.

116 BAG 23.11.2004 - 2 AZR 24/04, NZA 2005, 929.

Weiterbeschäftigungsmöglichkeit besteht generell nur betriebs- und unternehmensbezogen, aber nicht konzernbezogen.[117] Der erste Abschnitt des KSchG findet, ohne die Vereinbarung einer Konzernversetzungsklausel, nur auf in Deutschland gelegene Betriebe Anwendung.[118]

Die Versetzungsklausel muss auf individualrechtlicher Ebene im Rahmen der AGB-Kontrolle nach §§ 305 ff. BGB eine Inhaltskontrolle i. S. v. § 307 BGB und die konkrete Anordnung der Auslandstätigkeit durch den Arbeitgeber eine Ausübungskontrolle bestehen, d.h., sie muss billigem Ermessen i. S. v. §§ 106 GewO, 315 Abs. 3 BGB entsprechen.

1. AGB-Kontrolle nach §§ 305 ff. BGB, insb. Inhaltskontrolle nach § 307 Abs. 1 S. 1 BGB

Vor dem Schuldrechtsmodernisierungsgesetz vom 01.01.2002 war die Kontrolle Allgemeiner Geschäftsbedingungen in dem Gesetz zur Regelung des Rechts der Allgemeinen Geschäftsbedingungen (AGBG) geregelt. Im Zuge des Schuldrechtsmodernisierungsgesetzes wurden die Regelungen des AGBG fast unverändert in die §§ 305–310 BGB übernommen. Eine wesentliche Änderung ergab sich aber daraus, dass im Zuge der Integration des AGBG in das BGB die nach § 23 Abs. 1 AGBG a. F. geltende Bereichsausnahme für Arbeitsverträge entfallen ist.[119] Auf Tarifverträge, Betriebs- und Dienstvereinbarungen ist die AGB-Kontrolle nach §§ 305 ff. BGB nicht anwendbar (§ 310 Abs. 4 S. 1 BGB). Durch die Schuldrechtsreform sind Arbeitsverträge an §§ 305 ff. BGB zu messen, allerdings sind nach § 310 Abs. 4 S. 2 BGB die im Arbeitsrecht geltenden Besonderheiten zu berücksichtigen.

Der Inhalt von Auslandsentsendungsklauseln unterliegt der Kontrolle nach §§ 305 ff. BGB, soweit es sich um AGB gem. § 305 Abs. 1 S. 1 BGB handelt, d.h., wenn sie für eine Vielzahl von Verträgen vorformuliert oder zur Verwendung bestimmt sind und von einer Vertragspartei der anderen bei Abschluss des Vertrages gestellt werden.

---

117 Ständige Rechtsprechung des BAG 23.03.2006 – 2 AZR 162/05, NZA 2007, 30; BAG 23.11.2004 – 2 AZR 24/04, NZA 2005, 929; BAG 18.09.2003 – 2 AZR 79/02, NZA 2004, 375; BAG 21.02.2002 – 2 AZR 749/00, NZA 2002, 1416; BAG 14.10.1982 – 2 AZR 568/80, NJW 1984, 381.

118 BAG 29.08.2013 – 2 AZR 809/12, NZA 2014, 730; BAG 26.03.2009 – 2 AZR 883/07, BB 2009, 1924; BAG 17.01.2008 – 2 AZR 902/06, NZA 2008, 872.

119 *Brors,* in: Hümmerich/Boecken/Düwell, § 345 BGB, Rdnr. 13; *Linck,* in: Schaub Arbeitsrechts-Handbuch, IV Buch § 35, Rdnr. 1.

Die AGB-Kontrolle umfasst im Wesentlichen neben der Unklarheitenregel des § 305 c Abs. 2 BGB und der Transparenzkontrolle nach § 307 Abs. 1 S. 2 BGB auch die Inhaltskontrolle nach § 307 Abs. 1 S. 1 BGB.

Nach der Rechtsprechung des Bundesarbeitsgerichts können Klauseln in Arbeitsverträgen zum einen einer umfassenden AGB-Kontrolle nach § 305 ff. BGB unterliegen, zum anderen sind sie nur eingeschränkt nach der Unklarheitenregelung des § 305 c Abs. 2 BGB und der Transparenzkontrolle nach § 307 Abs. 1 S. 2 BGB zu überprüfen.[120] Das hängt davon ab, ob es sich bei der Klausel um eine echte oder unechte Direktionsrechtserweiterung handelt. Nur echte Direktionsrechtserweiterungen unterliegen der umfassenden AGB-Kontrolle nach §§ 305 ff. BGB, unechte Direktionserweiterungen sind dagegen nur eingeschränkt im Rahmen einer Transparenzkontrolle gem. § 307 Abs. 1 S. 2 BGB überprüfbar.[121]

Eine echte Direktionsrechtserweiterung ist gegeben, wenn sich der Arbeitgeber in der Auslandsentsendungsklausel Weisungen vorbehält, die über die vertraglich geschuldete Tätigkeit hinausgehen und die nicht schon vom Umfang des § 106 GewO gedeckt sind.[122] Im Gegensatz dazu behält sich der Arbeitgeber bei einer unechten Direktionsrechtserweiterung Weisungen vor, die er sowieso schon nach dem Direktionsrecht gem. § 106 GewO erteilen könnte.[123]

---

120 Eine umfassende AGB-Kontrolle nimmt der 9. Senat in seinen Urteilen vom 11.04.2006 – 9 AZR 557/05, NZA 2006, 1149 und 13.03.2007 – 9 AZR 433/06, AP BGB § 307 Nr. 26 vor; der 5. Senat prüft in seinem Urteil vom 13.06.2007 – 5 AZR 564/06, NZA 2007, 974 nur, ob der Versetzungsvorbehalt im Arbeitsvertrag der Unklarheitenregelung nach § 305 c Abs. 2 BGB und der Transparenzkontrolle nach § 307 Abs. 1 S. 2 BGB standhält.

121 Zur echten Direktionsrechtserweiterung *Preis/Genenger,* NZA 2008, S. 972; *Schiefer,* in: Hümmerich/Reufels, Gestaltung von Arbeitsverträgen, A. § 1 Arbeitsverträge, 63. Versetzungsklauseln, Rdnr. 3898; *Linck,* in: Schaub Arbeitsrechts-Handbuch, VIII Buch § 45, Rdnr. 59; *Löwisch,* in: Dornbusch/Fischermeier/Löwisch, AR Kommentar, § 307 BGB, Rdnr. 15; zur unechten Direktionsrechtserweiterung *Linck,* in: Schaub Arbeitsrechts-Handbuch, V Buch § 45, Rdnr. 59; ebenso: BAG 25.08.2010 – 10 AZR 275/09, NZA 2010, 1355; BAG 13.04.2010 – 9 AZR 36/09, DB 2010, 2805; *Schiefer,* in: Hümmerich/Reufels, Gestaltung von Arbeitsverträgen, A. § 1 Arbeitsverträge, 63. Versetzungsklauseln, Rdnr. 3897.

122 *Preis/Genenger,* NZA 2008, S. 972; *Lakies,* ArbRAktuell 2013, S. 5; *Löwisch,* in: Dornbusch/Fischermeier/Löwisch, Kommentar zum Arbeitsrecht, § 307 BGB, Rdnr. 15.

123 Nach BAG 13.04.2010 – 9 AZR 36/09, NJOZ 2010, 2625 unterliegt eine solche Klausel, die inhaltlich der Regelung des § 106 GewO entspricht, nicht der Angemessenheitskontrolle des § 307 Abs. 1 BGB, denn sie stellt keine von Rechtsvorschriften abweichende oder diese ergänzende Regelung i. S. d. § 307 Abs. 3 S. 1 BGB dar;

Konkretisiert der Arbeitgeber also lediglich den vertraglich vereinbarten Tätigkeitsinhalt, weicht er nicht zulasten des Arbeitnehmers von Rechtsvorschriften ab (§ 307 Abs. 3 BGB).[124] Demnach fehlt es an der Kontrollfähigkeit solcher unechten Direktionsrechtserweiterungen gem. §§ 307 Abs. 3 S. 1, 307 ff. BGB, was aber nichts daran ändert, dass sie der Unklarheitenregelung nach § 305c Abs. 2 BGB und der Transparenzkontrolle nach § 307 Abs. 3 S. 2, Abs. 1 S. 2 BGB unterliegen.[125] Die Transparenzkontrolle des § 307 Abs. 3 S. 2, Abs. 1 S. 2 BGB prüft, ob eine Klausel, weil sie nicht klar und verständlich ist, zu einer unangemessenen Benachteiligung i. S. d. § 307 Abs. 1 S. 1 BGB führt und damit unwirksam ist.[126] Die Unklarheitenregelung des § 305 c Abs. 2 BGB dient dazu, bei objektiv mehrdeutigen Klauseln eine Auslegungshilfe in der Gestalt zu bieten, dass Unklarheiten zulasten derjenigen Partei gehen, die für sich auch die Vertragsgestaltungsfreiheit in Anspruch nimmt, im Arbeitsrecht also zulasten des Arbeitgebers.[127]

Auslandsentsendungsklauseln, durch die eine längerfristige Auslandstätigkeit angeordnet wird, gehen über die vertraglich geschuldete Tätigkeit hinaus und sind auch nicht von § 106 GewO gedeckt, weil langfristige Entsendungen mit einer erheblichen Veränderung der beruflichen und privaten Lebensumstände verbunden sind und deshalb bei keiner Berufsgruppe vom Umfang des Arbeitsvertrages gedeckt sind.[128] Deshalb handelt es sich bei Auslandsentsendungsklauseln generell um echte Direktionsrechtserweiterungen, auf die eine umfassende AGB-Kontrolle nach §§ 305 ff. BGB anzuwenden ist.

---

vgl. BAG 19.01.2011 – 10 AZR 738/09, NZA 2011, 631; BAG 13.04.2010 – 9 AZR 36/09, NZA 2011, 64; *Gotthardt,* in: Henssler/Willemsen/Kalb, Arbeitsrecht Kommentar, § 307 BGB, Rdnr. 9.

124 BAG 25.08.2010 – 10 AZR 275/09, NZA 2010, 1355; *Löwisch,* in: Dornbusch/Fischermeier/Löwisch, Kommentar zum Arbeitsrecht, § 307 BGB, Rdnr. 15.

125 *Preis/Genenger,* NZA 2008, S. 973; *Schiefer,* in: Hümmerich/Reufels, Gestaltung von Arbeitsverträgen, A. § 1 Arbeitsverträge, 63. Versetzungsklauseln, Rdnr. 3897.

126 *Linck,* in: Schaub Arbeitsrechts-Handbuch, VIII Buch § 35, Rdnr. 45.

127 *Preis,* in: ErfK, §§ 305–310 BGB, Rdnr. 32; *Löwisch,* in: Dornbusch/Fischermeier/Löwisch, Kommentar zum Arbeitsrecht, § 305 c BGB, Rdnr. 3; *Basedow,* in: MüKo BGB, § 305 c BGB, Rdnr. 18.

128 *Borgmann,* in: Grobys/Panzer, 32. Auslandstätigkeit/Entsendung, Rdnr. 4; *Borgmann,* in: Hümmerich/Reufels, Gestaltung von Arbeitsverträgen, A. § 1 Arbeitsverträge, 9. Arbeitsortklauseln, Rdnr. 802; *Gragert,* in: Münchener Anwaltshandbuch ArbR, Teil D, § 13 Arbeitsort, Rdnr. 12; *Preis,* in: ErfK, § 106 GewO, Rdnr. 10; *Wank,* in: Tettinger/Wank/Ennuschat, § 106 GewO, Rdnr. 27; *Lembke,* in: Henssler/Willemsen/Kalb, Arbeitsrecht Kommentar, § 106 GewO, Rdnr. 73.

Im Rahmen der Inhaltskontrolle nach § 307 Abs. 1 S. 1 BGB ist eine AGB unwirksam, wenn sie den Arbeitnehmer entgegen den Geboten von Treu und Glauben unangemessen benachteiligt. Für eine unangemessene Benachteiligung muss eine Benachteiligung von erheblichem Gewicht vorliegen, damit die Folge der Unwirksamkeit ausgelöst wird.[129] Unangemessen ist die Klausel nach Ansicht des Bundesarbeitsgerichts, wenn sie nicht durch „gleichwertige Vorteile für den Arbeitnehmer ausgeglichen und nicht durch begründete billigenswerte Interessen des Arbeitgebers gerechtfertigt" ist.[130] Bei der Beurteilung der Unangemessenheit ist ein „genereller, typisierender vom Einzelfall losgelöster Maßstab" anzuwenden.[131] Es ist zu prüfen, ob die Klausel generell unter Berücksichtigung der typischen Interessen von Arbeitgeber und Arbeitnehmer eine unangemessene Benachteiligung des Arbeitnehmers ergibt.[132]

Nach Ansicht eines Teils der Literatur stellt eine Auslandsentsendungsklausel keine unangemessene Benachteiligung im Rahmen der Inhaltskontrolle nach § 307 Abs. 1 BGB dar, wenn sie eine Ankündigungsfrist enthält und die maximale Dauer und Häufigkeit von Entsendungen regelt, sowie eine Kompensation für Nachteile und Erschwernisse.[133]

Das Bundesarbeitsgericht und ein anderer Teil der Literatur vertreten dagegen die Auffassung, die Angabe der maximalen Dauer und Häufigkeit sei nicht Teil der Inhaltskontrolle nach § 307 Abs. 1 BGB, weil eine derartige Konkretisierungsverpflichtung dem Interesse des Arbeitgebers, auf im Zeitpunkt des

---

129 BT-Drs. 7/5422, S. 6; *Gotthardt,* in: Henssler/Willemsen/Kalb, Arbeitsrecht Kommentar, § 307 BGB, Rdnr. 22; *Löwisch,* in: Dornbusch/Fischermeier/Löwisch, Kommentar zum Arbeitsrecht, § 307 BGB, Rdnr. 8.

130 BAG 04.03.2004 – 8 AZR 196/03, NZA 2004, 727; *Gotthardt,* in: Henssler/Willemsen/Kalb, Arbeitsrecht Kommentar, § 307 BGB, Rdnr. 22.

131 BAG 18.03.2008 – 9 AZR 186/07, NZA 2008, 1004; BAG 24.10.2007 – 10 AZR 825/06, NZA 2008, 40; BAG 20.02.2008 – 10 AZR 125/07, DB 761; BAG 04.03.2004 – 8 AZR 196/03, NZA 2004, 727; *Gotthardt,* in: Henssler/Willemsen/Kalb, Arbeitsrecht Kommentar, § 307 BGB, Rdnr. 22; *Löwisch,* in: Dornbusch/Fischermeier/Löwisch, Kommentar zum Arbeitsrecht, § 307 BGB, Rdnr. 8.

132 BAG 04.03.2004 – 8 AZR 196/03, NZA 2004, 727; *Gotthardt,* in: Henssler/Willemsen/Kalb, Arbeitsrecht Kommentar, § 307 BGB, Rdnr. 22 wonach die Interessen des Arbeitgebers und der typischerweise beteiligten Arbeitnehmer abzuwägen ist unter Berücksichtigung der Art, des Gegenstandes, Zwecks und der besonderen Eigenart des Geschäfts.

133 *Borgmann,* in: Grobys/Panzer, 32. Auslandstätigkeit/Entsendung, Rdnr. 4; *Melms,* in: Münchener Anwaltshandbuch ArbR, Teil C, § 11 Arbeitsverhältnisse mit Auslandsberührung, Rdnr. 34; *Mennen/Schellert/Wolf,* Mitarbeiterentsendung, S. 41.

Vertragsabschlusses nicht vorhersehbare Gegebenheiten flexibel reagieren zu können, nicht gerecht wird.[134]

Dem spezifischen Anpassungs- und Flexibilisierungsbedürfnis des Arbeitsrechts wird durch Versetzungsklauseln genügt.[135] Als Dauerschuldverhältnis bedarf der Arbeitsvertrag im Laufe der Zeit Anpassungen, die bei Vertragsschluss wegen der Vielzahl an Möglichkeiten nicht genau prognostiziert werden können.[136] Die maximale Dauer und Häufigkeit von Auslandstätigkeiten können bei Abschluss des Arbeitsvertrages schwer abgeschätzt werden. Abhängig von der Entwicklung der ausländischen Geschäftstätigkeit des deutschen Unternehmens im Laufe der Zeit kann sich auch die Dauer und Häufigkeit der Auslandstätigkeit ändern. Die Dauer und Häufigkeit sind nach Ansicht des Bundesarbeitsgerichts und der ihm folgenden Literatur erst im Rahmen des billigen Ermessens bei der Ausübungskontrolle zu berücksichtigen.[137] Eine Ankündigungsfrist und eine Kompensation für Nachteile und Erschwernisse des Arbeitnehmers muss die Auslandsentsendungsklausel aber auch nach Ansicht des Bundesarbeitsgerichts enthalten. Es ist angemessen, dem Arbeitnehmer die Auslandstätigkeit eine gewisse Zeit vorher anzukündigen, damit er alle privaten Vorbereitungen für seine Abwesenheit treffen kann. Es ist auch angemessen, bereits in der Auslandsentsendungsklausel einen Ausgleich für Nachteile und Erschwernisse des Arbeitnehmers festzulegen.

Nach der hier vertretenen Auffassung ist die Ansicht des Bundesarbeitsgerichts vorzugswürdig, weil es unbillig wäre, an die Auslandsentsendungsklausel derart enge Anforderungen zu stellen wie von der Literatur gefordert, damit sie den Arbeitnehmer nicht unangemessen benachteiligt. Gerade die maximale Dauer und Häufigkeit von Auslandsentsendungen kann der Arbeitgeber im Zeitpunkt des Vertragsschlusses nicht abschätzen. Sinnvoller ist es daher, diese Anforderungen i. R. d. Ausübungskontrolle zu berücksichtigen.

---

134 BAG 13.04.2010 – 9 AZR 36/09, NJOZ 2010, 2625; BAG 13.04.2006 – 9 AZR 36/09, AP BGB § 307 Nr. 45; ebenso: BAG 11.04.2006 – 9 AZR 557/05, AP BGB § 307 Nr. 17, dem folgt: *Lembke,* in: Henssler/Willemsen/Kalb, Arbeitsrecht Kommentar, § 106 GewO, Rdnr. 73.

135 BAG 11.04.2006 – 9 AZR 557/05, NZA 2006, 1149.

136 BAG 11.04.2006 – 9 AZR 557/05, NZA 2006, 1149.

137 BAG 13.04.2006 – 9 AZR 36/09, AP BGB § 307 Nr. 45; *Lembke,* in: Henssler/Willemsen/Kalb, Arbeitsrecht Kommentar, § 106 GewO, Rdnr. 73.

Auslandsentsendungsklauseln verstoßen nicht gegen § 308 Nr. 4 BGB, da hiervon nur einseitige Bestimmungsrechte bzgl. der Leistung des Verwenders erfasst werden.[138]

Im Ergebnis bestehen gegen die Angemessenheit einer Auslandsentsendungsklausel keine Bedenken, auch nicht, was die arbeitsrechtlichen Besonderheiten nach § 310 Abs. 4 S. 2 BGB angeht, sofern sie eine Pflicht des Arbeitgebers enthält, die Entsendung mit einer angemessenen Frist anzukündigen, und einen Ausgleich für Nachteile und Erschwernisse festlegt.[139]

2. *Ausübungskontrolle*

Zusätzlich muss die konkrete Weisung des Arbeitgebers noch billigem Ermessen entsprechen, §§ 106 GewO, 315 Abs. 3 BGB, sog. Ausübungskontrolle. Billigem Ermessen ist entsprochen, wenn die wesentlichen Umstände des Falles abgewogen und die beiderseitigen Interessen angemessen berücksichtigt wurden.[140] Bei der Abwägung ist auf Arbeitgeberseite das Interesse an einem schnellen flexiblen Einsatz im Ausland zu berücksichtigen, ebenso wie auf Arbeitnehmerseite ein Interesse daran besteht, die einschneidenden Veränderungen, die ein längerfristiger Auslandseinsatz mit sich bringt, zu organisieren und zu planen.[141] Bei der Interessenabwägung ist auch die Schutzwirkung der im Einzelfall betroffenen Grundrechte auf Arbeitnehmer- und Arbeitgeberseite zu berücksichtigen, v. a. das allgemeine Persönlichkeitsrecht aus Art. 2 Abs. 1 GG, das Recht auf körperliche Unversehrtheit aus Art. 2 Abs. 2 GG, die Glaubens- und Bekenntnisfreiheit aus Art. 4 Abs. 1 GG und die Gewissensfreiheit aus Art. 4 Abs. 1 GG.[142] Auf Arbeitnehmerseite spielt bei der Abwägung insbesondere das Grundrecht Art. 6

---

138 BAG 13.03.2007 - 9 AZR 433/06, DB 2007, 1985; nach BAG 11.04.2006 - 9 AZR 557/05, NZA 2006, 1149 betreffen Versetzungsklauseln in Arbeitsverträgen die Arbeitsleistung als die dem Verwender geschuldete Gegenleistung; vgl.: *Junker/Kamanabrou,* Vertragsgestaltung, § 8, I., Rdnr. 5.

139 Die Tatsache, dass in Arbeitsverträgen nur eine rahmenmäßig umschriebene Leistungspflicht festgelegt wird, ist eine Besonderheit, die nach § 310 Abs. 4 S. 2 BGB zu berücksichtigen ist, so *Becker*, in: Däubler/Hjort/Schubert/Wolmerath, Arbeitsrecht, § 106 GewO, Rdnr. 14.

140 S. o. 25.10.1989 - 2 AZR 633/88, NZA 1990, 561; BAG 07.12.2000 - 6 AZR 444/99, NZA 2001, 780.

141 *Preis/Genenger,* NZA 2008, S. 976.

142 *Becker*, in: Däubler/Hjort/Schubert/Wolmerath, Arbeitsrecht, § 106 GewO, Rdnr. 27.

GG eine Rolle, wonach die Auswirkungen eines längerfristigen Auslandseinsatzes auf die elterliche Sorge und das Familienleben zu berücksichtigen sind.[143]

Ob beide Interessenseiten angemessen berücksichtigt wurden, unterliegt der gerichtlichen Kontrolle nach § 315 Abs. 3 S. 2 BGB.

III. Zusammenfassende Bewertung

Ob sich eine Anordnung des Arbeitgebers zu einem Auslandseinsatz im Rahmen des Arbeitsvertrages hält, hängt zum einen von dem Tätigkeitsbild und zum anderen von der Dauer der Entsendung ab. Gelegentliche kurzfristige Entsendungen auch ins Ausland halten sich am ehesten in den Grenzen des Arbeitsvertrages. Länger andauernde Auslandsentsendungen, die mit einer nicht nur unerheblichen Veränderung der privaten Lebensumstände verbunden sind, gehen bei jeder Berufsgruppe über die Grenzen des Arbeitsvertrages hinaus, es sei denn, eine den Anforderungen der AGB-Kontrolle genügende Auslandsentsendungsklausel im Arbeitsvertrag erweitert das Direktionsrecht des Arbeitgebers dementsprechend.

In der Praxis spielt im Vorfeld einer längerfristigen Auslandsentsendung auch folgende Überlegung eine wesentliche Rolle: Der Arbeitgeber wird einen Mitarbeiter nicht zu einem wichtigen längerfristigen Projekt ins Ausland entsenden, wenn dieser nicht bereit und motiviert ist. Ohne seinen Willen und seine Motivation verspricht der Auslandseinsatz keinen Erfolg, der Arbeitgeber bekommt für den Lohn keine adäquate Gegenleistung und wird deshalb einen Auslandseinsatz vom Arbeitnehmer nicht erzwingen.[144]

Besteht Einvernehmen zwischen Arbeitgeber und Arbeitnehmer, muss nicht auf eine Auslandsentsendungsklausel zurückgegriffen werden. Der Arbeitgeber wird bei Einvernehmen zusammen mit dem Arbeitnehmer einen Vertrag schließen, der die vielen komplexen Fragen zur Auslandsentsendung klärt, beispielsweise einen Entsendungsvertrag.

---

143 Der Arbeitgeber hat auf „schutzwürdige familiäre Belange“ Rücksicht zu nehmen nach BAG 23.09.2004 – 6 AZR 567/03, NZA 2005, S. 359; ebenso: *Preis/Genenger,* NZA 2008, S. 976; *Lakies,* ArbRAktuell 2013, S. 6; für Versetzungen vgl. *Gragert,* in: Münchener Anwaltshandbuch ArbR, Teil D, § 13 Arbeitsort, Rdnr. 17; ebenso: *Preis,* in: ErfK, § 106 GewO, Rdnr. 10; LAG Hamm 22.03.1974 – 2 Sa 128/74, DB 1974, S. 877 f.

144 *Schrader/Klagges,* in: Schaub/Schrader/Staube/Vogelsang, Arbeitsrechtliches Formular- und Verfahrenshandbuch, A. 2., Rdnr. 272.

C. Entsendung durch zusätzlichen Vertrag: Die gängigen Vertragsmodelle

I. Überblick

Zur vertraglichen Gestaltung von Entsendungen, die nicht mehr vom Umfang des Direktionsrechts gedeckt sind, haben sich in der Praxis drei gängige Vertragsmodelle entwickelt:[145]

Bei dem ersten Vertragsmodell schließen der Arbeitnehmer und der deutsche Arbeitgeber neben dem bereits bestehenden Arbeitsvertrag einen zusätzlichen Entsendungsvertrag, der für die Dauer der Entsendung den bereits bestehenden Arbeitsvertrag modifiziert.

Bei der zweiten gängigen Vertragsgestaltung stellen der deutsche Arbeitgeber und der Arbeitnehmer den deutschen Arbeitsvertrag durch eine Zusatzvereinbarung ruhend oder heben ihn auf. Der Arbeitnehmer und das ausländische Unternehmen schließen einen neuen eigenen Arbeitsvertrag, den sog. Lokalvertrag, der den Auslandseinsatz regelt.

Der dritte Vertragstyp, der sog. Split-Contract, ist bei Entsendungen zwischen Konzerngesellschaften üblich, wenn der Arbeitnehmer seine Arbeitsleistung zwischen einem deutschen und einem ausländischen Unternehmen aufteilt. Dabei schließt der Arbeitnehmer neben dem bestehenden deutschen Arbeitsvertrag einen zusätzlichen Arbeitsvertrag mit der ausländischen Konzerngesellschaft. Beide Verträge bestehen aktiv nebeneinander.

Überlegungen zur Wahl des Vertragsmodells haben in der Praxis häufig einen steuer- und sozialversicherungsrechtlichen Schwerpunkt, weil Unternehmen durch geschickte Wahl des Vertragsmodells das Ziel haben, Kosten zu sparen. Aus arbeitsrechtlicher Sicht spielen bei der Wahl des Vertragsmodells in erster Linie die Komplexität der Vertragsgestaltung in Bezug auf die Koordinierung verschiedener paralleler Verträge und die Frage, wer Arbeitgeber während der Entsendung sein soll, eine wesentliche Rolle.

Unternehmen, die häufiger Mitarbeiter entsenden, entwickeln i. d. R. Entsendungsrichtlinien, welche die Modalitäten einer Entsendung einheitlich für alle

---

145 *Heuser/Heidenreich/Fritz,* Auslandsentsendung, Rdnr. 24; *Waldenmaier,* in: Laws/Koziner/Waldenmaier, Mitarbeiter ins Ausland entsenden, S. 108; *Borgmann,* in: Grobys/Panzer, 32. Auslandstätigkeit/Entsendung, Rdnrn. 7 ff.; *Grosjean,* DB 2004, S. 2422; *Hasbargen,* AuA 2012, S. 345; *Borgmann,* in: Hümmerich/Reufels, Gestaltung von Arbeitsverträgen, A. § 1 Arbeitsverträge, 14. Auslandsarbeitsverträge, Rdnr. 999; *Preis/Wagner,* in: Preis, Der Arbeitsvertrag, II A. 140 Auslandstätigkeit, Rdnr. 66; *Mennen/Schellert/Wolf,* Mitarbeiterentsendung, S. 25.

Arbeitnehmer regeln und u.a. auch das zu wählende Vertragsmodell festlegen können.[146]

Gesetzliche Regelungen im Ausland zu Aufenthalts- oder Arbeitserlaubnissen können ein Vertragsmodell, bei dem der Arbeitnehmer einen Arbeitsvertrag mit dem ausländischen Arbeitgeber schließt, zwingend erforderlich machen.

Neben den hier dargestellten Zweivertragsmodellen gibt es noch das sog. Einvertragsmodell, bei dem der Arbeitnehmer allein zum Zwecke der Auslandsentsendung eingestellt wird und somit auch nur ein Arbeitsvertrag zwischen dem deutschen Arbeitgeber und dem Arbeitnehmer geschlossen wird.[147] Solche Arbeitsverträge fallen inhaltlich und vom Aufbau nicht unter das nachfolgend erläuterte Modell des Entsendungsvertrages, werden aber in der Praxis häufig auch als Entsendungsverträge bezeichnet.

II. Vertragstyp 1: Der Entsendungsvertrag – deutscher Arbeitsvertrag bleibt unverändert und Abschluss eines zusätzlichen Entsendungsvertrages

Der Entsendungsvertrag wird zwischen dem Arbeitnehmer und dem deutschen Unternehmen zusätzlich zum bereits bestehenden Arbeitsvertrag geschlossen.[148] Bei einem Entsendungsvertrag ist und bleibt das deutsche Unternehmen alleiniger Arbeitgeber, die Tätigkeit des Mitarbeiters erfolgt im Interesse des deutschen Unternehmens, was z.B. der Fall ist, wenn der Arbeitnehmer eine Zentralfunktion im Ausland ausübt oder zu reinen Ausbildungszwecken entsandt wird.[149] Der

---

146 *Wirth,* Mitarbeiter im Auslandseinsatz, S. 208; *Duchetsmann,* AuA 2009, S. 696; *Maurer,* Personaleinsatz im Ausland, S. 43; *Mennen/Schellert/Wolf,* Mitarbeiterentsendung, S. 62.

147 *Mennen/Schellert/Wolf,* Mitarbeiterentsendung, S. 44; *Reiter,* NZA 2004, S. 1247.

148 *Maurer,* Personaleinsatz im Ausland, S. 121; *Mastmann/Stark,* BB 2005, S. 1849; so auch *Hasbargen,* AuA 2012, S. 345; *Waldenmaier,* in: Laws/Koziner/Waldenmaier, Mitarbeiter ins Ausland entsenden, S. 108; *Borgmann,* in: Grobys/Panzer, 32. Auslandstätigkeit/Entsendung, Rdnr. 8; *Duchetsmann,* AuA 2009, S. 695; *Schrader/Klagges,* in: Schaub/Schrader/Staube/Vogelsang, Arbeitsrechtliches Formular- und Verfahrenshandbuch, A. 2. Rdnr. 270; *Seel,* MDR 2011, S. 6.

149 *Borgmann,* in: Hümmerich/Reufels, Gestaltung von Arbeitsverträgen, A. § 1 Arbeitsverträge, 14. Auslandsarbeitsverträge, Rdnr. 999; *Borgmann,* in: Grobys/Panzer, 32. Auslandstätigkeit/Entsendung, Rdnr. 8; vgl. zum Einvertragsmodell bei *Preis/Wagner,* in: Preis, Der Arbeitsvertrag, II A. 140 Auslandstätigkeit, Rdnr. 66; Besonderheit bei *Mennen/Schellert/Wolf,* Mitarbeiterentsendung, S. 33: zusätzlich zum Entsendungsvertrag eine vertragliche Vereinbarung in Form eines internen Dienstleistungsvertrages zwischen dem in- und ausländischen Unternehmen erforderlich,

ursprüngliche Arbeitsvertrag besteht während der Entsendung fort, er ist deren Rechtsgrundlage und wird für die Dauer der Entsendung durch den Entsendungsvertrag, der Regelungen zur Funktion im Ausland, Arbeitszeiten, Urlaub, Kostenzuschüssen, Rückkehrklauseln usw. enthält, modifiziert.[150] Eine Regelung zur Abbedingung der Nichtübertragbarkeit der Dienste nach § 613 S. 2 BGB enthält ein Entsendungsvertrag, wenn vereinbart wird, dass der Arbeitnehmer seine Arbeitsleistung für die Dauer des Entsendungsvertrages im Ausland erbringen wird.[151] Gegenstände, die schon im ursprünglichen Arbeitsvertrag geregelt sind, brauchen nicht deklaratorisch zusätzlich im Entsendungsvertrag erfasst werden.[152]

Zwischen dem ausländischen Unternehmen und dem Arbeitnehmer besteht keine vertragliche Bindung.[153] Eine solche Bindung ist auch nicht gewollt. Bei dem Entsendungsvertrag bleibt der Arbeitnehmer während der Entsendung ausschließlich dem deutschen Arbeitgeber rechtlich und tatsächlich zugeordnet und erbringt auch weiterhin für diesen Arbeitsleistungen, sei es auch nur in Form von Berichten.[154] Die Zurverfügungstellung des ausländischen Arbeitsplatzes muss nicht vertraglich zwischen dem Arbeitnehmer und dem ausländischen Unternehmen geregelt werden, sie ist eine vertragliche Verpflichtung des deutschen Arbeitgebers gegenüber dem Arbeitnehmer aus dem Entsendungsvertrag,

---

wenn die Entsendung auch im Interesse des ausländischen Unternehmens liegt; das Interesse des deutschen Unternehmens liegt darin, dass der Mitarbeiter mit seiner Auslandstätigkeit den Dienstleistungsvertrag erfüllt, das ausländische Unternehmen hat eine Interesse daran, dass der Mitarbeiter eine Tätigkeit ihm gegenüber erbringt, die im Dienstleistungsvertrag geregelt ist.

150 *Borgmann,* in: Hümmerich/Reufels, Gestaltung von Arbeitsverträgen, A. § 1 Arbeitsverträge, 14. Auslandsarbeitsverträge, Rdnr. 999; *Borgmann,* in: Grobys/Panzer, 32. Auslandstätigkeit/Entsendung, Rdnr. 8; vgl. zum Einvertragsmodell bei *Preis/Wagner,* in: Preis, Der Arbeitsvertrag, II A. 140 Auslandstätigkeit, Rdnr. 66; *Mennen/Schellert/Wolf,* Mitarbeiterentsendung, S. 33.

151 *Mennen/Schellert/Wolf,* Mitarbeiterentsendung, S. 45 wonach eine solche Vereinbarung zwingend notwendig ist, wenn der Arbeitnehmer nicht zu einer unselbstständigen Betriebsstätte oder Repräsentanz, sondern zu einer selbstständigen juristischen Person ins Ausland entsandt wird.

152 *Reichel/Spieler,* BB 2011, S. 2741; *Maurer,* Personaleinsatz im Ausland, S. 126.

153 *Borgmann,* in: Hümmerich/Reufels, Gestaltung von Arbeitsverträgen, A. § 1 Arbeitsverträge, 14. Auslandsarbeitsverträge, Rdnr. 999; *Mastmann/Stark,* BB 2005, S. 1849; *Mennen/Schellert/Wolf,* Mitarbeiterentsendung, S. 45; vgl. zum Einvertragsmodell bei *Preis/Wagner,* in: Preis, Der Arbeitsvertrag, II A. 140 Auslandstätigkeit, Rdnr. 66.

154 *Borgmann,* in: Hümmerich/Reufels, Gestaltung von Arbeitsverträgen, A. § 1 Arbeitsverträge, 14. Auslandsarbeitsverträge, Rdnr. 999; *Mennen/Schellert/Wolf,* Mitarbeiterentsendung, S. 45.

weshalb auch ein entsprechender Beschäftigungsanspruch gegenüber dem deutschen Arbeitgeber besteht.[155]

Das deutsche und das ausländische Unternehmen werden i. d. R. die unternehmensbezogenen Ziele und Modalitäten des Auslandseinsatzes in einer mündlichen oder schriftlichen Vereinbarung regeln.[156] Eine solche Vereinbarung regelt beispielsweise die Dauer der Entsendung, die Art der auszuübenden Tätigkeit, wer das Gehalt auszahlt und u. U. die Vereinbarung einer Kostenerstattung.[157] Beide Unternehmen können sich das Weisungsrecht teilen. Regelmäßig wird dem deutschen Arbeitgeber das fachliche Weisungsrecht vorbehalten sein, während dem ausländischen Unternehmen ein organisatorisches Weisungsrecht obliegen kann, beispielsweise in Bezug auf die Arbeitszeit.[158] Der Entsendungsvertrag wird teilweise auch als Entsendungsvereinbarung bezeichnet.

Die Vertragsgestaltung mittels zusätzlichen Entsendungsvertrages wird vorwiegend bei projektbezogenen Einsätzen, Entsendungen zu unselbstständigen Repräsentanzen oder Betriebsstätten bzw. Niederlassungen gewählt.[159] Die Vertragskonstellation eignet sich auch bei Einsatzorganisationen, die eine mit dem Arbeitgeber rechtlich nicht verbundene Drittgesellschaft sind, z.B. im Rahmen eines Joint Ventures.[160] Die Zusammenarbeit ist dabei nur auf bestimmte

---

155 *Mennen/Schellert/Wolf*, Mitarbeiterentsendung, S. 45; vgl. BAG 27.02.1985 – GS 1/84, NJW 1985, 2968; BAG 10.11.1955 – 2 AZR 591/54, NJW 1955, 359; stellt das ausländische Unternehmen nicht dem im Entsendungsvertrag bezeichneten Arbeitsplatz zur Verfügung, braucht der Arbeitnehmer keine Arbeitsleistung zu erbringen, aus Verzugsgesichtspunkten steht ihm aber dennoch der Arbeitslohn zu.

156 Nach *Mennen/Schellert/Wolf*, Mitarbeiterentsendung, S. 33 ist zusätzlich zum Entsendungsvertrag eine vertragliche Vereinbarung in Form eines internen Dienstleistungsvertrages zwischen dem in- und ausländischen Unternehmen erforderlich, wenn die Entsendung auch im Interesse des ausländischen Unternehmens liegt; das Interesse des deutschen Unternehmens liegt darin, dass der Mitarbeiter mit seiner Auslandstätigkeit den Dienstleistungsvertrag erfüllt, das ausländische Unternehmen hat eine Interesse daran, dass der Mitarbeiter eine Tätigkeit ihm gegenüber erbringt, die im Dienstleistungsvertrag geregelt ist.

157 *Mennen/Schellert/Wolf*, Mitarbeiterentsendung, S. 46.

158 *Mennen/Schellert/Wolf*, Mitarbeiterentsendung, S. 45; BAG 08.08.1958 – 4 AZR 173/55, DB 1959, 234; Abgrenzung zur Arbeitnehmerüberlassung bei gespaltenem Weisungsrecht siehe im folgenden Text unter Erster Teil, D. Arbeitnehmerüberlassung und Entsendung.

159 *Mastmann/Stark*, BB 2005, S. 1849; *Seel*, MDR 2011, S. 6.

160 *Seel*, MDR 2011, S. 6.

Geschäftsfelder oder Tätigkeitsvorhaben beschränkt, außerhalb derer die Parteien sich ihre Unabhängigkeit bewahren.[161]

In Konzerngesellschaften ist der Entsendungsvertrag bei Entsendungen des Stammhauses üblich, wenn der Arbeitnehmer die Interessen des Stammhauses wahrnimmt und dessen Weisungsrecht unterstellt bleiben soll und deshalb auch keine eigene arbeitsvertragliche Beziehung zum ausländischen Unternehmen gewollt ist.[162]

Ein Teil der Literatur sieht den Entsendungsvertrag und den bereits bestehenden Arbeitsvertrag als einen einheitlich verschmolzenen Vertrag, wenn sich der Entsendungsvertrag inhaltlich auf den Arbeitsvertrag bezieht.[163] Entsendungsverträge beziehen sich generell auf den Grundarbeitsvertrag, indem sie für die Dauer der Entsendung von dem Arbeitsvertrag abweichende Regelungen treffen, wenn schon vor der Entsendung ein Arbeitsverhältnis bestanden hat. Wurde der Arbeitnehmer dagegen nur für die Entsendung eingestellt, schließen Arbeitgeber und Arbeitnehmer nur einen Arbeitsvertrag, den die Parteien auch als Entsendungsvertrag bezeichnen können, der sich aber nicht auf einen anderen Arbeitsvertrag beziehen kann, weil vor der Entsendung zwischen den Parteien kein Arbeitsvertrag bestand. Der Entsendungsvertrag ist kein eigenständiger Arbeitsvertrag, sondern „eine vertragliche Nebenabrede zur befristeten Änderung des Arbeitsverhältnisses."[164] Den Grund sieht diese Meinung darin, dass die VO 883/2004, zwischenstaatliche Sozialversicherungsabkommen und die Wortwahl des § 4 SGB IV „Ausstrahlung eines inländischen Arbeitsverhältnisses" ebenfalls von der Konstruktion eines einheitlichen Vertrages ausgehen.[165]

Demgegenüber steht ein anderer Teil des Schrifttums auf dem Standpunkt, dass der Entsendungsvertrag ein zusätzlicher Vertrag zum bisherigen Arbeitsvertrag ist.[166] Diese Meinung begründet ihre Ansicht damit, dass sich bei der Betrachtung beider Verträge als Einheit ein Problem bei der Einschätzung der

---

161 *Jacobs,* Internationale Unternehmensbesteuerung, S. 1262.

162 *Mastmann/Stark,* BB 2005, S. 1849.

163 *Heuser/Heidenreich/Fritz,* Auslandsentsendung, Rdnr. 28; *Maurer,* Personaleinsatz im Ausland, S. 127; nach *Borgmann,* in: Grobys/Panzer, 32. Auslandstätigkeit/Entsendung, Rdnr. 10 spricht nur die Anordnung des Ruhens des Grundarbeitsvertrages für das Vorliegen von zwei Verträgen, bei dem Entsendungsvertrag dagegen bleibt der Grundarbeitsvertrag aktiv; *Mennen/Schellert/Wolf,* Mitarbeiterentsendung, S. 43.

164 *Maurer,* Personaleinsatz im Ausland, S. 126.

165 *Maurer,* Personaleinsatz im Ausland, S. 126 f.

166 *Heuser/Heidenreich/Fritz,* Auslandsentsendung, Rdnr. 28; *Reiter,* NZA 2004, S. 1247.

Vertragsdauer ergibt.[167] Nach dem Parteiwillen gelten die Regelungen des Entsendungsvertrages nur befristet für die Dauer der Entsendung, der ursprüngliche Arbeitsvertrag ist aber üblicherweise unbefristet.[168] Bei einer Verschmelzung des befristeten Entsendungsvertrages mit dem i. d. R. unbefristeten Arbeitsvertrag ist fraglich, ob die Vertragsdauer des einheitlichen Vertrages begrenzt ist und ob allgemein nun die Regeln der Befristung oder der Kündigung für die Auflösung des Vertrages anzuwenden sind.[169]

Zur Begründung wird außerdem angeführt, dass bei der Annahme eines verschmolzenen Vertrages eine isolierte Kündigung des Entsendungsvertrages nicht möglich wäre, denn Teilkündigungen sind nach der Rechtsprechung des Bundesarbeitsgerichts im deutschen Arbeitsrecht unzulässig, weil sie einen einseitigen Eingriff in den Inhalt eines fortbestehenden Vertrages bedeuten, daher unvereinbar mit dem Prinzip der Vertragsautonomie sind und zudem eine Umgehung des Kündigungsschutzes zu befürchten ist.[170] Dagegen ist eine vertragliche Vereinbarung über die Möglichkeit der isolierten Kündigung einzelner Arbeitsbedingungen zulässig.[171] Eine solche Vereinbarung ist, selbst wenn sie ausdrücklich als „Teilkündigung“ bezeichnet wird und sogar eine Kündigungsfrist vereinbart wird, keine verbotene Teilkündigung i. S. d. Bundesarbeitsgerichts, sondern es handelt sich bei einer solchen Abrede der Sache nach um die Vereinbarung eines Widerrufsvorbehaltes, dessen Ausübung nach billigem Ermessen zu erfolgen hat.[172] Bei der Frage nach der Wirksamkeit einer solchen Teilkündigung sind die Grundsätze für die Wirksamkeit von Widerrufsvorbehalten (§§ 308 Nr. 4, 307 Abs. 1 BGB) zu beachten, das KSchG wird nicht angewendet.[173]

Nach der hier vertretenen Auffassung ist der zweiten Meinung zu folgen, nach der Entsendungsvertrag und Arbeitsvertrag zwei eigenständige Verträge sind.

---

167 *Heuser/Heidenreich/Fritz,* Auslandsentsendung, Rdnr. 30.

168 *Heuser/Heidenreich/Fritz,* Auslandsentsendung, Rdnr. 30.

169 *Heuser/Heidenreich/Fritz,* Auslandsentsendung, Rdnr. 30; dieses Problem diskutiert Maurer nicht.

170 BAG 14.11.1990 – 5 AZR 509/89, NZA 1991, 377 zur Teilkündigung eines Chefarztvertrages.

171 *Rolfs,* in: BeckOKommArbR, § 2 KSchG, Rdnr. 31; *Künzl,* in: Ascheid/Preis/Schmidt, § 2 KSchG, Rdnr. 81.

172 *Rolfs,* in: BeckOKommArbR, § 2 KSchG, Rdnr. 31; *Künzl,* in: Ascheid/Preis/Schmidt, § 2 KSchG, Rdnr. 81; so schon BAG 07.10.1982 – 2 AZR 455/80, AP BGB § 620 Teilkündigung Nr. 5.

173 *Rolfs,* in: BeckOKommArbR, § 2 KSchG, Rdnr. 31; *Künzl,* in: Ascheid/Preis/Schmidt, § 2 KSchG, Rdnr. 81; BAG 12.01.2005 – 5 AZR 364/04, AP BGB § 308 Nr. 1.

Das entscheidende Argument der zweiten Meinung ist, dass es bei der Annahme eines einheitlich verschmolzenen Vertrages unklar ist, ob das Kündigungsrecht oder Befristungsrecht anwendbar ist.

Dem Argument, dass es Situationen gibt, in denen bei Beendigung der Auslandstätigkeit die Fortführung des deutschen Arbeitsvertrages interessengerecht ist, kann entgegengehalten werden, dass der Arbeitgeber eine Änderungskündigung aussprechen könnte oder eine einvernehmliche Änderung des Gesamtvertrages erfolgen kann. Eine Änderungskündigung nach § 2 KSchG besteht aus zwei Elementen, einer Kündigung des Arbeitsverhältnisses und einem Angebot des Arbeitgebers auf Fortsetzung zu geänderten Bedingungen.[174] Nimmt der Arbeitnehmer das Änderungsangebot nicht an, wird das gesamte Arbeitsverhältnis beendet.[175] In diesen Fällen könnte der Arbeitgeber eine Änderungskündigung aussprechen mit dem Angebot, das Arbeitsverhältnis zu bestimmten Bedingungen in Deutschland fortzusetzen. Arbeitgeber und Arbeitnehmer könnten auch nach § 311 Abs. 1 BGB die Arbeitsbedingungen einvernehmlich ändern.[176]

Dem Hauptargument der ersten Meinung, der Wortlaut des § 4 SGB IV gehe von einem einheitlich verschmolzenen Vertrag aus, ist nicht zu folgen. Es ist nicht ersichtlich, dass es sich bei der Vertragskonstellation eines Entsendungsvertrages um einen einheitlich verschmolzenen Vertrag mit dem Grundarbeitsvertrag handeln soll. Die Kommentierung zu dem Merkmal „im Rahmen eines inländischen Beschäftigungsverhältnisses“ fordert für das Bejahen einer Entsendung im sozialversicherungsrechtlichen Sinne nur, dass der deutsche Arbeitsvertrag nicht ruhend gestellt wird, sondern das Beschäftigungsverhältnis zum deutschen Arbeitgeber fortbesteht.[177] Ob das Beschäftigungsverhältnis ein verschmolzener Vertrag ist oder dadurch fortbesteht, dass der Grundarbeitsvertrag für die Dauer der Entsendung durch einen zusätzlichen Entsendungsvertrag modifiziert wird, geht daraus nicht hervor. Auch die VO 883/2004 und die Sozialversicherungsabkommen geben keine Anhaltspunkte dafür, dass Entsendungsvertrag und Arbeitsvertrag einen einheitlichen Vertrag bilden. Art 12 VO 883/2004 regelt die Voraussetzungen, unter denen der Arbeitnehmer bei einer Entsendung in einen anderen Mitgliedsstaat der EU weiterhin den Vorschriften des Entsendestaates unterliegt. Diese Vorschrift erwähnt nicht, in welcher Vertragskonstruktion sich

174 *Oetker,* in: ErfK, § 2 KSchG, Rdnr. 6.

175 *Oetker,* in: ErfK, § 2 KSchG, Rdnr. 7.

176 *Oetker,* in: ErfK, § 2 KSchG, Rdnr. 13.

177 *Seewald*, in: KassKomm, § 4 SGB IV, Rdnr. 15; *Plagemann/Seifert,* in: Münchener Anwaltshandbuch Sozialrecht, § 5 Der versicherte Arbeitnehmer, Rdnr. 18.

Arbeitgeber und Arbeitnehmer dabei befinden müssen, und geht erst recht nicht davon aus, dass ein Entsendungsvertrag und ein Grundarbeitsvertrag einen verschmolzenen Vertrag bilden. Der Beschluss Nr. A 2 der Verwaltungskommission vom 12.06.2009 zur Konkretisierung der Voraussetzungen des Art. 12 Abs. 1 VO 883/2004 für ein Fortgelten des Rechts des Entsendestaates enthält in Nr. 1 Abs. 2 nur die Bestimmung, dass „eine arbeitsrechtliche Bindung zwischen dem Arbeitnehmer und dem Arbeitgeber, der ihn entsandt hat, fortbesteht." Diese Voraussetzung wird schon durch das Fortbestehen des Grundarbeitsvertrages zwischen Arbeitgeber und Arbeitnehmer erfüllt. Auch Art. 14 VO 987/2009, der sich auf die Art 13 und 14 der VO 883/2004 bezieht, geht nicht auf die Beziehung von Entsendungsvertrag und Grundarbeitsvertrag ein.

III. Vertragstyp 2: Der Lokalvertrag – deutscher Arbeitsvertrag wird durch Zusatzvereinbarung ruhend gestellt und Abschluss eines neuen Arbeitsvertrages mit dem ausländischen Unternehmen

Der Grundgedanke dieses Vertragsmodells liegt darin, das Arbeitsverhältnis befristet auf das ausländische Unternehmen „übergehen" zu lassen und gleichzeitig bestimmte vertragliche Rechte zwischen dem Arbeitnehmer und dem deutschen Unternehmen zu sichern.[178] Der Lokalvertrag wird vorwiegend bei längerfristigen Auslandseinsätzen gewählt oder wenn er formale Voraussetzung für die Erteilung einer Aufenthalts- oder Arbeitserlaubnis im Tätigkeitsstaat ist.[179] Die vertragliche Bindung an das ausländische Unternehmen kann vorteilhaft sein, wenn der Arbeitnehmer eine Führungsposition übernehmen soll oder derart organisatorisch in die betriebliche Struktur des ausländischen Unternehmens eingebunden wird, dass er zum Großteil dessen Weisungsrecht untersteht.[180]

178 *Melms,* in: Münchener Anwaltshandbuch ArbR, Teil C, § 11 Arbeitsverhältnisse mit Auslandsberührung, Rdnr. 37; *Tucci/Lambrich,* in: Lambrich/Happ/Tucci, Flexibler Personaleinsatz im Konzern, 1. Kap., Rdnr. 24; *Mennen/Schellert/Wolf,* Mitarbeiterentsendung, S. 53; *Mastmann/Stark,* BB 2005, S. 1850; *Reichel/Spieler,* BB 2011, S. 2742; *Seel,* MDR 2011, S. 7; vgl. zum Zweivertragsmodell bei *Preis/Wagner,* in: Preis, Der Arbeitsvertrag, II A. 140 Auslandstätigkeit, Rdnr. 66.

179 *Mennen/Schellert/Wolf,* Mitarbeiterentsendung, S. 53; *Reiter,* NZA 2014, S. 26.

180 *Waldenmaier,* in: Laws/Koziner/Waldenmaier, Mitarbeiter ins Ausland entsenden, S. 109; *Mennen/Schellert/Wolf,* Mitarbeiterentsendung, S. 32; *Mennen/Schellert/Wolf,* Mitarbeiterentsendung, S. 53; *Reiter,* NZA 2014, S. 26.

Bei diesem Modell werden zwei zusätzliche Verträge geschlossen.

Der erste Vertrag, ein befristeter lokaler Arbeitsvertrag (Lokalvertrag), wird zwischen dem Arbeitnehmer und dem ausländischen Unternehmen (Konzernunternehmen oder Drittunternehmen) geschlossen.[181] Auf den Lokalvertrag ist i. d. R. deutsches Recht nicht anwendbar.

Der zweite Vertrag ist eine Zusatzvereinbarung zwischen dem Arbeitnehmer und dem deutschen Arbeitgeber, auf welche i. d. R. deutsches Recht anwendbar ist.[182] Durch diese Zusatzvereinbarung wird der ursprüngliche deutsche Arbeitsvertrag komplett ruhend gestellt oder mit Rumpfpflichten, wie z.B. Berichtspflichten, Fürsorge- und Treuepflichten oder der Fortführung der betrieblichen Altersvorsorge, weitergeführt.[183] Die Zusatzvereinbarung suspendiert die wechselseitigen arbeitsvertraglichen Hauptpflichten, also die Erbringung der Arbeitsleistung und die Zahlung des Arbeitsentgelts, und kann außerdem Modalitäten für die Rückkehr des Arbeitnehmers nach Deutschland beinhalten.[184] Alternativ zur Ruhensvereinbarung können der Arbeitnehmer und der deutsche Arbeitgeber den deutschen Arbeitsvertrag auflösen. Dann wird der Arbeitnehmer i. d. R. aber auf die Vereinbarung einer Wiedereinstellungszusage des deutschen Arbeitgebers in einer Zusatzvereinbarung bestehen.[185]

Bei diesem Modell liegen die Schwierigkeiten darin, drei Verträge arbeitsrechtlich aufeinander abzustimmen bzgl. Fragen der Befristung, Vergütung, Arbeitszeit, Rückkehrbedingungen, Kündigung und Rechtsfolgen im Falle eines Ausscheidens einer Partei.[186] So gibt es den Grundarbeitsvertrag zwischen dem deutschen Unternehmen und dem Arbeitnehmer, den Lokalvertrag zwischen dem Arbeitnehmer und dem ausländischen Unternehmen und die Zusatzvereinbarung zwischen dem deutschen Unternehmen und dem Arbeitnehmer über den Grundarbeitsvertrag. Der Arbeitnehmer hat zwei Arbeitgeber: das deutsche

---

181 S.o.; *Mennen/Schellert/Wolf,* Mitarbeiterentsendung, S. 54.

182 S. o.; *Mennen/Schellert/Wolf,* Mitarbeiterentsendung, S. 54.

183 Auch der typische Inhalt der Zusatzvereinbarung ist in der Literatur umstritten, z.B. bei *Borgmann,* in: Hümmerich/Reufels, Gestaltung von Arbeitsverträgen, A. § 1 Arbeitsverträge, 14. Auslandsarbeitsverträge, Rdnr. 1002; *Mennen/Schellert/Wolf,* Mitarbeiterentsendung, S. 54; auch bei *Reiter,* NZA 2014, S. 23; *Heuser/Heidenreich/Fritz,* Auslandsentsendung, Rdnr. 31.

184 *Mennen/Schellert/Wolf,* Mitarbeiterentsendung, S. 54; *Waldenmaier,* in: Laws/Koziner/Waldenmaier, Mitarbeiter ins Ausland entsenden, S. 109.

185 *Borgmann,* in: Hümmerich/Reufels, Gestaltung von Arbeitsverträgen, A. § 1 Arbeitsverträge, 14. Auslandsarbeitsverträge, Rdnr. 1002.

186 *Maurer,* Personaleinsatz im Ausland, S. 132; *Mastmann/Stark,* BB 2005, S. 1850.

und das ausländische Unternehmen.[187] Das ausländische Unternehmen wird zum Hauptarbeitgeber, da das deutsche Arbeitsverhältnis ruhend gestellt wird, oder zum alleinigen Arbeitgeber, wenn der deutsche Arbeitsvertrag aufgehoben wird. Außerdem gibt es u. U. noch eine vertragliche Regelung über den Einsatz zwischen dem ausländischen und dem deutschen Unternehmen. Das Abstimmen der Verträge untereinander stellt kein großes Problem dar, wenn der Grundarbeitsvertrag komplett ruhend gestellt wird oder der Lokalvertrag an einem bestimmten Datum endet und das deutsche Arbeitsverhältnis wieder auflebt.[188] Probleme bereitet die Koordinierung in Fällen, in denen der Lokalvertrag vorzeitig endet, weil der deutsche Arbeitgeber zu diesem Zeitpunkt noch nicht auf die Rückkehr des Arbeitnehmers eingestellt ist und deshalb u. U. keine Beschäftigungsmöglichkeit für den Arbeitnehmer bereitstellen kann.[189] Probleme bereiten auch Fälle, in denen der deutsche Arbeitgeber sich vorbehält, das Ruhen des deutschen Arbeitsvertrages vorzeitig zu beenden und damit mittelbar in den Lokalvertrag eingreift, weil in den Fällen des vorzeitigen Rückrufs des Arbeitnehmers zum deutschen Arbeitgeber unklar ist, ob der Arbeitnehmer diesem zu folgen hat oder ob der Lokalvertrag gilt und der Arbeitnehmer weiterhin verpflichtet ist, seine Arbeitsleistung im Ausland zu erbringen.[190] Im Lokalvertrag sind demnach sinnvollerweise Regelungen zu einem vorzeitigen Rückruf des deutschen Arbeitgebers zu treffen und mit der deutschen Zusatzvereinbarung zu koordinieren.

IV. Vertragstyp 3: Das Split-Contract-Modell (geteiltes Arbeitsverhältnis) – getrennte Arbeitsverträge mit in- und ausländischer Konzerngesellschaft

Bei einer Entsendung in ein ausländisches konzernangehöriges Unternehmen hat sich in der Praxis eine weitere arbeitsrechtliche Vertragsgestaltung etabliert, das geteilte Arbeitsverhältnis, sog. Split-Contract-Modell.

Die Vertragsgestaltung einer Entsendung als Split-Contract-Modell kennzeichnet, dass neben dem Fortbestehen des deutschen Arbeitsvertrages ein zusätzlicher Vertrag zwischen der ausländischen Konzerngesellschaft und dem Arbeitnehmer geschlossen wird, der die Auslandstätigkeit regelt und vom

187 *Waldenmaier,* in: Laws/Koziner/Waldenmaier, Mitarbeiter ins Ausland entsenden, S. 109.

188 *Maurer,* Personaleinsatz im Ausland, S. 133.

189 *Maurer,* Personaleinsatz im Ausland, S. 133.

190 *Maurer,* Personaleinsatz im Ausland, S. 133.

Vertrag mit der deutschen Konzerngesellschaft völlig unabhängig ist.[191] Der Arbeitnehmer bleibt weiterhin in Deutschland ansässig und wird neben seiner Tätigkeit für die deutsche Konzerngesellschaft zusätzlich für eine ausländische Gesellschaft tätig, er splittet seine Arbeitszeit zwischen Deutschland und dem Ausland und hat zwei aktive parallele (Teilzeit-) Arbeitsverhältnisse. Die ausländische Konzerngesellschaft vergütet die Arbeitsleistung, die bei ihr erbracht wird, wodurch die Gesamtbezüge des Arbeitnehmers auf zwei Staaten (Deutschland und den ausländischen Staat) verteilt sind.[192] Ein Konzern selbst kann nicht Arbeitgeber sein. Ihm fehlt die notwendige Rechtssubjektivität, weil er keine juristische oder natürliche Person ist, sondern lediglich ein Zusammenschluss mehrerer Unternehmen (vgl. § 18 Abs. 1 S. 1 AktG).[193]

In Konzernen können Auslandsentsendungen neben dem Split-Contract-Modell auch durch einen sog. dreiseitigen Konzernarbeitsvertrag geregelt werden.[194] Ein dreiseitiger Konzernarbeitsvertrag ist dadurch gekennzeichnet, dass er zwischen der deutschen Konzernzentrale (Muttergesellschaft), dem Arbeitnehmer und der aufnehmenden ausländischen Konzerngesellschaft geschlossen wird und für die Dauer der Auslandsentsendung den ursprünglichen Anstellungsvertrag zwischen dem Arbeitnehmer und der deutschen Konzernzentrale ruhend stellt.[195] Die Rechte der Zentrale und die aufnehmende Konzerngesellschaft

---

191 *Jacobs,* Internationale Unternehmensbesteuerung, S. 1362; *Reuter,* in: Kessler/Kröner/Köhler, Konzernsteuerrecht, § 9, Rdnrn. 75 ff.; so auch *Reiter,* NZA 2014, S. 23; *Maurer,* Personaleinsatz im Ausland, S. 133; *Däubler/Bertzbach,* Kommentar, § 6 AGG, Rdnrn. 25 f; *Mennen/Schellert/Wolf,* Mitarbeiterentsendung, S. 55.

192 *Jacobs,* Internationale Unternehmensbesteuerung, S. 1363.

193 Hierzu grundlegend *Windbichler,* Arbeitsrecht im Konzern, S. 68 ff.; *Fedder/Braner,* in: Braun/Wisskirchen Konzernarbeitsrecht, Teil 1. A. I. Konzernarbeitsverhältnis, Rdnr. 4; *Schöne,* in: Hümmerich/Boecken/Düwell, § 1 AÜG, Rdnr. 20; *Richardi/Buchner,* in: Münchener Handbuch zum ArbR, Band 1, Zweites Buch, § 32 Anforderungen an den Vertragsschluss, Rdnr. 14; *Preis,* in: ErfK, § 611 BGB, Rdnr. 198; *Däubler/Bertzbach,* Kommentar, § 6 AGG, Rdnr. 24.

194 *Maurer,* Personaleinsatz im Ausland, S. 151 ff.; zu berücksichtigen ist, der dreiseitige Konzernarbeitsvertrag ist eine „rechtlich nicht in allen Aspekten vollständig geklärte Vertragskonstruktion“ so jedenfalls die Einschätzung von *Borgmann,* in: Hümmerich/Reufels, Gestaltung von Arbeitsverträgen, A. § 1 Arbeitsverträge, 14. Auslandsarbeitsverträge, Rdnr. 1004.

195 *Borgmann,* in: Grobys/Panzer SWK Arbeitsrecht, Auslandstätigkeit/Entsendung, Rdnr. 12; *Borgmann,* in: Hümmerich/Reufels, Gestaltung von Arbeitsverträgen, A. § 1 Arbeitsverträge, 14. Auslandsarbeitsverträge, Rdnr. 1004; *Maurer,* Personaleinsatz im Ausland, S. 151 ff.; *Mastmann/Stark,* BB 2005, S. 1850.

bestimmen sich für die Dauer der Entsendung nach dem Konzernarbeitsvertrag. Generell teilen sie sich das Weisungsrecht und übernehmen bestimmte Verpflichtungen gegenüber dem Arbeitnehmer.[196] In dem dreiseitigen Konzernarbeitsvertrag behält sich die Zentrale regelmäßig das Recht vor, den Arbeitnehmer auch an ein anderes konzernangehöriges Unternehmen im In- oder Ausland zu entsenden und so den dritten Vertragspartner auszutauschen.[197]

Sind bei Entsendungen zwischen Konzerngesellschaften nicht ausdrücklich zwei getrennt zu behandelnde Verträge i. S. d. Split-Contract-Modells vereinbart, wird die Vertragsverbindung zwischen dem deutschen Arbeitgeber mit dem Arbeitnehmer und der aufnehmenden ausländischen Konzerngesellschaft mit dem Arbeitnehmer von der Rechtsprechung bei Vorliegen bestimmter Voraussetzungen als einheitliches Arbeitsverhältnis ausgelegt.[198] Die Voraussetzungen eines einheitlichen Arbeitsverhältnisses sind vonseiten des Gerichts zu prüfen, wenn der Arbeitnehmer vorträgt, seine rechtlich geschützten Interessen oder zwingende Rechtsgrundsätze werden bei der Annahme getrennter Arbeitsverhältnisse nicht ausreichend berücksichtigt. Keine Relevanz für das Bestehen eines einheitlichen Arbeitsverhältnisses hat es, ob beide Arbeitgeber in einem bestimmten, z. B. gesellschaftsrechtlichen Verhältnis zueinander stehen oder den Arbeitsvertrag in einem gemeinsamen Akt oder einer gemeinsamen Vertragsurkunde abschließen.[199]

Grundsätzlich können auf Arbeitgeberseite mehrere natürliche oder juristische Personen an einem Arbeitsverhältnis beteiligt sein, im Falle des einheitlichen

---

196 *Maurer,* Personaleinsatz im Ausland, S. 151 ff.; *Mastmann/Stark,* BB 2005, S. 1850.

197 *Borgmann,* in: Grobys/Panzer SWK Arbeitsrecht, Auslandstätigkeit/Entsendung, Rdnr. 12; *Borgmann,* in: Hümmerich/Reufels, Gestaltung von Arbeitsverträgen, A. § 1 Arbeitsverträge, 14. Auslandsarbeitsverträge, Rdnr. 1004; *Maurer,* Personaleinsatz im Ausland, S. 151 ff.

198 BAG 27.03.1981 – 7 AZR 523/78, NJW 1984, 1703 als grundlegendes Urteil, zu den Voraussetzungen eines einheitlichen Arbeitsverhältnisses, davor wurden diese noch nicht in Rechtsprechung und Schrifttum erörtert; BAG 19.04.2012 – 2 AZR 186/11, NZA 2013, 27 leitet aus der Formulierung, ein weiterer Arbeitgeber sei dem zwischen Arbeitnehmer und Arbeitgeber bestehenden Arbeitsverhältnis „beigetreten" und daraus, dass eine Kündigung nur insgesamt für und gegen alle Arbeitgeber ausgesprochen wurden, das Bestehen eines einheitlichen Arbeitsverhältnis ab; ähnlich die Literatur: *Reiter,* NZA-Beilage 2014, S. 22; *Rid,* NZA 2011, S. 1121 f; *Thüsing,* NZA 2003, S. 1303.

199 BAG 27.03.1981 – 7 AZR 523/78, NJW 1984, 1703; *Holthausen,* in: Hümmerich/Boecken/Düwell, § 1 KSchG, Rdnr. 106.

Arbeitsverhältnisses wird die Arbeitgeberstellung von dem Stammunternehmen und der Tochtergesellschaft innerhalb eines Konzerns gemeinsam ausgeübt.[200]

Voraussetzung für die Annahme eines einheitlichen Arbeitsverhältnisses ist nach Ansicht des Bundesarbeitsgerichts und der Literatur ein rechtlicher Zusammenhang zwischen den vertraglichen Beziehungen des Arbeitnehmers zu den Arbeitgebern, der es verbietet, diese Vertragsbeziehungen rechtlich getrennt zu behandeln.[201] Ein solcher rechtlicher Zusammenhang ergibt sich aus der Auslegung der beiden Arbeitsverträge nach §§ 133, 157 BGB.[202]

Aufgrund der Auslegung der beiden Arbeitsverträge gem. §§ 133, 157 BGB ist ein rechtlicher Zusammenhang anzunehmen, wenn nach der Vorstellung und dem Willen der Parteien sowie nach dem Vertragstext und der tatsächlichen Durchführung nur ein Vertrag gewollt ist und die einzelnen Arbeitsverträge derart voneinander abhängen, dass sie miteinander „stehen und fallen", also die einzelnen Vereinbarungen nur Teile eines einzigen Gesamtgeschäfts sind.[203] Dabei ist es ausreichend, wenn nur bei einer der Vertragsparteien ein

200 BAG 27.03.1981 – 7 AZR 523/78, NJW 1984, 1703; ebenso: BAG 19.04.2012 – 2 AZR 186/11, NZA 2013, 27; *Däubler/Bertzbach,* Kommentar, § 6 AGG, Rdnr. 24; *Reiter,* NZA-Beilage 2014, S. 22.

201 BAG 27.03.1981 – 7 AZR 523/78, NJW 1984, 1703; dem folgend: BAG 15.12.2011 – 8 AZR 692/10, NZA-RR 2012, 570; BAG 19.04.2012 – 2 AZR 186/11, NJW 2013, 104; BAG 10.04.2014 – 2 AZR 647/13, NJW 2014, 3533 verneint ein einheitliches Arbeitsverhältnis, weil kein rechtlicher Zusammenhang ersichtlich war; die Rechtsprechung zum einheitlichen Arbeitsverhältnis wird von der Literatur z. T. als zirkulär und unpraktikabel bezeichnet – zirkulär, weil die Einheitlichkeit von einem engen rechtlichen Zusammenhang abhängig gemacht wird, der dann bestehen soll, wenn sich eine rechtlich getrennte Behandlung verbietet – unpraktikabel, weil das BAG keine anderweitigen Kriterien aufstellt, anhand derer ein rechtlicher Zusammenhang erkannt werden soll, dennoch greift die Rspr immer wieder darauf zurück, etwa bei kündigungsrechtlichen Fragestellungen so *Tucci/Lambrich,* in: Lambrich/Happ/Tucci, Flexibler Personaleinsatz im Konzern, 1. Kap., Rdnrn. 19 ff.; *Preis,* in: ErfK, § 611 BGB, Rdnr. 191; *Mayer,* in: Gallner/Mestwerdt/Nägele, Kündigungsschutzrecht, § 1 KSchG, Rdnr. 43.

202 BAG 27.03.1981 – 7 AZR 523/78, NJW 1984, 1703; BAG 15.12.2011 – 8 AZR 692/10; NZA-RR 2012, 570; BAG 19.04.2012 – 2 AZR 186/11, NJW 2013, 104; BAG 10.04.2014 – 2 AZR 647/13, NJW 2014, 3533; *Mayer,* in: Gallner/Mestwerdt/Nägele, Kündigungsschutzrecht, § 1 KSchG, Rdnr. 43.

203 BAG 27.03.1981 – 7 AZR 523/78, NJW 1984, 1703; BAG 10.04.2014 – 2 AZR 647/13, NJW 2014, 3533; BAG 15.12.2011 – 8 AZR 692/10, NZA-RR 2012, 570; BAG 19.04.2012 – 2 AZR 186/11, NJW 2013, 104; *Mayer,* in: Gallner/Mestwerdt/Nägele, Kündigungsschutzrecht, § 1 KSchG, Rdnr. 43.

Einheitlichkeitswille besteht, der für die andere Vertragspartei erkennbar war und gebilligt oder zumindest hingenommen wurde.[204]

Ein Indiz für einen rechtlichen Zusammenhang kann die gesamtschuldnerische Haftung beider Arbeitgeber für den Arbeitslohn sein.[205] Ein anderes Indiz ist das Führen eines einheitlichen Betriebes durch die beiden Arbeitgeber oder eine wechselseitige Einflussmöglichkeit des einen Arbeitgebers bei dem Abschluss bzw. der Durchführung des zwischen dem Arbeitnehmer und dem jeweils anderen Arbeitgeber vereinbarten Vertrages.[206]

Liegt ein einheitliches Arbeitsverhältnis vor, ergibt sich daraus ein rechtlicher Zusammenhang der vertraglichen Beziehungen des Arbeitnehmers zu den Arbeitgebern, der aus Arbeitgebersicht zu dem Nachteil führt, dass Arbeitgeberrechte wie das Weisungsrecht und Kündigungsrecht nur gemeinsam von beiden Arbeitgebern ausgeübt werden können.[207] Die Kündigung des deutschen sowie des ausländischen Arbeitgebers ist an den Anforderungen des KSchG zu messen, selbst wenn nur auf das deutsche Arbeitsverhältnis das KSchG anwendbar ist.[208] Die beiden Kündigungen müssen nicht notwendigerweise in einem Akt erfolgen, Auslegungen und Umdeutungen können einzelne Kündigungserklärungen als Teilakte einer einheitlichen Erklärung werten.[209] Sind die Beendigungszeitpunkte verschieden, gilt der spätere.[210] Die Rechtsprechung geht davon aus, dass ein personen- oder verhaltensbedingter Kündigungsgrund i. d. R. im Verhältnis

---

204 BAG 27.03.1981 – 7 AZR 523/78, NJW 1984, 1703 m. w. N. z. B. BGH 30.04.1976 – V ZR 143/7, NJW 1976, 1931; grundlegend: BGH 19.03.1971 – V ZR 143/69, MDR 1971, 468 bei dem der BGH ein einheitliches Rechtsverhältnis zwischen einem Grundstücks- und Mobiliarkaufvertrag annahm (der Mobiliarkaufvertrag wurde nur geschlossen um die Nebenkosten bei dem Immobilienkauf zu verringern). Im Verfahren hat nur der Verkäufer einen Einheitlichkeitswillen, der aber vom Käufer eindeutig zu erkennen war und gebilligt wurde; *Mayer*, in: Gallner/Mestwerdt/Nägele, Kündigungsschutzrecht, § 1 KSchG, Rdnr. 43 verweist auf die o. g. Rspr.

205 BAG 27.03.1981 – 7 AZR 523/78, NJW 1984, 1703.

206 BAG 11.12.2007 – 1 AZR 824/06, NZA-RR 2008, 298 zu den Voraussetzungen für das Vorliegen eines gemeinsamen Betriebes mehrerer Unternehmen i. S. v. § 1 Abs. 1 S. 2 BetrVG; BAG 27.03.1981 – 7 AZR 523/78, NJW 1984, 1703 wertet die wechselseitige Einflussmöglichkeit als Indiz für ein einheitliches Arbeitsverhältnis.

207 BAG 27.03.1981 – 7 AZR 523/78, NJW 1984, 1703.

208 *Mayer*, in: Gallner/Mestwerdt/Nägele, Kündigungsschutzrecht, § 1 KSchG, Rdnr. 43.

209 BAG 27.03.1981 – 7 AZR 523/78, NJW 1984, 1705; *Mennen/Schellert/Wolf*, Mitarbeiterentsendung, S. 59.

210 BAG 27.03.1981 – 7 AZR 523/78, NJW 1984, 1705; *Mennen/Schellert/Wolf*, Mitarbeiterentsendung, S. 59.

zu beiden Arbeitgebern gleichermaßen Gewicht haben wird.[211] Veruntreut der Arbeitnehmer beispielsweise Gelder des einen Arbeitgebers, führt das zu einer Zerstörung des Vertrauensverhältnisses zu beiden Arbeitgebern, genauso wie sich eine langwierige Krankheit des Arbeitnehmers ebenfalls auf das Verhältnis zu beiden Arbeitgebern auswirkt.

Ein betriebsbedingter Kündigungsgrund muss in einem einheitlichen Arbeitsverhältnis bei beiden Arbeitgebern vorliegen. Eine betriebsbedingte Kündigung darf nicht erfolgen, wenn „der Arbeitnehmer auch nur bei einem der Arbeitgeber voll beschäftigt werden kann."[212] Bei einem einheitlichen Arbeitsverhältnis ist es üblich, dass die Arbeitgeber die Beschäftigungspflicht nach Sinn und Zweck des Vertrages gesamtschuldnerisch oder als gemeinschaftliche Schuld übernehmen.[213] Eine gesamtschuldnerische oder gemeinschaftliche Beschäftigungspflicht nach § 427 BGB liegt vor, wenn beide Arbeitgeber dem Arbeitnehmer die volle Beschäftigung versprechen, wobei jedem Arbeitgeber die Möglichkeit eingeräumt wird, die ihm obliegende volle Beschäftigungspflicht zumindest teilweise dadurch zu erfüllen, dass der Arbeitnehmer auch bei dem jeweils anderen Arbeitgeber beschäftigt wird.[214]

Die Vereinbarung eines Split-Contracts dient aus Arbeitgebersicht in erster Linie dazu, die Auslegung der Vertragsbeziehungen zwischen Arbeitnehmer, deutschem und ausländischem Arbeitgeber in einem Streitfalle durch das Gericht als einheitliches Arbeitsverhältnis zu vermeiden.

V. Zusammenfassender Vergleich der Vertragsmodelle

Zusammenfassend lässt sich festhalten, dass bei dem ersten Vertragstyp der deutsche Arbeitsvertrag bestehen bleibt und für die Dauer der Entsendung durch einen zwischen dem Arbeitnehmer und dem deutschen Arbeitgeber geschlossenen Entsendungsvertrag modifiziert wird. Das deutsche Unternehmen bleibt alleiniger Arbeitgeber und behält auch das Weisungsrecht.

Bei dem zweiten Vertragstyp wird der deutsche Arbeitsvertrag durch eine Zusatzvereinbarung zwischen dem deutschen Arbeitgeber und dem Arbeitnehmer

---

211 BAG 27.03.1981 - 7 AZR 523/78, NJW 1984, 1705; *Mennen/Schellert/Wolf*, Mitarbeiterentsendung, S. 59.

212 BAG 27.03.1981 - 7 AZR 523/78, NJW 1984, 1705; *Mennen/Schellert/Wolf*, Mitarbeiterentsendung, S. 59.

213 BAG 27.03.1981 - 7 AZR 523/78, NJW 1984, 1705; *Preis*, in: ErfK, § 611 BGB, Rdnr. 191; *Mennen/Schellert/Wolf*, Mitarbeiterentsendung, S. 59.

214 BAG 27.03.1981 - 7 AZR 523/78, NJW 1984, 1705.

ruhend gestellt oder aufgelöst, der Lokalvertrag zwischen dem Arbeitnehmer und dem ausländischen Unternehmen regelt die Modalitäten des Auslandseinsatzes. Hauptarbeitgeber wird das ausländische Unternehmen, welches dann auch vollständig oder fast vollständig das Weisungsrecht für die Dauer der Entsendung ausübt.

Das Split-Contract-Modell ist dadurch gekennzeichnet, dass der Arbeitsvertrag zwischen dem deutschen Unternehmen und dem Arbeitnehmer bestehen bleibt und mit dem ausländischen Unternehmen ein zweiter Arbeitsvertrag geschlossen wird. Es gibt zwei Arbeitgeber, der Arbeitnehmer erbringt seine Arbeitsleistung sowohl in Deutschland als auch im Ausland.

Bei dem Split-Contract und Lokalvertrag besteht eine vertragliche Beziehung zwischen dem Arbeitnehmer und dem ausländischen Unternehmen. Ein wesentlicher Unterschied besteht darin, dass bei dem Split-Contract der Arbeitnehmer seine Arbeitsleistung auf zwei Arbeitgeber verteilt, während bei dem Lokalvertrag der Arbeitnehmer ausschließlich für das ausländische Unternehmen tätig wird und der Arbeitsvertrag zum deutschen Unternehmen ruhend gestellt oder aufgelöst wird.

Der wesentliche Unterschied zwischen Split-Contract/Lokalvertrag und Entsendungsvertrag besteht darin, dass bei dem Entsendungsvertrag das deutsche Unternehmen alleiniger Arbeitgeber bleibt und keine vertragliche Beziehung zum ausländischen Unternehmen gewollt ist.

Bei dem Lokalvertrag, Split-Contract und einheitlichen Arbeitsverhältnis liegt die Schwierigkeit aus arbeitsrechtlicher Sicht in der Harmonisierung der deutschen und ausländischen Arbeitsverträge. Das Abstimmen der Verträge aufeinander bereitet bei dem Lokalvertrag wenig Schwierigkeiten, wenn das deutsche Arbeitsverhältnis ruhend gestellt oder beendet wird. Problematisch wird die Koordinierung erst, wenn der Lokalvertrag vorzeitig endet oder der deutsche Arbeitgeber sich vorbehält, das Ruhen des deutschen Arbeitsvertrages vorzeitig zu beenden und damit mittelbar in den Lokalvertrag eingreift.[215] Bei dem Split-Contract und einheitlichen Arbeitsverhältnis erfordert schon die Gestaltung des deutschen und ausländischen Vertrages in Bezug auf Lohnzahlung, Urlaub, Arbeitszeit usw. eine Harmonisierung.

Der Entsendungsvertrag hat den Vorteil, dass es nur einen Arbeitgeber gibt und der Entsendungsvertrag nur mit dem bisherigen deutschen Grundarbeitsvertrag abgestimmt werden muss.

---

215 *Maurer*, Personaleinsatz im Ausland, S. 133.

Die vertragliche Bindung des Arbeitnehmers an das ausländische Unternehmen durch einen Lokalvertrag ist insbesondere bei längerfristigen Auslandseinsätzen vorteilhaft, wenn der Arbeitnehmer eine Führungsposition übernehmen soll oder derart organisatorisch in die betriebliche Struktur des ausländischen Unternehmens eingebunden wird, dass er zum Großteil dessen Weisungsrecht untersteht.[216]

Bei dem Split-Contract-Modell besteht der steuerliche Vorteil in der Besteuerung des ausländischen Teils des Arbeitslohns im ausländischen Tätigkeitsstaat. Der steuerliche Vorteil ergibt sich aus der gegebenenfalls doppelten Nutzung von Grundfreibeträgen, nationalen steuerlichen Vergünstigungen und Progressionsvorteilen. Sozialversicherungsrechtlich kann dieses Modell bei einem Auslandseinsatz in einem Nicht-EU-Staat ohne Sozialversicherungsabkommen zu einer Doppelversicherung führen, die dann die steuerlichen Vorteile schmälert. Aus Arbeitgebersicht besteht der Vorteil eines Split-Contracts gegenüber einem einheitlichen Arbeitsverhältnis darin, dass beide Arbeitgeber ihre Rechte, wie z.B. das Recht zur Kündigung, nicht gemeinsam geltend machen müssen.

D. Arbeitnehmerüberlassung und Entsendung: Die Abgrenzung und Analyse der Unterschiede und Gemeinsamkeiten von Entsendungs- und Leiharbeitsvertrag

Die Arbeitnehmerüberlassung weist Gemeinsamkeiten zu anderen Formen des drittbezogenen Personaleinsatzes auf, z.B. das Bestehen eines Dreipersonenverhältnisses, weshalb bei Entsendungen zu prüfen ist, ob eine Arbeitnehmerüberlassung im Rahmen des Arbeitnehmerüberlassungsgesetzes (AÜG) vorliegt. Drittbezogene Personaleinsätze ins Ausland sind z.B. mittels Entsendungsvertrag bei Entsendungen denkbar, aber auch mittels Leiharbeitsvertrag bei grenzüberschreitenden Arbeitnehmerüberlassungen. Der Entsendungsvertrag weist wegen seiner Ausgestaltung als Dienstvertrag eine besondere Nähe zum Leiharbeitsvertrag im Rahmen der Arbeitnehmerüberlassung auf, weshalb eine Abgrenzung zwischen diesen beiden notwendig erscheint.

216 *Waldenmaier*, in: Laws/Koziner/Waldenmaier, Mitarbeiter ins Ausland entsenden, S. 109; *Reiter*, NZA 2014, S. 26.

I. Grundsätze des Arbeitnehmerüberlassungsgesetzes (AÜG) und Besonderheiten der grenzüberschreitenden Arbeitnehmerüberlassung

Die Grundsätze zur Arbeitnehmerüberlassung sind im AÜG normiert. Es dient zum einen der Bekämpfung illegaler, d.h. ohne Erlaubnis betriebener Leiharbeit zumeist in Form von Scheinwerkverträgen und legt zum anderen die Gestaltungsspielräume für eine legale Arbeitnehmerüberlassung fest.[217]

Die Grundnorm des § 1 Abs. 1 S. 1 AÜG schafft die gesetzlichen Rahmenbedingungen einer rechtmäßigen Arbeitnehmerüberlassung und stellt die Überlassung generell unter ein präventives Verbot mit Erlaubnisvorbehalt. Der Erlaubnisvorbehalt verfolgt arbeitsmarkt- und beschäftigungspolitische Zwecke, indem er verhindern soll, dass Dauerarbeitsplätze von Leiharbeitnehmern eingenommen werden und der Arbeitgeber/Entleiher sich letztendlich seiner arbeitsrechtlichen Verpflichtungen entzieht, indem er mehr und mehr auf Leiharbeitnehmer ausweicht.[218]

Die Arbeitnehmerüberlassung setzt nach § 1 Abs. 1 AÜG ein Arbeitsverhältnis zwischen dem Leiharbeitnehmer und Verleiher (Leiharbeitsvertrag) und einen Vertrag zwischen dem Verleiher und Entleiher (Arbeitnehmerüberlassungsvertrag) voraus, der Verleiher muss den Arbeitnehmer an den Entleiher tatsächlich zur Arbeitsleistung überlassen und die Überlassung muss zudem im Rahmen ihrer wirtschaftlichen Tätigkeit erfolgen.

In seinem räumlichen Geltungsbereich beschränkt sich das AÜG wegen des Territorialitätsprinzips auf die Bundesrepublik Deutschland und erfasst neben einem Verleih innerhalb Deutschlands auch den Verleih nach Deutschland und aus Deutschland heraus.[219]

---

217 *Lorenz*, in: Däubler/Hjort/Schubert/Wolmerath, Arbeitsrecht, § 1 AÜG, Rdnrn. 1 f; *Beck*, in: Dornbusch/Fischermeier/Löwisch, Kommentar zum Arbeitsrecht, § 1 AÜG, Rdnr. 2.

218 *Ulber*, in: Ulber AÜG Komm, § 1 AÜG, Rdnr. 13.

219 *Lorenz*, in: Däubler/Hjort/Schubert/Wolmerath, Arbeitsrecht, § 1 AÜG, Rdnr. 6; *Germanowski/Hurst*, in: Urban-Crell/Germanowski/Bissels/Hurst AÜG Komm, Einleitung, Rdnr. 28; *Beck*, in: Dornbusch/Fischermeier/Löwisch, Kommentar zum Arbeitsrecht, § 1 AÜG, Rdnr. 11; *Ulber*, in: Ulber AÜG Komm, § 1 AÜG, Rdnr. 226.

1. *Gegenständlicher Anwendungsbereich: „im Rahmen wirtschaftlicher Tätigkeit" ersetzt das frühere „gewerbsmäßig"*

In seinem sachlichen Anwendungsbereich erfasst das AÜG die Arbeitnehmerüberlassung im Rahmen wirtschaftlicher Tätigkeit.

Im Zuge der Gesetzesreform durch das „Erste Gesetz zur Änderung des Arbeitnehmerüberlassungsgesetzes" vom 30.11.2011 ersetzte der Gesetzgeber den Begriff „gewerbsmäßig" durch „im Rahmen wirtschaftlicher Tätigkeit." Ziel der Gesetzesreform war die Umsetzung der Leiharbeitsrichtlinie, das Verhindern von Missbrauch bei der Überlassung und das Verhindern eines grenzüberschreitenden Lohndumpings.

Die Leiharbeit wurde branchenübergreifend missbraucht, indem die Möglichkeit, durch tarifliche Regelungen vom Gleichstellungsgrundsatz nach unten abzuweichen, in der Praxis dahin gehend genutzt wurde, dass Unternehmen trotz fortbestehendem Beschäftigungsbedarf Arbeitnehmer entließen, um diese dann als Leiharbeitnehmer zu schlechteren Arbeitsbedingungen wieder im Unternehmen, u. U. sogar auf ihren früheren Arbeitsplätzen, einzusetzen.[220] Diesen sog. „Drehtüreffekt" hat der Gesetzgeber dadurch unterbunden, dass nach § 3 Abs. 1 Nr. 3 S. 4 AÜG eine tarifliche Regelung, die vom Gleichstellungsgebot abweicht, nicht für Leiharbeitnehmer gilt, die in den letzten sechs Monaten vor der Überlassung bei dem Entleiher oder einem anderen Unternehmen desselben Konzerns ausgeschieden sind.[221]

Grenzüberschreitendes Lohndumping soll verhindert werden, indem in § 3 a AÜG erstmals eine Lohnuntergrenze für Leiharbeit eingefügt wurde.[222]

Der Gesetzgeber orientierte sich bei der Gestaltung des „Ersten Gesetzes zur Änderung des AÜG" an den Vorgaben der EU-Leiharbeitsrichtlinie 2008/104/EG des Europäischen Parlaments und des Rates vom 19.11.2008, die am 05.11.2011 in Kraft getreten ist und deren Vorgaben nach Art. 11 Abs. 1 RL 2008/104/EG zwingend von den Mitgliedsstaaten bis zum 05.12.2011 umzusetzen waren. Sie regelt für die EU-Mitgliedsstaaten zwingende Mindestvoraussetzungen für Leiharbeit. Nach Art. 1 Abs. 2 der RL 2008/104/EG besteht eine Erlaubnispflicht für

---

220 Die Leiharbeitnehmer wurden dann in konzerneigenen Personalführungsgesellschaften eingesetzt; Schlecker praktizierte dieses Drehtürmodell; *Reineke,* in: Dornbusch/Fischermeier/Löwisch, Kommentar zum Arbeitsrecht, § 3 AÜG, Rdnr. 38.

221 *Reineke,* in: Dornbusch/Fischermeier/Löwisch, Kommentar zum Arbeitsrecht, § 3 AÜG, Rdnr. 38.

222 BT-Drs. 17/4804, S. 7; *Wank,* in: ErfK, § 1 AÜG, Rdnr. 11a; *Beck,* in: Dornbusch/Fischermeier/Löwisch, Kommentar zum Arbeitsrecht, § 1 AÜG, Rdnrn. 4 f.

öffentliche und private Unternehmen, die eine wirtschaftliche Tätigkeit ausüben, unabhängig davon, ob sie Erwerbszwecke verfolgen.[223] Unter gewerbsmäßige Arbeitnehmerüberlassung fiel vor der Gesetzesreform nur eine Überlassung, deren Hauptzweck auf das Erwirtschaften eines Gewinns gerichtet war.[224] Erfolgte die Überlassung aus gemeinnützigen oder ideellen bzw. karitativen Zwecken, lag keine Gewinnerzielungsabsicht vor und die Regelungen des AÜG fanden keine Anwendung.[225]

Eine Definition der wirtschaftlichen Tätigkeit enthalten weder § 1 AÜG noch die RL 2008/104/EG. Der Begriff „wirtschaftliche Tätigkeit“ wurde vom Gesetzgeber aus Art. 1 Abs. 2 der RL 2008/104/EG übernommen. Da die Richtlinie selbst keine Definition enthält, kann nach dem Willen des Gesetzgebers auf die Rechtsprechung zu anderen europarechtlich geregelten Bereichen zurückgegriffen werden, z.B. den Bereich des Wettbewerbsrechts.[226] Danach übt ein Unternehmen eine wirtschaftliche Tätigkeit aus, wenn es Güter oder Dienstleistungen auf einem bestimmten Markt anbietet, unabhängig davon, ob dies in Gewinnerzielungsabsicht erfolgt.[227] Der durch die Reform erweiterte Anwendungsbereich führt dazu, dass Arbeitnehmerüberlassungen durch Körperschaften, Anstalten oder Stiftungen des öffentlichen Rechts (z.B. Personalgestellungen nach § 4 Abs. 3 TVöD) ebenso wie konzerninterne Überlassungen und Überlassungen aus rein karitativen, ideellen oder gemeinnützigen Zwecken unter die Erlaubnispflicht des AÜG fallen.[228]

---

223 *Koch,* in: Schaub Arbeitsrechts-Handbuch, XIII Buch § 120, Rdnr. 12a; *Ulber,* in: Ulber AÜG Komm, § 1 AÜG, Rdnr. 196.

224 BT-Drs. VI/2303; BAG 01.06.1994 – 7 AZR 419/92, BB 1994, 1216; *Lorenz,* in: Däubler/Hjort/Schubert/Wolmerath, Arbeitsrecht, § 1 AÜG, Rdnr. 14; *Koch,* in: Schaub Arbeitsrechts-Handbuch, XIII Buch § 120, Rdnr. 12.

225 *Lorenz,* in: Däubler/Hjort/Schubert/Wolmerath, Arbeitsrecht, § 1 AÜG, Rdnr. 14.

226 BT-Drs. 17/4804; *Germanowski/Bissels,* in: Urban-Crell/Germanowski/Bissels/Hurst AÜG Komm, § 1, Rdnr. 89 a; *Ulber,* in: Ulber AÜG Komm, § 1 AÜG, Rdnr. 196; *Beck,* in: Dornbusch/Fischermeier/Löwisch, Kommentar zum Arbeitsrecht, AÜG, § 1, Rdnr. 33.

227 BT-Drs. 17/4804 verweist auf EuGH 10.01.2006, Rs. C-222/04, Rn. 107, Slg 2006, I-289; EuGH 19.02.2002 – Rs. C-309/99, NJW 2002, 877; ebenso: EuGH 01.07.2008 – C 49/07, EuZW 2008, 605.

228 BT-Drs. 17/4804; Dass sich der Anwendungsbereich nunmehr auch auf gemeinnützige Einrichtungen bezieht wird von Teilen der Literatur kritisiert, weil z.B. in Behindertenwerkstätten keine wirtschaftliche Tätigkeit ausgeübt werde, so z.B. *Lorenz,* in: Däubler/Hjort/Schubert/Wolmerath, Arbeitsrecht, § 1 AÜG, Rdnr. 14; a.A. *Koch,* in: Schaub Arbeitsrechts-Handbuch, XIII Buch § 120, Rdnr. 12 a.

2. *Vorübergehende Überlassung*

Eine zeitliche Höchstgrenze einer zulässigen Überlassung von urspr. drei, dann sechs, neun, zwölf und schließlich 24 Monaten wurde vom Gesetzgeber durch den Art. 6 des „Ersten Gesetzes für moderne Dienstleistungen am Arbeitsmarkt" mit Wirkung zum 01.01.2003 zunächst aufgehoben.[229] Es reichte aus, dass die Überlassung „vorübergehend" i. S. d. § 1 Abs. 1 S. 2 AÜG erfolgte. Mit Wirkung zum 01.04.2017 wurde nunmehr erneut eine Höchstüberlassungsdauer in § 1 Abs. 1 b AÜG normiert.[230] Eine Arbeitnehmerüberlassung darf danach maximal 18 Monate dauern. Die Festlegung der Höchstüberlassungsdauer auf 18 Monate stellt in erster Linie einen politischen Kompromiss zwischen den von der SPD geforderten 12 und von der Union geforderten 24 Monaten dar.[231]

Geht die Überlassung über diese Höchstüberlassungsdauer von 18 Monaten hinaus, entsteht als Sanktion ein Arbeitsverhältnis mit dem Entleiher nach §§ 10 Abs. 1, 9 Abs. 1 Nr. 1 b AÜG, sowie eine Bußgeldzahlungspflicht des Verleihers von bis zu 30.000 €.[232]

---

229 Früher: § 3 Abs. 1 Nr. 6 AÜG a. F.; BGBl 2002, Teil I Nr. 87; *Germanowski/Hurst*, in: Urban-Crell/Germanowski/Bissels/Hurst AÜG Komm, Einleitung, Rdnrn. 32 ff. die Höchstüberlassungsgrenze von 24 Monaten wurde mit dem Job-AQTIV-Gesetz vom 10.12.2001 eingeführt.

230 BT-Drs. 18/10064.

231 *Bissels/Falter*, ArbRAktuell 2017, S. 4; *Wank*, RdA 2017, S. 108 führt aus, dass die Hälfte aller Leiharbeitsverhältnisse schon nach drei Monaten endet und die Durchschnittsdauer von Leiharbeitsverhältnissen 10 Monate beträgt.

232 Zwar keine Sanktion im Gesetz, aber die Leiharbeitsrichtlinie verlangt eine effektive Sanktion vom Gesetzgeber, deshalb ist eine Analogie angemessen, so *Wank*, in: ErfK, § 1 AÜG, Rdnrn. 37 f; ähnlich: *Koch*, in: Schaub Arbeitsrechts-Handbuch, XIII Buch § 120, Rdnr. 12d; *Lorenz*, in: Däubler/Hjort/Schubert/Wolmerath, Arbeitsrecht, § 1 AÜG, Rdnr. 15; *Leuchten*, NZA 2011, S. 609; gegen eine Analogie sind: *Beck*, in: Dornbusch/Fischermeier/Löwisch, Kommentar zum Arbeitsrecht, AÜG, § 1, Rdnr. 39 nach dem es an einer planwidrigen Regelungslücke fehlt, weil der Gesetzgeber bewusst bei einer nicht nur vorübergehenden Überlassung die Rechtsfolge der Begründung eines Arbeitsverhältnisses mit dem Entleiher angeordnet hat; nach dieser Ansicht liegt bei dauerhafter Überlassung eine Arbeitsvermittlung vor; *Thüsing/Siebert*, DB 2012, S. 633 spricht sich ebenfalls gegen eine Analogie und das Vorliegen einer Arbeitsvermittlung aus, weil eine Arbeitsvermittlung nach § 35 Abs. 1 S. 2 SGB III nur dann gegeben ist, wenn der Arbeitgeber nur eine formale Arbeitgeberstellung innehat, aber auch bei einer dauerhaften Überlassung hat der Verleiher nicht eine bloße formale Stellung.

Die Berechnung der Überlassungsdauer bestimmt sich nach §§ 186 ff BGB und beginnt mit dem tatsächlichen Einsatz des Leiharbeitnehmers.[233] Dies gilt auch, wenn zwischen dem Verleiher und Entleiher ein anderer Zeitpunkt vereinbart ist.[234] Bleibt der Leiharbeitnehmer eigenmächtig oder sogar gegen den Willen des Verleihers nach Ablauf der Höchstüberlassungsfrist beim Entleiher, hat das keinerlei Auswirkungen auf den Verleiher.[235] Dies wird damit begründet, dass dann keine zwischen Entleiher und Verleiher vereinbarte Arbeitnehmerüberlassung mehr vorliegt.

Die Höchstüberlassungsdauer von 18 Monaten kann für die in § 1 Abs. 1 b S. 4–8 AÜG genannten Ausnahmefälle verlängert werden, z. B. eine andere Vereinbarung in einem Tarifvertrag oder einer Betriebs- oder Dienstvereinbarung.

Die früher umstrittene Frage, ob sich die Höchstüberlassungsdauer auf den Arbeitnehmer oder den Arbeitsplatz bezieht, beantwortet die Neuregelung des Gesetzes mit dem Wortlaut des § 1 Abs. 1 b S. 1 AÜG, worin von „demselben Leiharbeitnehmer" die Rede ist. Zudem steht in der Leiharbeitsrichtlinie der Begriff „vorübergehend" immer im Zusammenhang mit dem Leiharbeitnehmer und seiner Tätigkeit und nicht im Zusammenhang mit dem Arbeitsplatz des Entleihers.[236] Die Höchstüberlassungsfrist von 18 Monaten bezieht sich also auf den Arbeitnehmer. Dieser darf maximal 18 Monate bei dem Entleiher tätig werden.[237] Der Arbeitsplatz des Entleihers kann aber dauerhaft durch wechselnde Leiharbeitnehmer besetzt werden.[238]

Nach § 1 Abs. 1 b S. 2 AÜG werden Zeiten vorheriger Überlassungen durch denselben oder einen anderen Verleiher an denselben Entleiher zusammengerechnet. Auch hierin zeigt sich der Arbeitnehmerbezug der Neuregelung, womit Umgehungen, z. B. in Form eines sog. „Verleiherrondells", vermieden werden sollen."[239] Liegt zwischen den Arbeitseinsätzen eine Unterbrechung von mehr als drei Monaten, beginnt die Berechnung der 18 Monatsfrist bei Null und kann erneut voll ausgeschöpft werden (§ 1 Abs. 1 b S. 2 AÜG).

---

233 *Bissels/Falter*, ArbRAktuell 2017, S. 4.

234 *Bissels/Falter*, ArbRAktuell 2017, S. 4.

235 *Bissels/Falter*, ArbRAktuell 2017, S. 4.

236 *Bissels/Falter*, ArbRAktuell 2017, S. 5; *Siebert/Novak*, ArbRAktuell 2016, S. 392; so auch schon *Willemsen/Mehrens*, NZA 2015, S. 898.

237 *Bissels/Falter*, ArbRAktuell 2017, S. 5; *Siebert/Novak*, ArbRAktuell 2016, S. 392; BT-Drs. 18/9723, S. 6.

238 Das Gesetz lässt also eine Leiharbeitnehmerrotation zu, *Bissels/Falter*, ArbRAktuell 2017, S. 5; *Wank*, RdA 2017, S. 109; so auch: *Siebert/Novak*, ArbRAktuell 2016, S. 392.

239 *Siebert/Novak*, ArbRAktuell 2016, S. 392.

Nicht unter Erlaubnisvorbehalt steht die arbeitsplatzsichernde, die konzerninterne, die gelegentliche Überlassung und die Überlassung ins Ausland gem. § 1 Abs. 3 Nr. 1–3 AÜG.

Bei der arbeitsplatzsichernden Überlassung nach § 1 Abs. 3 Nr. 1 AÜG ist eine Erlaubnis unter den Voraussetzungen nicht erforderlich, dass ein Tarifvertrag, der für Verleiher und Entleiher, die Arbeitgeber desselben Wirtschaftszweiges sind, zur Vermeidung von Kurzarbeit oder Entlassungen gilt. Ziel der Regelung war die Legalisierung der in der Praxis schon bewährten Form der „Nachbarschaftshilfe", mit der drohende Entlassungen abgewendet werden können.[240] Das Ziel des Gesetzgebers bestand zudem darin, Unternehmen in wirtschaftlich schweren Zeiten die Möglichkeit zu geben, ihre Arbeitnehmer an ein Unternehmen desselben Wirtschaftszweiges auszuleihen, ohne dass die strengen Anforderungen des AÜG erfüllt sein müssen, also das Unternehmen beispielsweise eine länger dauernde Erlaubnis beantragen muss.

Die Vorschriften des AÜG sind nicht auf die konzerninterne Arbeitnehmerüberlassung anwendbar, außer der Arbeitnehmer wird zum Zwecke der Überlassung eingestellt und beschäftigt, § 1 Abs. 3 Nr. 2 AÜG. Voraussetzungen für die Erlaubnisfreiheit der konzerninternen Überlassung sind nach § 1 Abs. 3 Nr. 2 AÜG, dass der Arbeitnehmer nicht zum Zwecke der Überlassung eingestellt und beschäftigt wurde. Grund für die Erlaubnisfreiheit ist, dass bei konzerninternem Verleih die Leiharbeitnehmer nicht sozial schutzbedürftig sind, weil nur der konzerninterne Arbeitsmarkt betroffen ist.[241]

Die gelegentliche Arbeitnehmerüberlassung ist zwischen zwei nicht konzernrechtlich verbundenen Unternehmen erlaubnisfrei, wenn der Arbeitnehmer nicht zum Zweck der Überlassung eingestellt und beschäftigt wird, § 1 Abs. 3 Nr. 2 a AÜG. Mit dieser v. a. wegen des unbestimmten Begriffs „gelegentlich" kritisierten Ausnahmevorschrift will der Gesetzgeber hin und wieder auftretende Überlassungsfälle, z. B. zur Abdeckung eines kurzfristigen Spitzenbedarfs

---

240 § 1 Abs. 3 Nr. 1 wurde durch Art. 8 Abs. 1 Nr. 1 BeschFG 1985, BGBl I, S. 715 in das AÜG eingeführt; *Wank,* in: ErfK, § 1 AÜG, Rdnr. 50; *Ulber,* in: Ulber AÜG Komm, § 1 AÜG, Rdnr. 314; *Beck,* in: Dornbusch/Fischermeier/Löwisch, Kommentar zum Arbeitsrecht, § 1 AÜG, Rdnrn. 53 ff.

241 Zudem liegt der Sinn und Zweck der Norm darin, die Personalflexibilität und den Arbeitskräftetausch zwischen konzernangehörigen Unternehmen zu erleichtern, indem bürokratische Förmlichkeiten abgebaut werden, BT-Drs. 10/3206, S. 33 Ausschlussbegründung.

eines anderen Unternehmens, von der Erlaubnispflicht ausklammern.[242] Eine arbeitsvertraglich vereinbarte Konzernversetzungsklausel führt nicht dazu, dass der Arbeitnehmer zur Überlassung eingestellt ist, sie allein kann nicht Auslöser für eine Erlaubnispflicht der konzerninternen Überlassung sein.[243] Begründet wird dies mit dem Gesetzeszweck, der darin liegt, Personalführungsgesellschaften einer Erlaubnispflicht zu unterwerfen, die ausschließlich Arbeitnehmer konzernintern überlassen.[244] Bei Vereinbarung einer Konzernversetzungsklausel wird der Arbeitnehmer vorwiegend zur Tätigkeit bei seinem Arbeitgeber eingesetzt, daneben auch zur Überlassung an andere Konzernunternehmen. Der Privilegierungstatbestand ist daher einschlägig, weil der Arbeitnehmer bei einer Konzernversetzungsklausel nicht ausschließlich zum Zwecke der Überlassung eingestellt ist.[245]

Wird der Leiharbeitnehmer zunächst in einer Konzerngesellschaft für 18 Monate tätig und dann in einem zeitlichen Abstand von weniger als drei Monaten bei einer anderen Konzerngesellschaft, werden die Zeiten des ersten Einsatzes nicht angerechnet.[246]

Die Erlaubnisfreiheit des Verleihs ins Ausland ist in § 1 Abs. 3 Nr. 3 AÜG geregelt und wird vom Gesetzgeber damit begründet, dass deutsch-ausländischen Gemeinschaftsunternehmen, sog. Joint Ventures, aus organisatorischen und wirtschaftlichen Gründen ein Personalaustausch ermöglicht werden soll, der nicht den

---

242 BT-Drs. 17/4804, S. 9; *Lorenz*, in: Däubler/Hjort/Schubert/Wolmerath, Arbeitsrecht, § 1 AÜG, Rdnr. 44; *Röller*, in: Küttner Personalbuch, Arbeitsnehmerüberlassung/Zeitarbeit, Rdnr. 16; *Lembke*, BB 2012, S. 2499.

243 H. M.: *Germanowski/Bissels*, in: Urban-Crell/Germanowski/Bissels/Hurst AÜG Komm, § 1, Rdnr. 225 c; *Ulber*, in: Ulber AÜG Komm, § 1 AÜG, Rdnr. 208 b; *Huke/Neufeld/Luickhardt*, BB 2012, S. 966; *Lembke*, DB 2011, S. 416; *Hamann*, RdA 2011, S. 333; a.A.: *Oberthür*, ArbRB 2011, S. 147 wonach eine Konzernversetzungsklausel die Anwendung des Konzernprivilegs ausschließt, weil sie eine einseitige Überlassung im Konzern erst ermöglicht und nach der Richtlinie 2008/104/EG des Europäischen Parlaments und des Rates über Leiharbeit die Ausnahmeregelung eng auszulegen ist.

244 *Germanowski/Bissels*, in: Urban-Crell/Germanowski/Bissels/Hurst AÜG Komm, § 1, Rdnr. 225 c; *Ulber*, in: Ulber AÜG Komm, § 1 AÜG, Rdnr. 208 b.

245 *Germanowski/Bissels*, in: Urban-Crell/Germanowski/Bissels/Hurst AÜG Komm, § 1, Rdnr. 225 c; *Huke/Neufeld/Luickhardt*, BB 2012, S. 966; *Lembke*, DB 2011, S. 416; *Hamann*, RdA 2011, S. 333.

246 *Siebert/Novak*, ArbRAktuell 2016, S. 392.

Beschränkungen des AÜG unterliegt.[247] Ziel des Gesetzgebers war es auch, den Arbeitnehmer durch die fortbestehende Anwendbarkeit deutschen Arbeits- und Sozialversicherungsrechts zu schützen.[248] Damit sollte den Bedürfnissen des internationalen Wirtschaftsverkehrs Rechnung getragen werden, indem Joint Ventures mit Geschäftssitz in Deutschland Arbeitnehmer zu ihren ausländischen Gemeinschaftsunternehmen entsenden können, ohne den Beschränkungen des AÜG zu unterliegen.[249] Voraussetzung für die Erlaubnisfreiheit ist allerdings, dass das Gemeinschaftsunternehmen auf der Grundlage zwischenstaatlicher Vereinbarungen gegründet wurde und der deutsche Verleiher einen Anteil am Gemeinschaftsunternehmen hält (§ 1 Abs. 3 Nr. 3 AÜG). Der Gesetzgeber nennt als Beispiel einer solchen zwischenstaatlichen Vereinbarung den deutsch-chinesischen Investitionsförderungs- und Investitionsschutzvertrag vom 07.10.1983.

3. *Grenzüberschreitende Arbeitnehmerüberlassung*

Bei einer grenzüberschreitenden Arbeitnehmerüberlassung haben der Verleiher und der Entleiher ihren Sitz in verschiedenen Staaten. Der Verleih über die Staatsgrenze der Bundesrepublik Deutschland hinaus führt zu der Frage, ob deutsches oder ausländisches Gewerberecht, Arbeitsrecht, Sozialversicherungsrecht oder Steuerrecht auf den Verleih anwendbar sind.[250]

Die Anwendbarkeit gewerberechtlicher Vorschriften richtet sich als Teil des öffentlichen Rechts und als Ausfluss der Hoheitsgewalt nach dem Territorialitätsprinzip, wonach die gewerberechtlichen Vorschriften eines Staates immer dann anwendbar sind, wenn die Überlassung einen Bezug zu seinem Staatsgebiet aufweist.[251] Konkret bedeutet das für eine grenzüberschreitende

---

247 BT-Drs. 13/4941, S. 248; *Germanowski/Bissels*, in: Urban-Crell/Germanowski/Bissels/Hurst AÜG Komm, § 1, Rdnr. 259; *Beck*, in: Dornbusch/Fischermeier/Löwisch, Kommentar zum Arbeitsrecht, § 1 AÜG, Rdnr. 63; *Ulber*, in: Ulber AÜG Komm, § 1 AÜG, Rdnr. 385.

248 BT-Drs. 13/4941, S. 248.

249 *Germanowski/Bissels*, in: Urban-Crell/Germanowski/Bissels/Hurst AÜG Komm, § 1, Rdnr. 262; *Beck*, in: Dornbusch/Fischermeier/Löwisch, Kommentar zum Arbeitsrecht, § 1 AÜG, Rdnr. 63; *Schmid*, in: Lambrich/Happ/Tucci, Flexibler Personaleinsatz im Konzern, 5. Kap., Rdnrn. 454 f.

250 *Riederer von Paar*, in: Schüren AÜG, B, Rdnr. 641; *Germanowski/Hurst*, in: Urban-Crell/Germanowski/Bissels/Hurst AÜG Komm, Einleitung, Rdnr. 50.

251 *Riederer von Paar*, in: Schüren AÜG, B, Rdnr. 643; *Germanowski/Hurst*, in: Urban-Crell/Germanowski/Bissels/Hurst AÜG Komm, Einleitung, Rdnr. 51; *Schmid*, in: Lambrich/Happ/Tucci, Flexibler Personaleinsatz im Konzern, 5. Kap., Rdnr. 468.

Arbeitnehmerüberlassung, dass die gewerberechtlichen Voraussetzungen beider Staaten erfüllt sein müssen. Ein deutscher Verleiher benötigt demnach eine deutsche Erlaubnis nach § 1 Abs. 1 AÜG und ggf. eine ausländische Erlaubnis, wenn eine vergleichbare Regelung im Ausland besteht.[252]

Die Anwendbarkeit des deutschen Arbeits-, Steuer- und Sozialversicherungsrechts auf den Leiharbeitsvertrag hängt von Faktoren ab, wie der Vereinbarung einer Rechtswahl, der Vereinbarung des Auslandseinsatzes als vorübergehend oder der Beibehaltung oder Verlagerung des Wohnsitzes ins Ausland, weshalb auf die noch folgenden Ausführungen für den Entsendungsvertrag verwiesen wird.

II. Abgrenzung der Arbeitnehmerüberlassung zu anderen Formen des drittbezogenen Personaleinsatzes, wie der Entsendung in Form des Entsendungsvertrages, anhand des Merkmals „Überlassen zur Arbeitsleistung" aus § 1 Abs. 1 AÜG

Neben der Arbeitnehmerüberlassung gibt es noch andere Formen des drittbezogenen Personaleinsatzes, beispielsweise der Einsatz des Arbeitnehmers aufgrund eines Werkvertrages, Dienstvertrages, Geschäftsbesorgungsvertrages, Dienstverschaffungsvertrages oder einer Arbeitsvermittlung.[253] Bei einer Entsendung mittels Entsendungsvertrages handelt es sich um einen drittbezogenen Personaleinsatz in Form eines Dienstvertrages. Alle Formen des drittbezogenen Personaleinsatzes kennzeichnet ein Dreiecksverhältnis, an dem ein Arbeitnehmer und zwei Unternehmen beteiligt sind.[254]

Das entscheidende Abgrenzungsmerkmal zwischen der Arbeitnehmerüberlassung und den anderen Formen des drittbezogenen Personaleinsatzes ist das „Überlassen zur Arbeitsleistung." Während das BAG die Abgrenzung anhand des Weisungsrechts und der Eingliederung vornahm, war es in der Literatur bisher umstritten, ob es für die Abgrenzung nur auf das Weisungsrecht ankam oder auf das Weisungsrecht und die Eingliederung.[255] In dem neu eingefügten § 1 Abs. 1 S. 2 AÜG ist nunmehr gesetzlich normiert, dass ein Arbeitnehmer zur

---

252 *Riederer von Paar*, in: Schüren AÜG, B, Rdnrn. 643 f; EuGH 17.12.1981 – Rs 279/80, AP EWG-Vertrag Art. 177 Nr. 9.

253 *Wank*, in: ErfK, § 1 AÜG, Rdnr. 8; *Beck*, in: Dornbusch/Fischermeier/Löwisch, Kommentar zum Arbeitsrecht, AÜG, § 1, Rdnrn. 22 ff.

254 *Wank*, in: ErfK, § 1 AÜG, Rdnr. 8.

255 Nachweise dazu bei *Wank*, in: ErfK, § 1 AÜG, Rdnr. 17 ff.

Arbeitsleistung überlassen ist, wenn er in die Arbeitsorganisation des Entleihers eingegliedert ist und seinem Weisungsrecht untersteht.

Bezüglich des Weisungsrechts unterscheidet die Literatur und die Rechtsprechung zwischen arbeitsrechtlichen/personenbezogenen und werkbezogenen/objektbezogenen Weisungen.[256] Erteilt der Entleiher arbeitsrechtliche/personenbezogene Weisungen, z.B. über Arbeitszeit, Arbeitsablauf oder Arbeitsverhalten, deutet dies auf eine Arbeitnehmerüberlassung hin.[257] Werks- und objektbezogene Weisungen, z.B. über Fertigungsmethoden, Qualitätsanforderungen oder zu erbringende Stückzahl, sind projekt- und ergebnisorientiert und deuten nicht auf eine Arbeitnehmerüberlassung hin, weil sie jedem Auftraggeber zustehen.[258] Die zum Werkvertrag entwickelten Abgrenzungskriterien wurden auf die Abgrenzung der Arbeitnehmerüberlassung zum Dienstvertrag übertragen mit Ausnahme der charakteristischen Kriterien für Werkverträge wie Erfolg, Gewährleistung und Vergütungsgefahr.[259]

Die Eingliederung des Arbeitnehmers in die Arbeitsorganisation des Entleihers wurde vom BAG in einem Fall bejaht, in dem sich der Arbeitnehmer nach den Fahrplänen des Entleihers richten musste, dessen vorgegebenen Strecken fahren, Fahrberichte erstellen und die sonstigen Vorgaben des Entleihers einhalten musste.[260] In einer anderen Entscheidung bejaht das BAG die Eingliederung in die Arbeitsorganisation des Entleihers, weil der Arbeitnehmer verpflichtet war, mit dem Entleiher den Urlaub abzustimmen und auch beim Entleiher seine Arbeitsunfähigkeit anzuzeigen.[261] Zudem stellte das BAG für die Eingliederung auf die eigenverantwortliche Anberaumung und Durchführung der Besprechung mit Dritten und auf durch den Entleiher zur Verfügung gestellte Arbeitsmaterialien ab.[262]

Die Literatur folgt unter Berücksichtigung der Besonderheiten des Dienstvertrages größtenteils der Rechtsprechung zum Werkvertrag.[263] Eine Mindermeinung

---

256 Z. B. BAG 14.06.1984 – 2 AZR 215/83, EzAÜG § 631 BGB Werkvertrag Nr. 7.

257 BAG 30.01.1991 – 7 AZR 497/89, NZA 1992, 19; *Lorenz*, in: Däubler/Hjort/Schubert/Wolmerath, Arbeitsrecht, § 1 AÜG, Rdnr. 24; auch ausführlich zum Weisungsrecht: *Golücke*, in: Hümmerich/Boecken/Düwell, § 1 AÜG, Rdnr. 20.

258 BAG 30.01.1991 – 7 AZR 497/89, NZA 1992, 19; *Lorenz*, in: Däubler/Hjort/Schubert/Wolmerath, Arbeitsrecht, § 1 AÜG, Rdnr. 24.

259 *Wank*, in: ErfK, § 1 AÜG, Rdnr. 23.

260 BAG 06.08.2003 – 7 AZR 180/03, BB 2004, 669.

261 BAG 13.08.2008 – 7 AZR 269/07, juris.

262 BAG 13.08.2008 – 7 AZR 269/07, juris.

263 Die Kriterien Vergütungsgefahr und Gewährleistungspflicht werden beispielsweise auf die Abgrenzung zum Dienstvertrag nicht angewendet, *Wank*, in: ErfK, § 1 AÜG, Rdnr. 23; *Lorenz*, in: Däubler/Hjort/Schubert/Wolmerath, Arbeitsrecht, § 1 AÜG,

in der Literatur überträgt ihre zum Werkvertrag entwickelten Abgrenzungsmethoden konsequent auf den Dienstvertrag, ohne die Unterschiede der beiden Vertragstypen zu berücksichtigen.[264]

Die Abgrenzung erfolgt dabei nicht durch die Verneinung des Bestehens eines Werk- oder Dienstvertrages, sondern durch die positive Feststellung, dass Arbeitnehmer zur Arbeitsleistung an Dritte überlassen werden.[265] Die Abgrenzung hat Bedeutung für die Anwendbarkeit des AÜG, entscheidet in erster Linie also darüber, ob die Beschränkungen für Leiharbeit (z.B. Erlaubnispflicht) eingreifen. Darüber hinaus ist sie für steuer- und sozialversicherungsrechtliche Fragen relevant, beispielsweise haftet der Entleiher für den Gesamtsozialversicherungsbeitrag nach § 28 e Abs. 2 SGB IV wie ein selbstschuldnerischer Bürge und für die Lohnsteuer gem. § 19 Abs. 1 EStG nach den Regelungen der §§ 42 d Abs. 6–8 EStG. Steuerrechtlich ist zudem zu beachten, dass eine tatsächliche Arbeitnehmerüberlassung, die als Werk- oder Dienstvertrag getarnt ist, nicht zum Vorsteuerabzug nach § 15 Abs. 1 UStG berechtigt.[266] Zudem ist die Erlaubnis nach § 3 Abs. 2 AÜG zu versagen, wenn der Verleihbetrieb außerhalb der EG/EWR liegt. Diese Regelung soll eine effektive Kontrolle der Verleiher durch die Erlaubnisbehörde gewährleisten und damit die Leiharbeitnehmer vor Missbrauch schützen.[267]

III. Die Einbettung des Leiharbeitsvertrages in das Gesamtgefüge der Arbeitnehmerüberlassung

Die Untersuchung der Ausgestaltung der vertraglichen Beziehungen zwischen Arbeitnehmer, Verleiher und Entleiher und die Einbettung des Leiharbeitsvertrages in dieses Gesamtgefüge bilden die Grundlage für die Abgrenzung des Entsendungsvertrages zum Leiharbeitsvertrag im nächsten Abschnitt.

Arbeitnehmerüberlassungen charakterisieren sich durch ein Dreipersonenverhältnis. Beteiligt sind daran der Verleiher, der Entleiher und der Leiharbeitnehmer.

Rdnrn. 26 f; *Germanowski/Bissels*, in: Urban-Crell/Germanowski/Bissels/Hurst AÜG Komm, § 1, Rdnr. 155; *Ulber*, in: Ulber AÜG Komm, § 1 AÜG, Rdnr. 97; *Timmermann*, BB 2012, S. 173.

264 Z. B. *Dauner-Lieb*, NZA 1992, S. 818 ff.; *Hamann*, in: Schüren AÜG, C, Rdnr. 203 m. w. N.

265 *Hamann*, in: Schüren AÜG, C, Rdnr. 91 f; *Beck*, in: Dornbusch/Fischermeier/Löwisch, Kommentar zum Arbeitsrecht, § 1 AÜG, Rdnr. 11.

266 BFH 20.04.1988 – X R 40/81, DB 1988, 1835; *Germanowski/Bissels*, in: Urban-Crell/Germanowski/Bissels/Hurst AÜG Komm, § 1, Rdnrn. 29, 69.

267 BT-Drs. VI/2303, S. 12.

Die vertragliche Beziehung von Verleiher, Entleiher und Leiharbeitnehmer gestaltet sich derart, dass zwischen allen Beteiligten rechtliche Beziehungen bestehen.

Zwischen dem Leiharbeitnehmer und dem Verleiher als Arbeitgeber besteht ein Leiharbeitsvertrag, der die Hauptleistungspflichten, insb. die gegenseitigen Ansprüche auf Vergütung und Arbeitsleistung, regelt und die Anforderungen des NachwG erfüllen muss.[268] Der wesentliche Unterschied zu einem herkömmlichen Arbeitsvertrag besteht darin, dass der Arbeitgeber durch den Leiharbeitsvertrag die Berechtigung erhält, das Weisungsrecht auf einen anderen Arbeitgeber zu übertragen, womit es sich bei dem Leiharbeitsvertrag um einen echten Vertrag zugunsten Dritter handelt.[269]

Daraus ergibt sich u.a. nach § 328 Abs. 2 BGB ein eigenes Forderungsrecht des Dritten (Entleihers) auf die Arbeitsleistung direkt aus dem Leiharbeitsvertrag. Der Verleiher kann nach § 335 BGB vom Leiharbeitnehmer verlangen, für den Entleiher nach dessen Weisungen zu arbeiten, weil er das Weisungsrecht an den Entleiher überträgt. Der Verleiher ist alleiniger Arbeitgeber des Leiharbeitnehmers, zahlt den Lohn und trägt die Nebenkosten.[270] Zudem führt das Bestehen dieses Einzelarbeitsverhältnisses zu dem Vorteil, dass Arbeitnehmerschutzgesetze, die an die Dauer der Betriebszugehörigkeit anknüpfen, auch im Leiharbeitsverhältnis Wirkung haben.[271] Für den Leiharbeitnehmer gelten beispielsweise § 1 Abs. 1 KSchG und § 4 BUrlG, weil für die Berechnung der Dauer die Betriebszugehörigkeit zum Betrieb des Verleihers zählt. Der Leiharbeitsvertrag muss zudem gem. § 11 Abs. 1 Nr. 1, 2 AÜG den Anforderungen des § 2 Abs. 1 NachwG genügen.

Der Arbeitnehmerüberlassungsvertrag ist ein gegenseitiger Vertrag eigener Art, bei dem der Verleiher die Arbeitnehmerüberlassung und der Entleiher die Überlassungsvergütung schuldet und der nach § 12 Abs. 1 AÜG der Schriftform

---

268 *Reiserer/Christ*, in: Münchener Anwaltshandbuch ArbR, Teil M, § 66 Arbeitnehmerüberlassung, Rdnr. 34; *Germanowski/Bissels*, in: Urban-Crell/Germanowski/Bissels/Hurst AÜG Komm, § 1, Rdnr. 25; *Ulber*, in: Ulber AÜG Komm, § 1 AÜG, Rdnr. 36.

269 *Hamann*, in: Schüren AÜG, C, Rdnr. 92; *Wank*, in: ErfK, Einleitung AÜG, Rdnr. 33; *Germanowski/Bissels*, in: Urban-Crell/Germanowski/Bissels/Hurst AÜG Komm, § 1, Rdnr. 25; nach *Ulber*, in: Ulber AÜG Komm, § 1 AÜG, Rdnr. 36 steht dem Verleiher das Weisungsrecht z.B. für Arbeitszeit und Arbeitsort zu.

270 *Hamann*, in: Schüren AÜG, C, Rdnrn. 6, 7; *Germanowski/Bissels*, in: Urban-Crell/Germanowski/Bissels/Hurst AÜG Komm, § 1, Rdnrn. 28 f.

271 *Hamann*, in: Schüren AÜG, C, Rdnrn. 6, 7.

bedarf.[272] Der Verleiher schuldet ein Zurverfügungstellen des Arbeitnehmers an den Entleiher, die Arbeitsleistung selbst schuldet der Arbeitnehmer. Diese Unterscheidung ist insofern wichtig, als daraus folgt, dass der Arbeitgeber nicht für die Schlechtleistung des Arbeitnehmers haftet, er ist kein Erfüllungsgehilfe des Verleihers.[273] Der Entleiher wird berechtigt, den Leiharbeitnehmer in den eigenen Betrieb vollständig zu integrieren und ihn wie eine eigene Arbeitskraft einzusetzen.[274]

Zwischen Arbeitnehmer und Entleiher besteht keine vertragliche Beziehung, sie sind keine Vertragspartner.[275] Der Entleiher hat durch den Arbeitnehmerüberlassungsvertrag das Recht übertragen bekommen, die Arbeitsleistung selbst vom Leiharbeitnehmer einzufordern und sie durch Ausübung des Direktionsrechts nach § 106 GewO zu konkretisieren, er hat das fachliche, nicht aber das disziplinarische Weisungsrecht.[276] Der Entleiher muss sich bei der Ausübung des Weisungsrechts an die zwischen Verleiher und Arbeitnehmer vereinbarte Leiharbeitnehmerklausel im Arbeitsvertrag halten.[277] Eine Weisung des Verleihers geht einer widersprechenden Weisung des Entleihers vor, weil der Verleiher

---

272 *Wank*, in: ErfK, Einleitung AÜG, Rdnr. 15; *Reiserer/Christ*, in: Münchener Anwaltshandbuch ArbR, Teil M, § 66 Arbeitnehmerüberlassung, Rdnr. 88; *Germanowski/Bissels*, in: Urban-Crell/Germanowski/Bissels/Hurst AÜG Komm, § 1, Rdnr. 55; *Beck*, in: Dornbusch/Fischermeier/Löwisch, Kommentar zum Arbeitsrecht AÜG, § 1, Rdnr. 28.

273 *Hamann*, in: Schüren AÜG, C, Rdnr. 76; *Wank*, in: ErfK, Einleitung AÜG, Rdnr. 20, *Dahl/Färber*, DB 2009, S. 1650; *Germanowski/Bissels*, in: Urban-Crell/Germanowski/Bissels/Hurst AÜG Komm, § 1, Rdnr. 70.

274 BAG 08.11.1978 – 5 AZR 261/77, NJW 1979, 2636; BAG 22.06.1994 – 7 AZR 286/93, DB 1995, 981; *Reiserer/Christ*, in: Münchener Anwaltshandbuch ArbR, Teil M, § 66 Arbeitnehmerüberlassung, Rdnr. 88; *Germanowski/Bissels*, in: Urban-Crell/Germanowski/Bissels/Hurst AÜG Komm, § 1, Rdnr. 59.

275 *Germanowski/Bissels*, in: Urban-Crell/Germanowski/Bissels/Hurst AÜG Komm, § 1, Rdnr. 72; *Beck*, in: Dornbusch/Fischermeier/Löwisch, Kommentar zum Arbeitsrecht, § 1 AÜG, Rdnr. 29.

276 *Reiserer/Christ*, in: Münchener Anwaltshandbuch ArbR, Teil M, § 66 Arbeitnehmerüberlassung, Rdnr. 34; *Germanowski/Bissels*, in: Urban-Crell/Germanowski/Bissels/Hurst AÜG Komm, § 1, Rdnr. 75; *Beck*, in: Dornbusch/Fischermeier/Löwisch, Kommentar zum Arbeitsrecht, § 1 AÜG, Rdnr. 29.

277 *Reiserer/Christ*, in: Münchener Anwaltshandbuch ArbR, Teil M, § 66 Arbeitnehmerüberlassung, Rdnr. 66; *Beck*, in: Dornbusch/Fischermeier/Löwisch, Kommentar zum Arbeitsrecht, § 1 AÜG, Rdnr. 16.

der Arbeitgeber ist.[278] Der Arbeitnehmer hat durch den echten Vertrag zugunsten Dritter (Leiharbeitsvertrag) der Erbringung seiner Leistungspflicht bei dem Entleiher zugestimmt.[279] Bei der Ausübung des Direktionsrechts und der Erbringung der Arbeitsleistung bestehen gegenseitige Fürsorge-, Schutz- und Treuepflichten wie zwischen Arbeitgeber und Arbeitnehmer im normalen Dienstverhältnis auch.[280] Der Arbeitnehmer ist vollständig in den Betrieb des Entleihers integriert, der Entleiher kann ihn wie einen eigenen Arbeitnehmer in seinem Betrieb einsetzen.[281]

IV. Die Analyse von Gemeinsamkeiten und Unterschieden von Leiharbeitsvertrag und Entsendungsvertrag

Sowohl Leiharbeitsvertrag als auch Entsendungsvertrag sind in ein Dreipersonenverhältnis eingebettet, bei dem zwischen dem Verleiher und dem Leiharbeitnehmer (bei Entsendungsvertrag: dt. Unternehmen und Expatriate) eine vertragliche Beziehung besteht. Sowohl im Dreipersonenverhältnis der Arbeitnehmerüberlassung als auch der Entsendung besteht keine vertragliche Beziehung zwischen dem Entleiher und dem Leiharbeitnehmer (bei Entsendungsvertrag: ausl. Unternehmen und Expatriate). Eine vertragliche Bindung ist ausdrücklich nicht gewollt. Diese Beziehung ist aber dennoch durch gegenseitige Rücksichtnahme-, Treue- und Schutzpflichten gekennzeichnet.

Entsendungsvertrag und Leiharbeitsvertrag regeln beide nur einen vorübergehenden Einsatz des Arbeitnehmers in einem anderen Unternehmen. Der Leiharbeitsvertrag darf die zulässige Höchstüberlassungsdauer von 18 Monaten nicht überschreiten.

Sowohl bei dem Leiharbeitsvertrag als auch bei dem Entsendungsvertrag wird die Leistung zumindest „auch“ im Interesse des ausländischen Unternehmens erbracht und das ausländische Unternehmen hat zumindest ein organisatorisches Weisungsrecht gegenüber dem Arbeitnehmer, weshalb es sich bei beiden um Verträge zugunsten Dritter handelt.

---

278 *Reiserer/Christ*, in: Münchener Anwaltshandbuch ArbR, Teil M, § 66 Arbeitnehmerüberlassung, Rdnr. 66; *Ulber*, in: Ulber AÜG Komm, § 1 AÜG, Rdnr. 53.

279 *Hamann*, in: Schüren AÜG, C, Rdnr. 82.

280 *Hamann*, in: Schüren AÜG, C, Rdnr. 83; *Ulber*, in: Ulber AÜG Komm, § 1 AÜG, Rdnr. 54.

281 *Germanowski/Bissels*, in: Urban-Crell/Germanowski/Bissels/Hurst AÜG Komm, § 1, Rdnr. 75.

Der Unterschied besteht aber darin, dass bei einem Leiharbeitsvertrag das fachliche Weisungsrecht ausschließlich vom Entleihunternehmen ausgeübt wird. Bei dem Entsendungsvertrag erteilt das deutsche Unternehmen weiterhin die fachlichen Weisungen. Der Sinn und Zweck einer Entsendung erfordert dies in den meisten Fällen, beispielsweise wenn ein Arbeitnehmer des deutschen Unternehmens mit Führungsverantwortung die Integration einer ausländischen Tochtergesellschaft in den Konzern leitet oder Arbeitsweise, Führungsstil oder Kommunikation der deutschen Muttergesellschaft an die ausländische Tochter vermittelt.[282]

Der Vertragsgegenstand des Leiharbeitsvertrages beinhaltet, dass der Arbeitnehmer verschiedenen Entleihern zur Verfügung gestellt wird. Im Unterschied dazu regelt der Entsendungsvertrag den Einsatz des Arbeitnehmers als Erfüllungsgehilfe des deutschen Unternehmens zum Erreichen eines bestimmten Erfolges (z.B. Vermittlung der deutschen Arbeitsweise oder Bau einer Fabrikanlage).[283]

Ein Unterschied besteht auch darin, dass der Leiharbeitsvertrag der einzige zwischen Verleiher und Leiharbeitnehmer geschlossene Vertrag ist, während der Entsendungsvertrag als modifizierender Zusatzvertrag neben dem ursprünglichen Arbeitsvertrag besteht.

Bei dem Leiharbeitsvertrag besteht der Regelungsgehalt darin, die Arbeitsleistung vorübergehend bei dem jeweiligen Entleiher zu erbringen. Der Entsendungsvertrag regelt, dass die Arbeitsleistung, die vor und nach der Entsendung im deutschen Unternehmen erbracht wird, vorübergehend im Ausland erbracht werden soll. Die Erbringung der Arbeitsleistung in anderen Unternehmen ist bei dem Leiharbeitsvertrag Dauerzustand, sie stellt bei dem Entsendungsvertrag aber eine Ausnahme dar.

V. Zusammenfassung

Der grenzüberschreitende Leiharbeitsvertrag und der Auslandsentsendungsvertrag weisen wegen ihrer Einbettung in ein Dreipersonenverhältnis, bei dem es nur einen Arbeitgeber gibt, der Ausgestaltung des Entsendungsvertrages als Dienstvertrag und der zeitlichen Befristung des Auslandseinsatzes Gemeinsamkeiten auf. Die Einordnung eines Auslandseinsatzes erfolgt nicht anhand der vertraglichen Ausgestaltung, sondern nach der tatsächlichen Durchführung.

---

282 BAG 13.08.2008 – 7 AZR 269/07, juris PR-ArbR 5/2009, siehe auch S. 1.

283 *Reiserer/Christ*, in: Münchener Anwaltshandbuch ArbR, Teil M, § 65 Drittbezogener Personaleinsatz, Rdnr. 11.

Sollen die Regelungen des AÜG gelten, muss eine Arbeitnehmerüberlassung nach den Voraussetzungen des § 1 Abs. 1 AÜG und anhand der in der Rechtsprechung entwickelten Merkmale zur „Überlassung der Arbeitsleistung" positiv festgestellt werden. Die entscheidenden Merkmale sind die Eingliederung des Leiharbeitnehmers in den Betrieb des Entleihers und die Ausübung des Weisungsrechts durch den Entleiher. Liegen beide Merkmale vor, handelt es sich um eine Arbeitnehmerüberlassung, die den Beschränkungen des AÜG unterliegt.

Die konzerninterne Arbeitnehmerüberlassung ist nach § 1 Abs. 3 Nr. 2 AÜG erlaubnisfrei, wenn der Arbeitnehmer nicht ausschließlich zum Zwecke der Überlassung eingestellt oder beschäftigt wird. Der Arbeitnehmer ist ausschließlich zum Zweck der Überlassung eingestellt, wenn das Arbeitsverhältnis davon geprägt ist, die Tätigkeit regelmäßig unter einem anderen Weisungsrecht als des Vertragsarbeitgebers auszuüben, das ist beispielsweise bei konzerninternen Personalführungsgesellschaften der Fall, weshalb diese nicht mehr von der Erlaubnisfreiheit des § 1 Abs. 3 Nr. 2 AÜG erfasst sind.[284] Enthält der Arbeitsvertrag eine konzernweite Versetzungsklausel, ist die Zuweisung einer Tätigkeit in einem anderen Konzernunternehmen vom Umfang des Direktionsrechts gedeckt und stellt keine Arbeitnehmerüberlassung dar.[285]

E. Die Bedeutung des NachwG als normative Grundlage für die Gestaltung eines Entsendungsvertrages

Das NachwG beruht fast inhaltsgleich auf der Nachweisrichtlinie 91/533/EWG, die am 14.10.1991 vom Rat der Europäischen Gemeinschaft erlassen wurde und im Wesentlichen die Pflicht des Arbeitgebers zur Unterrichtung des Arbeitnehmers über die für sein Arbeitsverhältnis geltenden Bedingungen regelt.

Vorrangiges Ziel der Richtlinie ist es, „die Arbeitnehmer vor Unsicherheit oder Unkenntnis in Bezug auf die Bedingungen ihres Arbeitsverhältnisses zu schützen und den Arbeitsmarkt transparenter zu gestalten."[286] Außerdem sollen die Bestimmungen in den Mitgliedsstaaten angeglichen werden, damit unterschiedliche Rechte in den Mitgliedsstaaten, z.B. auf Unterrichtung, nicht den

284 *Moll*, in: Münchener Anwaltshandbuch ArbR, Teil M, § 66 Arbeitnehmerüberlassung, Rdnrn. 134 ff.

285 *Moll*, in: Münchener Anwaltshandbuch ArbR, Teil M, § 66 Arbeitnehmerüberlassung, Rdnrn. 134 ff.

286 Bericht über die Anwendung der Richtlinie 91/553/EWG, 1. Einführung, Seite 3 Abs. 3; *Wolff*, in: Dornbusch/Fischermeier/Löwisch, Kommentar zum Arbeitsrecht, Vorbemerkung NachwG, Rdnr. 2.

gemeinsamen Markt beeinträchtigen und die Verbesserung der Lebens- und Arbeitsbedingungen der Arbeitnehmer bremsen.[287] Die Richtlinie schafft somit einen EU-weiten Mindeststandard und eine Harmonisierung.[288]

I. Das NachwG als Formvorschrift

Die Richtlinie wurde am 28.07.1995 durch Inkrafttreten des NachwG im Wesentlichen inhaltsgleich in deutsches Recht umgesetzt. Das NachwG schafft für den Arbeitnehmer Rechtssicherheit und Rechtsklarheit, indem es die Mindestangaben enthält, die in einem Arbeitsvertrag geregelt werden müssen, auch für die Beschäftigung von Arbeitnehmern deutscher Unternehmen im Ausland. Wesentlicher Unterschied zwischen Richtlinie und NachwG ist, dass Art. 8 Abs. 1 der Richtlinie 91/533/EWG eine Norm beinhaltet, nach der jeder Arbeitnehmer, der sich aus der Nichtumsetzung der Nachweisrichtlinie für beschwert hält, seine Rechte gerichtlich geltend machen kann.[289] Das NachwG ist dagegen eine bloße Formvorschrift für Arbeitsverträge, die Niederschrift des Nachweises nach dem NachwG hat weder für die Begründung noch für den Inhalt des Arbeitsvertrages konstitutive Wirkung. Ihr kommt ein rein deklaratorischer Charakter zu, was sich auch aus Art. 6 der NachwRiLi ergibt.[290] Das NachwG selbst enthält keine Sanktionsnormen für Fälle, in denen der Arbeitgeber gegen die Nachweispflicht verstößt. Allerdings ergeben sich Sanktionsnormen aus dem allgemeinen Zivilrecht, woraus auch die erhebliche praktische Bedeutung des NachwG für den Arbeitnehmerschutz resultiert.[291] Der Arbeitnehmer kann zunächst seinen Erfüllungs- und Berichtigungsanspruch nach §§ 2–4 NachwG im

---

287 Bericht über die Anwendung der Richtlinie 91/553/EWG, 1. Einführung, Seite 3 Abs. 4.

288 Bericht über die Anwendung der Richtlinie 91/553/EWG, 1. Einführung, Seite 3 Abs. 4.

289 Bericht über die Anwendung der Richtlinie 91/553/EWG, 2.9 Verteidigung der Rechte (Art. 8), S. 20 Abs. 5.

290 BT-Drs. 13/668 S. 10 linke Spalte, Abs. 3; BAG 21.08.1997 – 5 AZR 713/96, AP BBiG § 4 Nr. 1; *Schubert,* in: Däubler/Hjort/Schubert/Wolmerath, Arbeitsrecht, § 1 NachwG, Rdnr. 3; *Schaub,* in: Hümmerich/Boecken/Düwell, Vorbemerkungen NachwG, Rdnr. 2; *Wolff,* in: Dornbusch/Fischermeier/Löwisch, Kommentar zum Arbeitsrecht, Vorbemerkung NachwG, Rdnr. 2.

291 *Preis,* in: ErfK, Einführung NachwG, Rdnr. 12; *Schubert,* in: Däubler/Hjort/Schubert/Wolmerath, Arbeitsrecht, § 1 NachwG, Rdnr. 4.

Wege eines Urteilsverfahrens gem. § 2 Abs. 1 Nr. 3 a ArbGG durchsetzen.[292] Er hat ein Zurückbehaltungsrecht an seiner Arbeitsleistung bis zur Erteilung des Nachweises gem. § 273 BGB ohne Nachleistungspflicht, verbunden mit einem Verbot der Maßregelung nach § 612 a BGB für den Arbeitgeber.[293] Zudem steht dem Arbeitnehmer ein vertraglicher Schadensersatzanspruch aus Verzug gem. §§ 280 Abs. 2, 286 Abs. 1, 249 BGB zu, wenn der Arbeitgeber schuldhaft seine Nachweispflicht verletzt hat und der Arbeitnehmer dadurch einen Vermögensschaden erlitten hat, dass er Ansprüche aus dem Arbeitsverhältnis verloren hat.[294] Das Bundesarbeitsgericht hat einen Schadensersatzanspruch in einem Fall bejaht, bei dem der Arbeitgeber dem Arbeitnehmer keinen Nachweis erteilt und somit auch nicht auf einen einschlägigen Tarifvertrag hingewiesen hatte, wodurch der Arbeitnehmer eine Ausschlussfrist des Tarifvertrages verpasste.[295] Der Schaden bestand bei fehlendem Hinweis auf eine tarifvertragliche Ausschlussfrist für den Arbeitnehmer in dem Erlöschen der Ansprüche.[296] Im Wege der Naturalrestitution nach § 249 BGB ist der Arbeitnehmer so zu stellen, wie er bei rechtzeitigem fehlerfreiem Nachweis gestanden hätte. Bei ordnungsgemäß erteiltem Nachweis ist davon auszugehen, dass der Arbeitnehmer „seine

---

292 *Schubert,* in: Däubler/Hjort/Schubert/Wolmerath, Arbeitsrecht, § 1 NachwG, Rdnr. 5; *Preis,* in: ErfK, Einführung NachwG, Rdnrn. 9, 12.

293 *Schubert,* in: Däubler/Hjort/Schubert/Wolmerath, Arbeitsrecht, § 1 NachwG, Rdnr. 5; *Preis,* in: ErfK, Einführung NachwG, Rdnrn. 9, 12; *Röller,* in: Küttner Personalbuch, Arbeitsvertrag, Rdnr. 50; *Schaub,* in: Hümmerich/Boecken/Düwell, Vorbemerkung NachwG, Rdnrn. 18 ff.

294 BAG 17.04.2002 – 5 AZR 89/01, NZA 2002, 1096; *Schaub,* in: Hümmerich/Boecken/Düwell, Vorbemerkung NachwG, Rdnrn. 18 ff.; *Preis,* in: ErfK, Einführung NachwG, Rdnr. 12, *Wolff,* in: Dornbusch/Fischermeier/Löwisch, Kommentar zum Arbeitsrecht, Vorbemerkung NachwG, Rdnr. 10; *Kliemt,* in: Henssler/Willemsen/Kalb, Arbeitsrecht Kommentar, Vorbemerkung NachwG, Rdnr. 32.

295 BAG 17.04.2002 – 5 AZR 89/01, NZA 2002, 1096 ausreichend ist der Hinweis auf den Tarifvertrag, eines besonderen Hinweises auf die Ausschlussfrist bedarf es nur, wenn sich die Ausschlussfrist aus einer einzelvertraglichen Vereinbarung ergibt; BAG 05.11.2003 – 5 AZR 676/02, NZA 2005, 64 zu einen Schadensersatzanspruch wegen Verletzung der Nachweispflicht; darauf verweist auch *Junker/Kamanabrou,* Vertragsgestaltung, § 8, I., Rdnr. 10.

296 BAG 05.11.2003 – 5 AZR 676/02, NZA 2005, 64 wonach der Schaden i. S. v. § 249 BGB in dem Erlöschen des Vergütungsanspruchs bestand; *Wolff,* in: Dornbusch/Fischermeier/Löwisch, Kommentar zum Arbeitsrecht, Vorbemerkung NachwG, Rdnr. 12.

Eigeninteressen in vernünftiger Weise gewahrt, also seine Zahlungsansprüche gegenüber dem Arbeitgeber aus dem Tarifvertrag geltend gemacht hätte."[297]

Deliktische Schadensersatzansprüche kommen nicht in Betracht, da allenfalls die Vermögensinteressen des Arbeitnehmers betroffen sein können, die aber von § 823 Abs. 1 BGB nicht geschützt werden.[298] Zudem sieht das Bundesarbeitsgericht § 2 NachwG nicht als Schutzgesetz i. S. v. § 823 Abs. 2 BGB an, weil § 2 NachwG keine Sanktion für einen unterbliebenen Nachweis vorschreibt.[299] Daraus folgt, dass der Schutz vor Schädigungen als Folge eines Verstoßes gegen das NachwG nicht das vom Gesetzgeber verfolgte Ziel ist.[300]

II. Der Aufbau des NachwG und seine Bedeutung für Auslandsentsendungen

Der Aufbau des NachwG gestaltet sich wie folgt:
In § 1 NachwG wird zunächst der Anwendungsbereich für alle Arbeitnehmer eröffnet mit Ausnahme derer, die nur aushilfsweise für maximal einen Monat eingestellt sind.

§ 2 Abs. 1 NachwG bestimmt den Umfang der Nachweispflicht des Arbeitgebers. Nach § 2 Abs. 1 S. 2 Nr. 1–10 NachwG muss der Nachweis Angaben zu Name, Anschrift, Zeitpunkt des Beginns, Tätigkeitsbeschreibung, Arbeitszeit, Urlaubsdauer, Kündigungsfrist und einen Hinweis auf Tarifverträge und Betriebsvereinbarungen enthalten. Diese müssen in schriftlicher Form mitgeteilt werden.

---

297 Vermutung aufklärungsgemäßen Verhaltens; so: BAG 17.04.2002 – 5 AZR 89/01, NZA 2002, 1096; *Preis,* in: ErfK, Einführung NachwG, Rdnr. 13; *Müller-Glöge,* in: MüKo BGB, § 611 BGB, Rdnr. 673; *Wolff,* in: Dornbusch/Fischermeier/Löwisch, Kommentar zum Arbeitsrecht, Vorbemerkung NachwG; Rdnr. 12; *Kliemt,* in: Henssler/Willemsen/Kalb, Arbeitsrecht Kommentar, Vorbemerkung NachwG, Rdnr. 33.

298 *Wolff,* in: Dornbusch/Fischermeier/Löwisch, Kommentar zum Arbeitsrecht, Vorbemerkung NachwG, Rdnr. 14; *Kliemt,* in: Henssler/Willemsen/Kalb, Arbeitsrecht Kommentar, Vorbemerkung NachwG, Rdnr. 36.

299 BAG 17.04.2002 – 5 AZR 89/01, NZA 2002, 1096; BAG 05.11.2003 – 5 AZR 676/02, AP NachwG § 2 Nr. 7.

300 BAG 17.04.2002 – 5 AZR 89/01, NZA 2002, 1096; BAG 05.11.2003 – 5 AZR 676/02, AP NachwG § 2 Nr. 7 bejaht ebenfalls eine Schadensersatzpflicht in Form einer Naturalrestitution bei einem unterlassenen Nachweis über einen bestehenden Tarifvertrag; *Kliemt,* in: Henssler/Willemsen/Kalb, Arbeitsrecht Kommentar, Vorbemerkung NachwG., Rdnr. 36; dem folgt die Literatur, so z. B. *Preis,* in: ErfK, Einführung NachwG, Rdnrn. 13 f; *Schaub,* in: Hümmerich/Boecken/Düwell, Vorbemerkung NachwG, Rdnr. 28.

Für Auslandsentsendungen erlangt das NachwG über §§ 2 Abs. 2 i. V. m. 2 Abs. 1 Nr. 1–10 NachwG Bedeutung. In § 2 Abs. 2 NachwG wird dem Arbeitgeber die Pflicht zur Erteilung eines umfangreicheren Nachweises auferlegt, wenn der Arbeitnehmer länger als einen Monat außerhalb der Bundesrepublik Deutschland seine Arbeitsleistung zu erbringen hat. Nach § 2 Abs. 4 NachwG entfällt die Nachweispflicht, wenn ein schriftlicher Arbeitsvertrag geschlossen wurde, der die Angaben nach § 2 Abs. 1–3 NachwG enthält. Ein Entsendungsvertrag ist ein solcher schriftlicher Arbeitsvertrag, der die Nachweispflicht ersetzt, wenn er die Mindestangaben nach § 2 Abs. 1–3 NachwG enthält.

Nach § 2 Abs. 2 Nr. 1–4 NachwG muss der Arbeitgeber den Arbeitnehmer bei einer Auslandsentsendung von mehr als einem Monat vor der Abreise über die Dauer, die Währung des Entgeltes, ein zusätzliches Entgelt und die Rückkehrbedingungen informieren. Die Informationen nach § 2 Abs. 2 Nr. 1 und 2 NachwG über die Dauer und die Währung müssen zwingend mitgeteilt werden, die Angaben nach Nr. 3 und Nr. 4 über ein zusätzliches Entgelt und die Rückkehrbedingungen nur, wenn dies auch vereinbart wurde.[301] Dies ergibt sich nicht unmittelbar aus dem Wortlaut des Gesetzes, entspricht aber dem Willen des Gesetzgebers, nach dem „ein zusätzliches Entgelt, sofern ein solches zwischen Arbeitgeber und Arbeitnehmer vereinbart wurde“ nachzuweisen ist, ebenso wie „gegebenenfalls vereinbarte Bedingungen für die Rückkehr.“[302] Vereinbarungen zu zusätzlichem Entgelt und Rückkehrbedingungen sind in Entsendungsverträgen üblich.[303]

---

301 BT-Drs. 13/668 S. 11 re Spalte, Abs. 1; *Preis,* in: ErfK, § 2 NachwG, Rdnr. 28; *Kliemt,* in: Henssler/Willemsen/Kalb, Arbeitsrecht Kommentar, § 2 NachwG, Rdnr. 50 wonach der Arbeitgeber zu einer Negativbescheinigung verpflichtet ist, wenn keine Vereinbarung getroffen wurde.

302 BT-Drs. 13/668 S. 11 rechte Spalte, Abs. 1.

303 Die für diese Arbeit ausgewerteten Musterverträge (*Lingemann,* in: Bauer/Lingemann/Diller, Anwalts-Formularbuch Arbeitsrecht, Kapitel 11 Auslandseinsatz, II. Muster § 11 Beendigung des Auslandseinsatzes; *Schaub/Schrader/Staube/Vogelsang,* Arbeitsrechtliches Formular- und Verfahrenshandbuch, A. Individualarbeitsrecht, 2. Entsendungsvertrag, Rdnr. 276; *Küttner/Röller,* in: Küttner, Personalbuch, M7.1 Vertrag über die Entsendung bei fortbestehendem Inlandsarbeitsvertrag § 8 Vorzeitige Beendigung und Abberufung; *Wisswede,* in: Hümmerich/Lücke/Mauer, Arbeitsrecht Formularbuch, § 1 Verträge mit Arbeitnehmern, Kapitel 1, VIII, 2. Muster: Auslandsentsendungsvertrag, § 1, Rdnr. 256; *Schmidt,* in: BeckOFV 2.1.23 Entsendungsvereinbarung § 4 vorzeitiger Rückruf; *Maurer,* Personaleinsatz im Ausland, S. 131 gingen weit über den nach dem NachwG erforderlichen Mindestinhalt

Informationen zur Art und Weise der Versteuerung des im Ausland erzielten Arbeitsentgelts muss der Nachweis nicht enthalten.[304] Benötigt der Arbeitnehmer dazu Informationen, muss er sich diese selbst beschaffen.

Die Angaben nach § 2 Abs. 1 S. 2 Nr. 6–9 NachwG (Zusammensetzung und Höhe des Arbeitsentgelts, Arbeitszeit, Erholungsurlaub, Kündigungsfristen) und § 2 Abs. 2 Nr. 2 und 3 NachwG (Währung und zusätzliches Entgelt) können nach § 2 Abs. 3 S. 1 NachwG durch einen Hinweis auf einschlägige Tarifverträge, Betriebs- oder Dienstvereinbarungen und ähnliche Regelungen ersetzt werden. Das Bundesarbeitsgericht wendet die Ersetzungsmöglichkeit nach § 2 Abs. 3 NachwG auch auf andere, nicht in der Vorschrift geregelte wesentliche Vertragsbedingungen analog mit der Begründung an, dass das Gesetz in Fällen des § 2 Abs. 1 S. 2 NachwG, in denen eine kollektivrechtliche Regelung der Arbeitsbedingungen denkbar ist, nach Abs. 3 einen allgemeinen Hinweis auf Kollektivregelungen zulässt. Die Gesetzessystematik spricht dafür, einen derartigen Hinweis nach Abs. 3 analog auch für weitere, nicht ausdrücklich in § 2 Abs. 1 S. 2 NachwG genannte wesentliche Vertragsbedingungen ausreichen zu lassen, die in Tarifverträgen, Betriebs- oder Dienstvereinbarungen geregelt sind, wie z. B. Ausschlussfristen, Verpflichtung zu Überstunden.[305] Der Vorteil einer Verweisungsmöglichkeit auch für andere Fälle besteht darin, dass der Nachweis bei einer Änderung der kollektivvertraglichen Regelungen nicht falsch wird (§ 3 S. 2 NachwG). Außerdem erfährt der Arbeitnehmer darüber hinaus noch, welche der wesentlichen Vertragsbedingungen in einem Gesetz oder Kollektivvertrag geregelt sind.[306] § 3 NachwG regelt, dass bei Änderung der Vertragsbedingungen dem Arbeitnehmer spätestens einen Monat nach der Änderung diese schriftlich mitzuteilen ist. §§ 4 und 5 NachwG enthalten eine Übergangsvorschrift und die Unabdingbarkeit.

---

hinaus und alle Musterverträge enthielten Vereinbarungen über ein zusätzliches Entgelt und Rückkehrbedingungen.

304 *Kliemt,* in: Henssler/Willemsen/Kalb, Arbeitsrecht Kommentar, § 2 NachwG, Rdnr. 50.

305 BAG 29.05.2002 – 5 AZR 105/01, NZA 2002, 1360 wonach die Gesetzessystematik für eine Analogie spricht; BAG 17.04.2002 – 5 AZR 89/01, NZA 2002, 1096; BAG 23.01.2002 – 4 AZR 56/01, NZA 2002, 800 f; Das sieht der EuGH genauso: EuGH 08.02.2001 – RS. C-350/99, NZA 2001, 377 wonach für den Nachweis einer wesentlichen Vertragsbedingung der Nachweis „entsprechend der Regelung des Art. 2 Abs. 3 NachwRiLi/ebenso NachwG in Form eines Hinweises auf die einschlägigen Rechts- und Verwaltungsvorschriften bzw. Satzungs- und Tarifbestimmungen erfolgen kann."

306 Z. B. Verweis auf Firmenrichtlinien über Reisekosten und Auslandseinsätze im Musterentsendungsvertrag bei *Maurer,* Personaleinsatz im Ausland, S. 132.

III. Zusammenfassendes Ergebnis

Bei der Gestaltung eines Entsendungsvertrages spielt das NachwG insofern eine Rolle, als es die Mindestangaben beinhaltet, die ein Entsendungsvertrag enthalten muss, wenn er den Nachweis ersetzen will (§ 2 Abs. 4 NachwG). Im Vorfeld von Auslandsentsendungen bietet das NachwG bei der Gestaltung von Entsendungsverträgen einen normativen Anknüpfungspunkt, an dem sich der Arbeitgeber sinnvollerweise orientieren wird, um mit Abschluss des Entsendungsvertrages zugleich seine Nachweispflicht zu erfüllen.[307] Nach Einschätzung der Literatur wird das NachwG in der Praxis „zu dem begrüßenswerten Effekt führen, dass Arbeitgeber und Arbeitnehmer aus Gründen der Rechtssicherheit einen Arbeitsvertrag schließen, der die Anforderungen des NachwG erfüllt."[308]

Die hier vertretene Ansicht teilt diese Einschätzung, weshalb das NachwG im Folgenden die gesetzliche Grundlage für die Untersuchung der einzelnen Klauseln aus der Perspektive der drei Rechtsgebiete bildet.

F. Bei dem Abschluss eines Entsendungsvertrages anwendbares Arbeits-, Steuer- und Sozialversicherungsrecht und Möglichkeiten sowie Grenzen einer Rechtswahl

Für die Gestaltung eines Entsendungsvertrages ist es für den deutschen Arbeitgeber und den Arbeitnehmer von entscheidender Bedeutung, ob deutsches oder ausländisches Arbeits-, Steuer und Sozialversicherungsrecht Anwendung findet und ob die Parteien eine Rechtswahl treffen können.

---

307 *Preis,* NZA 1997, S 10; Die für diese Arbeit ausgewerteten Musterverträge (*Lingemann,* in: Bauer/Lingemann/Diller, Anwalts-Formularbuch Arbeitsrecht, Kapitel 11 Auslandseinsatz, II. Muster § 11 Beendigung des Auslandseinsatzes; *Schaub/Schrader/Staube/Vogelsang,* Arbeitsrechtliches Formular- und Verfahrenshandbuch, A. Individualarbeitsrecht, 2. Entsendungsvertrag, Rdnr. 276; *Küttner/Röller,* in: Küttner, Personalbuch, M7.1 Vertrag über die Entsendung bei fortbestehendem Inlandsarbeitsvertrag § 8 Vorzeitige Beendigung und Abberufung; *Wisswede,* in: Hümmerich/Lücke/Mauer, Arbeitsrecht Formularbuch, § 1 Verträge mit Arbeitnehmern, Kapitel 1, VIII, 2. Muster: Auslandsentsendungsvertrag, § 1, Rdnr. 256; *Schmidt,* in: BeckOFV 2.1.23 Entsendungsvereinbarung § 4 vorzeitiger Rückruf; *Maurer,* Personaleinsatz im Ausland, S. 131) erfüllten die Anforderungen des NachwG vollständig und gingen sogar über den nach dem NachwG erforderlichen Mindestinhalt hinaus.

308 *Müller-Glöge,* in: MüKo BGB, § 611 BGB, Rdnr. 646; *Wolff,* in: Dornbusch/Fischermeier/Löwisch, Kommentar zum Arbeitsrecht, Vorbemerkung NachwG, Rdnr. 5; *Preis,* NZA 1997, S. 10.

I. Arbeitsrecht

Bei der Gestaltung eines Entsendungsvertrages zwischen einem deutschen Arbeitgeber und dem Arbeitnehmer wird regelmäßig deutsches Arbeitsrecht Anwendung finden. Denkbar ist auch, dass die Parteien die Anwendung des Rechts des Tätigkeitsstaates, des Rechts des Staates, dessen Staatsangehörigkeit der Arbeitnehmer besitzt oder auch des Rechts eines beliebigen Drittstaates vereinbaren.

Welcher Rechtsordnung der Entsendungsvertrag unterliegt, kann sich nach zwischenstaatlichem Recht wie dem Arbeitsvölkerrecht oder dem primären und sekundären Recht der EU (Europäisches Arbeitsrecht) bestimmen.[309]

Seit dem 01.09.1986 ist das Internationale Arbeitsrecht als Teilbereich des Internationalen Privatrechts in den Art. 3 ff. EGBGB normiert, die auf der Umsetzung des EG-Übereinkommens über das auf vertragliche Schuldverhältnisse anzuwendende Recht vom 19.06.1980 (Europäisches Schuldvertragsübereinkommen- EVÜ) zurückgehen. Für das Arbeitsrecht waren v. a. die Art. 27–30 EGBGB über vertragliche Schuldverhältnisse relevant. Nach Art. 27 Abs. 1 EGBGB galt der Grundsatz der freien Rechtswahl, der nach Art. 30 Abs. 1 EGBGB zum Schutz der Arbeitnehmer eingeschränkt wurde. Ohne Rechtswahl galten die nach Art. 30 Abs. 2 EGBGB maßgeblichen objektiven Anknüpfungspunkte zur Bestimmung des einschlägigen Vertragsstatuts.

Im Laufe der Jahre erließ die EU etliche Richtlinien, beispielsweise Richtlinien zu Time-Sharing-Verträgen, missbräuchlichen Vertragsklauseln, Verbraucherkauf- und Verbraucherkreditverträgen oder zum Fernabsatz von Finanzdienstleistungen, die eine Reform des EVÜ notwendig machten.[310] Diese Reform erfolgte am 17.06.2008 durch die Verordnung (EG) Nr. 593/2008.

Für Verträge, insbesondere auch für Arbeitsverträge wie den Entsendungsvertrag, die ab dem 17.12.2009 geschlossen wurden, gilt unionseinheitlich als sekundäres Gemeinschaftsrecht die Verordnung (EG) Nr. 593/2008 des

309 Arbeitsvölkerrecht sind z.B. die Übereinkommen und Empfehlungen der Internationalen Arbeitskommission (ILO), die Europäische Konvention zum Schutz der Menschenrechte (EMRK) oder die Europäische Sozialrechtcharta; primäres Gemeinschaftsrecht ist v. a. der EG-Vertrag, sekundäres Gemeinschaftsrecht v. a. Richtlinien, die nach Art. 249 Abs. 3 EG zum Wirksamwerden grds. einer Umsetzung durch die Mitgliedsstaaten bedürfen; *Schlachter*, in: ErfK, Art. 9 ROM I-VO, Rdnr. 1; *Oetker*, in: Münchener Handbuch zum ArbR, Band 1, § 10 Europarechtliche Grundlagen des Arbeitsrechts, Rdnrn. 1 ff.; *Lorenz*, in: Bamberger/Roth, A. Einl. IPR, Rdnr. 3.

310 *Martiny*, in: MüKo BGB, Band 10, Vorbemerkungen zu Art. 1 ROM I-VO, Rdnr. 2; *Lorenz*, in: Bamberger/Roth, A. Einl. IPR, Rdnr. 26.

Europäischen Parlaments und des Rates vom 17.06.2008 über das auf vertragliche Schuldverhältnisse anzuwendende Recht (Art. 28, 29 ROM I-VO). Ziel der ROM I-VO ist es, den Ausgang von Rechtsstreitigkeiten vorhersehbar zu machen sowie die Rechtssicherheit in Bezug auf das anzuwendende Recht zu fördern, Nr. 6 der Erwägungsgründe der ROM I-VO. Die für das Arbeitsrecht relevanten Regelungen der Art. 27–30 EGBGB a. F. sind den Art. 3, 8 und 9 der ROM I-VO sehr ähnlich.[311]

In ihrem sachlichen Anwendungsbereich erfasst die VO nach Art. 1 Abs. 1 ROM I-VO 593/2008 vertragliche Schuldverhältnisse in Zivil- und Handelssachen, die eine Verbindung zum Recht verschiedener Staaten aufweisen. Die Verbindung zum Recht eines ausländischen Staates entsteht durch die Vereinbarung der Geltung einer ausländischen Rechtsordnung im Entsendungsvertrag. Der Begriff „vertraglich" dient der Abgrenzung zu außervertraglichen Schuldverhältnissen, die in der ROM II-VO geregelt sind.[312] Eine „Verbindung zum Recht verschiedener Staaten" ist erforderlich, weil die ROM I-VO als Internationales Privatrecht die Lösung von Kollisionen zwischen dem Recht verschiedener Staaten regelt, bei rein innerstaatlichen Sachverhalten entsteht schon keine Kollision.[313]

Die ROM I-VO ist in Art. 3 Abs. 4 und Art. 7 ROM I-VO auf alle EU-Staaten anwendbar, im Übrigen erstreckt sich ihr räumlicher Anwendungsbereich nur auf die Mitgliedsstaaten, die auch als Mitgliedsstaaten der ROM I-VO in Art. 1 Abs. 4 ROM I-VO bezeichnet werden, Art. 1 Abs. 4 S. 1 und 2 ROM I-VO. Nach dem Erwägungsgrund 46 gehört nur Dänemark nicht zu den Mitgliedsstaaten der ROM I-VO, weil sich Dänemark nicht an der Annahme der ROM I-VO beteiligte, es wendet weiterhin den EVÜ an.

---

311 Z. B. Art. 8 ROM I-VO ähnelt sehr Art. 30 EGBGB a.F. so *Martiny,* in: MüKo BGB, Band 10, Art. 8 ROM I-VO, Rdnr. 1; Art. 3 ROM I-VO ähnelt sehr Art. 27 EGBGB so *Martiny,* in: MüKo BGB, Band 10, Art. 3 ROM I-VO, Rdnr. 1; *Melms,* in: Münchener Anwaltshandbuch ArbR, Teil C, § 11 Arbeitsverhältnisse mit Auslandsberührung, Rdnr. 21.

312 *Leible,* in: Hüßtege/Mansel, BGB ROM-Verordnungen, Art. 1 ROM I-VO, Rdnr. 5; *Hohloch,* in: Erman, EGBGB Anh III zu Art. 26, Art. 1 ROM I-VO, Rdnr. 2; *Thorn,* in: Palandt, Art. 1 ROM I-VO, Rdnr. 2.

313 *Schlachter,* in: ErfK, Art. 9 ROM I-VO, Rdnr. 4; *Oetker,* in: Münchener Handbuch zum ArbR, Band 1, § 11 Arbeitskollisionsrecht, Rdnr. 11; *Lorenz,* in: Bamberger/Roth, Art. 1 ROM I-VO, Rdnr. 24; *Hohloch,* in: Erman, EGBGB Anh III zu Art. 26, Art. 1 ROM I-VO, Rdnr. 4.

Unabhängig von dem räumlichen Anwendungsbereich ist das nach Art. 3 ff. ROM I-VO anzuwendende Recht auch dann anzuwenden, wenn es nicht das Recht eines Mitgliedsstaates ist (Grundsatz der universellen Anwendung nach Art. 2 ROM I-VO).

Nur ergänzend sei erwähnt, dass es für die Anwendbarkeit der ROM I-VO unerheblich ist, ob die Vertragsparteien Staatsangehörige eines Mitgliedsstaates der EU sind.[314]

1. Arbeitsrecht, das bei der Gestaltung eines Entsendungsvertrages Anwendung findet, Art. 8 Abs. 2–4 ROM I-VO

In Art. 3–18 des Kapitels II der ROM I-VO sind einheitlich Kollisionsnormen für vertragliche Schuldverhältnisse geregelt. Art. 8 ROM I-VO regelt die Kollisionsnormen speziell für Individualarbeitsverträge, wie z.B. den Entsendungsvertrag. Bei Fehlen einer Rechtswahl ist das auf den Entsendungsvertrag anwendbare Recht nach Art. 8 Abs. 2–4 ROM I-VO zu bestimmen. Vorrangig gilt nach Art. 8 Abs. 2 ROM I-VO das Recht des Staates, in dem der Arbeitnehmer seine Tätigkeit für gewöhnlich verrichtet. Der gewöhnliche Arbeitsort ist dort, wo der Arbeitnehmer regelmäßig und im Wesentlichen seine geschuldete Arbeitsleistung tatsächlich erbringt, sich das „Zentrum seiner arbeitsrechtlichen Beziehungen" befindet. I. d. R. wird das der Betrieb sein, in dem der Arbeitnehmer organisatorisch eingegliedert ist.[315] Bei Vereinbarung eines Entsendungsvertrages ist der Arbeitnehmer vor der Entsendung gewöhnlich in Deutschland tätig und in einen deutschen Betrieb organisatorisch eingegliedert, weshalb nach Art. 8 Abs. 2 ROM I-VO Deutschland der gewöhnliche Arbeitsort ist.

Der gewöhnliche Arbeitsort bleibt Deutschland, auch bei einer vorübergehenden Entsendung des Arbeitnehmers ins Ausland (Art. 8 Abs. 2 S. 2 ROM I-VO).

Welcher Zeitraum noch vorübergehend ist, wird in der VO selbst nicht definiert. Die Erwägung Nr. 36 zu Art. 8 ROM I-VO konkretisiert vorübergehend als „die Erbringung der Arbeitsleistung in einem anderen Staat, wenn von dem Arbeitnehmer erwartet wird, dass er nach seinem Einsatz im Ausland seine

---

314 *Schlachter*, in: ErfK, Art. 9 ROM I-VO, Rdnr. 4; *Hohloch*, in: Erman, EGBGB Anh III zu Art. 26, Art. 1 ROM I-VO, Rdnr. 4; LAG Köln 18.09.2013 - 5 Sa 201/13, NZA-RR 2014, 214 zur internationalen Zuständigkeit bei Sitz des Arbeitgebers in der Schweiz.

315 *Doehner*, in: Hüßtege/Mansel, BGB ROM-Verordnungen, Art. 8 ROM I-VO, Rdnr. 23; BAG 29.10.1992 - 2 AZR 267/92, NZA 1993, 746; *Oetker*, in: Münchener Handbuch zum ArbR, Band 1, § 11 Arbeitskollisionsrecht, Rdnr. 30; *Spickhoff*, in: Bamberger/Roth, Art. 8 ROM I-VO, Rdnr. 21; *Hohloch*, in: Erman, EGBGB Anh III zu Art. 26, Art. 8 ROM I-VO, Rdnr. 15; *Thorn*, in: Palandt, Art. 8 ROM I-VO, Rdnr. 10.

Arbeit im Herkunftsstaat wieder aufnimmt." Das beinhaltet neben dem Rückkehrwillen des Arbeitnehmers auch einen Rücknahmewillen des Arbeitgebers, welcher subjektiv aus der Ex-ante-Sicht zu beurteilen ist.[316]

Der europäische Gesetzgeber hat absichtlich keine starre Zeitgrenze vorgegeben, um eine einzelfallorientierte und flexible Beurteilung unter Berücksichtigung des Parteiwillens bezüglich der Frage vorzunehmen, wann eine vorübergehende in eine dauerhafte Entsendung umschlägt.[317]

Ist der gewöhnliche Arbeitsort nicht bestimmbar, wird nach Art. 8 Abs. 3 ROM I-VO an das Kriterium der einstellenden Niederlassung für Arbeitnehmer, die ihre Tätigkeit nicht in ein und demselben Staat verrichten, angeknüpft. Solche Arbeitnehmer sind z.B. Schaustellerpersonal, Monteure, Reisebegleiter oder Seeleute, wenn keine dauerhafte Einsatzbasis existiert, von der aus sie handeln.[318]

Nach der Ausweichklausel des Art. 8 Abs. 4 ROM I-VO ist das nach Abs. 2 und 3 objektiv bestimmte Recht nicht maßgebend, wenn sich aus der Gesamtheit der Umstände eine engere Verbindung des Arbeitsvertrages zu einem anderen als den in Abs. 2 oder Abs. 3 bestimmten Staaten aufweist. Sie entspricht dem früheren Art. 30 Abs. 2 2 HS EGBGB a. F. Bei Bestehen einer engeren Verbindung ist das Recht des anderen Staates maßgeblich. Das Bundesarbeitsgericht hat in seiner Rechtsprechung zu Art. 30 EGBGB a. F. primäre und sekundäre Abwägungskriterien für eine enge Verbindung entwickelt.[319] Die primären Abwägungskriterien sind solche von besonders starkem Gewicht, z.B. die Staatsangehörigkeit beider Vertragsparteien, der Arbeitsort, der Sitz oder Aufenthaltsort des Arbeitgebers und der Wohnsitz des Arbeitnehmers.[320] Sekundäre Abwägungskriterien entfalten

316 *Martiny*, in: MüKo BGB, Band 10, Art. 8 ROM I-VO, Rdnrn. 62 f; *Doehner*, in: Hüßtege/Mansel BGB, ROM-Verordnungen, Art. 8 ROM I-VO, Rdnr. 28.

317 *Magnus*, in: Staudinger, Art. 8 ROM I-VO, Rdnr. 111; *Martiny*, in: MüKo BGB, Band 10, Art. 8 ROM I-VO, Rdnrn. 62 f.

318 *Doehner*, in: Hüßtege/Mansel BGB, ROM-Verordnungen, Art. 8 ROM I-VO, Rdnr. 32; *Spickhoff*, in: Bamberger/Roth, Art. 8 ROM I-VO, Rdnr. 24; *Hohloch*, in: Erman, EGBGB Anh III zu Art. 26, Art. 8 ROM I-VO, Rdnrn. 18 f.

319 BAG 24.08.1989 – 2 AZR 3/98, AP IPR Nr. 30; BAG 29.10.1992 – 2 AZR 267/92, AP IPR Nr. 31; der Unterteilung folgt auch: *Mankowski*, IPRax 1994, S. 93.

320 Diese Kriterien hat das BAG in der Entscheidung vom 24.08.1989 – 2 AZR 3/98, AP IPR Nr. 30 genannt; ebenso BAG 29.10.1992 – 2 AZR 267/92, AP IPR Nr. 31; dem folgen *Magnus*, in: Staudinger, Art. 8 ROM I-VO Rdnr. 134; *Oetker*, in: Münchener Handbuch zum ArbR, Band 1, § 11 Arbeitskollisionsrecht, Rdnr. 36; *Spickhoff*, in: Bamberger/Roth, Art. 8 ROM I-VO, Rdnr. 24; *Martiny*, in: MüKo BGB, Band 10, Art. 8 ROM I-VO, Rdnr. 76; *Oppertshäuser*, NZA-RR 2000, S. 396; *Spickhoff*, in: Bamberger/Roth, Art. 8 ROM I-VO, Rdnr. 24; *Mankowski*, IPRax 1994, S. 94.

dagegen nur eine Indizwirkung, sie können nur unterstützende Funktion haben und selbst ihre Kumulation kann nicht das Gewicht einer Regelanknüpfung überwiegen.[321] Diese sekundären Kriterien sind z.B. die Vertragssprache, die Währung, in der die Vergütung gezahlt wird, der Vertragsabschlussort und die Einbindung in ein Sozialsystem.[322] Die Ausweichklausel wird im Interesse der Rechtssicherheit eng ausgelegt und greift nur dann, wenn bestimmte Umstände für ihr Eingreifen einer herkömmlichen Anknüpfung nach Abs. 2 und 3 deutlich überwiegen.[323] Ein Überwiegen der Umstände liegt nur vor, wenn die Gesamtheit wichtiger Anknüpfungsmerkmale eine andere Anknüpfung als nach Art. 8 Abs. 2–3 ROM I-VO erforderlich macht, auch unter Berücksichtigung der Gewichtung der einzelnen Merkmale.[324]

2. *Möglichkeit und Grenzen einer Rechtswahl der Parteien nach Art. 8 Abs. 1 i. V. m. Art. 3 ROM I-VO*

Bei Abschluss eines Entsendungsvertrages haben das deutsche Unternehmen und der Arbeitnehmer die Möglichkeit, deutsches Recht oder jedes beliebig andere Recht für anwendbar zu erklären, auch wenn zu der gewählten Rechtsordnung kein sachlicher Bezug besteht.[325] Es gilt der Grundsatz der freien

---

321 BAG 24.08.1989 – 2 AZR 3/98, AP IPR Nr. 30; BAG 29.10.1992 – 2 AZR 267/92, AP IPR Nr. 31; *Magnus,* in: Staudinger, Art. 8 ROM I-VO Rdnr. 134; *Oppertshäuser,* NZA-RR 2000, S. 396; *Spickhoff,* in: Bamberger/Roth, Art. 8 ROM I-VO, Rdnr. 24; *Mankowski,* IPRax 1994, S. 94.

322 BAG 24.08.1989 – 2 AZR 3/98, AP IPR Nr. 30; BAG 29.10.1992 – 2 AZR 267/92, AP IPR Nr. 31; *Magnus,* in: Staudinger, Art. 8 ROM I-VO Rdnr. 134; *Oppertshäuser,* NZA-RR 2000, S. 396; *Spickhoff,* in: Bamberger/Roth, Art. 8 ROM I-VO, Rdnr. 24; *Mankowski,* IPRax 1994, S. 94.

323 *Thorn,* in: Palandt, Art. 8 ROM I-VO, Rdnr. 13; *Oetker,* in: Münchener Handbuch zum ArbR, Band 1, § 11 Arbeitskollisionsrecht, Rdnr. 35; *Magnus,* in: Staudinger, Art. 8 ROM I-VO Rdnr. 130; zu dem früheren Art. 30 Abs. 2 2 HS EGBGB a.F.: BAG 12.12.2001 – 5 AZR 255/00, NZA 2002, 734; BAG 24.08.1989 – 2 AZR 3/98, AP IPR Nr. 30; BAG 29.10.1992 – 2 AZR 267/92, AP IPR Nr. 31; *Mankowski,* IPRax 2001, S. 126.

324 *Spickhoff,* in: Bamberger/Roth, Art. 8 ROM I-VO, Rdnr. 28; nach *Mankowski,* IPRax 2001, S. 126 f ist bei einem Zusammenfallen der Merkmale Staatsangehörigkeit beider Vertragsparteien, Vertragsabschlussort und Vergütungswährung ein Umstand von erheblichen Gewicht, wenn alle Merkmale in dieselbe vom gewöhnlichen Arbeitsort abweichende Richtung weisen.

325 *Waldenmaier,* in: Laws/Koziner/Waldenmaier, Mitarbeiter ins Ausland entsenden, S. 115; *Doehner,* in: Hüßtege/Mansel, BGB ROM-Verordnungen, Art. 8 ROM I-VO, Rdnr. 10; *Spickhoff,* in: Bamberger/Roth, Art. 8 ROM I-VO, Rdnr. 14; *Hohloch,* in:

Rechtswahl nach Art. 8 Abs. 1 S. 1 i. V. m. Art. 3 Abs. 1 S. 1 ROM I-VO. Die Vertragsparteien können die Rechtswahl ausdrücklich, stillschweigend nach Art. 3 Abs. 1 S. 2 ROM I-VO, nachträglich nach Art. 3 Abs. 2 S. 1 ROM I-VO und sogar nur teilweise nach Art. 3 Abs. 1 S. 3 ROM I-VO treffen. Für die Annahme einer stillschweigenden Rechtswahl ist nach Art. 3 Abs. 1 S. 2 ROM I-VO eine eindeutige Schlussfolgerung für eine Rechtswahl aus den Bestimmungen des Vertrages oder sonstigen Umständen erforderlich, z.B. aus einer Bezugnahme auf Tarifverträge, Betriebsvereinbarungen oder anderen Regelungen am Sitz des Arbeitgebers, Gerichtsstandsvereinbarungen, eine andere Andeutung im Vertragstext, von den Parteien übereinstimmend ausgeübte Vertragspraxis sowie ihr Prozessverhalten.[326] Nimmt der Entsendungsvertrag ausschließlich auf deutsche Rechtsnormen Bezug, ist die stillschweigende Vereinbarung deutschen Rechts anzunehmen.[327] Sogar eine Teilrechtswahl ist für einen abgrenzbaren Komplex möglich, wenn z.B. für den Kündigungsschutz das ausländische Recht gelten soll, während für den Rest deutsches Recht anwendbar sein soll (Art. 8 Abs. 1 S. 1 i. V. m. Art. 3 Abs. 1 S. 3 ROM I-VO). Die Vertragsparteien können selbst nach Abschluss des Entsendungsvertrages noch eine Rechtswahl treffen, wenn sich während eines laufenden Rechtsstreits eine Partei auf eine Rechtsordnung beruft und die andere Partei sich dazu rügelos einlässt.[328] Die Rechtswahl bedarf keiner bestimmten Form, bei länger als einen Monat dauernden Entsendungen ist aber das NachwG zu beachten.[329]

Erman, EGBGB Anh III zu Art. 26, Art. 8 ROM I-VO, Rdnr. 8; *Thorn*, in: Palandt, Art. 8 ROM I-VO, Rdnr. 7.

326 *Doehner*, in: Hüßtege/Mansel, BGB ROM-Verordnungen, Art. 8 ROM I-VO, Rdnrn. 13 f; *Spickhoff*, in: Bamberger/Roth, Art. 3 ROM I-VO, Rdnrn. 19 ff.; *Schlachter*, in: ErfK, Art. 9 ROM I-VO, Rdnr. 6; zu Art. 30 EGBGB a.F.: BAG 12.12.2001 - 5 AZR 255/00, NZA 2002, 736; *Schlachter*, NZA 2000, S. 58 f; *Oetker*, in: Münchener Handbuch zum ArbR, Band 1, § 11 Arbeitskollisionsrecht, Rdnr. 15; BGH 26.07.2004 – VIII ZR 273/03, NJW-RR 2005, 206 zum Übergewicht der auf ein bestimmtes Vertragsstatut hindeutende Umstände; *Oppertshäuser*, NZA-RR 2000, S. 394.

327 *Waldenmaier*, in: Laws/Koziner/Waldenmaier, Mitarbeiter ins Ausland entsenden, S. 115; *Spickhoff*, in: Bamberger/Roth, Art. 3 ROM I-VO, Rdnr. 23.

328 *Waldenmaier*, in: Laws/Koziner/Waldenmaier, Mitarbeiter ins Ausland entsenden, S. 115; *Spickhoff*, in: Bamberger/Roth, Art. 8 ROM I-VO, Rdnr. 13; *Hohloch*, in: Erman, EGBGB Anh III zu Art. 26, Art. 8 ROM I-VO, Rdnr. 8.

329 *Doehner*, in: Hüßtege/Mansel, BGB ROM-Verordnungen, Art. 8 ROM I-VO, Rdnr. 12; *Spickhoff*, in: Bamberger/Roth, Art. 3 ROM I-VO, Rdnr. 15; *Hohloch*, in: Erman, EGBGB Anh III zu Art. 26, Art. 8 ROM I-VO, Rdnr. 9.

Die Rechtswahlfreiheit wird eingeschränkt, weil zwischen Arbeitgeber und Arbeitnehmer ein Verhandlungsungleichgewicht besteht, weshalb der Arbeitnehmer schutzbedürftig ist.[330] Deshalb schützt das Arbeitskollisionsrecht als Arbeitnehmerschutzrecht den Expatriate umfangreich. So wird die freie Rechtswahl eingeschränkt durch zwingende Vorschriften nach Art. 8 ROM I-VO, Eingriffsnormen nach Art. 9 ROM I-VO und dem ordre public.[331]

a) *Einschränkung des Grundsatzes der freien Rechtswahl durch den in Art. 8 Abs. 1 S. 2 ROM I-VO angeordneten Günstigervergleich*

Art. 8 Abs. 1 S. 2 ROM I-VO führt zu einer Geltung von inländisch zwingenden Arbeitnehmerschutzvorschriften des objektiven Vertragsstatuts, die sich als Rechtsfolge gegenüber der gewählten Rechtsordnung durchsetzen. Die getroffene Rechtswahl wird dadurch aber nicht unwirksam, sie wird lediglich „überlagert“ durch die günstigeren Bestimmungen des bei objektiver Anknüpfung maßgeblichen Rechts. Das Arbeitsverhältnis unterliegt im Ergebnis einem „Mischrecht“ aus beiden anwendbaren Rechtsordnungen.[332]

Was objektives Vertragsstatut ist, ergibt sich aus Art. 8 Abs. 2–4 ROM I-VO. Bei Entsendungsverträgen zwischen einem Arbeitnehmer und einem Arbeitgeber mit Sitz in Deutschland ist der gewöhnliche Arbeitsort nach Art. 8 Abs. 2 ROM I-VO Deutschland, woran auch eine vorübergehende Entsendung nichts ändert.

Inländisch zwingende Arbeitnehmerschutzvorschriften i. S. v. Art. 8 Abs. 1 S. 2 ROM I-VO sind solche, die vertraglich nicht abdingbar sind und dem Schutz des Arbeitnehmers dienen (vgl. Art. 3 Abs. 3 ROM I-VO).

Darunter fallen beispielsweise Vorschriften über gesetzliche Mindestlöhne, der arbeitsrechtliche Gleichbehandlungsgrundsatz, Urlaubsansprüche, Arbeitnehmererfindungen, Arbeitnehmerschutz bei Betriebsübergang nach § 613 a BGB, Arbeitsschutz- und Arbeitszeitbestimmungen und Schutzvorschriften für

---

330 *Oetker,* in: Münchener Handbuch zum ArbR, Band 1, § 11 Arbeitskollisionsrecht, Rdnr. 20; *Martiny,* in: MüKo BGB, Band 10, Art. 8 ROM I-VO, Rdnr. 34; *Spickhoff,* in: Bamberger/Roth, Art. 8 ROM I-VO, Rdnr. 1.

331 *Oetker,* in: Münchener Handbuch zum ArbR, Band 1, § 11 Arbeitskollisionsrecht, Rdnr. 20; *Martiny,* in: MüKo BGB, Band 10, Art. 8 ROM I-VO, Rdnr. 34; *Spickhoff,* in: Bamberger/Roth, Art. 8 ROM I-VO, Rdnrn. 15 f.

332 *Doehner,* in: Hüßtege/Mansel, BGB ROM-Verordnungen, Art. 8 ROM I-VO, Rdnr. 15; *Schlachter*, in: ErfK, Art. 9 ROM I-VO, Rdnr. 19; *Hohloch*, in: Erman, EGBGB Anh III zu Art. 26, Art. 8 ROM I-VO, Rdnr. 11; *Thorn*, in: Palandt, Art. 8 ROM I-VO, Rdnr. 8.

Mütter, Schwerbehinderte oder Jugendliche.[333] Die Vorschriften des KSchG gehören ebenfalls zum zwingenden deutschen Arbeitnehmerschutzrecht.[334]

Neben den besonderen Normen des Individualarbeitsrechts gelten als Schutzbestimmungen i. S. v. Art. 8 Abs. 1 S. 2 ROM I-VO auch zwingende Vorschriften des allgemeinen Vertragsrechts, beispielsweise Verjährungsregeln, § 310 Abs. 4 S. 2 oder §§ 305 ff. BGB.[335]

Neben der Zuordnung der Regelungen zu zwingenden Arbeitnehmerschutznormen ist ein Günstigervergleich nach Art. 8 Abs. 1 ROM I-VO zwischen dem objektiven und dem gewählten Vertragsstatut vorzunehmen.[336] Ob der Günstigervergleich als Einzelvergleich der strittigen Normen, als Gesamtvergleich der konkurrierenden Rechtsordnungen oder als Sachgruppenvergleich vorzunehmen ist, lässt die ROM I-VO offen.[337] Die Literatur stellt teilweise auf einen isolierten, punktuellen Vergleich der einzelnen Vorschriften ab, beispielsweise auf die Länge der Kündigungsfristen.[338] Diese Meinung in der Literatur sieht als Alternative zum punktuellen Vergleich nur den Gesamtvergleich und nimmt deshalb eine Kumulierung der Vorteile zugunsten des Arbeitnehmers in Kauf.[339] Ein Argument dieser Meinung ist, dass ein Gesamtvergleich wegen seines unübersehbaren Arbeitsaufwandes nicht durchführbar sei und zu einem angreifbaren

333 *Doehner,* in: Hüßtege/Mansel, BGB ROM-Verordnungen, Art. 8 ROM I-VO, Rdnr. 16; BAG 20.11.1997 – 2 AZR 613/96, NZA 1998, 815; BAG 29.10.1992 – 2 AZR 267/92, AP IPR Nr. 31; *Bittner,* NZA 1993, S. 161 f; *Spickhoff,* in: Bamberger/Roth, Art. 8 ROM I-VO, Rdnr. 16; *Thorn,* in: Palandt, Art. 8 ROM I-VO, Rdnr. 9.

334 *Schönbohm,* in: BeckOKommArbR, VO (EG) 593/2008, Art. 8, Rdnr. 15; *Doehner,* in: Hüßtege/Mansel, BGB ROM-Verordnungen, Art. 8 ROM I-VO, Rdnr. 16; BAG 20.11.1997 – 2 AZR 631/96, NZA 1998, 813 spricht von „zwingendem deutschen Kündigungsrecht als Arbeitnehmerschutzrecht."

335 *Doehner,* in: Hüßtege/Mansel, BGB ROM-Verordnungen, Art. 8 ROM I-VO, Rdnr. 16; *Magnus,* in: Staudinger, Art. 8 ROM I-VO Rdnr. 75; *Schlachter,* in: ErfK, Art. 9 ROM I-VO, Rdnr. 19.

336 *Oetker,* in: Münchener Handbuch zum ArbR, Band 1, § 11 Arbeitskollisionsrecht, Rdnr. 25; *Spickhoff,* in: Bamberger/Roth, Art. 8 ROM I-VO, Rdnrn. 17 f.

337 Einschlägige Rechtsprechung fehlt ebenfalls und das alte EGBGB ließ diese Frage auch offen; *Oetker,* in: Münchener Handbuch zum ArbR, Band 1, § 11 Arbeitskollisionsrecht, Rdnr. 25; *Spickhoff,* in: Bamberger/Roth, Art. 8 ROM I-VO, Rdnr. 18.

338 *Doehner,* in: Hüßtege/Mansel, BGB ROM-Verordnungen, Art. 8 ROM I-VO, Rdnr. 20; nach altem Recht: *Gamillscheg,* ZfA 1983, S. 339; *Däubler,* RIW 1987, S. 253 vergleicht nur sehr kleine Teilbereiche der beiden Rechtsordnungen; *Lorenz,* RIW 1987, S. 577.

339 *Gamillscheg,* ZfA 1983, S. 339; *Däubler,* RIW 1987, S. 253.

Ergebnis führe.[340] Die Alternative eines beschränkten Sachgruppenvergleichs sieht diese Meinung nicht. Diese Ansicht führt dazu, dass bei der Geltendmachung von zusammengehörenden Ansprüchen sich Vorteile kumulieren, die keine der beiden zu vergleichenden Rechtsordnungen zum Gegenstand hat, sog. Rosinentheorie.[341] Die innere Konsistenz der Rechtssysteme bleibt unbeachtet, ein angemessener Interessenausgleich findet nicht statt, im Gegenteil, er wird durch die Potenzierung des Arbeitnehmerschutzes mehrerer Rechtsordnungen einseitig zugunsten des Arbeitnehmers verschoben.[342]

Gegen einen Gesamtvergleich z.B. des Kündigungsschutzes beider zu vergleichenden Rechtsordnungen spricht neben der geringen Praktikabilität auch ein struktureller Unterschied der verschiedenen Rechtssysteme.[343] Zudem ist es nicht Sinn der Rechtsprechung, pauschale Werturteile über Rechtsordnungen zu treffen, indem z.B. herausgefunden wird, dass das französische Kündigungsschutzrecht den Arbeitnehmer mehr schützt als das englische.[344]

Die h. M. stellt auf einen beschränkten Sachgruppenvergleich ab, wie er aus dem Tarifvertragsrecht bekannt ist.[345] Bei diesem wird die Vergleichsbasis um die Normen erweitert, die inhaltlich mit der streitgegenständlichen Norm verbunden sind und die funktional gesehen das Arbeitnehmerbegehren oder den geltend gemachten Sachverhalt regeln.[346] Die Vergleichsbasis ermittelt sich nach

---

340 Das Problem der Kumulierung der Günstigkeit für den Verbraucher billigt *Lorenz*, RIW 1987, S. 577 mit dem Argument, dass so jedenfalls die Rechtswahl nicht den typischerweise schwächeren Arbeitnehmer benachteiligt.

341 *Doehner*, in: Hüßtege/Mansel, BGB ROM-Verordnungen, Art. 8 ROM I-VO, Rdnr. 20; *Oetker*, in: Münchener Handbuch zum ArbR, Band 1, § 11 Arbeitskollisionsrecht, Rdnr. 26; *Spickhoff*, in: Bamberger/Roth, Art. 8 ROM I-VO, Rdnr. 18.

342 *Oetker*, in: Münchener Handbuch zum ArbR, Band 1, § 11 Arbeitskollisionsrecht, Rdnr. 26; *Spickhoff*, in: Bamberger/Roth, Art. 8 ROM I-VO, Rdnr. 18.

343 *Oetker*, in: Münchener Handbuch zum ArbR, Band 1, § 11 Arbeitskollisionsrecht, Rdnr. 26; *Gamillscheg*, ZfA 1983, S. 339; *Lorenz*, RIW 1987, S. 577; *Schlachter*, NZA 2000, S. 61; i. Erg. auch: *Spickhoff*, in: Bamberger/Roth, Art. 8 ROM I-VO, Rdnr. 18.

344 *Martiny*, in: MüKo BGB, Band 10, Art. 8 ROM I-VO, Rdnr. 42.

345 *Doehner*, in: Hüßtege/Mansel, BGB ROM-Verordnungen, Art. 8 ROM I-VO, Rdnr. 20; *Martiny*, in: MüKo BGB, Band 10, Art. 8 ROM I-VO, Rdnr. 40; *Hohloch*, in: Erman, EGBGB Anh III zu Art. 26, Art. 8 ROM I-VO, Rdnr. 12; *Oetker*, in: Münchener Handbuch zum ArbR, Band 1, § 11 Arbeitskollisionsrecht, Rdnr. 26; *Spickhoff*, in: Bamberger/Roth, Art. 8 ROM I-VO, Rdnr. 18; *Schlachter*, in: ErfK, Art. 9 ROM I-VO, Rdnr. 19; *Birk*, RdA 1989, S. 206; *Thüsing*, BB 2003, S. 898.

346 *Doehner*, in: Hüßtege/Mansel, BGB ROM-Verordnungen, Art. 8 ROM I-VO, Rdnr. 20; *Martiny*, in: MüKo BGB, Band 10, Art. 8 ROM I-VO, Rdnr. 40; *Hohloch*, in: Erman, EGBGB Anh III zu Art. 26, Art. 8 ROM I-VO, Rdnr. 12; *Oetker*, in:

der zu entscheidenden Sachfrage, z.B. der Einhaltung einer Mindestkündigungsfrist als Kündigungsvoraussetzung oder zu Fragen der Mehrarbeitsvergütung und Arbeitszeitenregelung.[347] Begründet wird diese Meinung damit, dass Vor- und Nachteile als Gesamtpaket aufeinander bezogen sind, auch als Gesamtpaket miteinander verglichen werden müssen, um eine Kumulation von Vorteilen mehrerer Rechte zu vermeiden, weil diese im Ergebnis mehr bieten als jede der beteiligten Rechtsordnungen für sich alleine.[348]

Die hier vertretene Auffassung folgt der h. M. Ein Gesamtvergleich der Rechtsordnungen ist nicht durchführbar und auch nicht gewollt. Bei einem punktuellen Vergleich kumulieren sich die Vorteile in ungerechtfertigter Weise für den Arbeitnehmer. Der beschränkte Sachgruppenvergleich ermittelt anhand einer sachgerechten Vergleichsbasis, welche Rechtsordnung bezogen auf das konkrete Begehren den Arbeitnehmer mehr schützt.

Im Rahmen eines Günstigervergleichs ist dann zu prüfen, welches Recht, deutsches oder ausländisches, den Arbeitnehmer mehr schützt.[349]

Schützt deutsches Recht den Arbeitnehmer mehr, haben die Parteien aber ausländisches Recht gewählt, kann sich der Arbeitgeber nicht auf die Rechtswahl berufen. Es gilt deutsches Recht, die Rechtswahl bleibt aber trotzdem wirksam. Insofern macht eine Rechtswahl bei einem Entsendungsvertrag für den deutschen Arbeitgeber zumeist wenig Sinn, weil die meisten ausländischen Rechtsordnungen den Arbeitnehmer weniger schützen als deutsches Arbeitsrecht.

b) Einschränkung der freien Rechtswahl durch Art. 9 Abs. 1 ROM I-VO

Der Grundsatz der freien Rechtswahl wird zudem durch Art. 9 Abs. 1 ROM I-VO eingeschränkt.[350] Art 9 Abs. 1 ROM I-VO bestimmt, dass Eingriffsnormen auf alle Sachverhalte anzuwenden sind, die in den Anwendungsbereich der Eingriffsnorm fallen, unabhängig davon, welches Recht auf den Vertrag nach den Regeln der

---

Münchener Handbuch zum ArbR, Band 1, § 11 Arbeitskollisionsrecht, Rdnr. 26; *Spickhoff*, in: Bamberger/Roth, Art. 8 ROM I-VO, Rdnr. 18; *Schlachter*, in: ErfK, Art. 9 ROM I-VO, Rdnr. 19; *Birk*, RdA 1989, S. 206; *Thüsing*, BB 2003, S. 898.

347 *Martiny*, in: MüKo BGB, Band 10, Art. 8 ROM I-VO, Rdnr. 42; vgl. *Hohloch*, in: Erman, EGBGB Anh III zu Art. 26, Art. 8 ROM I-VO, Rdnr. 12.

348 *Oetker*, in: Münchener Handbuch zum ArbR, Band 1, § 11 Arbeitskollisionsrecht, Rdnr. 26; vgl. *Hohloch*, in: Erman, EGBGB Anh III zu Art. 26, Art. 8 ROM I-VO, Rdnr. 12.

349 *Oetker*, in: Münchener Handbuch zum ArbR, Band 1, § 11 Arbeitskollisionsrecht, Rdnr. 25.

350 *Doehner*, in: Hüßtege/Mansel, BGB ROM-Verordnungen, Art. 8 ROM I-VO, Rdnr. 10; *Spickhoff*, in: Bamberger/Roth, Art. 9 ROM I-VO, Rdnr. 1.

ROM I-VO anzuwenden wäre. Eingriffsnormen werden in Art. 9 Abs. 1 ROM I-VO definiert als zwingende Vorschriften, an deren Einhaltung ein „aus wirtschafts- und sozialpolitischen Gründen starkes gesetzespolitisches Interesse“ besteht.[351]

Welche Vorschriften darunter fallen, bestimmt sich „anhand der tragenden sozial- und wirtschaftspolitischen Gesetzesmotivation.“[352]

Voraussetzung für die Einordnung einer Norm als Eingriffsnorm i. S. v. Art. 9 ROM I-VO sind ihre Unabdingbarkeit für die Vertragsparteien, sie muss übergeordneten staatlichen Interessen dienen und sie muss ohne Rücksicht auf das anwendbare Recht gelten wollen.[353] Entscheidend ist, dass der Regelungszweck auch öffentliche Gemeinwohlinteressen verfolgt (ein bloß reflexartiger Schutz reicht nicht) und sich nicht nur in dem Ausgleich der Interessen von Arbeitgeber und Arbeitnehmer erstreckt.[354] Als Beispiele für international zwingende Vorschriften des deutschen Arbeitsrechts werden die Befristungsregeln des § 1 AEntG, § 14 TzBfG, die Entgeltfortzahlung im Krankheitsfall, die Normen des allgemeinen Kündigungsschutzes und besondere Schutzvorschriften wie das MuSchG angesehen.[355] Die

---

351 Dazu grundlegend EuGH in der Rechtssache „Arblade“ 23.11.1999, Rs. C- 369/96 und C-374/96, Slg 1999, I-8453; ebenso BAG 12.12.2001 – 5 AZR 255/00, NZA 2002,734; *Spickhoff*, in: Bamberger/Roth, Art. 9 ROM I-VO, Rdnr. 11; *Oetker*, in: Münchener Handbuch zum ArbR, Band 1, § 11 Arbeitskollisionsrecht, Rdnr. 47; *Thorn*, in: Palandt, Art. 9 ROM I-VO, Rdnr. 5; *Hohloch*, in: Erman, EGBGB Anh III zu Art. 26, Art. 9 ROM I-VO, Rdnr. 12; *Magnus*, in: Staudinger, Art. 9 ROM I-VO, Rdnr. 46; *Däubler*, RIW 1987, S. 255 f.

352 *Oetker*, in: Münchener Handbuch zum ArbR, Band 1, § 11 Arbeitskollisionsrecht, Rdnr. 47; *Spickhoff*, in: Bamberger/Roth, Art. 9 ROM I-VO, Rdnr. 14; *Hohloch*, in: Erman, EGBGB Anh III zu Art. 26, Art. 9 ROM I-VO, Rdnr. 12.

353 *Oetker*, in. Münchener Handbuch zum ArbR, Band 1, § 11 Arbeitskollisionsrecht Rdnr. 47; *Hohloch*, in: Erman, EGBGB Anh III zu Art. 26, Art. 9 ROM I-VO, Rdnr. 12; *Magnus*, in: Staudinger, Art. 9 ROM I-VO, Rdnr. 46.

354 *Oetker*, in: Münchener Handbuch zum ArbR, Band 1, § 11 Arbeitskollisionsrecht, Rdnr. 48; *Spickhoff*, in: Bamberger/Roth, Art. 9 ROM I-VO, Rdnr. 15; BAG 12.01.2005 – 5 AZR 617/01, NZA 2005, 627 nach dem eine tarifvertragliche Ausschlussfrist keine Eingriffsnorm nach Art. 34 EGBGB a.F. ist, weil sie in erster Linie den Zweck verfolgt innerhalb der genannten kurzen Frist Klarheit über das Bestehen oder Nichtbestehen von Ansprüchen zu verschaffen, also der Rechtssicherheit beider Parteien dient aber kein weiteres öffentliches Interesse verfolgt; ebenso: BAG 03.05.1995 – 5 AZR 15/94, NZA 1995, 1191; BAG 13.11.2007 – 9 AZR 134/07, BAGE 125, 24; BAG 29.10.1992 – 2 AZR 267/92, AP IPR Nr. 31.

355 *Oetker*, in: Münchener Handbuch zum ArbR, Band 1, § 11 Arbeitskollisionsrecht, Rdnr. 49; *Spickhoff*, in: Bamberger/Roth, Art. 9 ROM I-VO, Rdnrn. 18 ff.; *Hohloch*, in: Erman, EGBGB Anh III zu Art. 26, Art. 9 ROM I-VO, Rdnr. 16.

Entgeltfortzahlung im Krankheitsfall nach § 3 EFZG dient neben dem Schutz des einzelnen Arbeitnehmers auch der Entlastung der gesetzlichen Krankenkassen gem. § 49 Abs. 1 Nr. 1 SGB V und damit auch den Interessen der (Versicherten-)Gemeinschaft, weshalb es sich um eine Eingriffsnorm nach Art. 9 ROM I-VO handelt.[356]

Entscheidendes Kriterium für die Differenzierung zwischen Art. 8 und Art. 9 ROM I-VO ist, dass in Art. 9 ROM I-VO zusätzlich noch ein Gemeinwohlinteresse erforderlich ist, d.h., der Regelungszweck der Norm muss auch Gemeinwohlinteressen verfolgen.[357] Für eine Norm i. S. v. Art. 8 ROM I-VO reicht dagegen, dass diese einen rein individualschützenden Charakter hat.

Neben dem Günstigervergleich in Art. 8 Abs. 1 S. 2 ROM I-VO und dem Vorliegen von Eingriffsnormen nach Art. 9 Abs. 1 ROM I-VO wird die freie Rechtswahl auch durch den Ordre-public-Vorbehalt in Art. 21 ROM I-VO eingeschränkt, wonach eine ausländische Norm in Deutschland nicht anwendbar ist, wenn sie mit den wesentlichen Grundsätzen des deutschen Rechts, insb. den Grundrechten, unvereinbar wäre.[358] Die Beschränkung der freien Rechtswahl durch Art. 21 ROM I-VO ist aber von geringer Bedeutung, weil Art. 8 Abs. 1 S. 2 und Art. 9 Abs. 1 ROM I-VO die Zulassung ausländischen Arbeitsrechts sowieso schon sehr stark einschränken und deshalb für die Anwendung des Art. 21 ROM I-VO wenig Raum besteht.[359]

3. *Zusammenfassendes Ergebnis*

Treffen der deutsche Arbeitgeber und der Arbeitnehmer im Entsendungsvertrag eine Rechtswahl, bestimmt sich das Kollisionsrecht nach der ROM I-VO, weil der sachliche Anwendungsbereich nach Art. 1 Abs. 1 ROM I-VO eröffnet ist.

Das grundsätzlich anzuwendende Recht bestimmt sich nach den Art. 8 Abs. 2–4 ROM I-VO, vorrangig gilt nach Art. 8 Abs. 2 ROM I-VO das Recht des Staates, in dem der Arbeitnehmer seine Tätigkeit für gewöhnlich verrichtet, also deutsches Arbeitsrecht, woran auch eine vorübergehende Auslandstätigkeit

---

356 *Ricken*, in: BeckOKommArbR, § 1 EFZG, Rdnrn. 8, 10 a; Ausnahme: § 3 EFZG ist keine Eingriffsnorm für Fälle, in denen der Arbeitnehmer keine Beschäftigte der gesetzlichen Krankenversicherung sind und damit schon dem Grunde nach kein Anspruch auf Krankengeld haben.

357 *Oetker*, in: Münchener Handbuch zum ArbR, Band 1, § 11 Arbeitskollisionsrecht, Rdnr. 50; *Spickhoff*, in: Bamberger/Roth, Art. 9 ROM I-VO, Rdnr. 4.

358 *Schlachter*, in: ErfK, Art. 9 ROM I-VO, Rdnr. 26; *Spickhoff*, in: Bamberger/Roth, Art. 21 ROM I-VO, Rdnr. 4.

359 *Schlachter*, in: ErfK, Art. 9 ROM I-VO, Rdnr. 26; BAG 03.05.1995 – 5 AZR 15/94, NZA 1995, 1191 zu dem früher in Art. 6 EGBGB geregelten ordre-public.

nichts ändert. Die Parteien haben nach Art. 8 Abs. 1 S. 1 i. V. m. Art. 3 Abs. 1 S. 1 ROM I-VO die Möglichkeit, das auf den Entsendungsvertrag anzuwendende Recht frei zu wählen. Der Grundsatz der freien Rechtswahl wird eingeschränkt durch den in Art. 8 Abs. 1 S. 2 ROM I-VO angeordneten Günstigervergleich, bei dem das gewählte Recht mit dem objektiven Vertragsstatut mittels beschränkten Sachgruppenvergleichs verglichen wird und nur zur Anwendung kommt, wenn es den Arbeitnehmer mindestens genauso gut schützt wie das objektive Vertragsstatut. Zudem wird der Grundsatz der freien Rechtswahl durch Art. 9 ROM I-VO eingeschränkt, wonach sog. Eingriffsnormen, die entscheidend für die Wahrung des öffentlichen Interesses sind, der freien Rechtswahl vorgehen.

II. Steuerrecht

Schließen der deutsche Arbeitgeber und der Arbeitnehmer einen Entsendungsvertrag als Modifikation des bisher bestehenden Arbeitsvertrages, ist grundsätzlich davon auszugehen, dass der Arbeitnehmer vor der Entsendung in Deutschland unbeschränkt einkommenssteuerpflichtig nach § 1 Abs. 1 EStG war, weil er in Deutschland seinen Wohnsitz oder gewöhnlichen Aufenthalt innehatte (Deutschland ist Wohnsitz- bzw. Ansässigkeitsstaat). Behält der Arbeitnehmer während seiner Auslandstätigkeit den deutschen Wohnsitz/gewöhnlichen Aufenthalt bei, ist er auch mit dem Einkommen aus der Tätigkeit im Ausland in Deutschland unbeschränkt einkommenssteuerpflichtig, denn er unterliegt mit seinem Welteinkommen der deutschen Besteuerung nach § 1 Abs. 1 EStG. Der ausländische Staat (Tätigkeitsstaat) wird aber möglicherweise ebenfalls die auf seinem Gebiet erzielten Einkünfte besteuern, was dazu führt, dass dieselben Einkünfte der ausländischen und deutschen Steuer unterliegen. Die drohende Doppelbesteuerung wird abhängig davon gelöst, ob ein Doppelbesteuerungsabkommen mit dem ausländischen Staat besteht oder nicht.

Gibt der Arbeitnehmer den deutschen Wohnsitz/gewöhnlichen Aufenthalt für die Dauer der Entsendung auf, obliegt die Besteuerung des Arbeitslohns ausschließlich dem ausländischen Staat, denn er ist zugleich Wohnsitz- und Tätigkeitsstaat. Der Arbeitnehmer kann auch in diesem Fall ausnahmsweise unter den engen Voraussetzungen des §§ 1 Abs. 4 EStG i. V. m. 49 Abs. 1 Nr. 4 EStG in Deutschland der beschränkten Steuerpflicht unterliegen.

Die ROM I-VO regelt unionseinheitlich Kollisionsrecht, gilt aber nach Art. 1 Abs. 1 S. 2 ROM I-VO explizit nicht für Steuersachen.

1. *Anwendung deutschen Steuerrechts – der Arbeitnehmer behält seinen deutschen Wohnsitz/gewöhnlichen Aufenthalt auch während der Entsendung bei*

Entscheidendes Merkmal für das Bestehen der unbeschränkten deutschen Steuerpflicht ist, dass der Arbeitnehmer auch während der Auslandstätigkeit einen deutschen Wohnsitz oder gewöhnlichen Aufenthalt behält.

Der Wohnsitz im steuerrechtlichen Sinne definiert sich nach § 8 AO als der Ort, an dem der Steuerpflichtige eine Wohnung innehat, die zum dauerhaften Wohnen geeignet und bestimmt ist, und Umstände darauf schließen lassen, dass er diese beibehalten und benutzen wird.[360] Das Innehaben einer Wohnung erfordert das Bestehen einer tatsächlichen Verfügungsmacht und eine Nutzung, die über ein gelegentliches Verweilen zu Besuchs- oder Erholungszwecken hinausgeht.[361] Der Expatriate kann einen Wohnsitz im Ausland begründen und zugleich einen Wohnsitz in Deutschland beibehalten.[362] Dabei ist allein auf die „tatsächliche Gestaltung der Verhältnisse und nicht auf subjektive Momente wie den rechtsgeschäftlichen Willen des Berechtigten" abzustellen.[363] Eine kurzfristige Vermietung bis zu sechs Monaten während der Auslandstätigkeit steht einem Beibehalten des inländischen Wohnsitzes nicht entgegen.[364]

Hat der ins Ausland zu entsendende Arbeitnehmer eine Ehefrau und Kinder, ergibt sich zudem die Besonderheit, dass er auch dort seinen Wohnsitz innehat, wo sich Ehefrau und Kinder befinden.[365] Bleiben seine Ehefrau und Kinder an dem Wohnsitz in Deutschland, bedeutet dies, dass er in Deutschland weiterhin einen Wohnsitz innehat, auch wenn er selbst einen Wohnsitz im Ausland

---

360 *Koenig,* in: Koenig, § 9 AO, Rdnr. 9; *Gosch,* in: Kirchhof EStG, § 1, Rdnr. 7; BFH 22.04.1994 – III R 22/92, BB 1994, 1837.

361 *Gersch,* in: Klein, § 8 AO, Rdnr. 3; ebenso: *Koenig,* in: Koenig, § 8 AO, Rdnr. 13; BFH 23.10.1985 – I R 274/82, BStBl II 1986, 133; nach der Rechtsprechung des BFH vom 19.03.1997 – I R 69/96, BStBl. II 1997, 447 reicht ein jährlicher Aufenthalt von drei bis acht Wochen um einen inländischen Wohnsitz zu bejahen.

362 BFH 04.06.1975 – I R 250/73, BStBl. II 1975, 708 wonach die unbeschränkte Steuerpflicht in Deutschland für einen niederländischen Staatsangehörigen bestand, der seinen Wohnsitz in den Niederlanden zugleich aber einen gewöhnlichen Aufenthalt in Deutschland hatte.

363 BFH 05.11.2001 – VI B 219/00, BFH/NV 2002, 311.

364 *Rupp/Knies/Ott/Faust,* Internationales Steuerrecht, S. 22.

365 BFH 06.02.1985 – I R 23/82, BStBl. II 1985, 331; ebenso *Koenig,* in: Koenig, § 8 AO, Rdnr. 15; *Gersch,* in: Klein, § 8 AO, Rdnr. 3; *Rupp/Knies/Ott/Faust,* Internationales Steuerrecht, S. 21.

begründet hat. Er bleibt in Deutschland solange unbeschränkt steuerpflichtig, bis die Ehefrau und Kinder zur Familienzusammenführung ebenfalls ihren Wohnsitz zu ihm ins Ausland verlegen.[366]

Der gewöhnliche Aufenthalt definiert sich in § 9 S. 1 AO als ein Ort, an dem sich jemand unter Umständen aufhält, die darauf schließen lassen, dass er an diesem Ort nicht nur vorübergehend verweilen will. Danach hat der Expatriate seinen gewöhnlichen Aufenthalt in Deutschland, wenn Umstände erkennen lassen, dass er nicht nur vorübergehend in Deutschland verweilt. Ein gewöhnlicher Aufenthalt besteht dort, wo jemand sich dauernd aufhält, also tatsächlich körperlich anwesend ist.[367] Äußere Umstände, die darauf schließen lassen, dass jemand sich dauerhaft an einem bestimmten Ort aufhalten will, sind z.B. der Anlass des Aufenthaltes, eine persönliche oder berufliche Beziehung zum Aufenthaltsort oder Zukunftspläne.[368]

Ein geplanter zeitlich zusammenhängender Aufenthalt von mehr als sechs Monaten begründet einen gewöhnlichen Aufenthalt, wobei kurzfristige Unterbrechungen, die den Gesamteindruck eines zusammenhängenden Aufenthaltes nicht zerstören, unschädlich sind (§ 9 S. 2 AO). Der gewöhnliche Aufenthalt kann im Gegensatz zum Wohnsitz nur an einem Ort bestehen, bei Begründung eines neuen gewöhnlichen Aufenthaltes wird der alte aufgegeben.[369]

a) *Zwischen Deutschland und dem ausländischen Tätigkeitsstaat besteht kein DBA*

Behält der Arbeitnehmer während seiner Auslandsentsendung den deutschen Wohnsitz bei, bleibt er in Deutschland nach § 1 S. 1 EStG mit seinem Welteinkommen unbeschränkt einkommenssteuerpflichtig. Der vom deutschen Unternehmen gezahlte Lohn wird in Deutschland besteuert. Das vom ausländischen Unternehmen gezahlte Gehalt ist nach dem Welteinkommensprinzip grundsätzlich der deutschen Besteuerung unterworfen. Knüpft der ausländische Tätigkeitsstaat in seinen Steuervorschriften auch an einen Wohnsitz/gewöhnlichen Aufenthalt für die unbeschränkte Steuerpflicht an, kann der Expatriate auch einer ausländischen unbeschränkten Steuerpflicht unterliegen.

366 *Allary,* Entsendung, S. 42; *Gersch*, in: Klein, § 8 AO, Rdnr. 3; *Koenig,* in: Koenig, § 8 AO, Rdnr. 15.

367 *Koenig,* in: Koenig, § 9 AO, Rdnr. 8; *Gersch*, in: Klein, § 8 AO, Rdnr. 2.

368 *Koenig,* in: Koenig, § 9 AO, Rdnr. 10.

369 *Koenig,* in: Koenig, § 9 AO, Rdnr. 5; *Rauch,* in: Blümich, § 1 EStG, Rdnr. 160.

Die drohende Doppelbesteuerung für den ausländischen Lohn wird im deutschen Steuerrecht nach § 34 c EStG, der eine Steuerermäßigung bei ausländischen Einkünften regelt, mithilfe der Anrechnungs- oder Freistellungsmethode gemildert. Die ausländische Steuer wird hierbei nach § 34 c Abs. 1 EStG vom Einkommen angerechnet oder nach § 34 c Abs. 2 und 3 EStG bei der Ermittlung der Einkünfte abgezogen. Nach § 34 c Abs. 5 EStG ist alternativ eine Freistellung von der deutschen Besteuerung möglich. Die Anrechnung oder Freistellung muss vom Steuerpflichtigen in der Einkommenssteuererklärung beantragt werden.[370]

§ 34 c EStG gilt nur für Fälle, in denen die Einkünfte nicht aus einem Staat stammen, mit dem ein DBA zur Vermeidung der Doppelbesteuerung besteht (§ 34 c Abs. 6 EStG).

Bei der Anrechnungsmethode nach § 34 c Abs. 1 EStG wird die Steuer aus ausländischen Einkünften aus nicht selbstständiger Arbeit nach § 34 d Nr. 5 EStG angerechnet, wenn sie in dem Staat erhoben wird, aus dem die ausländischen Einkünfte stammen, sie der deutschen Einkommenssteuer entspricht, sie auf im Veranlagungszeitraum bezogene Einkünfte entfällt und tatsächlich festgesetzt und gezahlt wurde.[371]

Wird die Steuer nicht in dem Staat erhoben, aus dem die ausländischen Einkünfte stammen, sondern in einem Drittstaat, kommt nicht die Anrechnungsmethode zur Anwendung, sondern allenfalls die Abzugsmethode nach § 34 c Abs. 3 EStG.[372] Ist die ausländische Steuer funktional gleichartig und auf die Besteuerung des gesamten oder teilweisen Einkommens gerichtet, entspricht sie der deutschen Einkommenssteuer, die Bezeichnung spielt dabei keine Rolle.[373] Die ausländische Steuer muss auf die im Veranlagungszeitraum bezogenen Einkünfte entfallen, was voraussetzt, dass die anzurechnende Steuer in einem Veranlagungszeitraum bezogenen Einkünften zuzuordnen ist.[374] Die ausländische Steuer muss im deutschen Veranlagungszeitraum tatsächlich festgesetzt und gezahlt worden sein.[375]

Dann wird die deutsche Steuer errechnet. Die gezahlte ausländische Steuer wird auf den Teil der deutschen Steuer angerechnet, der auf die ausländischen

---

370 *Wagner,* in: Blümich, § 34 c EStG, Rdnr. 2; *Heinicke,* in: Schmidt EStG, § 34 c, Rdnr. 10.

371 *Wagner,* in: Blümich, § 34 c EStG, Rdnr. 25; *Gosch,* in: Kirchhof EStG, § 34 c, Rdnrn. 17 ff.; *Heinicke,* in: Schmidt EStG, § 34 c, Rdnr. 6.

372 *Gosch,* in: Kirchhof EStG, § 34 c, Rdnr. 18; *Heinicke,* in: Schmidt EStG, § 34 c, Rdnr. 9.

373 *Gosch,* in: Kirchhof EStG, § 34 c, Rdnr. 19; *Heinicke,* in: Schmidt EStG, § 34 c, Rdnr. 7.

374 *Gosch,* in: Kirchhof EStG, § 34 c, Rdnr. 20; *Heinicke,* in: Schmidt EStG, § 34 c, Rdnr. 9.

375 *Gosch,* in: Kirchhof EStG, § 34 c, Rdnr. 21; *Heinicke,* in: Schmidt EStG, § 34 c, Rdnr. 9.

Einkünfte entfällt.[376] Dadurch wird eine Doppelbesteuerung vermieden.[377] Betragen die deutschen Einkünfte z.B. 150.000 € und die ausländischen Einkünfte 50.000 €, werden diese zunächst addiert und ergeben 200.000 € Gesamteinkünfte. Wird die deutsche Steuer dann von einem Einkommen von 200.000 € mit z.B. 70.000 € errechnet und beträgt die im Ausland gezahlte Steuer z.B. 10.000 €, wird die ausländische Steuer mit dem Anteil auf die deutsche Steuer angerechnet, der auf die ausländischen Einkünfte entfällt (70.000 €* 50.000 €/200.000 €= 17.500 € max. anrechenbar), hier mit den vollen 10.000 €. In Deutschland sind dann 60.000 € Steuern zu zahlen.

Alternativ zur Anrechnungsmethode kann der Expatriate die Abzugsmethode nach § 34 c Abs. 2 EStG wählen. Nach diesem Verfahren wird die Doppelbesteuerung vermieden, indem die im Ausland gezahlten Steuern direkt wie Werbungskosten oder Betriebsausgaben von den Einkünften abgezogen werden.[378] Bei der Ermittlung der Einkünfte wird „die einzelne Einkunftsart (hier: nicht selbstständige Arbeit) um die darauf im Ausland angefallenen Steuern gekürzt."[379] Betragen die Einkünfte insg. 200.000 € und die im Ausland gezahlte Steuer 10.000 € sind bei der Abzugsmethode von den Einkünften i. H. v. 200.000 € 10.000 € abzuziehen, um die Besteuerungsgrundlage (=190.000 €) für die deutsche Steuer zu berechnen.

In welchen Fällen die Abzugsmethode günstiger als die Anrechnungsmethode ist, hängt von der Höhe der inländischen und ausländischen Einkünfte und der ausländischen Steuer ab.[380] In der Regel ist die Anrechnungsmethode günstiger als die Abzugsmethode, weil bei der Anrechnungsmethode direkt die Steuer vermindert wird und bei der Abzugsmethode nur die Berechnungsgrundlage der Steuer. Die Abzugsmethode ist günstiger, wenn die anzurechnende ausländische Steuer die inländische Steuer übersteigt, also z.B. bei hohen Inlandsverlusten oder hoher ausländischer Steuer.[381]

---

376 *Wagner,* in: Blümich, § 34 c EStG, Rdnr. 25; *Gosch,* in: Kirchhof EStG § 34 c, Rdnrn. 24 ff.; *Heinicke,* in: Schmidt EStG, § 34 c, Rdnr. 13.

377 *Wagner,* in: Blümich, § 34 c EStG, Rdnr. 25.

378 *Jacobs,* Internationale Unternehmensbesteuerung, S. 54 f; *Gosch,* in: Kirchhof EStG, § 34 c, Rdnr. 29; *Heinicke,* in: Schmidt EStG, § 34 c, Rdnr. 15.

379 *Jacobs,* Internationale Unternehmensbesteuerung, S. 54; *Gosch,* in: Kirchhof EStG, § 34 c, Rdnr. 29.

380 *Jacobs,* Internationale Unternehmensbesteuerung, S. 57; *Gosch,* in: Kirchhof EStG, § 34 c, Rdnr. 29; *Heinicke,* in: Schmidt EStG, § 34 c, Rdnr. 16.

381 *Gosch,* in: Kirchhof EStG, § 34 c, Rdnr. 29; *Heinicke,* in: Schmidt EStG, § 34 c, Rdnr. 16; *Heuser/Heidenreich/Fritz,* Auslandsentsendung, Rdnr. 667.

§ 34 c Abs. 3 EStG erweitert die Anwendung der Abzugsmethode auf ausländische Steuern, die nicht nach § 34 c Abs. 1 EStG angerechnet werden können, weil sie z.B. nicht der deutschen Steuer entsprechen oder aus einem Drittstaat stammen.

Nach § 34 c Abs. 5 EStG können die Finanzbehörden der Länder mit Zustimmung des BMF die auf ausländische Einkünfte entfallende deutsche Einkommenssteuer ganz oder teilweise erlassen oder mit einem Pauschbetrag festsetzen. Voraussetzung für einen Steuererlass ist, dass ein solcher nach volkswirtschaftlichen Gründen zweckmäßig ist, z.B. zur Förderung der internationalen Wettbewerbsfähigkeit der deutschen Exportwirtschaft oder um die Bereitschaft von Arbeitnehmern zu speziellen Tätigkeiten im Ausland zu steigern. Zu einer Steuerpauschalierung werden die Finanzbehörden ermächtigt, wenn die Steueranrechnung nach § 34 c Abs. 1 EStG besonders schwierig ist, beispielsweise bei Zuordnung von Steuerbeträgen auf Teile der ausländischen Bemessungsgrundlage oder bei Ermittlung der Anrechnungshöchstbeträge. Die Ermächtigung in § 34 c Abs. 5 EStG war Grundlage für den Auslandstätigkeits- und Pauschalierungserlass.[382]

In Abs. 1 Nr. 1–4 des BMF-Schreibens zum Auslandstätigkeitserlass werden bestimmte Tätigkeiten, z.B. Entwicklungshilfetätigkeiten oder der Bau von Fabriken, begünstigt. Diese müssen nach Abs. 2 des Erlasses mindestens drei Monate ununterbrochen in einem Staat, mit dem kein DBA besteht, ausgeübt werden. Der begünstigte Arbeitslohn wird in Abs. 3 des Schreibens aufgeführt und beinhaltet u.a. auch Weihnachtsgeld (Nr. 2) und Entgeltfortzahlung im Krankheitsfall (Nr. 4). Die begünstigten Einkünfte sind dann nach Abs. IV des Schreibens unter Progressionsvorbehalt freizustellen, d.h., sie sind steuerfrei, müssen aber noch zur Berechnung des Steuersatzes bei dem zu versteuernden Einkommen nach § 32 a Abs. 1 EStG hinzugerechnet werden. Das erfolgt in der Weise, dass das ausländische Einkommen zu dem deutschen Einkommen addiert wird, um den Steuersatz zu ermitteln, mit dem dann ausschließlich das deutsche Einkommen besteuert wird. Die Freistellung muss vom Arbeitgeber oder Arbeitnehmer bei dem Betriebsstättenfinanzamt nach § 41 a Abs. 1 EStG beantragt werden und wird längstens für drei Jahre erteilt.

Beträgt das deutsche Einkommen 150.000 € und das ausländische 50.000 €, werden das ausländische und deutsche Einkommen zur Ermittlung des Steuersatzes

382 Der Auslandstätigkeitserlass ist geregelt in BMF 31.10.1983 – IV B 6 – S 2293 – 50/83 BStBl I 1983, 470; Der Pauschalierungserlass ist geregelt in BMF 10.04.1984, BStBl. I 1984, 252; *Gosch,* in: Kirchhof EStG, § 34 c, Rdnr. 35.

addiert (=200.000 €, z.B. 30 % Steuersatz). Die Besteuerung findet dann mit 30 % nur auf die deutschen Einkünfte statt, also auf 150.000 €.

Festzuhalten bleibt, dass deutsches Steuerrecht Anwendung findet, soweit der deutsche Wohnsitz/gewöhnliche Aufenthalt beibehalten wird. Die Fälle der Freistellung i. V. m. dem Auslandstätigkeitserlass sind selten, weshalb in Nicht-DBA-Sachverhalten bei Vorliegen aller Voraussetzungen die Anrechnungsmethode Anwendung finden wird.

Im Ergebnis ist bei allen Methoden der im Ausland erzielte Lohn in Deutschland steuerfrei, wenn eine Befreiung erfolgt. Alle Methoden führen aber zu einer Besteuerung des deutschen Einkommens in einem höheren Tarif, weil sich der ausländische Lohn auf die Progression auswirkt. Die Anrechnung nach § 34 c Abs. 1 EStG und der Steuerabzug nach § 34 c Abs. 3 erfolgen von Amts wegen, der Abzug nach § 34 c Abs. 2 EStG nur auf Antrag.

b) Zwischen Deutschland und dem ausländischen Tätigkeitsstaat besteht ein DBA

Besteht ein DBA, gehen die Regelungen des DBA als spezialgesetzliche Regelungen der nationalen Regelung zur Vermeidung der Doppelbesteuerung aus § 34 c EStG vor.[383]

Behält der Arbeitnehmer während der Entsendung seinen deutschen Wohnsitz bei, ist er in Deutschland unbeschränkt einkommenssteuerpflichtig nach § 1 Abs. 1 EStG. Der Lohn des ausländischen Arbeitgebers wird nach dem Welteinkommensprinzip nach § 1 Abs. 1 EStG auch in Deutschland versteuert und es ist wahrscheinlich, dass er auch nach den ausländischen Steuergesetzen im Ausland versteuert wird. Durch ein Auseinanderfallen von Ansässigkeits-/bzw. Wohnsitzstaat und Tätigkeitsstaat besteht die Gefahr einer Doppelbesteuerung, die mithilfe eines DBA gelöst werden kann.

Besteht zwischen Deutschland als Wohnsitzstaat und dem ausländischen Tätigkeitsstaat ein Doppelbesteuerungsabkommen (DBA), wird eine drohende Doppelbesteuerung durch ein solches Abkommen vermieden, indem das DBA einem Staat das Besteuerungsrecht zuweist. In einigen DBA wird anstelle der Zuweisung des Besteuerungsrechts die Anrechnung der im ausländischen Staat erhobenen Steuer auf die Einkommenssteuer als Methode zur Vermeidung der Doppelbesteuerung geregelt. Der andere Staat hat dennoch die Möglichkeit, die von ihm freigestellten Einkünfte im Rahmen des Progressionsvorbehaltes zur

---

383 BFH 15.03.1995 – I R 98/94, BB 1995, 1282; BFH Beschluss v. 19.04.1999 – I B 141/98, juris.

Berechnung des Steuersatzes für die übrigen Einkünfte zu verwerten. Die Regelungen in DBA gehen nach § 2 AO den deutschen Steuergesetzen vor. DBA begründen keine neuen Steueransprüche, sie verteilen das Recht zur Besteuerung einzelner Einkünfte, wenn zwei Staaten nach nationalem Recht jeweils das Besteuerungsrecht für dieselben Einkünfte beanspruchen.[384]

Grundlage für die folgenden Ausführungen ist das OECD-MA, ein vom Steuerausschuss der OECD-Länder entwickeltes Musterabkommen zur Vermeidung der Doppelbesteuerung.[385] Der dazu vom Steuerausschuss entwickelte Kommentar (OECD-MK) ist eine Empfehlung des Rates der OECD an die Mitgliedsstaaten der OECD und enthält umfassende Erläuterungen zu den einzelnen Bestimmungen des OECD-MA, gibt den Mitgliedsstaaten der OECD die Möglichkeit, Vorbehalte zu Protokoll zu geben, und stellt eine Hilfe zur Abkommensauslegung dar.[386] Anhand des OECD-MA und des OECD-MK wurden die einzelnen DBA zwischen den Ländern der OECD entwickelt.[387] Bei der Entwicklung der Abkommen haben sich die Mitgliedsstaaten der OECD weitgehend an das Musterabkommen gehalten.[388] Das Musterabkommen aus dem Jahre 1963 wurde mehrfach überarbeitet, wobei zuletzt u.a. Regelungen für einen verbesserten Informationsaustausch zwischen den Ländern eingearbeitet wurden.[389]

Das OECD-MA und die DBA selbst begründen keinen eigenen Steueranspruch, sie enthalten Regelungen für die Zuweisung des Besteuerungsrechts an einen der beteiligten Staaten zur Vermeidung der Doppelbesteuerung.[390]

---

384 *Lehner,* in: Vogel/Lehner DBA, Grundlagen des Abkommensrechts, A. Doppelbesteuerungsabkommen, Rdnrn. 63 ff.; *Wilke*, Lehrbuch Internationales Steuerrecht, Rdnr. 450.

385 *Lehner,* in: Vogel/Lehner DBA, Grundlagen des Abkommensrechts, A. Doppelbesteuerungsabkommen, Rdnr. 33; *Wilke*, Lehrbuch Internationales Steuerrecht, Rdnr. 455.

386 *Lehner,* in: Vogel/Lehner DBA, Grundlagen des Abkommensrechts, A. Doppelbesteuerungsabkommen, Rdnr. 33; *Wilke,* Lehrbuch Internationales Steuerrecht, Rdnr. 456.

387 *Lehner,* in: Vogel/Lehner DBA, Grundlagen des Abkommensrechts, A. Doppelbesteuerungsabkommen, Rdnr. 33.

388 OECD-MA-Kommentar Nr. 13, abgedruckt z.B. bei *Lehner,* in: Vogel/Lehner DBA, Grundlagen des Abkommensrechts, B. Der Einfluss des OECD-MA.

389 *Lehner,* in: Vogel/Lehner DBA, Grundlagen des Abkommensrechts, A. Doppelbesteuerungsabkommen, Rdnr. 33; *Wilke,* Lehrbuch Internationales Steuerrecht, Rdnr. 455.

390 BMF- Schreiben v. 12.11.2014 – IV B 2 – S 1300/08/10027, Rdnr. 1; *Wilke,* Lehrbuch Internationales Steuerrecht, Rdnr. 450.

Bei der Besteuerung der Tätigkeit für die ausländische Konzerngesellschaft ist zu berücksichtigen, dass der Arbeitnehmer zwar im Ausland tätig ist, in Deutschland aber weiter ansässig bleibt. Fallen Ansässigkeitsstaat und Tätigkeitsstaat auseinander, wird nach Art. 15 Abs. 1 OECD-MA das Besteuerungsrecht für Einkünfte aus nichtselbstständiger Tätigkeit grundsätzlich dem Tätigkeitsstaat zugewiesen. Die ausländischen Einkünfte würden demnach im Ausland versteuert werden. Unter Gehälter, Löhne und ähnliche Vergütungen fallen alle Bar- und Sachleistungen, die im Zusammenhang mit dem Arbeitsverhältnis stehen, sowie Sachleistungen des Arbeitgebers, die dazu dienen, den Arbeitnehmer an den Arbeitgeber zu binden und den Arbeitgeber für qualifizierte Arbeitnehmer attraktiv zu gestalten.[391]

Nach Art. 15 Abs. 2 a)-c) OECD-MA besteuert ausnahmsweise der Ansässigkeitsstaat die Tätigkeit im Ausland. Voraussetzung dafür ist ein weniger als 183 Tage dauernder Aufenthalt des Expatriates innerhalb eines Zwölfmonatszeitraums im Tätigkeitsstaat und dass der Arbeitgeber, der die Vergütung zahlt, nicht im Tätigkeitsstaat ansässig ist und der Arbeitslohn nicht von einer Betriebsstätte oder festen Einrichtung des Arbeitgebers im Tätigkeitsstaat getragen wird. Die Voraussetzungen müssen kumulativ vorliegen.[392]

Für die Bestimmung der 183 Tage sind die Tage „physischer Anwesenheit" im Tätigkeitsstaat relevant (Nr. 5 OECD-Kommentar).

Wer Arbeitgeber i. S. d. Art. 15 OECD-MA ist, wird nicht im Musterabkommen definiert. Aus der Formulierung „einem Arbeitgeber" lässt sich aber entnehmen, dass das Musterabkommen grundsätzlich davon ausgeht, dass die steuerlichen Rechte und Pflichten auf mehrere Arbeitgeber verteilt sein können.[393] Vom Arbeitgeberbegriff des Art. 15 OECD-MA ist neben dem arbeitsrechtlichen Arbeitgeberbegriff auch ein wirtschaftlicher Arbeitgeberbegriff umfasst.[394]

---

391 Darunter fallen z.B. auch Aktienoptionen, die Bereitstellung von Wohnraum oder PKW oder die Übernahme von Versicherungen, so *Prokisch,* in: Vogel/Lehner DBA, Abschnitt III, Art. 15, Rdnr. 16; *Bourseaux/Levedag,* in: Schönfeld/Ditz DBA Kommentar, Art. 15, Rdnrn. 70 ff.

392 Nr. 4 OECD-MK abgedruckt in *Prokisch,* in: Vogel/Lehner DBA, Abschnitt III, Art. 15, Text OECD-MK; *Bourseaux/Levedag,* in: Schönfeld/Ditz DBA Kommentar, Art. 15, Rdnr. 92.

393 *Bourseaux/Levedag,* in: Schönfeld/Ditz DBA Kommentar, Art. 15, Rdnr. 97; *Prokisch,* in: Vogel/Lehner DBA, Abschnitt III, Art. 15, Rdnrn. 49 f; *Schmidt,* in: Haase DBA, Art. 15, Rdnrn. 144 ff.

394 *Schmidt,* in: Haase DBA, Art. 15, Rdnr. 148; BMF v. 14.09.2006 – IV B 6 – S 1300- 367/06, BStBl. 2006 I, 532.

Nach dem arbeitsrechtlichen Arbeitgeberbegriff ist derjenige Arbeitgeber, der mindestens einen Arbeitnehmer beschäftigt und aufgrund eines Arbeitsvertrages von diesem die Erbringung einer Dienstleistung fordern kann.[395]

Das BMF erkennt in seinem Schreiben vom 12.11.2014 zur steuerlichen Behandlung des Arbeitslohns nach den Doppelbesteuerungsabkommen an, dass entsendendes und aufnehmendes Unternehmen beide Arbeitgeber sein können, und definiert den wirtschaftlichen Arbeitgeber.[396] Das Schreiben vom 12.11.2014 ersetzt das vorherige BMF-Schreiben vom 14.09.2006 zur Besteuerung des Arbeitslohns nach den DBA. Das neue Schreiben wurde an die aktuellen Entwicklungen in der OECD und der Rechtsprechung angepasst.[397] Der OECD-MK weist darauf hin, dass die Begriffe Arbeitgeber und Arbeitsverhältnis nach nationalem Recht auszulegen sind (Art. 15 Rdnr. 8.4, 8.7 OECD-MK). Das ausländische Unternehmen wird nach Ansicht des BMF Arbeitgeber im Sinne des DBA, wenn der Arbeitnehmer in das ausländische Unternehmen eingebunden ist und das ausländische Unternehmen den Arbeitslohn aufgrund seines eigenen Interesses an der Arbeitsleistung wirtschaftlich trägt, sog. wirtschaftlicher Arbeitgeberbegriff.[398] Wer die Vergütung tatsächlich auszahlt, wer die Gehaltsabrechnung vornimmt oder mit wem der Arbeitsvertrag besteht, ist für die Bestimmung des wirtschaftlichen Arbeitgebers i. S. v. Art. 15 OECD-MA nicht relevant.[399] Der wirtschaftliche Arbeitgeber trägt die Kosten, wenn ihm tatsächlich das Gehalt eines Arbeitnehmers ganz oder anteilig in Rechnung gestellt wird und die konkreten Aufwendungen der entsprechenden Tätigkeit klar und eindeutig zuzurechnen sind.[400] Eine Kostentragung ist auch bei einer Weiterbelastung zwischen verbundenen Unternehmen festzustellen.[401]

Der Arbeitgeber, der die Vergütung zahlt oder trägt, darf nicht im Tätigkeitsstaat ansässig sein, ansonsten hat der Tätigkeitsstaat ganz unabhängig von der

---

395 *Linck,* in: Schaub Arbeitsrechts-Handbuch, I Buch § 16, Rdnr. 1; *Kreuder,* in: Däubler/Hjort/Schubert/Wolmerath, Arbeitsrecht, § 611 BGB, Rdnr. 140; der sozialversicherungsrechtliche und lohnsteuerrechtliche Arbeitgeberbegriff ist davon zu unterscheiden nach *Schmidt,* in: Haase DBA, Art. 15, Rdnrn. 144 ff.

396 BMF- Schreiben v. 12.11.2014 – IV B 2 – S 1300/08/10027, Rdnr. 113.

397 Informationen auf der Seite www.bundesfinanzministerium.de bei dem BMF-Schreiben vom 12.11.2014.

398 BMF-Schreiben v. 12.11.2014 – IV B 2 – S 1300/08/10027, Rdnr. 102; *Bourseaux/Levedag,* in: Schönfeld/Ditz DBA Kommentar, Art. 15, Rdnr. 99.

399 *Bourseaux/Levedag,* in: Schönfeld/Ditz DBA Kommentar, Art. 15, Rdnr. 99.

400 *Bourseaux/Levedag,* in: Schönfeld/Ditz DBA Kommentar, Art. 15, Rdnr. 99.

401 *Bourseaux/Levedag,* in: Schönfeld/Ditz DBA Kommentar, Art. 15, Rdnr. 99.

Länge des Aufenthaltes von Beginn an die Besteuerungsbefugnis. Hintergrund dieser Regelung ist, dass der Tätigkeitsstaat sein Recht zur Besteuerung behält, wenn die vom ausländischen Arbeitgeber gezahlte Vergütung den Gewinn eines seiner Steuerhoheit unterliegenden Unternehmens schmälert.[402]

Die Ansässigkeit des Arbeitgebers bestimmt sich nach Art. 4 Abs. 1 OECD-MA, d.h. nach dem innerstaatlichen Recht des Tätigkeitsstaates.

Das bedeutet im Umkehrschluss die Zuweisung des Besteuerungsrechts für die ausländische Tätigkeit an den Tätigkeitsstaat, wenn eine der Voraussetzungen des Art. 15 Abs. 2 a)-c) OECD-MA nicht vorliegt. Der Tätigkeitsstaat besteuert demnach, wenn der Arbeitnehmer sich länger als 183 Tage im Tätigkeitsstaat aufhält oder der die ausländische Vergütung zahlende Arbeitgeber im Tätigkeitsstaat ansässig ist oder der ausländische Arbeitslohn von einer Betriebsstätte oder festen Einrichtung des Arbeitgebers im Tätigkeitsstaat getragen wird.

Für den Fall des Art. 15 Abs. 2 b) OECD-MA ist nach dem Wortlaut des Art. 15 OECD-MA weder eine förmliche Änderung des Arbeitsvertrages zwischen entsendenden Unternehmen und dem Arbeitnehmer noch der Abschluss eines zusätzlichen Arbeitsvertrages zwischen dem Arbeitnehmer und dem aufnehmenden Unternehmen notwendig.[403] Eine vorherige Abrede zwischen den betroffenen Unternehmen über die Verrechnung des Arbeitslohnes ist ebenfalls nicht erforderlich.[404] Voraussetzung ist nur, dass beide Unternehmen als Arbeitgeber i. S. d. DBA anzusehen sind.[405]

Es spielt für die Beurteilung des ausländischen Unternehmens als wirtschaftlicher Arbeitgeber keine Rolle, ob das ausländische Unternehmen den Lohn direkt an den Arbeitnehmer auszahlt oder zunächst das entsendende deutsche Unternehmen die Lohnkosten insgesamt trägt und das ausländische Unternehmen seine anteiligen Lohnkosten erstattet.[406] Eine willkürliche Belastung der

---

402 *Prokisch,* in: Vogel/Lehner DBA, Abschnitt III, Art. 15, Rdnr. 53 a; Nr. 8 OECD-Kommentar abgedruckt in *Prokisch,* in: Vogel/Lehner DBA, Abschnitt III, Art. 15, Text OECD-Kommentar; BFH 29.01.1986 – I R 109/85, BStBl. II, 1986, 442; BFH 21.07.1999 – I R 71 – 98, DStR 2000, 274.

403 BMF-Schreiben v. 12.11.2014 – IV B 2 – S 1300/08/10027, Rdnr. 105; *Bourseaux/Levedag,* in: Schönfeld/Ditz DBA Kommentar, Art. 15, Rdnr. 96.

404 BMF-Schreiben v. 12.11.2014 – IV B 2 – S 1300/08/10027, Rdnr. 105; ebenso BFH 23.02.2005 I R 46/03, BStBl. 2005 II S. 547; *Bourseaux/Levedag,* in: Schönfeld/Ditz DBA Kommentar, Art. 15, Rdnr. 97.

405 BMF-Schreiben v. 12.11.2014 – IV B 2 – S 1300/08/10027, Rdnr. 113; *Bourseaux/Levedag,* in: Schönfeld/Ditz DBA Kommentar, Art. 15, Rdnr. 97.

406 BMF-Schreiben v. 12.11.2014 – IV B 2 – S 1300/08/10027, Rdnr. 102; *Bourseaux/Levedag,* in: Schönfeld/Ditz DBA Kommentar, Art. 15, Rdnr. 100.

Gehaltskosten an ein Unternehmen, bei dem der Arbeitnehmer zwar arbeitet, aber in dessen Interesse der Arbeitnehmer nicht tätig ist, begründet keine Arbeitgebereigenschaft im Sinne des Abkommensrechts.[407]

Steht dem Tätigkeitsstaat das Besteuerungsrecht für die Tätigkeit im Ausland zu, ist die ausländische Vergütung in Deutschland nach Art. 23 a OECD-MA unter Progressionsvorbehalt gem. § 32 b Abs. 1 S. 1 Nr. 3 EStG freizustellen.[408]

Für den Arbeitnehmer entsteht ein steuerlicher Vorteil in einer gegebenenfalls zweifachen Nutzung von Grundfreibeträgen nach § 32 a Abs. 1 S. 2 Nr. 1 EStG (in Deutschland in 2016: 8.652 € für Ledige, 17.304 € für zusammenveranlagt Verheiratete), nationalen steuerlichen Vergünstigungen (z.B. Dienstwagen) und Progressionsvorteilen.[409] Progressionsvorteile ergeben sich daraus, dass der Arbeitnehmer seinen Gesamtlohn nur anteilig (den Teil, den er im Interesse des deutschen Arbeitgebers leistet) in Deutschland und deshalb auch mit einem niedrigeren Steuertarif versteuern muss als den Steuertarif, in den er fallen würde, wenn er alle Einkünfte in Deutschland versteuern müsste. Dasselbe gilt für den ausländischen Steuertarif.

Das ausländische Gehalt wird im Ausland häufig mit vorteilhafteren Tarifen als in Deutschland besteuert.[410] Die Grenzsteuersätze sind ebenfalls häufig geringer als bei voller Besteuerung des Gehalts in Deutschland.[411] Außerdem gibt es in einigen Ländern für Expatriates besondere Steuervergünstigungen, z.B. unterliegen Expatriates in Spanien und Finnland einem niedrigen proportionalen Steuersatz von 24 % und 35 %.[412]

Das führt im Ergebnis zu einem gewissen Steuervorteil, der sich aus dem Abzug der im Ausland gezahlten Steuer von der inländischen Steuerersparnis ergibt.[413]

---

407 *Schmidt,* in: Haase DBA, Art. 15, Rdnr. 149.

408 Progressionsvorbehalt bedeutet, dass bei der Festlegung des Steuertarifs die ausländischen Einkünfte und die deutschen zusammengerechnet werden. Besteuert wird nur das deutsche Einkommen, aber mit einem Tarif, der für das Gesamteinkommen gilt. Seit 1975 ist der Progressionsvorbehalt ausdrücklich in § 32 b EStG geregelt; *Wilke,* Lehrbuch Internationales Steuerrecht, Rdnr. 483; *Bourseaux/Levedag,* in: Schönfeld/Ditz DBA Kommentar, Art. 23A, Rdnr. 26.

409 *Jacobs,* Internationale Unternehmensbesteuerung, S. 1363.

410 *Jacobs,* Internationale Unternehmensbesteuerung, S. 1363.

411 *Jacobs,* Internationale Unternehmensbesteuerung, S. 1363.

412 *Jacobs,* Internationale Unternehmensbesteuerung, S. 1363.

413 *Jacobs,* Internationale Unternehmensbesteuerung, S. 1363.

Nach § 50 d Abs. 8 S. 1 EStG wird die Freistellung von der deutschen Besteuerung nur noch erteilt, wenn der Expatriate im Tätigkeitsstaat die Einkommenssteuer entrichtet hat oder der Tätigkeitsstaat auf das Besteuerungsrecht verzichtet hat. Liegen die Voraussetzungen nicht vor, enthält § 50 d Abs. 8 S. 1 EStG eine Rückfallklausel, nach der das Besteuerungsrecht in Deutschland wieder auflebt.[414] Die Regelung wurde im Zuge des Steueränderungsgesetzes von 2003 zum Veranlagungszeitraum 2004 eingeführt, mit dem Ziel zu verhindern, dass Einkünfte überhaupt nicht besteuert werden, weil der Arbeitnehmer im Tätigkeitsstaat diese pflichtwidrig nicht erklärt hat.[415] Durch die Nachweisobliegenheit wird eine Einmalbesteuerung sichergestellt.[416] Für die Freistellung ist nicht relevant, in welcher Höhe die ausländischen Einkünfte im Ausland besteuert werden oder ob die im Ausland zu zahlende Steuer, z.B. wegen Freibeträgen oder Verlustvorträgen, null ist.[417]

Der deutsche Arbeitgeber ist grundsätzlich nach § 38 Abs. 1 S. 1 Nr. 1 EStG zum Lohnsteuerabzug verpflichtet, wenn er als inländischer Arbeitgeber Lohn zahlt. Der Arbeitgeberbegriff ist im EStG nicht definiert. Er bestimmt sich nach den zu § 19 EStG entwickelten Grundsätzen, nach denen der zivilrechtliche Arbeitgeberbegriff auch im EStG Anwendung findet.[418] Danach ist Arbeitgeber derjenige, dem der Arbeitnehmer die Arbeitsleistung schuldet, unter dessen Leitung er tätig wird oder dessen Weisungen er zu befolgen hat, i. d. R. der Vertragspartner aus dem Dienstvertrag. Inländischer Arbeitgeber ist nach § 38 Abs. 1 S. 1 Nr. 1 EStG nur ein Arbeitgeber, der in Deutschland einen Wohnsitz, gewöhnlichen Aufenthalt, eine Geschäftsleitung, einen Sitz, eine Betriebsstätte oder eine ständige Vertretung hat (§§ 8–13 AO).

Bei Auslandsentsendungen gilt nach § 38 Abs. 1 S. 2 EStG die Besonderheit, dass bei der Bestimmung des Arbeitgebers der wirtschaftliche Arbeitgeberbegriff der DBA in Konstellationen gilt, in denen ein Arbeitnehmer aus dem Ausland in ein deutsches Unternehmen entsendet wird. Für Entsendungsverträge ist § 38 Abs. 1 S. 2 EStG nicht einschlägig, denn sie gehen von einer Grundsituation aus, bei der das deutsche Unternehmen den Arbeitnehmer ins Ausland sendet.

---

414 Sog. subjekt-to-tax-Klausel, *Wagner,* in: Blümich, § 50 d EStG, Rdnr. 103; *Gosch,* in: Kirchhof EStG, § 50 d, Rdnr. 35.

415 *Wagner,* in: Blümich, § 50 d EStG, Rdnr. 103; *Gosch,* in: Kirchhof EStG, § 50 d, Rdnr. 35; *Heinicke,* in: Schmidt EStG, § 50 d Rdnr. 52.

416 *Wagner,* in: Blümich, § 50 d EStG, Rdnr. 103; *Gosch,* in: Kirchhof EStG, § 50 d, Rdnr. 35; *Heinicke,* in: Schmidt EStG, § 50 d, Rdnr. 52.

417 *Wellisch/Näth/Thiele,* Vergütung bei internationalen Mitarbeiterentsendungen, S. 23.

418 *Eisgruber,* in: Kirchhof EStG, § 38, Rdnr. 5; *Krüger,* in: Schmidt EStG, § 38, Rdnr. 2.

2. *Anwendung ausländischen Steuerrechts – der Arbeitnehmer gibt während der Entsendung seinen deutschen Wohnsitz/gewöhnlichen Aufenthalt auf*

Gibt der Arbeitnehmer für die Dauer des Auslandsaufenthalts seinen deutschen Wohnsitz und gewöhnlichen Aufenthalt auf, entfällt die unbeschränkte Steuerpflicht (§ 1 Abs. 1 EStG). Sein Gehalt unterliegt grundsätzlich nur der ausländischen Besteuerung.

Ausnahmsweise ist der Arbeitnehmer doch in Deutschland beschränkt steuerpflichtig nach §§ 1 Abs. 4 EStG i. V. m. 49 Abs. 1 Nr. 4 a EStG, wenn seine Tätigkeit in Deutschland ausgeübt oder verwertet wird oder er nach § 49 Abs. 1 Nr. 4 c EStG seine Tätigkeit als Geschäftsführer, Prokurist oder Vorstandsmitglied einer Gesellschaft mit Geschäftsleitung in Deutschland ausübt. Die beschränkte Steuerpflicht umfasst im Gegensatz zur unbeschränkten Steuerpflicht nicht alle Einkünfte i. S. d. Welteinkommensprinzips, denn es werden nur solche Einkünfte besteuert, die einen Bezug zum Inland haben, die aus „deutschen Quellen stammen."[419]

Der Arbeitnehmer übt während seiner Entsendung eine Tätigkeit in Deutschland aus, wenn er sich in Deutschland physisch aufhält und persönlich dort tätig wird.[420] Das ist beispielsweise der Fall, wenn der Arbeitnehmer dem deutschen Arbeitgeber Berichtsbesuche abstattet oder Schulungsveranstaltungen besucht.

Verwertung i. S. v. § 49 Abs. 1 Nr. 4a EStG bedeutet ein Nutzbarmachen, das Ergebnis der Tätigkeit muss einer eigenständigen Nutzung zugänglich sein.[421] Das erfordert einen Vorgang des Steuerpflichtigen, der über eine bloße Arbeitsleistung hinausgehend ein körperliches oder geistiges Produkt schafft, welches er selbst dem Inland zuführt.[422] Verwertet wird die Tätigkeit in Deutschland, wenn der Arbeitnehmer z.B. im Ausland Aufträge einholt und diese an das deutsche Stammhaus weiterleitet.[423] Darunter fallen beispielsweise der Verkauf oder die Vermietung selbst geschaffener Kunstwerke, ein Überlassen von Urheberrechten, Patenten, Erfindungen durch die jeweiligen Urheber und die Lieferung von

---

419 *Rauch,* in: Blümich, § 1 EStG, Rdnr. 275.

420 BFH 28.09.1990 – VI R 157/89, BStBl II 91, 86.

421 *Wied,* in: Blümich, § 49 EStG, Rdnr. 158; *Gosch,* in: Kirchhof EStG, § 49, Rdnr. 53; *Loschelder,* in: Schmidt EStG, § 49, Rdnr. 87.

422 *Gosch,* in: Kirchhof EStG, § 49, Rdnr. 53.

423 *Wied,* in: Blümich, § 49 EStG, Rdnr. 158; ebenso mit Beispiel: *Wellisch/Näth/Thiele,* Vergütung bei internationalen Mitarbeiterentsendungen, S. 14 f.

Marktanalysen und Forschungsberichten.[424] Nicht ausreichend ist dagegen eine Kundenberatung im Ausland oder eine Ingenieurtätigkeit bei der Errichtung einer Fabrik im Ausland für einen deutschen Arbeitgeber oder die Tätigkeit eines nach Deutschland entsandten Arbeitnehmers einer ausländischen Gesellschaft.[425]

Auch mit inländischen Einkünften aus Vermietung und Verpachtung ist der Expatriate in Deutschland weiterhin beschränkt einkommenssteuerpflichtig, auch wenn er seinen Wohnsitz im Ausland hat (§§ 1 Abs. 4 i. V. m. 49 Abs. 1 Nr. 6 EStG).

3. Zusammenfassung

Schließen der deutsche Arbeitgeber und der Arbeitnehmer einen Entsendungsvertrag, modifizieren sie dadurch den Grundarbeitsvertrag für die Dauer der Entsendung. Es ist wahrscheinlich, dass der Arbeitnehmer im Interesse des deutschen und ausländischen Arbeitgebers tätig wird und beide wirtschaftlich ihren Lohnanteil tragen.

Behält der Arbeitnehmer seinen deutschen Wohnsitz/gewöhnlichen Aufenthalt bei, droht für den ausländischen Lohnanteil eine Doppelbesteuerung, weil der ausländische Staat ebenfalls besteuern will. Wohnsitz- und Tätigkeitsstaat fallen auseinander.

Die drohende Doppelbesteuerung wird nach § 34 c EStG mittels Anrechnung, Abzug oder ausnahmsweise mittels einer Freistellung von der im Ausland gezahlten Steuer erreicht. Im Ergebnis führen alle Methoden dazu, dass der ausländische Lohn in Deutschland steuerfrei ist, aber zu einer Erhöhung des Besteuerungstarifes führt.

---

424 Definition von „verwerten" als ein Vorgang durch den der Arbeitnehmer das Ergebnis seiner Arbeit dem Arbeitgeber zuführt und der Wert, der in der Arbeit steckt, herausgeholt und zunutze gemacht wird BFH 12.11.1986 – I R 69/83, BStBl II 1987, 379; zum Zur-Verfügung-Stellen von Berichten: BMF-Schreiben vom 23.01.1996 – IV B 4 – S 2303 – 15/96 zur einkommenssteuerrechtlichen Behandlung der nicht im Inland ansässigen Korespondenten inländischer Rundfunk- und Fernsehanstalten sowie inländischer Zeitungsunternehmen, BStBl I I 1996, 100; *Wied,* in: Blümich, § 49 EStG, Rdnr. 158; *Gosch,* in: Kirchhof EStG, § 49, Rdnr. 62; *Allary,* Entsendung, S. 48; *Wellisch/Näth/Thiele,* Vergütung bei internationalen Mitarbeiterentsendungen, S. 14 f.

425 *Gosch,* in: Kirchhof EStG, § 49, Rdnr. 62; BFH 12.11.1986 – I R 69/83, BStBl II 1987, 379.

Besteht zwischen dem deutschen und dem ausländischen Staat ein Doppelbesteuerungsabkommen, gehen die Regelungen des DBA dem § 34 c EStG vor. Eine drohende Doppelbesteuerung wird von den DBA gelöst, indem diese nur einem Staat das Besteuerungsrecht zuweisen. Die Zuweisung erfolgt nach Art. 15 Abs. 1 OECD-MA grundsätzlich an den ausländischen Tätigkeitsstaat. Liegen die Voraussetzungen des Art. 15 Abs. 2 OECD-MA vor, wird das Besteuerungsrecht ausnahmsweise dem deutschen Ansässigkeitsstaat zugewiesen.

Verlegt der Arbeitnehmer für die Dauer der Entsendung seinen Wohnsitz ins Ausland, besteht nicht die Gefahr einer Doppelbesteuerung, denn Ansässigkeits- und Tätigkeitsstaat fallen nicht auseinander. Der Arbeitnehmer ist nur in den Ausnahmefällen des § 49 Abs. 1 Nr. 4 a EStG der beschränkten Besteuerung nach § 1 Abs. 4 EStG in Deutschland unterworfen.

III. Sozialversicherungsrecht

Für eine vorübergehende Tätigkeit im Ausland aufgrund eines Entsendungsvertrages stellt sich die Frage, welches Sozialversicherungsrecht anwendbar ist, also in welchem System der sozialen Sicherheit der Arbeitnehmer während der Auslandstätigkeit versicherungs- und beitragspflichtig sowie leistungsberechtigt ist.

Die Sozialversicherungspflicht in Deutschland knüpft nach § 3 SGB IV an eine Beschäftigung oder selbstständige Tätigkeit in Deutschland, sog. Territorialitätsprinzip. Falls keine Beschäftigung oder selbstständige Tätigkeit erforderlich ist (z.B. in § 26 Abs. 1 Nr. 2 SGB III, § 3 S. 1 Nr. 2 SGB VI für Wehr- oder Ersatzdienstleistende), knüpft die Sozialversicherungspflicht an einen Wohnsitz oder gewöhnlichen Aufenthalt in Deutschland an. Die Staatsangehörigkeit spielt nach § 2 Abs. 2 Nr. 1 SGB IV für die Versicherungspflicht keine Rolle.

Der Begriff Beschäftigung wird in § 7 SGB IV definiert als nichtselbstständige Arbeit in persönlicher Abhängigkeit, insbesondere in einem Arbeitsverhältnis.

Die Definitionen von Wohnsitz und gewöhnlichem Aufenthalt finden sich im Allgemeinen Teil in § 30 Abs. 3 SGB I und gelten nach dem Willen des Gesetzgebers für alle Fälle, bei denen im Besonderen Teil des SGB auf den Wohnsitz oder gewöhnlichen Aufenthalt abgestellt wird.[426] Die Definitionen sind aus den §§ 8, 9 AO des Steuerrechts übernommen.

Wird der Arbeitnehmer nun aufgrund eines Entsendungsvertrages vorübergehend im Ausland tätig, stellt sich die Frage, ob er während dieser Zeit in Deutschland sozialversichert bleibt. Eine weitere Frage ist, nach welchem Recht

---

426 BT-Drs 7/3786, S. 5.

der Arbeitnehmer versichert ist, wenn nach deutschem und dem Recht des ausländischen Staates eine Sozialversicherungspflicht besteht.

Ist der Arbeitnehmer nach deutschem und ausländischem Sozialversicherungsrecht versicherungspflichtig, bestimmt Kollisionsrecht, welches Recht anwendbar ist.[427] Es gibt drei Ebenen des Kollisionsrechts: das supranationale Recht der EU, zwischenstaatliches Kollisionsrecht und nationales Kollisionsrecht.

Findet die Entsendung von Deutschland in ein Land der EU statt, gilt die VO (EG) 883/04 als supranationales Recht.

Bei einer Entsendung von Deutschland in ein Land außerhalb der EU, mit dem ein Sozialversicherungsabkommen besteht, gilt das Abkommen als zwischenstaatliches Recht.

Wird der Arbeitnehmer eines deutschen Unternehmens in ein Land außerhalb der EU entsandt, mit dem kein Sozialversicherungsabkommen besteht, gilt § 4 SGB IV als nationales Recht. § 6 SGB IV stellt klar, dass abweichende Regelungen des über- und zwischenstaatlichen Rechts (Sozialversicherungsabkommen und EU-Recht) Vorrang vor § 4 SGB IV haben.

1. Anwendung des deutschen Sozialversicherungsrechts bei einer Entsendung in einen Staat der EU/EWR

Bei einer Entsendung eines Arbeitnehmers von einem deutschen Unternehmen in einen Staat der EU/EWR gilt das supranationale Kollisionsrecht der EU in Form der Koordinierungs-VO 883/2004 (VO) und der Durchführungsverordnung VO 987/2009 (DVO) ab dem 01.05.2010.[428] Um Wirksamkeit zu entfalten, müssen die VOen nicht in deutsches Recht umgesetzt werden, ihre Wirkung ist gem. Art. 288 Abs. 2 AEUV unmittelbar. Die Rechtsgrundlage für das koordinierende europäische Sozialrecht ist Art. 48 AEUV, wonach der Rat die notwendigen Maßnahmen auf dem Gebiet der sozialen Sicherheit für die Herstellung der Arbeitnehmerfreizügigkeit beschließt.[429] Zudem spielt der Beschluss Nr. A2 der Verwaltungskommission für die Auslegung des Artikels 12 der VO 883/2004 eine Rolle. Grundlage für den Beschluss war Art. 72 a VO 883/2004, wonach die

---

427 *Fuchs,* in: Knickrehm/Kreikebohm/Waltermann, Komm SozR, 5. VO 883/2004, Rdnr. 5.

428 Zur VO 883/2004 bereits vorne auf S. 17; *Fuchs,* in: Fuchs Europäisches Sozialrecht, Einführung VO 883/2004 Rdnr. 34; *Schreiber,* in: Schreiber/Wunder/Dern, Einl. VO 883/2004, Rdnrn. 66, 75.

429 *Fuchs,* in: Knickrehm/Kreikebohm/Waltermann, Komm SozR, 5. VO 883/2004, Rdnr. 3.

Verwaltungskommission alle Verwaltungs- und Auslegungsfragen zu behandeln hat, die sich aus den VOen 883/2004 und 987/2009 ergeben.

Die VO will keine Harmonisierung oder inhaltliche Vereinheitlichung des Sozialrechts der Mitgliedsstaaten herbeiführen, denn die Sozialversicherungssysteme bleiben in ihrer eigenständigen Ausprägung erhalten.[430] Es wird durch die VO vielmehr eine Koordinierung und ein europäisches Kollisionsrecht geschaffen.[431] Für eine Harmonisierung fehlt eine entsprechende Rechtsgrundlage im AEUV.[432]

Wenn der persönliche, sachliche und räumliche Anwendungsbereich der VO EG 883/2004 eröffnet ist, gilt bei Entsendungen für die soziale Sicherheit nur das Recht eines Staates.[433] Der Grundgedanke der Verordnung ist der, dass „innerhalb der EU immer genau ein Staat für die Sozialversicherung zuständig ist."[434]

Der persönliche Anwendungsbereich erstreckt sich nach Art. 2 Abs. 1 VO 883/2004 auf alle versicherten Personen, wenn sie Staatsangehörige eines Mitgliedsstaates der EU sind (und für sie die Rechtsvorschriften eines Mitgliedsstaates über die Systeme sozialer Sicherheit anwendbar sind), und deren Familienangehörige. Dies stellt eine wichtige Neuerung zur alten VO 1408/1971 dar, nach der nur die Erwerbsbevölkerung, also Arbeitnehmer, Selbstständige und deren Familienangehörige, in den persönlichen Geltungsbereich einbezogen waren.[435]

---

430 *Fuchs,* in: Fuchs Europäisches Sozialrecht, Einführung VO 883/2004, Rdnr. 32; *Schreiber,* in: Schreiber/Wunder/Dern, Einl. VO 883/2004, Rdnr. 65; *Fuchs,* in: Knickrehm/Kreikebohm/Waltermann, Komm SozR, 5. VO 883/2004, Rdnr. 5; *Tiedemann,* NZS 2011, S. 42.

431 *Fuchs,* in: Fuchs Europäisches Sozialrecht, Einführung VO 883/2004, Rdnr. 32; *Schreiber,* in: Schreiber/Wunder/Dern, Einl. VO 883/2004, Rdnr. 65; *Fuchs,* in: Knickrehm/Kreikebohm/Waltermann, Komm SozR, 5. VO 883/2004, Rdnr. 5; *Tiedemann,* NZS 2011, S. 42.

432 *Fuchs,* in: Knickrehm/Kreikebohm/Waltermann, Komm SozR, 5. VO 883/2004, Rdnr. 5.

433 *J. Stahlberg/T. Stahlberg,* in: Münchener Anwaltshandbuch Sozialrecht, A. § 4 II, Rdnrn. 31 ff.; *Fuchs,* in: Fuchs Europäisches Sozialrecht, Einführung VO 883/2004, Rdnrn. 31 ff.; *Fuchs,* in: Knickrehm/Kreikebohm/Waltermann, Komm SozR, 5. VO 883/2004, Rdnr. 63.

434 *Fuchs,* in: Fuchs Europäisches Sozialrecht, Einführung, Rdnrn. 31 ff.; *Fuchs,* in: Knickrehm/Kreikebohm/Waltermann, Komm SozR, 5. VO 883/2004, Rdnr. 63; *Heuser/Heidenreich/Fritz,* Auslandsentsendung, Rdnr. 374.

435 *J. Stahlberg/T. Stahlberg,* in: Münchener Anwaltshandbuch Sozialrecht, A. § 4 II, Rdnr. 30; *Fuchs,* in: Fuchs Europäisches Sozialrecht, Einführung, Rdnr. 40 der beschäftigungspolitische Ansatz der VorgängerVO 1408/71 wurde aufgegeben; *Dern,* in: Schreiber/Wunder/Dern, Art. 2 VO 883/2004, Rdnr. 1.

Die Anwendung ist im Rahmen der VO 1231/2010 auf Drittstaatsangehörige erstreckt worden, wenn sie ihren rechtmäßigen Wohnsitz im Hoheitsgebiet eines Mitgliedsstaates haben und sich in einer Lage befinden, die nicht ausschließlich einen Mitgliedsstaat betrifft, sondern grenzüberschreitend ist.[436]

Der sachliche Anwendungsbereich ist nach Art. 3 VO 883/2004 eröffnet für alle Rechtsvorschriften der sozialen Sicherheit der Mitgliedsstaaten über Krankheit, Mutterschaft, Invalidität, Alter, Leistungen an Hinterbliebene, Arbeitsunfälle, Berufskrankheiten, Tod/Sterbegeld und Arbeitslosigkeit, unabhängig davon, ob die Leistung steuer- oder beitragsfinanziert ist.

Die VO regelt ihren räumlichen Anwendungsbereich nicht ausdrücklich. Sie gilt für alle Gebiete, für die auch der AEUV nach Art. 349/355 gilt, und aufgrund spezieller Abkommen auch für die nicht der EU angehörenden Mitgliedsstaaten des EWR Island, Liechtenstein und Norwegen sowie der Schweiz.[437] Die Anwendung der Verordnungen beruht bei den Staaten Island, Liechtenstein und Norwegen darauf, dass sie dem Abkommen über den EWR beigetreten sind, bei der Schweiz beruht die Anwendbarkeit auf dem Freizügigkeitsabkommen zwischen der EG und ihren Mitgliedsstaaten einerseits und der Schweiz andererseits.[438]

In den Art. 11–16 VO 883/2004 sind die Kollisionsregeln normiert.

Art. 11 VO 883/2004 regelt den Grundsatz, dass nur ein Mitgliedsstaat für die soziale Sicherheit einer Person zuständig ist (Art. 11 Abs. 1 VO 883/2004). Der zuständige Staat ist nach Art. 11 Abs. 3 a VO 883/2004 grundsätzlich der, in dem die Beschäftigung ausgeübt wird, sog. Beschäftigungslandprinzip. Bei einer Auslandstätigkeit ist das Recht des ausländischen Staates anwendbar, weil der Expatriate während der Entsendung dort seine Tätigkeit ausübt.

Eine Ausnahme von dem in Art. 11 Abs. 1 VO 883/2004 normierten Beschäftigungslandprinzip ist in Art. 12 Abs. 1 VO 883/2004 geregelt. Danach ist unter

---

436 *J. Stahlberg/T. Stahlberg,* in: Münchener Anwaltshandbuch Sozialrecht, A. § 4 II, Rdnr. 113; im Unterschied dazu gilt im Bezug auf Drittstaatsangehörigen für die Nicht-EU-Angehörigen EWR-Staaten Island, Liechtenstein und Norwegen sowie für die Schweiz weiterhin die alten VOen 1408/71 und 574/72; *Fuchs,* in: Fuchs Europäisches Sozialrecht, Einführung VO 883/2004, Rdnr. 42; *Schreiber,* in: Schreiber/Wunder/Dern, Einl. VO 883/2004, Rdnr. 42.

437 *J. Stahlberg/T. Stahlberg,* in: Münchener Anwaltshandbuch Sozialrecht, A. § 4 I, Rdnr. 21; *Fuchs,* in: Fuchs Europäisches Sozialrecht, Einführung VO 883/2004, Rdnr. 46.

438 Vgl. Art. 8 EU/CH-Assoziierungsabkommen (Abl. 2002 L 114/6). Dies ist auch insofern bedeutsam, dass Rechtsänderungen nicht automatisch, sondern nur durch gesonderten Rechtsakt und somit um Jahre verzögert erfolgen, so nach *J. Stahlberg/T. Stahlberg,* in: Münchener Anwaltshandbuch Sozialrecht, A. § 4 I, Rdnr. 21.

gewissen Voraussetzungen das Recht des Mitgliedsstaates anwendbar, in dem der Arbeitnehmer gewöhnlich seine Arbeit verrichtet, selbst wenn er vorübergehend in einem anderen Mitgliedsstaat tätig wird. Voraussetzung für diese Ausnahme ist zunächst eine zeitliche Begrenzung der Entsendung im Entsendungsvertrag auf 24 Monate. In der alten VO war die Entsendungsdauer auf 12 Monate mit Verlängerungsmöglichkeit um weitere 12 Monate begrenzt (vgl. Art. 14 VO 1408/1971).[439] Die Verlängerung der Entsendungszeit auf 24 Monate war im Gesetzgebungsverfahren umstritten, hat sich letztendlich aber durchgesetzt.[440] Die Fristverlängerung ist eine Vereinfachung des administrativen Aufwands für die entsendenden Unternehmen, die nun bei einer Entsendung bis zu 24 Monaten keine Genehmigung der zuständigen Behörde des Beschäftigungsstaates einholen müssen.[441] Nach Art. 16 Abs. 1 VO 883/2004 ist für eine Entsendung, die länger als 24 Monate geplant ist, auch weiterhin eine Ausnahmevereinbarung möglich. Diese kann auch nachträglich noch erteilt werde, wenn sich während der Entsendung herausstellt, dass 24 Monate überschritten werden.[442] Die Ausnahmeregelung in Art. 16 VO 883/2004 soll nicht faktisch eine Rechtswahl einräumen, sondern für Ausnahmefälle, die länger als 24 Monate andauern und bei denen der Schwerpunkt des Beschäftigungsverhältnisses weiterhin im Entsendestaat bleibt, eine „sachgerechte Zuordnung“ ermöglichen.[443] Von dieser Regelung wird in der Praxis relativ großzügig Gebrauch gemacht. Die meisten Staaten erlauben eine maximale Höchstdauer von fünf Jahren, bei besonderen Umständen ist eine Verlängerung um weitere drei Jahre in Betracht zu ziehen.[444]

Hintergrund der Begrenzung einer Entsendung auf max. 24 Monate ist der, dass bis zu dieser Zeitgrenze nach Ansicht des Europäischen Rates und der Kommission der Schwerpunkt des Beschäftigungsverhältnisses regelmäßig

---

439 Die Verlängerung der zeitlichen Befristung auf 24 Monate lässt den Verwaltungsaufwand, der mit der Verlängerungsmöglichkeit um 12 Monate i. F. d. E 102-Verfahrens und der damit erforderlichen Zustimmung des Beschäftigungsstaates verbunden war, entfallen, *Schreiber,* in: Schreiber/Wunder/Dern, Art. 12 VO 883/2004, Rdnr. 3.

440 *Schreiber,* in: Schreiber/Wunder/Dern, Art. 12 VO 883/2004, Rdnr. 3.

441 *Steinmeyer,* in: Fuchs Europäisches Sozialrecht, Art. 12 VO 883/2004, Rdnr. 13; *Schreiber,* in: Schreiber/Wunder/Dern, Art. 12 VO 883/2004, Rdnr. 15.

442 *Steinmeyer,* in: Fuchs Europäisches Sozialrecht, Art. 16 VO 883/2004, Rdnr. 1; *Schreiber,* in: Schreiber/Wunder/Dern, Art. 12 VO 883/2004, Rdnr. 15.

443 *Steinmeyer,* in: Fuchs Europäisches Sozialrecht, Art. 16 VO 883/2004, Rdnr. 2.

444 *Steinmeyer,* in: Fuchs Europäisches Sozialrecht, Art. 16 VO 883/2004, Rdnr. 3; fünf Jahre: Dänemark, Griechenland, Großbritannien, Italien, Irland; acht Jahre: Frankreich und Deutschland; keine Verlängerung akzeptieren Belgien und die Niederlande.

weiterhin im Ausgangsstaat liegt, eine Verantwortlichkeit des ausländischen Sozialversicherungssystems für den überschaubaren Zeitraum der Entsendung wäre nicht angemessen.[445]

Voraussetzungen nach § 12 Abs. 1 VO 883/2004 sind zudem das Fortbestehen der Beschäftigung mit dem Unternehmen im Entsendungsstaat, die tatsächliche Erbringung der Tätigkeit in einem Mitgliedsstaat der EU, Sitz des Arbeitgebers in Deutschland und keine Ablösung einer anderen entsandten Person.

Das Fortbestehen der Beschäftigung mit dem deutschen Unternehmen bestimmt sich nach den Umständen des Einzelfalles, u.a. nach der Einstellungsbefugnis, dem Arbeitsvertrag, der Entgeltzahlung, der Kündigungsbefugnis und dem Direktionsrecht.[446] Es ist bei Entsendungsverträgen gegeben, weil der ursprüngliche Arbeitsvertrag weiterhin zwischen dem deutschen Unternehmen und dem Arbeitnehmer besteht und durch den Entsendungsvertrag modifiziert wird. Bei der tatsächlichen Durchführung hat die Gehaltszahlung insofern eine entscheidende Indizwirkung, als von einer Entsendung ausgegangen wird, wenn das gesamte Entgelt in der Lohn- und Gehaltsbuchhaltung des deutschen Unternehmens ausgewiesen wird.[447]

Die Regelung in Art. 12 VO 883/2004, dass der Arbeitnehmer keinen anderen ablösen darf, beinhaltet das Verbot der Kettenentsendung.[448] Das Verbot der Kettenentsendung verhindert, dass der Arbeitgeber sich einen Kosten- und Wettbewerbsvorteil dadurch verschafft, dass er ständig Arbeitnehmer von einem Niedriglohnland in ein Land mit hohen Lohnnebenkosten entsendet, um die Abführung höherer Beiträge im Beschäftigungsland zu vermeiden und so die unionsrechtlichen Vorschriften zur Entsendung umgeht.[449] Zunächst hieß es in Art. 12 Abs. 1 der VO 883/2004, dass „diese Person nicht eine andere Person ablösen darf." Durch die VO 465/2012 vom 22. Mai 2012 wurde der Art. 12 Abs. 1 VO 883/2004 neu gefasst, indem jetzt „diese Person nicht eine andere entsandte

---

445 *Steinmeyer,* in: Fuchs Europäisches Sozialrecht, Art. 12 VO 883/2004, Rdnr. 13.

446 *Steinmeyer,* in: Fuchs Europäisches Sozialrecht, Art. 12 VO 883/2004, Rdnr. 10; *Schreiber,* in: Schreiber/Wunder/Dern, Art. 12 VO 883/2004, Rdnr. 12.

447 BSG 05.05.1994 – 2 RU 35/93, DB Beilage 1997, S. 2; *Braun,* ArbRB 2002, S. 203.

448 *J. Stahlberg/T. Stahlberg,* in: Münchener Anwaltshandbuch Sozialrecht, § 4 II, Rdnr. 38; *Steinmeyer,* in: Fuchs Europäisches Sozialrecht, Art. 12 VO 883/2004, Rdnr. 14; *Schreiber,* in: Schreiber/Wunder/Dern, Art. 12 VO 883/2004, Rdnr. 18.

449 *Steinmeyer,* in: Fuchs Europäisches Sozialrecht, Art. 12 VO 883/2004, Rdnr. 14; *Schreiber,* in: Schreiber/Wunder/Dern, Art. 12 VO 883/2004, Rdnr. 18.

Person ablösen darf." Der Arbeitnehmer kann erst nach Ablauf von zwei Monaten erneut entsendet werden (Beschluss A 2 Nr. 3 c).[450]

Nach der Rechtsprechung des EuGH ist auch zu berücksichtigen, dass eine Entsendebescheinigung auch noch rückwirkend und auch noch nach Beendigung der Entsendung erteilt werden kann, was durchaus einen Missbrauch der Entsenderegelungen erleichtert.[451] Der EuGH begründet seine Auffassung mit dem Wortlaut des Art. 11 a VO 883/2004, der keine Frist für die Ausstellung der erforderlichen Bescheinigung enthält.[452] Der Grundsatz der vertrauensvollen Zusammenarbeit zwischen den Mitgliedsstaaten ist Ausfluss der Gemeinschaftstreue aus Art. 4 Abs. 3 AEUV. Er verpflichtet den ausstellenden Träger, den betreffenden Sachverhalt ordnungsgemäß zu beurteilen und so die Richtigkeit seiner Bescheinigung zu gewährleisten.[453] Dadurch entsteht eine positive Vermutung für die Richtigkeit der Bescheinigung.[454] Der zuständige Träger bleibt solange an die Bescheinigung gebunden, bis der ausstellende Staat die Bescheinigung für unwirksam erklärt hat, denn nur so lässt sich eine Doppelversicherung vermeiden und Rechtssicherheit schaffen.[455] Die Bescheinigung kann sogar Rückwirkung entfalten, weil für ihre Ausstellung keine Frist in der DVO existiert.[456] Mit den Bescheinigungen kann in „nicht unerheblichem Maße Missbrauch betrieben werden," weshalb gefordert wird, dass nationale Gerichte berechtigt werden sollten, die Rechtmäßigkeit der Bescheinigungen zu überprüfen.[457] Der EuGH spricht den nationalen Gerichten eine solche Berechtigung nicht zu, weil es ansonsten zu einer Gefährdung des auf Vertrauen basierenden Systems der Zusammenarbeit zwischen den Trägern der Mitgliedsstaaten kommt. Bei Zweifeln muss sich der Mitgliedsstaat an den ausstellenden Träger des anderen Mitgliedsstaates halten.[458]

Das Rangverhältnis der VO zu Sozialversicherungsabkommen der Mitgliedsstaaten ist in Art. 8 VO 883/2004 geregelt. Nach Art. 8 Abs. 1 S. 1 VO 883/2004

450 *Steinmeyer*, in: Fuchs Europäisches Sozialrecht, Art. 12 VO 883/2004, Rdnr. 15; *Schreiber*, in: Schreiber/Wunder/Dern, Art. 12 VO 883/2004, Rdnr. 16.

451 EuGH vom 30.03.2000 – Rs. C-178/97 Barry Banks u.a., Slg. 2000, I-2005 Rdnrn. 49 ff.

452 EuGH vom 30.03.2000 – Rs. C-178/97 Barry Banks u.a., Slg. 2000, I-2005 Rdnr. 52.

453 *Steinmeyer*, in: Fuchs Europäisches Sozialrecht, Art. 12 VO 883/2004, Rdnr. 18.

454 *Steinmeyer*, in: Fuchs Europäisches Sozialrecht, Art. 12 VO 883/2004, Rdnr. 17.

455 *Steinmeyer*, in: Fuchs Europäisches Sozialrecht, Art. 12 VO 883/2004, Rdnr. 18.

456 *Steinmeyer*, in: Fuchs Europäisches Sozialrecht, Art. 16 VO 883/2004, Rdnr. 2; EuGH vom 30.03.2000 – Rs. C-178/97 Barry Banks u.a., Slg. 2000, I-2005 Rdnrn. 2031 ff.

457 *Steinmeyer*, in: Fuchs Europäisches Sozialrecht, Art. 12 VO 883/2004, Rdnr. 18.

458 *Steinmeyer*, in: Fuchs Europäisches Sozialrecht, Art. 12 VO 883/2004, Rdnr. 18.

ist die VO vorrangig vor allen zwischen den Mitgliedsstaaten geltenden Abkommen über soziale Sicherheit. Die VO hebt die Abkommen aber keinesfalls auf, dazu ist das Gemeinschaftsrecht nicht in der Lage.[459] Abkommen, die vor der Anwendung der VO geschlossen wurden, gelten nach Art. 8 Abs. 1 S. 2 VO 883/2004 weiter, sofern die einzelnen Bestimmungen für die Berechtigten günstiger sind oder sich aus historischen Umständen ergeben und ihre Geltung zeitlich begrenzt ist.[460]

Die VO 883/2004 geht den §§ 3, 4 SGB IV und anderen deutschen Spezialnormen für Auslandssachverhalte vor.[461]

2. *Anwendung des deutschen Sozialversicherungsrechts bei einer Entsendung in einen Nicht-EU-Staat mit Sozialversicherungsabkommen*

Wird der Arbeitnehmer in einen Staat außerhalb der EU entsandt, ist die entscheidende Frage für die Versicherungspflicht, ob mit diesem Staat ein Sozialversicherungsabkommen besteht oder nicht. Besteht ein Sozialversicherungsabkommen, ist es zwischenstaatliches Kollisionsrecht.[462] Um Rechtsverbindlichkeit zu erlangen, müssen die Abkommen erst in nationales Recht umgewandelt werden, denn Sozialversicherungsabkommen sind völkerrechtliche Verträge i. S. v. Art. 59 Abs. 2 GG.[463] Ihr Zweck besteht darin, die Sozialversicherungssysteme der Länder so zu koordinieren, dass bei einem Aufenthalt in dem anderen Land keine Nachteile für Arbeitnehmer entstehen.[464] Die Abkommen sind vom Grundsatz der Gegenseitigkeit beherrscht, d.h., dass ein Vertragsstaat nur insoweit bereit ist, den Staatsangehörigen des anderen Staates Rechte einzuräumen, als dies umgekehrt auch der Fall ist.[465] Es gibt bilaterale Abkommen, an denen nur zwei

---

459 *Steinmeyer*, in: Fuchs Europäisches Sozialrecht, Art. 8 VO 883/2004, Rdnr. 14; *Dern*, in: Schreiber/Wunder/Dern, Art. 8 VO 883/2004, Rdnrn. 1 f.

460 *Fuchs*, in: Knickrehm/Kreikebohm/Waltermann, Komm SozR, 5. VO 883/2004, A. Europäisches Sozialrecht, Rdnr. 51.

461 *J. Stahlberg/T. Stahlberg*, in: Münchener Anwaltshandbuch Sozialrecht, A. § 4 I, Rdnr. 17.

462 *Schulte*, in: Maydell/Ruland/Becker, Sozialrechtshandbuch, § 35, Rdnr. 19.

463 *Seewald*, in: KassKomm, Vorbemerkungen SGB I, Rdnr. 34.

464 Die Abkommen koordinieren die Systeme der Länder nur, sie beinhalten keine eigenen Ansprüche, *Schulte*, in: Maydell/Ruland/Becker, Sozialrechtshandbuch, § 35 Rdnr. 19.

465 *Seewald*, in: KassKomm, Vorbemerkungen SGB I, Rdnr. 34.

Staaten beteiligt sind, und multilaterale Abkommen, an denen mehrere Staaten beteiligt sind.[466] Daneben gibt es offene und geschlossene Abkommen.[467]

Die Abkommen erstrecken sich im sachlichen Anwendungsbereich i. d. R. nicht auf alle Zweige der Sozialversicherung. Für die Zweige, die nicht vom Abkommen erfasst werden, gilt § 4 SGB IV als Auffangregelung. Es besteht dann allerdings die Gefahr der Doppelversicherung.

Die Abkommen beinhalten zunächst Definitionen und Regelungen zum sachlichen (z.B. Rentenversicherung, Krankenversicherung, Unfallversicherung) und persönlichen Geltungsbereich (Staatsangehörige der Vertragsstaaten oder Drittstaatsangehörige).[468]

Die Abkommen erhalten Gleichstellungsklauseln, nach denen die Staatsangehörigen des anderen Staates wie eigene Staatsangehörige behandelt werden. Das erlangt Bedeutung für Länder, in denen der Zugang zum System an die Staatsangehörigkeit knüpft, sog. Personengleichstellung.[469] Außerdem enthalten viele Abkommen Gebietsgleichstellungen, nach denen Leistungen auch ins Ausland gewährt werden. Das ist bei bestimmten Sozialleistungen relevant, wenn diese einen Inlandsaufenthalt voraussetzen.[470] Sie regeln daneben insbesondere die Aufrechterhaltung des Leistungsanspruchs bei zeitweiser Tätigkeit im Ausland.[471]

Die Abkommen regeln, dass die deutsche Sozialversicherung bis zu einer bestimmten Dauer, die in den Abkommen verschieden ist, auch während einer Entsendung gilt. Die in den Abkommen festgelegte Dauer reicht von 12 Monaten (Art. 7 Abkommen Tunesien) und 36 Monaten (z.B. Art. 7 Abkommen Marokko) und 60 Monaten (Art. 7 Abkommen Kanada) bis zu keiner Vereinbarung über eine zeitliche Grenze (z.B. Art. 6 Abkommen Türkei).[472]

---

466 *Seewald*, in: KassKomm, Vorbemerkungen SGB I, Rdnr. 34.

467 Offene Abkommen erfassen im persönlichen Geltungsbereich auch Drittstaatsangehörige, die in einem Abkommensstaat leben und arbeiten, die geschlossenen Abkommen erfassen nur Staatsangehörige der Abkommensstaaten, so: *Seewald*, in: KassKomm, Vorbemerkungen SGB I, Rdnr. 34.

468 *Seewald*, in: KassKomm, Vorbemerkungen SGB I, Rdnrn. 38 ff.

469 *Seewald*, in: KassKomm, Vorbemerkungen SGB I, Rdnr. 41.

470 *Seewald*, in: KassKomm, Vorbemerkungen SGB I, Rdnr. 41.

471 *Seewald*, in: KassKomm, Vorbemerkungen SGB I, Rdnrn. 5 ff., 44 ff.

472 *Pade*, in: Schlegel/Voelzke SGB IV, § 4, Rdnr. 30; *Allary*, Entsendung, S. 32; *Heuser/Heidenreich/Fritz*, Auslandsentsendung, Rdnrn. 446 ff.

3. Anwendung des deutschen Sozialversicherungsrechts bei einer Entsendung in einen Nicht-EU-Staat ohne Sozialversicherungsabkommen

Wird der Arbeitnehmer eines deutschen Unternehmens in einen Staat außerhalb der EU entsandt und gibt es kein Abkommen mit diesem Staat, gelten das deutsche Kollisionsrecht der §§ 3 ff. SGB IV und die „Gemeinsame Verlautbarung zur versicherungsrechtlichen Beurteilung entsandter Arbeitnehmer" als Auffangnormen. Für den ausländischen Staat gilt sein nationales Kollisionsrecht. Die „Gemeinsame Verlautbarung zur versicherungsrechtlichen Beurteilung entsandter Arbeitnehmer" enthält Definitionen, Anwendungshinweise und Beispielfälle zu den Regelungsbestandteilen der §§ 4–6 SGB IV.

Voraussetzung für das Bestehen der deutschen Sozialversicherungspflicht ist nach § 3 SGB IV grundsätzlich eine Beschäftigung in Deutschland. Eine Ausnahme von diesem Territorialitätsprinzip stellt § 4 SGB IV dar, wonach unter bestimmten Voraussetzungen auch während einer Beschäftigung im Ausland die deutsche Sozialversicherung aufrechterhalten bleibt. Sinn und Zweck des § 4 SGB IV ist es, in Zeiten der Flexibilisierung und Globalisierung dem Beschäftigten bei vorübergehender Auslandstätigkeit den Versicherungsschutz zu erhalten und damit z.B. auch Lücken im Versicherungsverlauf der gesetzlichen Rentenversicherung zu vermeiden.[473] Die Voraussetzungen nach § 4 SGB IV sind eine Entsendung ins Ausland, ein inländisches Beschäftigungsverhältnis und die Befristung der Entsendung.

Die erste Voraussetzung ist die Entsendung des Arbeitnehmers ins Ausland. Eine solche setzt voraus, dass sich der Beschäftigte auf Weisung des Arbeitgebers vom Inland ins Ausland begibt, wobei er grundsätzlich zuvor in Deutschland für den entsendenden Arbeitgeber tätig gewesen sein muss.[474] Eine Entsendung ist zu bejahen bei einem Tätigwerden des Arbeitnehmers auf Weisung des Arbeitgebers über einen gewissen Zeitraum im Ausland (3.1 Gemeinsame Verlautbarung). Die Voraussetzung liegt nicht vor, wenn der Arbeitgeber eine Ortskraft einstellt, also eine Person unabhängig von der Staatsangehörigkeit, die schon in dem Land wohnt, in das entsandt wird (3.1 Gemeinsame Verlautbarung). Das gilt nach 3.1 der Gemeinsamen Verlautbarung selbst dann, wenn diese Person beabsichtigt, ihren Wohnsitz nach Deutschland zu verlegen. Der Grund liegt darin, dass dieser Person der Bezug zur deutschen Sozialversicherung fehlt, weil sie

---

473 *Pade,* in: Schlegel/Voelzke SGB IV, § 4, Rdnr. 12.

474 *Wietek,* in: Winkler Kommentar SGB IV, § 4, Rdnr. 10; *Hänlein,* in: Knickrehm/Kreikebohm/Waltermann, Komm SozR, 40. §§ 1–6 SGB IV, Rdnr. 20; *Pade,* in: Schlegel/Voelzke SGB IV, § 4, Rdnr. 35.

in Deutschland nicht zuvor sozialversicherungsrechtlich beschäftigt war. Einer Entsendung steht nicht entgegen, wenn der Arbeitnehmer nur für den Zweck der Entsendung eingestellt wird, außer es gibt Indizien, die dafür sprechen, dass der Arbeitnehmer nach seiner Entsendung im Ausland bleibt (3.1. Gemeinsame Verlautbarung).

Eine weitere Voraussetzung ist das Bestehen eines inländischen Beschäftigungsverhältnisses während der Entsendung. Kriterium für das Bestehen eines inländischen Beschäftigungsverhältnisses ist die organisatorische Eingliederung des Arbeitnehmers in den deutschen Betrieb, indem er weiterhin dessen Weisungsrecht hinsichtlich Zeit, Ort und Art der Arbeit unterliegt.[475] Wesentliches Indiz für die organisatorische Eingliederung ist nach 3.3.1. der Gemeinsamen Verlautbarung das Fortbestehen des Entgeltanspruchs gegen den deutschen Arbeitgeber. Behandelt der deutsche Arbeitgeber den im Ausland tätigen Arbeitnehmer steuerlich wie einen inländischen Arbeitnehmer, geht die Praxis der Versicherungsträger von dem Bestehen eines inländischen Beschäftigungsverhältnisses aus. Dies wird damit begründet, dass die Zahlung des Arbeitsentgeltes wesentliche Arbeitgeberpflicht ist und in § 2 Abs. 2 Nr. 1 SGB IV als wesentliches Merkmal der Versicherungspflicht genannt wird.[476] Weist das ausländische Unternehmen das Entgelt als Betriebsausgabe aus, hat dies zur Folge, dass kein inländisches Beschäftigungsverhältnis vorliegt, weshalb eine Ausstrahlung nicht in Betracht kommt.[477] Die steuerrechtliche Behandlung entfaltet insoweit eine wichtige Indizwirkung für die sozialversicherungsrechtliche Beurteilung.[478] Entscheidend ist dabei nach Ansicht des Bundessozialgerichts nicht, von welchem Konto das Entgelt bezahlt wird, sondern wer den Lohn wirtschaftlich trägt.[479] Bei einem Entsendungsvertrag liegt ein inländisches Beschäftigungsverhältnis unstreitig vor, denn der ursprüngliche Arbeitsvertrag zwischen dem deutschen

---

475 *Wietek*, in: Winkler Kommentar SGB IV, § 4, Rdnr. 8; *Hänlein*, in: Knickrehm/Kreikebohm/Waltermann, Komm SozR, 40. §§ 1–6 SGB IV, Rdnr. 21; BSG 07.11.1996 – 12 RK 79/94, NZA 1997, 372.

476 *Seewald*, in: KassKomm, § 4 SGB IV, Rdnr. 14; *Pade*, in: Schlegel/Voelzke SGB IV, § 4, Rdnr. 39.

477 *Marburger*, Auslandseinsatz von Arbeitnehmern, S. 25; *Seewald*, in: KassKomm, § 4 SGB IV, Rdnr. 14.

478 BSG 07.11.1996 – 12 RK 79/94, NZA 1997, 372; *Seewald*, in: KassKomm, § 4 SGB IV, Rdnr. 14.

479 BSG 01.07.1999 – B 12 KR 2/99, BSGE 84, 136; BSG 07.11.1996 – 12 RK 79/94, NZA 1997, 372.

Arbeitgeber und dem Arbeitnehmer besteht weiterhin und wird durch den Entsendungsvertrag für die Dauer der Entsendung modifiziert.

Bei einem sog. Rumpfarbeitsverhältnis besteht kein inländisches Beschäftigungsverhältnis i. S. d. § 4 SGB IV (3.3.1. Gemeinsame Verlautbarung). Ein Rumpfarbeitsverhältnis liegt vor, wenn der Arbeitnehmer mit dem deutschen Arbeitgeber das Ruhen der Hauptpflichten auf Arbeitsleistung und Zahlung von Arbeitsentgelt und das automatische Wiederaufleben dieser Rechte und Pflichten bei Rückkehr ins Inland vereinbart (3.3.1. Gemeinsame Verlautbarung). Ein solches Rumpfarbeitsverhältnis beschreibt eine Vertragssituation, in welcher der deutsche Arbeitsvertrag durch eine Zusatzvereinbarung ruhend gestellt wird und der Arbeitnehmer mit dem ausländischen Unternehmen einen Lokalvertrag schließt.

Bei Split-Contract-Modellen liegt ein inländisches Beschäftigungsverhältnis vor und zusätzlich wird ein separater befristeter Arbeitsvertrag mit dem ausländischen Unternehmen geschlossen. Dann besteht wegen der Tätigkeit im Ausland dort eine Sozialversicherungspflicht und zusätzlich gilt für die deutsche Sozialversicherung die Ausstrahlung. Die sozialrechtliche Doppelversicherungspflicht dieser Konstellation kann zu einer Minderung der steuerrechtlichen Vorteile führen.

Als letzte Voraussetzung muss die Entsendung befristet sein. Das Gesetz enthält keine feste Zeitgrenze und auch nach 3.4. Gemeinsamer Verlautbarung ist nicht auf eine feste Zeitgrenze abzustellen. Auch eine Entsendung von mehreren Jahren ist befristet, solange sie nur im Voraus oder durch die Eigenart der Beschäftigung zeitlich begrenzt ist.

Der Grund, nicht auf eine fixe zeitliche Grenze abzustellen, ist der, dass die Aufrechterhaltung der Mitgliedschaft in der deutschen Sozialversicherung an eine Rückkehr nach Deutschland überhaupt anknüpft und dem Interesse der Unternehmen widersprechen würde, vorübergehende Auslandseinsätze flexibel zu gestalten.[480] Durch die geplante Rückkehr und einen generellen Rückkehrwillen sowie die fortbestehende vertragliche Bindung zum deutschen Arbeitgeber soll auch während der Entsendung eine Zugehörigkeit in der Sozialversicherung und damit auch in der Solidargemeinschaft bestehen bleiben. Ein jederzeitiges Rückrufrecht des Arbeitgebers begründet keine zeitliche Begrenzung der Entsendung, weil zu Beginn nicht feststeht, ob und wann der Arbeitgeber sein Rückrufrecht ausübt.[481] Eine vorübergehende Rückkehr nach Deutschland von bis zu

480 *Wietek,* in: Winkler Kommentar SGB IV, § 4, Rdnr. 16.

481 *Pade,* in: Schlegel/Voelzke SGB IV, § 4, Rdnr. 44; *Marburger,* Auslandseinsatz von Arbeitnehmern, S. 29.

zwei Monaten unterbricht die Entsendung nach 3.5.2. der Gemeinsamen Verlautbarung nicht.

Die Ausstrahlung bezieht sich auf das zugrunde liegende Beschäftigungsverhältnis i. S. v. § 7 SGB IV und endet mit Beendigung der Beschäftigung bei dem deutschen Unternehmen.[482]

4. *Gestaltungsmöglichkeiten im Entsendungsvertrag*

Bei der Vereinbarung des Entsendungsvertrages haben Arbeitgeber und Arbeitnehmer einen gewissen Gestaltungsspielraum bezüglich des Verbleibes des Arbeitnehmers in der deutschen Sozialversicherung während der Entsendung.

Bei einer Entsendung in ein Land der EU bleibt der Expatriate in Deutschland versicherungspflichtig, wenn die Dauer der Auslandstätigkeit im Entsendungsvertrag auf 24 Monate begrenzt ist. Fehlt eine derartige Begrenzung, wird er im Tätigkeitsstaat versicherungspflichtig.

Liegt ein Sozialversicherungsabkommen vor, wird ein Fortbestehen der deutschen Sozialversicherung erreicht, indem Arbeitgeber und Arbeitnehmer eine Frist vereinbaren, die sich in dem vorgegebenen Rahmen des jeweiligen Abkommens hält. Bei unbefristeter Entsendung wird die Versicherungspflicht im ausländischen Tätigkeitsstaat erreicht.

Besteht kein Sozialversicherungsabkommen und findet die Entsendung in ein Land außerhalb der EU statt, besteht ein Gestaltungsspielraum insoweit, als über die Vereinbarung einer Befristung im Entsendungsvertrag ein Verbleib in der deutschen Sozialversicherung erzielt wird (§ 4 SGB IV). Wird die Entsendung von vornherein unbefristet vereinbart, besteht die Versicherungspflicht im Tätigkeitsstaat.

5. *Möglichkeiten, durch freiwillige Versicherung den deutschen Sozialversicherungsschutz während der Auslandstätigkeit aufrechtzuerhalten*

Ist der Expatriate während der Auslandstätigkeit nicht Versicherter der deutschen Sozialversicherung, weil die Voraussetzungen der Ausstrahlung, eines Abkommens oder der VO nicht erfüllt sind, gibt es dennoch für ihn Möglichkeiten, den deutschen Versicherungsschutz aufrechtzuerhalten.

---

482 *Wietek*, in: Winkler Kommentar SGB IV, § 4, Rdnr. 7; *Pade*, in: Schlegel/Voelzke SGB IV, § 4, Rdnr. 45; *Allary*, Entsendung, S. 12.

In der Rentenversicherung hat der Arbeitnehmer die Möglichkeit, seine Rentenversicherung auf Antrag als Pflichtversicherung fortzusetzen (§§ 4 Abs. 1 S. 1 Nr. 2, 4 Abs. 4 S. 1 Nr. 1 S. 2 SGB VI). Dafür muss er deutscher Staatsangehöriger sein, für eine begrenzte Zeit im Ausland tätig sein und der Antrag muss von einer Stelle mit Sitz in Deutschland (z.B. einem deutschen Unternehmen) gestellt werden (§ 4 Abs. 1 Nr. 2 SGB VI). Der Expatriate muss im Ausland ein Beschäftigungsverhältnis ausüben, welches jedoch nicht zwingend zu dem Unternehmen bestehen muss, das den Antrag in Deutschland stellt und die Beiträge an die Einzugsstelle abführt.[483] Der Antrag ist nicht fristgebunden, er kann auch noch während der Entsendung mit Wirkung für die Zukunft erfolgen.[484]

Nach § 7 Abs. 1 SGB VI kann sich freiwillig in der Rentenversicherung versichern, wer nicht versicherungspflichtig ist, das 16. Lebensjahr vollendet hat und seinen gewöhnlichen Aufenthalt in Deutschland hat. Darüber hinaus sind Deutsche i. S. v. Art. 116 GG zur freiwilligen Versicherung berechtigt, auch wenn sie ihren gewöhnlichen Aufenthalt im Ausland haben.

In der Krankenversicherung sind in §§ 5, 6 SGB V die Versicherungspflicht und Versicherungsfreiheit für Personengruppen geregelt, worunter während einer Entsendung im Ausland tätige Arbeitnehmer nicht fallen.

Bei Rückkehr nach Deutschland nach Ende der Entsendung hat der Expatriate das Recht, sich in der Krankenversicherung nach § 9 Abs. 1 Nr. 5 SGB V weiter zu versichern, wenn er innerhalb von zwei Monaten nach Rückkehr eine Tätigkeit aufnimmt und das damalige Versicherungsverhältnis aufgrund der Auslandsbeschäftigung endet.

Die Weiterversicherung in der Pflegeversicherung ist nach § 26 Abs. 2 SGB XI für Personen möglich, die während einer Auslandstätigkeit ihren Wohnsitz oder gewöhnlichen Aufenthalt ins Ausland verlegen. Der Antrag muss spätestens einen Monat nach Ausscheiden aus der Versicherung bei der Pflegekasse gestellt werden, bei der die Versicherung zuletzt bestand (§ 26 Abs. 2 S. 2 SGB XI).

Eine freiwillige Versicherung in der deutschen Unfallversicherung ist nach § 6 SGB VII für Unternehmer und die im Unternehmen mitarbeitenden Ehegatten oder Lebenspartner möglich.

In der Arbeitslosenversicherung besteht die Möglichkeit zur freiwilligen Versicherung nach § 28 a SGB III. Voraussetzung ist nach § 28 a Abs. 1 Nr. 3 SGB III die Aufnahme einer Beschäftigung mit einem zeitlichen Umfang von mehr als

---

483 *Berchtold,* in: Knickrehm/Kreikebohm/Waltermann, Komm SozR, 40. § 4 SGB VI, Rdnr. 7; *Allary,* Entsendung, S. 33.

484 *Berchtold,* in: Knickrehm/Kreikebohm/Waltermann, Komm SozR, 40. § 4 SGB VI, Rdnr. 7.

15 Wochenstunden in einem Staat außerhalb der EU/EWR/Schweiz. Weiterhin setzt eine freiwillige Mitgliedschaft nach § 28 a Abs. 2 Nr. 1 SGB III das Bestehen eines Versicherungspflichtverhältnisses von 12 Monaten innerhalb der letzten 24 Monate vor Aufnahme der Beschäftigung voraus. Zudem muss der Antrag nach § 28 a Abs. 3 S. 1 SGB III innerhalb von drei Monaten nach Aufnahme der Tätigkeit, die zur freiwilligen Versicherung berechtigt, gestellt werden.

6. *Exkurs: Leistungsrecht der deutschen Sozialversicherung während der Entsendung*

Bleibt der Arbeitnehmer Mitglied der deutschen Sozialversicherung, ist er beitragspflichtig und leistungsberechtigt. Bei der Versicherung während einer Auslandstätigkeit ergeben sich Besonderheiten bei der Leistung.

Während der Auslandstätigkeit ruht bei der Krankenversicherung der Anspruch des Arbeitnehmers gegen die Krankenkasse auf Leistung gem. § 16 Abs. 1 Nr. 1 SGB V. Der Grund dafür liegt im Wesentlichen in dem Sachleistungsprinzip, wonach die gesetzlichen Krankenkassen mit den Leistungserbringern direkt abrechnen.[485]

Aus § 17 Abs. 1 S. 1 SGB V ergibt sich, vorbehaltlich des über- und zwischenstaatlichen Rechts, ein eigener Anspruch des Arbeitnehmers gegen den Arbeitgeber auf Übernahme der Krankheitskosten im Ausland. Der Anspruch wird damit begründet, dass die Tätigkeit des Beschäftigten im Ausland auf einer Unternehmerentscheidung beruht, weshalb die Absicherung des Krankheitsrisikos erhalten bleibt.[486] Nach § 17 Abs. 2 SGB V erstattet die Krankenkasse daraufhin dem Arbeitgeber die Leistungen in der Höhe, in der sie im Inland entstanden wären. Die Differenz trägt der Arbeitgeber, wenn er nicht eine private Zusatz-Auslandskrankenversicherung für den Arbeitnehmer abgeschlossen hat.[487]

Ist der Expatriate Mitglied der deutschen Sozialversicherung nach § 4 SGB IV, besteht der Unfallversicherungsschutz während der gesamten Entsendung. Er wird

485 *Waltermann,* in: Knickrehm/Kreikebohm/Waltermann, Komm SozR, 50. Einleitung zum SGB V, Rdnr. 16.

486 *Waltermann,* in: Knickrehm/Kreikebohm/Waltermann, Komm SozR, 50. § 17 SGB V, Rdnr. 1; *Schuler,* in: Hänlein/Kruse SGB V, § 17, Rdnr. 1; *Ulmer,* in: Eichenhofer/Wenner SGB V, § 17, Rdnr. 17.

487 *Waltermann,* in: Knickrehm/Kreikebohm/Waltermann, Komm SozR, 50. § 17 SGB V, Rdnrn. 5 f; *Schuler,* in: Hänlein/Kruse SGB V, § 17, Rdnr. 11; *Ulmer,* in: Eichenhofer/Wenner SGB V, § 17, Rdnr. 31.

nur unterbrochen, wenn sich der Beschäftigte privaten Belangen widmet.[488] Für den Versicherungsschutz ist ein innerer Zurechnungszusammenhang zwischen der versicherten Tätigkeit und dem Tun, was zum Unfall führte, erforderlich.[489] In welchen Fällen ein solcher Zurechnungszusammenhang vorliegt, bestimmt sich danach, ob die zum Unfall führende Tätigkeit noch vom Versicherungsschutz der gesetzlichen Unfallversicherung erfasst wird. Nicht versichert sind eigenwirtschaftliche, private und persönliche Tätigkeiten, die auch unabhängig von der Arbeit stattfinden, wie Essen, Trinken, Schlafen und Duschen.[490]

Der Umfang des Unfallversicherungsschutzes bei Entsendungen ist eine Wertungsentscheidung und bestimmt sich nach dem Schutzzweck der Norm und nach dem Grundgedanken, welcher der Unfallversicherung als Ablösung der Unternehmerhaftung innewohnt.[491] Der Grundsatz der Fürsorge des Unternehmers für seine Beschäftigten gem. § 618 BGB spielt auch eine Rolle.[492] Es findet ein Leistungsexport gem. § 97 SGB VII in das Ausland statt, wenn der Berechtigte dort seinen gewöhnlichen Aufenthalt hat.

Ein Anspruch auf Arbeitslosengeld besteht unverändert, wenn der Entsandte während der Entsendung Mitglied der deutschen Sozialversicherung ist. Ein Anspruch auf Elterngeld besteht nach § 1 Abs. 2 Nr. 1 Bundeselterngeld- und Elternzeitgesetz (BEEG) für jemanden, der. im Rahmen seines in Deutschland bestehenden öffentlich-rechtlichen Dienst- oder Amtsverhältnisses vorübergehend ins Ausland abgeordnet wird. Voraussetzung für die Auszahlung des Kindergeldes ist nach § 62 Abs. 1 Nr. 1 und 2 EStG die unbeschränkte Einkommenssteuerpflicht nach § 1 Abs. 2 EStG aufgrund eines Wohnsitzes in Deutschland.

Die o. g. Grundsätze gelten nur für gesetzlich versicherte Arbeitnehmer. Insbesondere bei leitenden Angestellten und in Führungsebenen sind viele Arbeitnehmer aber privat krankenversichert.

---

488 *Bultmann*, in: Münchener Anwaltshandbuch Sozialrecht, § 25 Entschädigung für Arbeitsunfall und Berufskrankheit, Rdnr. 60.

489 *Bultmann*, in: Münchener Anwaltshandbuch Sozialrecht, § 25 Entschädigung für Arbeitsunfall und Berufskrankheit, Rdnr. 48.

490 *Holtstraeter*, in: Knickrehm/Kreikebohm/Waltermann, Komm SozR, 70. § 8 SGB VII, Rdnr. 14 a.

491 *Bultmann*, in: Münchener Anwaltshandbuch Sozialrecht, § 25 Entschädigung für Arbeitsunfall und Berufskrankheit, Rdnr. 48.

492 *Bultmann*, in: Münchener Anwaltshandbuch Sozialrecht, § 25 Entschädigung für Arbeitsunfall und Berufskrankheit, Rdnr. 48.

Nach § 1 Abs. 4 MB/KK (Musterbedingungen Krankheitskosten- und Krankenhaustagegeldversicherung des Verbandes der Privaten Krankenversicherung) erstreckt sich der Versicherungsschutz für Privatversicherte auf Behandlungen in Europa. Im nichteuropäischen Ausland gilt nach § 1 Abs. 4 MB/KK ein Versicherungsschutz von drei Monaten. Das Versicherungsverhältnis kann während der Dauer der Entsendung in ein Anwartschaftsverhältnis umgewandelt werden, bei dem der Arbeitnehmer nur geringe Beiträge zahlt, aber keinen Behandlungsanspruch hat (§ 15 Abs. 3 S. 2 MB/KK).

Es ist umstritten, ob der Arbeitgeber verpflichtet ist, auch privat versicherten Arbeitnehmern einen vergleichbaren Schutz, wie er in § 17 Abs. 1 S. 1 SGB V für gesetzlich versicherte Arbeitnehmer vorgeschrieben ist, zu gewähren.

Aus dem vom Bundesarbeitsgericht entwickelten arbeitsrechtlichen Gleichbehandlungsgrundsatz ergibt sich eine solche Verpflichtung nach Meinung der Literatur jedenfalls nicht.[493] Der Gleichbehandlungsgrundsatz besagt, dass Arbeitnehmer, die sich in einer vergleichbaren Lage befinden, nicht willkürlich anders behandelt werden dürfen, außer es besteht ein sachlicher Grund für die Differenzierung.

Ein sachlicher Grund für eine Differenzierung zwischen privat und gesetzlich versicherten Arbeitnehmern besteht nicht. Der Grund für eine unterschiedliche Behandlung von privat und gesetzlich krankenversicherten Arbeitnehmern könnte aber in dem unterschiedlichen Schutzbedürfnis liegen, welches sich durch das unterschiedliche Gehaltsniveau widerspiegelt, wonach „Besserverdienende" privat und „Geringverdiener" gesetzlich versichert sind. Das unterschiedliche Gehaltsniveau ist aber nach Ansicht der Literatur kein Argument für eine Ungleichbehandlung, denn die „Besserverdiener" mit einem Einkommen über der Jahresentgeltgrenze nach § 6 VI SGB V können sich nach § 9 Abs. 1 Nr. 1 SGB V freiwillig in der gesetzlichen Krankenversicherung versichern, obwohl sie nicht schutzbedürftig sind.[494] Außerdem ist zu berücksichtigen, dass auch für privat versicherte Arbeitnehmer das Entstehen von Krankheitskosten im Ausland zu einer erheblichen finanziellen Belastung führen kann.

Der arbeitsrechtliche Gleichbehandlungsgrundsatz ist aber nicht anwendbar, weil es sich bei der Leistung, für die der Arbeitnehmer Gleichbehandlung beansprucht, um eine freiwillige Leistung des Arbeitgebers handeln muss, d.h., der Arbeitgeber darf nicht durch Gesetz oder Tarifvertrag zu ihr verpflichtet sein.[495]

---

493 *Nowak/Bollin*, NZS 2010, S. 672; *Wagner*, in: Krauskopf, Komm Soziale Krankenversicherung, § 17 SGB V, Rdnr. 5.

494 *Nowak/Bollin*, NZS 2010, S. 672.

495 *Müller-Glöge*, in: MüKo BGB, § 611 BGB, Rdnr. 1134; BAG 24.10.2006 – 9 AZR 681/05.

Der Arbeitgeber ist aber zum Schutz der gesetzlich versicherten Arbeitnehmer nach § 17 SGB V verpflichtet, insofern gilt der arbeitsrechtliche Gleichbehandlungsgrundsatz nicht.[496] Nur wenn der Arbeitgeber einem privat versicherten Arbeitnehmer einen vergleichbaren Schutz zu § 17 SGB V freiwillig gewähren würde, hätten andere privat versicherte Arbeitnehmer ebenfalls Anspruch auf einen solchen Schutz aus dem allgemeinen Gleichbehandlungsgrundsatz.

Nach Ansicht der Literatur ist aus den Grundsätzen der arbeitgeberseitigen Fürsorgepflicht aus § 241 Abs. 2 BGB eine Verpflichtung des Arbeitgebers zum Abschluss einer privaten Zusatzkrankenversicherung für den privat versicherten Arbeitnehmer abzuleiten und für den Fall, dass er keine Versicherung abschließt, die Verpflichtung des Arbeitgebers zur vollständigen Übernahme der im Ausland entstandenen Krankheitskosten.[497] Die Fürsorgepflicht verpflichtet den Arbeitgeber dazu, die im Zusammenhang mit dem Arbeitsverhältnis stehenden Interessen des Arbeitnehmers auf die Art zu wahren, wie es billigerweise unter Berücksichtigung seiner eigenen Interessen und der Interessen anderer Arbeitnehmer verlangt werden kann.[498] Darunter fällt auch die Pflicht, die Gesundheit und die Vermögensinteressen des Arbeitnehmers zu schützen.[499]

Der Arbeitnehmer begibt sich auf Veranlassung des Arbeitgebers ins Ausland und ist im Ausland erhöhten Risiken, u.a. erhöhten Krankheitskosten, ausgesetzt.[500] Die Literatur zieht aus der Fürsorgepflicht des Arbeitgebers, die für alle Arbeitnehmer gleichermaßen gilt, also auch für privat Versicherte, den Schluss, dass der Arbeitgeber auch bei privat versicherten Arbeitnehmern für ein vergleichbares Schutzniveau zu sorgen hat und ihnen die Krankenbehandlungskosten zu erstatten hat.[501] Dabei spielt es keine Rolle, dass der Arbeitgeber seine Kosten nicht von der privaten Krankenkasse zurückerstattet bekommt, denn auch der Arbeitnehmer bekommt seine Kosten nur erstattet, wenn er eine Versicherung abgeschlossen hat.[502]

Nach der hier vertretenen Auffassung geht die arbeitgeberseitige Fürsorgepflicht in Form einer Schutzpflicht nicht so weit, dass der Arbeitgeber für

---

496 *Nowak/Bollin*, NZS 2010, S. 672; so BSG 28.09.2010 – B 1 KR 2/10 R, NJOZ 2011, 940.

497 *Nowak/Bollin*, NZS 2010, S. 673.

498 Sog. Schutzpflicht, *Preis,* in: ErfK, § 611 BGB, Rdnrn. 615 ff.

499 Sog. Schutzpflicht, *Preis,* in: ErfK, § 611 BGB, Rdnrn. 615 ff.; *Moll/Altenburg,* in: Münchener Anwaltshandbuch ArbR, Teil A, § 1 Das Arbeitsrecht in der beratenden und forensischen Praxis, Rdnrn. 38 ff.

500 *Nowak/Bollin*, NZS 2010, S. 673.

501 *Nowak/Bollin*, NZS 2010, S. 673.

502 *Nowak/Bollin*, NZS 2010, S. 673.

privat versicherte Arbeitnehmer einen vergleichbaren Schutz wie in § 17 SGB V bereitstellt. Der Gesetzgeber bestimmt den Umfang der arbeitgeberseitigen Schutzpflicht in § 17 SGB V. Eine Erweiterung auf privat Versicherte ist vom Gesetzgeber eindeutig und absichtlich nicht gewollt.[503]

Im Ergebnis ist der Arbeitgeber weder nach dem arbeitsrechtlichen Gleichbehandlungsgrundsatz noch nach der arbeitgeberseitigen Fürsorgepflicht gem. § 241 Abs. 2 BGB verpflichtet, für privat Versicherte die Krankenbehandlungskosten im Ausland zu übernehmen. Der eindeutige Gesetzeswortlaut bezieht sich nur auf gesetzlich versicherte Arbeitnehmer.

7. Zusammenfassung

Bei einer Entsendung von Deutschland in die EU/EWR regelt Art. 12 Abs. 1 VO 883/04, dass der Arbeitnehmer bei einer Dauer von bis zu 24 Monaten weiterhin in der deutschen Sozialversicherung versichert bleibt. Zuvor war die Entsendedauer auf 12 Monate mit Verlängerungsmöglichkeit begrenzt (vgl. Art. 14 VO 1408/71).

Besteht ein Abkommen mit dem Staat, in den der Arbeitnehmer entsandt wird, bestimmt dies, dass die deutsche Sozialversicherung bei einer Entsendung bis zu einer bestimmten Dauer weiterhin fortgilt. Die Dauer ist in den Abkommen verschieden.

Wird der Arbeitnehmer in ein Land außerhalb der EU entsandt und besteht zwischen Deutschland und diesem Land kein Sozialversicherungsabkommen, wird § 4 SGB IV angewendet. Danach verbleibt der Arbeitnehmer für die Dauer der Auslandstätigkeit in der deutschen Sozialversicherung, wenn die Entsendung infolge ihrer Eigenart oder vertraglich im Voraus zeitlich begrenzt ist.

IV. Zusammenfassendes Ergebnis

Schließen das deutsche Unternehmen und der Mitarbeiter für die Dauer der Auslandstätigkeit einen Entsendungsvertrag, stellt sich die grundlegende Frage, ob deutsches oder ausländisches Arbeits-, Steuer- und Sozialversicherungsrecht Anwendung findet und ob die Parteien eine Wahlmöglichkeit haben.

Nur für das Arbeitsrecht ist eine Rechtswahl nach Art. 8 Abs. 1 ROM I-VO möglich, das auf den Entsendungsvertrag anwendbare Steuer- und Sozialversicherungsrecht ist nicht wählbar. In der Praxis ist diese Rechtswahl sehr eingeschränkt, weil das deutsche Recht den Arbeitnehmer regelmäßig mehr schützt und sich

503 Ihnen ist der Abschluss einer privaten Auslandskrankenversicherung zumutbar, so: BT-Drs. 11/3480, S. 31; ebenso: *Wagner*, in: Krauskopf, Komm Soziale Krankenversicherung, § 17 SGB V, Rdnr. 5.

deshalb wegen des Günstigervergleichs in den meisten Fällen durchsetzt. Ohne Rechtswahl ergibt sich das objektive Vertragsstatut aus Art. 8 Abs. 2–4 ROM I-VO, wonach der gewöhnliche Arbeitsort Deutschland bleibt, auch wenn der Arbeitnehmer vorübergehend im Ausland tätig wird. Bei der Gestaltung eines Entsendungsvertrages findet deutsches Arbeitsrecht Anwendung. Wählen der Arbeitgeber und der Arbeitnehmer die Geltung ausländischen Rechts, ist dies nur anwendbar für Bereiche, in denen es den Arbeitnehmer mehr schützt als deutsches Recht.

Die Anwendbarkeit des deutschen Rechts während einer zeitlich begrenzten Auslandstätigkeit aufgrund eines Entsendungsvertrages ist im Arbeits-, Steuer- und Sozialversicherungsrecht an verschiedene Voraussetzungen geknüpft und unterschiedlich ausgestaltet.

Deutsches Arbeitsrecht ist nach Art. 8 Abs. 2 S. 2 ROM I-VO objektives Vertragsstatut, wenn der Arbeitnehmer gewöhnlich seine Arbeit in Deutschland verrichtet. Eine vorübergehende Entsendung ändert daran nichts.

Die Gefahr einer Doppelbesteuerung besteht grundsätzlich nur, wenn Ansässigkeits- und Tätigkeitsstaat auseinanderfallen, also wenn der Arbeitnehmer während der Entsendung seinen deutschen Wohnsitz oder gewöhnlichen Aufenthalt beibehält. Das deutsche Steuerrecht ist in einem DBA-Fall nur bei einer Auslandstätigkeit von weniger als 184 Tagen anwendbar (Art. 15 Abs. 2 OECD-MA). Zudem darf der Arbeitgeber, der die Vergütung zahlt, nicht im Tätigkeitsstaat anwesend sein und der Lohn darf nicht von einer Betriebsstätte oder festen Einrichtung des Arbeitgebers im Tätigkeitsstaat getragen werden. Im Nicht-DBA-Fall kann die ausländische Steuer bei der Berechnung der deutschen Steuer nach der Abzugs- (§ 34 c Abs. 2 und 3 EStG), der Anrechnungs- (§ 34 c Abs. 1 EStG) oder der Freistellungsmethode (§ 34 c Abs. 5 EStG) berücksichtigt werden. Gibt der Arbeitnehmer seinen deutschen Wohnsitz oder gewöhnlichen Aufenthalt auf, ist er allenfalls nach §§ 1 Abs. 4 i. V. m. 49 Abs. 1 Nr. 4 EStG beschränkt einkommenssteuerpflichtig, wenn seine Tätigkeit beispielsweise in Deutschland verwertet wird.

Die Anwendbarkeit deutschen Sozialversicherungsrechts hängt davon ab, ob der Arbeitnehmer in einen Mitgliedsstaat der EU/EWR entsandt wird, ob ein Sozialversicherungsabkommen vorliegt oder ob § 4 SGB IV einschlägig ist. Innerhalb der EU/EWR ist deutsches Recht nach Art. 12 Abs. 1 VO 883/2004 anwendbar, wenn der Arbeitnehmer weniger als 24 Monate in einem Mitgliedsstaat tätig wird, das Beschäftigungsverhältnis mit dem deutschen Arbeitgeber fortbesteht, der Arbeitgeber seinen Sitz in Deutschland hat und der Arbeitnehmer keine andere entsandte Person ablöst. Die Anwendbarkeit deutschen Sozialversicherungsrechts bei einer Entsendung in ein Nicht-EU/EWR-Land bestimmt sich nach einem einschlägigen Sozialversicherungsabkommen und, falls ein solches mit dem Beschäftigungsland nicht besteht, nach § 4 SGB IV. Nach § 4 SGB IV gilt deutsches Sozialrecht weiter, wenn der Arbeitnehmer befristet ins Ausland entsendet wird und zugleich das deutsche Beschäftigungsverhältnis fortbesteht.

Im Vergleich fällt auf, dass das Arbeits- und Sozialversicherungsrecht bei der Anwendbarkeit deutschen Rechts an den Tätigkeitsort anknüpfen, das Steuerrecht dagegen an den Wohnsitz oder gewöhnlichen Aufenthalt.

Im Arbeits- und Sozialversicherungsrecht ist deutsches Recht anwendbar, wenn der Arbeitnehmer seine Tätigkeit gewöhnlich in Deutschland verrichtet, Art. 8 Abs. 2 ROM I-VO für das Arbeitsrecht und Art. 12 Abs. 1 VO 883/2004 für das Sozialversicherungsrecht. Deutsches Steuerrecht ist anwendbar, wenn der Arbeitnehmer in Deutschland seinen gewöhnlichen Aufenthalt oder Wohnsitz innehat. Das ist Voraussetzung für die unbeschränkte Steuerpflicht.

Allerdings knüpft das Steuerrecht bei der beschränkten Steuerpflicht auch an eine Ausübung der Tätigkeit in Deutschland an (§§ 1 Abs. 4 i. V. m. 49 Abs. 1 Nr. 4 EStG).

Zweiter Teil: Der Entsendungsvertrag – eine Analyse der Klauseln aus arbeits-, steuer- und sozialversicherungsrechtlicher Perspektive

In der Literatur gibt es eine Vielzahl an Musterentsendungsverträgen, bei denen sich die Vertragsklauseln überwiegend ähneln. Klauseln, die in fast allen Musterverträgen auftauchen, sind beispielsweise Klauseln zur Dauer der Auslandstätigkeit, Vergütungsklauseln, Klauseln zur Kündigung, Urlaub, Arbeitszeit, Gerichtsstandsklauseln und Rückkehrklauseln.[504]

Aus der regelmäßigen Verwendung einer Klausel in der Praxis lässt sich nur schließen, dass eine Verwendung sinnvoll und zweckmäßig ist. Es sagt aber nichts darüber aus, ob diese Klausel auch nach gesetzlichen Vorschriften Teil jedes Entsendungsvertrages sein muss.

Im Folgenden sollen nur die Klauseln untersucht werden, die den Mindestinhalt jedes Entsendungsvertrages bilden. Diese Klauseln werden in § 2 NachwG bestimmt.[505] Die Bedeutung des NachwG wird nach Einschätzung der Literatur in der Praxis dazu führen, dass Arbeitgeber und Arbeitnehmer einen Entsendungsvertrag schließen werden, der den Anforderungen des NachwG genügt.[506]

Für die Gestaltung von Entsendungsverträgen sind die Regelungen in §§ 2 Abs. 1 und 2 NachwG relevant, wobei der § 2 Abs. 1 NachwG generell für alle Arbeitsverhältnisse gilt.

Der § 2 Abs. 2 NachwG gilt speziell für Arbeitsverhältnisse, bei denen der Arbeitnehmer seine Arbeitsleistung für länger als einen Monat außerhalb der

---

504 *Borgmann,* in: Hummerich/Reufels, Gestaltung von Arbeitsverträgen, A. § 1 Arbeitsverträge, 14. Auslandsarbeitsverträge, Rdnrn. 1037 ff.; *Borgmann,* in: Grobys/Panzer, 32. Auslandstätigkeit/Entsendung, Rdnr. 8; *Preis/Wagner,* in: Preis, Der Arbeitsvertrag, II A. 140 Auslandstätigkeit, Rdnrn. 37 ff.; *Mennen/Schellert/Wolf,* Mitarbeiterentsendung, S. 33.

505 Bei den allgemeinen Überlegungen zur Vertragsgestaltung bei Arbeitsverträgen greifen auch *Junker/Kamanabrou,* Vertragsgestaltung, § 8, I., Rdnr. 4 ff. auf die Regelungen im NachwG zurück, beispielsweise bei der Tätigkeitsbeschreibung, der Vergütungsabrede oder weiteren Regelungen wie dem Beginn und der Dauer des Arbeitsverhältnisses.

506 *Müller-Glöge,* in: MüKo BGB, § 611 BGB, Rdnr. 646; *Wolff,* in: Dornbusch/Fischermeier/Löwisch, Kommentar zum Arbeitsrecht, Vorbemerkung NachwG, Rdnr. 5; *Preis,* NZA 1997, S. 10.

Bundesrepublik Deutschland erbringt. Der § 2 Abs. 1 NachwG steht unter dem Vorbehalt einer abweichenden oder spezielleren Regelung nach § 2 Abs. 2 NachwG.

A. Klauseln des Entsendungsvertrages, die nach § 2 Abs. 1 NachwG generell bei allen Arbeitsverhältnissen erforderlich sind

Damit Arbeitsverträge den Anforderungen des NachwG genügen, müssen sie die nach § 2 Abs. 1 NachwG erforderlichen Klauseln enthalten. Diese Klauseln sind nicht Untersuchungsgegenstand der vorliegenden Arbeit, weil sie in allen Arbeitsverträgen enthalten sein müssen, damit diese den Nachweis gem. § 2 Abs. 4 NachwG ersetzen können. Sie werden aber an dieser Stelle der Vollständigkeit halber kurz erwähnt.

Erforderlich sind:

- der Name und die Anschrift des Arbeitgebers und Arbeitnehmers (§ 2 Abs. 1 Nr. 1 NachwG)
- der Zeitpunkt des Beginns des Arbeitsverhältnisses nach § 2 Abs. 1 Nr. 2 NachwG. Bei dem Entsendungsvertrag ist der Beginn der Entsendung in den Entsendungsvertrag aufzunehmen; das deutsche Arbeitsverhältnis besteht bei Beginn der Entsendung schon
- die vorhersehbare Dauer nach § 2 Abs. 1 Nr. 3 NachwG. Für Entsendungsverträge gilt aber die speziellere Regelung des § 2 Abs. 2 Nr. 1 NachwG, wonach die Dauer der im Ausland auszuübenden Tätigkeit im Entsendungsvertrag geregelt werden muss
- der Arbeitsort nach § 2 Abs. 1 Nr. 4 NachwG, welcher bei Entsendungsverträgen die Adresse der Tätigkeitsstätte im Ausland ist
- eine kurze Charakterisierung oder Beschreibung der vom Arbeitnehmer auszuübenden Tätigkeit im Ausland (§ 2 Abs. 1 Nr. 5 NachwG)
- die Zusammensetzung und die Höhe des Entgeltes einschließlich der Zuschläge und Zulagen, Prämien und Sonderzahlungen (§ 2 Abs. 1 Nr. 6 NachwG). Hierbei ist die für Entsendungsverträge speziellere Regelung des § 2 Abs. 2 Nr. 3 NachwG zu beachten, nach der zusätzliches Arbeitsentgelt und zusätzliche Sachleistungen ebenfalls enthalten sein müssen
- die vereinbarte Arbeitszeit gem. § 2 Abs. 1 Nr. 7 NachwG
- die Dauer des Erholungsurlaubes (§ 2 Abs. 1 Nr. 8 NachwG)
- Kündigungsfristen und der Hinweis auf einschlägige Tarifverträge, Betriebs- oder Dienstvereinbarungen sind nach §§ 2 Abs. 1 Nr. 9 und Nr. 10 NachwG ebenfalls erforderlich

Regelungen zum Arbeitsentgelt, zur Arbeitszeit, zu Urlaub oder Kündigungsfristen (§ 2 Abs. 1 S. 2 Nr. 6–9 NachwG) können nach § 2 Abs. 3 S. 1 NachwG ersetzt werden durch einen Hinweis auf einschlägige Tarifverträge, Betriebs- oder Dienstvereinbarungen oder ähnliche Regelungen, welche für das Arbeitsverhältnis gelten. Ist für die Vertragsbedingungen Urlaub und Kündigungsfrist die jeweils gesetzliche Regelung maßgeblich, ist ein Verweis auf sie nach § 2 Abs. 3 S. 2 NachwG möglich. Durch die Ersetzungsmöglichkeit wird für gesetzliche oder kollektivvertraglich geregelte Arbeitsbedingungen eine erleichterte Nachweismöglichkeit geschaffen und somit im Ergebnis die Praktikabilität für den Arbeitgeber erhöht.[507] Der Verweis muss nicht den gesamten Inhalt der Vertragsbedingung enthalten, erforderlich ist vielmehr, dass der Verweis die wesentliche Vertragsbedingung nennt und die einschlägige Kollektivvereinbarung so bezeichnet, dass der Arbeitnehmer sie erkennen kann.[508] Ähnliche Regelungen sind nach Ansicht der Rechtsprechung nur Arbeitsvertragsrichtlinien im kirchlichen Bereich, welche nicht komplett den Tarifverträgen, Betriebs- oder Dienstvereinbarungen gleichgestellt werden.[509] Diese sehr eingeschränkte Auslegung entspricht auch der richtlinienkonformen Auslegung des Art. 2 Abs. 3 RL 91/533/EWG, wonach nur allgemeine Regelungen, die einen normativen Charakter haben, wie z.B. Rechts- oder Verwaltungsvorschriften sowie Satzungs- und Tarifvertragsbestimmungen, als Surrogat der unmittelbaren Nachweispflicht bestehen.[510] Vom Arbeitgeber allein erstellte „allgemeine Arbeitsbedingungen" fallen nicht unter den Begriff der ähnlichen Regelungen.[511]

Gibt es im Unternehmen eine umfassende Betriebsvereinbarung zum Thema Entsendung, können Arbeitgeber und Arbeitnehmer bei den einzelnen Klauseln im Entsendungsvertrag auf die entsprechenden Stellen in der Betriebsvereinbarung nach § 2 Abs. 3 NachwG Bezug nehmen.

507 BT-Drs. 13/668, S. 11; *Preis,* in: ErfK, § 2 NachwG, Rdnr. 29.

508 Eine Identifizierung ist z.B. dann möglich, wenn der Verweis auf einen Tarifvertrag zugleich Branche und Tarifgebiet, also den fachlichen und räumlichen Geltungsbereich angibt so *Preis,* in: ErfK, § 2 NachwG, Rdnr. 30.

509 BAG 14.01.2004 - 4 AZR 10/03, NZA 2004, 1183.

510 *Preis,* in: ErfK, § 2 NachwG, Rdnr. 33; *Schubert,* in: Däubler/Hjort/Schubert/Wolmerath, Arbeitsrecht, § 2 NachwG, Rdnr. 20.

511 *Preis,* in: ErfK, § 2 NachwG, Rdnr. 33; *Schubert,* in: Däubler/Hjort/Schubert/Wolmerath, Arbeitsrecht, § 2 NachwG, Rdnr. 20.

B. Klauseln des Entsendungsvertrages, die nach § 2 Abs. 2 NachwG zusätzlich bei einer Erbringung der Tätigkeit im Ausland erforderlich sind

Nach § 2 Abs. 2 Nr. 1–4 NachwG sind Vereinbarungen zur Dauer der Auslandstätigkeit, zur Währung, in der das Entgelt ausgezahlt wird, zur zusätzlichen Vergütung und zu Rückkehrbedingungen nach Beendigung der Entsendung gesondert nachzuweisen oder in den Entsendungsvertrag aufzunehmen. Diese Klauseln sind Untersuchungsgegenstand der vorliegenden Arbeit, weil sie speziell für Entsendungsverträge gelten.

Angaben zur Dauer und Währung sind zwingend aufzunehmen.

Angaben zur zusätzlichen Vergütung und zu Rückkehrbedingungen sind im Gegensatz dazu nur in den Entsendevertrag aufzunehmen, soweit diese auch zwischen Arbeitgeber und Expatriate vereinbart werden.[512] Das NachwG ist keinesfalls in der Art zu verstehen, dass es den Parteien eine Pflicht auferlegt, Rückkehrbedingungen zu vereinbaren, eine derart weitgehende Regelungskompetenz besitzt das NachwG als Formvorschrift nicht.[513] Eine solche Pflicht wäre auch nicht mit dem Regelungszweck des NachwG vereinbar, Rechtssicherheit und Rechtsklarheit für den Arbeitnehmer über die wesentlichen Bedingungen seines Arbeitsverhältnisses zu schaffen.

Nur die Vertragsbedingungen zu § 2 Abs. 2 Nr. 2 und Nr. 3 NachwG (Währung und zusätzliches Entgelt/Sachleistungen) können durch einen Hinweis auf einschlägige Tarifverträge nach § 2 Abs. 3 S. 1 NachwG ersetzt werden. Erfüllt der Entsendungsvertrag nicht die Anforderungen des NachwG, führt dies nicht zu seiner Unwirksamkeit, sondern allenfalls zu einem Schadensersatzanspruch des Arbeitnehmers, wenn dieser beispielsweise wegen eines fehlenden Hinweises auf einen Tarifvertrag eine Ausschlussfrist verpasst.[514]

---

512 *Preis,* in: ErfK, § 2 NachwG, Rdnr. 28.

513 *Schaub,* in: Hümmerich/Boecken/Düwell, § 2 NachwG, Rdnr. 46.

514 Bei BAG 17.04.2002 – 5 AZR 89/01, NZA 2002, 1096 ergab sich der Schadensersatzanspruch aus §§ 286 Abs. 1, 284 Abs. 2, 249 BGB; darauf verweist auch *Junker/Kamanabrou,* Vertragsgestaltung, § 8, I., Rdnr. 10; BAG 05.11.2003 – 5 AZR 676/02, NZA 2005, 64.

I. Dauer der Entsendung – Befristung des Entsendungsvertrages

1. Relevanz der Befristung des Entsendungsvertrages im Arbeitsrecht

Der Arbeitgeber hat dem Arbeitnehmer die Dauer der Entsendung nach § 2 Abs. 2 Nr. 1 NachwG zwingend vor Antritt der Auslandstätigkeit in einem gesonderten Nachweis mitzuteilen. Der Entsendungsvertrag kann den Nachweis gem. § 2 Abs. 4 NachwG ersetzen, wenn er die für den Nachweis geforderten Angaben enthält.

Nach dem rechtsgebietsübergreifenden Verständnis des Begriffs der Entsendung ist diese eine zeitlich begrenzte Auslandstätigkeit, wobei die Dauer kalendarisch bestimmt oder an das Erreichen eines bestimmten Arbeitszwecks gebunden ist, in Abhängigkeit von der Arbeitsaufgabe.[515] Besteht die Arbeitsaufgabe z.B. darin, dem ausländischen Tochterunternehmen Know-how, die Arbeitsweise und Kommunikationsstruktur zu vermitteln, wird die Dauer des Aufenthalts kalendarisch bestimmt. Bei einem konkreten Projekt, wie z.B. dem Bau einer Fabrik im Ausland, ist die Dauer der Entsendung an die Fertigstellung der Anlage gebunden und wird durch Erreichen des Ziels bestimmt. Ein Entsendungsvertrag wird befristet auf ein bestimmtes Datum oder das Erreichen eines bestimmten Zwecks geschlossen.

a) Kontrolle der Befristung nach dem TzBfG

Weil der Entsendungsvertrag auf eine bestimmte Zeit befristet ist, kann das TzBfG aus arbeitsrechtlicher Sicht eine Rolle spielen, denn nach § 1 TzBfG ist u.a. das Ziel des Gesetzes, die Zulässigkeit befristeter Arbeitsverträge festzulegen.

Nach § 14 Abs. 1 S. 1 TzBfG ist die Befristung eines Arbeitsvertrages zulässig, wenn sie durch einen sachlichen Grund nach § 14 Abs. 1 S. 2 Nr. 1–8 TzBfG gerechtfertigt ist. Nach § 14 Abs. 4 TzBfG muss die Befristungsabrede selbst in schriftlicher Form erfolgen.

Für die Anwendbarkeit des TzBfG spielen zwei Aspekte eine Rolle: Zum einen ist relevant, ob Arbeitnehmer und Arbeitgeber eine Rechtswahl getroffen haben und wenn ja, ob deutsches Recht objektives Vertragsstatut ist. Ist deutsches Recht anwendbar, spielt zum anderen eine Rolle, ob die Regelungen des TzBfG auf Entsendungsverträge anwendbar sind.

---

515 Siehe oben auf S. 26 f.

aa) Anwendbarkeit des TzBfG nach der ROM I-VO

Grundsätzlich haben der deutsche Arbeitgeber und der Arbeitnehmer nach Art. 8 Abs. 1 i. V. m. Art. 3 Abs. 1 S. 1 ROM I-VO die Möglichkeit, das auf den Entsendungsvertrag anwendbare Recht frei zu wählen, wobei deutsches Recht objektives Vertragsstatut ist. Sie können also für den Entsendungsvertrag auch die Anwendbarkeit ausländischen Arbeitsrechts vereinbaren.

Die freie Rechtswahl findet ihre Grenzen aber in zwingenden deutschen Arbeitnehmerschutzvorschriften (Art. 9 ROM I-VO) und dem Günstigervergleich (Art. 8 Abs. 1 S. 2 ROM I-VO).

Bei der Befristungsregelung des § 14 Abs. 1 TzBfG handelt es sich nicht um eine international zwingende Vorschrift des deutschen Arbeitsrechts i. S. v. Art. 9 ROM I-VO. Eine international zwingende Vorschrift nach Art. 9 ROM I-VO muss ein öffentliches Gemeinwohlinteresse verfolgen, an ihrer Einhaltung muss ein aus „wirtschaftlichen und sozialpolitischen Gründen starkes gesetzespolitisches Interesse" bestehen.[516] Der Sinn und Zweck des TzBfG dient aber nur dazu, die Voraussetzungen für die Befristung von Arbeitsverträgen festzuschreiben und die Diskriminierung von in Teilzeit Beschäftigten zu verhindern, was § 14 Abs. 1 TzBfG zu einer rein individualschützenden Regelung macht.[517]

Der § 14 Abs. 1 TzBfG ist aber als eine arbeitnehmerschützende Vorschrift i. S. v. Art. 8 Abs. 1 ROM I-VO einzuordnen, weil das Erfordernis eines Sachgrundes in § 14 Abs. 1 TzBfG dem Bestandsschutzinteresse des Arbeitnehmers dient.[518] Deshalb findet ein Günstigervergleich zwischen dem Befristungsschutz des ausländischen Arbeitsrechts und des deutschen Arbeitsrechts (§ 14 Abs. 1 TzBfG) statt.[519] Dabei findet das gewählte ausländische Recht nur Anwendung,

516 *Spickhoff*, in: Bamberger/Roth, Art. 9 ROM I-VO, Rdnr. 11; *Oetker*, in: Münchener Handbuch zum ArbR, Band 1, § 11 Arbeitskollisionsrecht, Rdnr. 47; *Thorn*, in: Palandt, Art. 9 ROM I-VO, Rdnr. 5; *Hohloch*, in: Erman, Anh III zu Art. 26 EGBGB, Art. 9 ROM I-VO, Rdnrn. 12 ff.; von der Rspr. noch nicht entschieden.

517 *Spickhoff*, in: Bamberger/Roth, Art. 9 ROM I-VO, Rdnr. 11; *Oetker*, in: Münchener Handbuch zum ArbR, Band 1, § 11 Arbeitskollisionsrecht, Rdnr. 47.

518 Während § 14 Abs. 1 TzBfG dem Bestandsschutzinteresse des Arbeitnehmers dient und somit arbeitnehmerschützende Vorschrift i. S. d. § 8 Abs. 1 ROM I-VO ist, hat der § 14 Abs. 2 TzBfG vorwiegend arbeitsmarktpolitische Bedeutung und ist keine arbeitnehmerschützende Vorschrift so: *Oetker*, in: Münchener Handbuch zum ArbR, Band 1, § 11 Arbeitskollisionsrecht, Rdnr. 63.

519 *Oetker*, in: Münchener Handbuch zum ArbR, Band 1, § 11 Arbeitskollisionsrecht, Rdnr. 63.

wenn es einen Befristungsschutz aufweist, der den Arbeitnehmer mindestens genauso gut schützt wie § 14 Abs. 1 TzBfG.[520]

bb) Anwendbarkeit des TzBfG speziell für Entsendungsverträge

Ist die Anwendbarkeit deutschen Rechts zu bejahen, stellt sich die Frage, ob die Vereinbarung einer befristeten Dauer in Entsendungsverträgen den Beschränkungen des TzBfG unterliegt.

Das TzBfG diente der Umsetzung von zwei europäischen Richtlinien, nämlich der Teilzeitarbeitsrichtlinie 97/81/EG vom 15.12.1997 und der Befristungsrichtlinie 1999/70/EG vom 28.06.1999, die am 01.01.2001 in Kraft trat. Es bildete zugleich eine Nachfolgeregelung für die sachgrundlose Befristung nach § 1 Abs. 1–4 Beschäftigungsförderungsgesetz (BeschFG), die nach § 1 Abs. 5 BeschFG zum 31.12.2000 ausgelaufen war.[521] Die Ziele des TzBfG sind in § 1 TzBfG normiert und beinhalten neben der Förderung von Teilzeitarbeit und einem Verhindern der Diskriminierung von in Teilzeit und befristet beschäftigten Arbeitnehmern die Festlegung der Voraussetzungen für die Zulässigkeit befristeter Arbeitsverträge. Der Gesetzgeber geht in der Gesetzesbegründung davon aus, dass unbefristete Arbeitsverträge weiterhin den Normalfall darstellen, woraus resultiert, dass die Befristung als Durchbrechung dieses Normalfalls einer gesetzgeberischen Legitimierung bedarf.[522] Diese Wertentscheidung kommt v. a. in § 14 TzBfG zum Ausdruck, wonach die Befristung von Arbeitsverhältnissen i. d. R. eines sachlichen Grundes bedarf und nur im Ausnahmefall (Neueinstellung nach § 14 Abs. 2 TzBfG, Unternehmensgründung § 14 Abs. 2 a TzBfG und ältere Arbeitnehmer § 14 Abs. 3 TzBfG) ein Sachgrund nicht erforderlich ist. In § 14 Abs. 1 TzBfG werden Regelbeispiele für einen sachlichen Grund aufgezählt, die sich insbesondere an den von der Rechtsprechung vor dem Inkrafttreten des TzBfG entwickelten Gründen zur Rechtfertigung einer Befristung orientieren.[523]

---

520 *Oetker,* in: Münchener Handbuch zum ArbR, Band 1, § 11 Arbeitskollisionsrecht, Rdnr. 63.

521 BT-Drs. 14/4374; *Annuß,* in: Annuß/Thüsing TzBfG, Einführung, Rdnr. 1.

522 BT-Drs. 14/4374, S. 12; darauf verweist auch *Herms,* in: Meinel/Heyn/Herms, Kommentar zum TzBfG, § 1, Rdnr. 19; *Joussen,* in: Boecken/Joussen, § 1 TzBfG, Rdnr. 12.

523 *Meinel,* in: Meinel/Heyn/Herms, Kommentar zum TzBfG, § 14, Rdnr. 32; Holwe/Kossens/Pielenz/Räder, TzBfG, § 14, Rdnr. 2; *Maschmann,* in: Annuß/Thüsing TzBfG, § 14, Rdnr. 17; *Gräfl,* in: Arnold/Gräfl TzBfG, § 14, Rdnr. 23; der vorübergehende betriebliche Bedarf nach § 14 Abs. 1 S. 2 Nr. 1 TzBfG war beispielsweise vor Inkrafttreten des TzBfG als Befristungsgrund von der Rspr. allgemein anerkannt, weshalb die von der Rspr. entwickelten Grundsätze auch bei der jetzigen Auslegung

Für die Anwendbarkeit des TzBfG muss es sich bei dem Arbeitnehmer um einen nach § 3 Abs. 1 S. 1 TzBfG befristet beschäftigten Arbeitnehmer handeln, d.h. einen Arbeitnehmer, mit dem ein auf eine bestimmte Zeit geschlossener Arbeitsvertrag besteht. Das ist bei einem Arbeitnehmer, mit dem ein Entsendungsvertrag geschlossen wird, der Fall. Zudem müsste der Entsendungsvertrag ein auf eine bestimmte Zeit geschlossener Arbeitsvertrag (befristeter Arbeitsvertrag) i. S. v. § 3 Abs. 1 S. 2 TzBfG sein. Er ist auf eine bestimmte Zeit geschlossen, indem er kalendermäßig befristet ist oder sich die Befristung aus der Art, dem Zweck oder der Beschaffenheit der Arbeitsleistung ergibt. Bei Entsendungsverträgen ergibt sich die Befristung der Auslandstätigkeit aus einem bestimmten festen Datum oder aus dem Erreichen eines Zwecks, z. B. der Fertigstellung einer Fabrikanlage.

Die Zulässigkeit einer Befristung unterliegt aber nur den Vorschriften des § 14 TzBfG, wenn das Arbeitsverhältnis insgesamt befristet wird. Die Befristung von einzelnen Arbeitsbedingungen unterliegt nicht dem TzBfG, auch nicht in analoger Anwendung.[524] Begründet wird dies damit, dass das TzBfG auf die Befristung des Arbeitsverhältnisses als Ganzes zugeschnitten ist, was sich beispielsweise aus § 17 S. 1 TzBfG ergibt, bei dem der Arbeitnehmer Feststellungsklage erheben kann, die darauf gerichtet ist, dass das Arbeitsverhältnis nicht aufgrund

von § 14 Abs. 1 S. 2 Nr. 1 TzBfG angewendet werden können; der Sachgrund der Befristung zur Vertretung aus § 14 Abs. 1 S. 2 Nr. 3 TzBfG war ebenfalls vor dem Inkrafttreten des TzBfG von der Rspr. anerkannt, siehe: BAG 08.05.1985 – 7 AZR 191/84, NZA 1986, 569 oder BAG 11.11.1998 – 7 AZR 328/97, AP BGB § 620 Befristeter Arbeitsvertrag Nr. 204. Die Gesetzesbegründung nimmt auf die bisherige Rspr. Bezug und nennt in Nummer 6 als sachliche Gründe für eine Befristung beispielsweise Wehrdienst, Studium, befristete Dauer einer Aufenthaltserlaubnis, wenn zum Vertragsschluss feststeht, dass die Aufenthaltserlaubnis nicht verlängert wird, BT-Drs. 14/4374, S. 19.

524 Die Befristung einzelner Vertragsbedingungen ist nach den Grundsätzen der Vertragsfreiheit ohne Weiteres zulässig so *Mestwerdt,* in: Gallner/Mestwerdt/Nägele Kündigungsschutzrecht, § 14 TzBfG, Rdnr. 34; *Meinel,* in: Meinel/Heyn/Herms, Kommentar zum TzBfG, § 14, Rdnr. 76; Holwe/Kossens/Pielenz/Räder TzBfG, § 14, Rdnr. 15; *Schulte,* in: Münchener Anwaltshandbuch ArbR, Teil I, § 41 Befristung, Rdnr. 128; *Maschmann,* in: Annuß/Thüsing TzBfG, § 14, Rdnr. 15, der seine in der 1. Auflage vertretene Ansicht aufgibt und nun der h. M. im Schrifttum folgt; ebenso die Rechtsprechung BAG 14.01.2004 – 7 AZR 213/03, NZA 2004, 719; BAG 08.08.2007 – 7 AZR 855/06, NZA 2008, 229; BAG 15.12.2011 – 7 AZR 394/10, NZA 2012, 674; BAG 10.12.2014 – 7 AZR 1009/12, NZA 2015, 811.

der Befristung beendet ist.[525] Gemeint ist in § 17 S. 1 TzBfG die Beendigung des Arbeitsverhältnisses als Ganzes, nicht bloß die befristete Änderung eines Teils. Die Möglichkeit zur sachgrundlosen Befristung nach § 14 Abs. 2 TzBfG würde bei Teilbefristungen dazu führen, dass für einen Zeitraum von zwei Jahren Arbeitsbedingungen ohne Grund abgesenkt werden können. Dabei hat § 14 Abs. 2 TzBfG den Sinn und Zweck, Einstellungen zu erleichtern, und nicht, Voraussetzungen für eine Flexibilisierung der Arbeitsbedingungen zu schaffen und damit die Rechtsstellung befristet Beschäftigter zu schwächen.[526] Deshalb kann es nicht richtig sein, dass durch § 14 Abs. 2 TzBfG der Arbeitgeber ohne Grund bis zu einer Dauer von zwei Jahren absenken kann.[527] Die h. M. stützt sich auch auf den Wortlaut des § 14 TzBfG, der von der „Befristung des Arbeitsverhältnisses" spricht und nicht von der Befristung einzelner Arbeitsbedingungen.[528] Zudem wird die Befristung einzelner Arbeitsbedingungen an keiner anderen Stelle des Gesetzes erwähnt.[529] Diese Auslegung ergibt sich auch aus der Befristungsrichtlinie 1999/70/EG, die keine Bestimmungen zu den Befristungen einzelner Arbeitsbedingungen enthält, welche in nationales Recht umzusetzen wären.[530]

Teilbefristungen liegen z.B. bei einer vorübergehenden Übertragung einer anderen Tätigkeit, einer vorübergehenden Veränderung der Arbeitszeit oder einer zeitweisen Bezahlung von Zulagen vor.[531] Ein Entsendungsvertrag ist dadurch gekennzeichnet, dass er für die Dauer der Auslandstätigkeit den Grundarbeitsvertrag modifiziert. Der Grundarbeitsvertrag wird während der Entsendung aufrechterhalten. Nach Ablauf der befristeten Dauer des Entsendungsvertrages lebt der Grundarbeitsvertrag automatisch wieder auf. Durch den Entsendungsvertrag wird

---

525 *Maschmann,* RdA 2005, S. 215.

526 *Tillmanns,* in: Däubler/Hjort/Schubert/Wolmerath, Arbeitsrecht, § 14 TzBfG, Rdnr. 75; *Müller-Glöge,* in: ErfK, § 14 TzBfG, Rdnr. 3; *Maschmann,* in: Annuß/Thüsing TzBfG, § 14, Rdnr. 15.

527 *Maschmann,* RdA 2005, S. 215; *Tillmanns,* in: Däubler/Hjort/Schubert/Wolmerath, Arbeitsrecht, § 14 TzBfG, Rdnr. 75; *Maschmann,* in: Annuß/Thüsing TzBfG, § 14, Rdnr. 15.

528 *Maschmann,* in: Annuß/Thüsing TzBfG, § 14, Rdnr. 15; ebenso: *Mestwerdt,* in: Gallner/Mestwerdt/Nägele Kündigungsschutzrecht, § 14 TzBfG, Rdnr. 34; *Meinel,* in: Meinel/Heyn/Herms, Kommentar zum TzBfG, § 14, Rdnr. 76; Holwe/Kossens/Pielenz/Räder, TzBfG, § 14, Rdnr. 15; *Schulte,* in: Münchener Anwaltshandbuch ArbR, Teil I, § 41 Befristung, Rdnr. 128.

529 *Maschmann,* in: Annuß/Thüsing TzBfG, § 14, Rdnr. 15; ebenso: *Mestwerdt,* in: Gallner/Mestwerdt/Nägele Kündigungsschutzrecht, § 14 TzBfG, Rdnr. 34.

530 *Maschmann,* in: Annuß/Thüsing TzBfG § 14, Rdnr. 15.

531 *Schulte,* in: Münchener Anwaltshandbuch ArbR, Teil I, § 41 Befristung, Rdnr. 128.

daher nicht das ganze Arbeitsverhältnis befristet, denn der unbefristete Grundarbeitsvertrag bleibt zwischen dem deutschen Arbeitgeber und dem Arbeitnehmer bestehen. Der Entsendungsvertrag befristet nur einzelne Arbeitsbedingungen, wie z.B. den Ort, die Vergütung, sonstige zusätzliche Leistungen usw., für die Dauer der Entsendung und unterliegt somit nicht den Vorschriften des TzBfG.[532] Das Schriftformerfordernis des § 14 Abs. 4 TzBfG gilt demnach ebenso wenig wie die Klagefrist nach § 17 Abs. 1 TzBfG.[533]

Das Inkrafttreten des TzBfG zum 01.01.2001 führte also nicht zu einer Änderung der Rechtslage in Bezug auf die Befristung einzelner Vertragsbedingungen, es gelten die von der Rechtsprechung entwickelten Grundsätze weiter.

b) Kontrolle der Befristung nach den Anforderungen des § 2 KSchG

Der Wille des Gesetzgebers, den unbefristeten Arbeitsvertrag als Normalfall beizubehalten, stützt sich auch auf das allgemeine Interesse des Arbeitnehmers an einer längerfristigen Lebensplanung mit gesichertem Arbeitseinkommen.[534] Auch bei einer nicht von dem Schutzzweck des TzBfG erfassten Befristung einzelner Arbeitsbedingungen wird ein solches Interesse beeinträchtigt.[535] Die Tatsache, dass das TzBfG für die Befristung einzelner Arbeitsbedingungen nicht gilt, führt im Umkehrschluss nicht dazu, dass einzelne Arbeitsbedingungen beliebig befristet werden können.[536]

Die Rechtsprechung versuchte, diese Interessenbeeinträchtigung des Arbeitnehmers zunächst dadurch zu lösen, dass sie bei der Befristung einzelner Arbeitsbedingungen ausnahmsweise doch einen sachlichen Grund verlangte, wenn die Änderungen einen Eingriff in den Kernbereich des Arbeitsverhältnisses darstellten und einem Änderungskündigungsschutz nach § 2 KSchG unterlagen.[537]

---

532 *Werthebach,* in: NZA 2006, S. 250.

533 BAG 04.06.2003 – 7 AZR 406/02, AP Nr. 1 zu § 17 TzBfG; BAG 14.01.2004 – 7 AZR 342/03, AP Nr. 8 zu § 14 TzBfG; BAG 03.09.2003 – 7 AZR 106/03 zu AP Nr. 4 zu § 14 TzBfG.

534 *Meinel,* in: Meinel/Heyn/Herms, Kommentar zum TzBfG, § 14, Rdnr. 77; *Mestwerdt,* in: Gallner/Mestwerdt/Nägele Kündigungsschutzrecht, § 14 TzBfG, Rdnr. 34.

535 BAG 08.08.2007 – 7 AZR 855/06, NZA 2008, 229; BAG 10.12.2014 – 7 AZR 1009/12, NZA 2015, 811.

536 *Maschmann,* in: Annuß/Thüsing TzBfG, § 14, Rdnr. 16.

537 BAG 04.06.2003 – 7 AZR 406/02, NZA 2003, 1424 wonach die Befristung einer Veränderung der Arbeitszeit ebenfalls eines Sachgrundes bedarf, wenn sie im Falle der unbefristeten Vereinbarung dem Änderungskündigungsschutz nach § 2 KSchG unterläge; ebenso: BAG 23.01.2002 – 7 AZR 563/00, NZA 2003, 104; BAG 21.04.1993 – 7 AZR 297/92, NZA 1994, 477.

Sie sah in der Teilbefristung die Gefahr einer Umgehung des KSchG.[538] Zudem vermittelt das KSchG nicht nur Bestands-, sondern auch Inhaltsschutz.[539] Ein Eingriff in den Kernbereich ist gegeben bei Fällen, die bei unbefristeter Vereinbarung dem Kündigungsschutz nach § 2 KSchG unterliegen.[540] Diese verändern die Arbeitsbedingungen derart, dass das Verhältnis von Leistung und Gegenleistung maßgeblich beeinflusst wird, indem der Inhalt und Umfang der Arbeitspflicht verändert wird.[541] Das Bundesarbeitsgericht nahm eine Befristungskontrolle vor, die sich aber eher an einer Inhaltskontrolle orientierte, weil die Gründe für eine Gesamtbefristung nicht auf Teilbefristungen übertragbar sind. Nicht das Arbeitsverhältnis als solches ist Gegenstand der Befristung, sondern der Inhalt.[542] Der Arbeitnehmer ist bei einer Teilbefristung weniger schutzbedürftig als bei Befristung des gesamten Arbeitsvertrages, weshalb das Bundesarbeitsgericht einen geringeren Prüfungsmaßstab anwandte.[543] Dieser bestand darin, dass sachliche Gründe nur erforderlich sind, wenn Arbeitsbedingungen befristet werden, die den Kernbereich des Arbeitsverhältnisses betreffen.[544] Die Befristung einzelner Arbeitsbedingungen erfasst den Kernbereich des Arbeitsverhältnisses, wenn das Verhältnis von Leistung und Gegenleistung geändert wurde und sich die Änderung am Inhalt oder Umfang der Arbeitspflicht unmittelbar und erheblich auf die Vergütung auswirkt.[545] Der Kernbereich legt

538 BAG 04.06.2003 – 7 AZR 406/02, NZA 2003, 1424; BAG 23.01.2002 – 7 AZR 563/00, NZA 2003, 104; BAG 21.04.1993 – 7 AZR 297/92, NZA 1994, 477.

539 BAG 04.06.2003 – 7 AZR 406/02, NZA 2003, 1424; BAG 23.01.2002 – 7 AZR 563/00, NZA 2003, 104; BAG 21.04.1993 – 7 AZR 297/92, NZA 1994, 477.

540 Wozu alle Arbeitsbedingungen gehören, die der Arbeitnehmer nicht i. R. d. Direktionsrechts einseitig ändern kann *Gräfl*, in: Arnold/Gräfl Kommentar zum TzBfG, § 14, Rdnr. 12.

541 *Gräfl*, in: Arnold/Gräfl Kommentar zum TzBfG, 3. Aufl., § 14, Rdnr. 12 mit Verweis auf BAG 04.06.2003 – 7 AZR 213/03, AP TzBfG § 14 Nr. 10.

542 *Künzl*, in: Ascheid/Preis/Schmidt, § 2 KSchG, Rdnr. 88; *Wolf*, RdA 1988, S. 270; *Maschmann*, RdA 2005, S. 215; bei befristeten Vergütungsregelungen versagen die Gründe aus § 14 Abs. 1 S. 2 TzBfG, auf sie greift die Rechtsprechung nur bei befristeten Tätigkeits- und Arbeitszeitregelungen zurück, so BAG 04.06.2003 – 7 AZR 523/02, NZA-RR 2003, 621; BAG 14.01.2004 – 7 AZR 213/03, NZA 2004, 719.

543 BAG 23.01.2002 – 7 AZR 552/00, NZA 2002, 759; BAG 29.09.1999 – 7 AZR 205/98, juris; BAG 13.06.1986 – 7 AZR 650/84, RdA 1987, 60.

544 BAG 23.01.2002 – 7 AZR 552/00, NZA 2002, 759; BAG 29.09.1999 – 7 AZR 205/98, juris; BAG 13.06.1986 – 7 AZR 650/84, RdA 1987, 60.

545 BAG 21.04.1993 – 7 AZR 297/92, NZA 1994, 477; BAG 23.01.2002 – 7 AZR 563/00, NZA 2003, 104; BAG 14.01.2004 – 7 AZR 213/03, NZA 2004, 719.

die Grenze zwischen zulässiger, in Ausübung der Privatautonomie vorgenommener Vertragsgestaltung und umgehungsverdächtiger Vereinbarung, die einen Sachgrund erfordert, fest.[546] Das Bundesarbeitsgericht entwickelte eine in sich nicht ganz stimmige Rechtsprechung zum Kernbereich, nach der beispielsweise eine befristete Provisionszulage, die eine bis zu 30 %ige Veränderung der Vergütung darstellt, vom Kernbereich nicht erfasst sei.[547] Vom Kernbereich erfasst und damit einen sachlichen Grund erfordert dagegen eine auch nur geringfügige Änderung der Arbeitszeit oder die Zuweisung einer höher- oder minderwertigen Tätigkeit.[548] Diese unterschiedliche Behandlung des Bundesarbeitsgerichts führte jedenfalls nicht zu einer sicheren Abgrenzung des änderungsfesten Kernbereichs vom befristungsoffenen Randbereich.[549]

Die Anwendbarkeit von § 2 KSchG würde auch dazu führen, dass in Kleinbetrieben und in den ersten sechs Monaten das KSchG nicht umgangen werden kann, weil es nicht anwendbar ist. Das würde im Ergebnis bedeuten, dass in Kleinbetrieben und in den ersten sechs Monaten Teilbefristungen beliebig möglich wären.[550] Diese Schutzlücke kann im Ergebnis nicht richtig sein, weil der Arbeitnehmer in vielen Bereichen auch in Kleinbetrieben und in den ersten sechs Monaten ebenso schutzbedürftig ist, beispielsweise wenn in einem Kleinbetrieb

---

546 *Preis/Bender,* NZA-RR 2005, S. 338.

547 Zu einer befristeten Zulage, die eine 15 %igen Veränderung des Lohns ausmacht BAG 24.01.1993 – 7 AZR 297/92, NZA 1994, S. 476; zu einer befristeten Zulage, die zu einer 25- 30 %igen Veränderung des Lohns führt BAG 13.06.1986 – 7 AZR 650/84, NZA 1987, 241 bei der Änderung der Arbeitszeit wird in gleicher Weise der Lohn verändert, was noch nicht einmal zu einer Veränderung des Verhältnisses von Leistung und Gegenleistung führt, weshalb die Entscheidung umso fragwürdiger erscheint.

548 Zu der Zuweisung einer höher- oder minderwertigen Tätigkeit BAG 17.04.2002 – 4 AZR 174/01, NZA 2003, 159; zu einer befristeten Absenkung der Arbeitszeit um 10 % von 25 auf 23 Stunden BAG 29.09.1999 – 7 AZR 205/98, jurion RS 1999, 28123; BAG 23.01.2002 – 7 AZR 552/00, NZA 2002, 759; BAG 04.06.2003 – 7 AZR 523/02, NZA-RR 2003, 621; BAG 14.01.2004 – 7 AZR 213/03, NZA 2004, 719.

549 *Preis/Bender,* NZA-RR 2005, S. 338; *Maschmann,* RdA 2005, S. 216.

550 *Backhaus,* in: Ascheid/Preis/Schmidt, § 14 TzBfG, Rdnrn. 15 und 18; *Tillmanns,* in: Däubler/Hjort/Schubert/Wolmerath Arbeitsrecht, § 14 TzBfG, Rdnrn. 1 ff.; *Sievers,* NZA 2002, S. 1185; a.A. *Kania,* DB 1998, S. 2420 nach dem sich aber in den ersten sechs Monaten und in Kleinbetrieben das Erfordernis eines sachlichen Grundes auf das Nichtvorliegen verwerflicher Gründe i. S. v. §§ 138, 242 BGB beschränken sollte; *Leuchten,* NZA 1994, S. 726 wonach es schlichtweg keines sachlichen Grundes für die Befristung einzelner Arbeitsbedingungen mit einer Dauer von weniger als sechs Monaten bedarf und *Löwisch,* ZfA 1986, S. 9 jedoch ohne weitere Begründung.

unter Verstoß gegen den Gleichbehandlungsgrundsatz nur das Arbeitsverhältnis mit dem Arbeitnehmer befristet wird.[551] Die Schutzlücke im Zusammenspiel mit der uneinheitlichen Linie bei der Festlegung der Grenzen des Kernbereichs führte dazu, dass diese Rechtsprechung aufgegeben wurde.[552]

c) Kontrolle der Befristung nach den Anforderungen des § 307 Abs. 1 BGB

Eine Änderung in der Rechtsprechung ergab sich mit Inkrafttreten des Schuldrechtsmodernisierungsgesetzes zum 01.01.2002, wonach das AGB-Recht der §§ 305 ff. BGB nunmehr auch auf Arbeitsverträge Anwendung fand. Die bisherige Rechtsprechung, nach welcher ein Sachgrund erforderlich war, wurde durch eine Vertragsinhaltskontrolle anhand der Maßstäbe der §§ 305 ff. BGB ersetzt.[553]

Die neue Rechtsprechung misst die Befristung einzelner Arbeitsbedingungen an den Anforderungen zur Inhaltskontrolle nach § 307 Abs. 1 BGB.[554] Bei der Inhaltskontrolle nach § 307 Abs. 1 BGB werden die Vorschriften des TzBfG weder direkt noch entsprechend angewendet, weil das TzBfG sich nur mit der Befristung des Arbeitsvertrages insgesamt befasst.[555] Dennoch werden für die Entwicklung eines Kontrollmaßstabes für Teilbefristungen die Grundwertungen des TzBfG herangezogen.[556] Umstände, welche die Befristung eines Arbeitsvertrages insgesamt nach § 14 TzBfG rechtfertigen können, spielen insofern eine Rolle, als sie sich bei der Interessenabwägung nach § 307 Abs. 1 BGB zugunsten des Arbeitgebers auswirken.

---

551 *Wolf*, RdA 1988, S. 271.

552 *Maschmann*, RdA 2005, S. 215 f.

553 *Gräfl*, in: Arnold/Gräfl Kommentar zum TzBfG, § 14, Rdnr. 13.

554 BAG 08.08.2007 – 7 AZR 855/06, NZA 2008, 229; BAG 15.12.2011 – 7 AZR 394/10, NZA 2012, 674; BAG 10.12.2014 – 7 AZR 1009/12, NZA 2015, 811 zur Befristung einer Arbeitszeitverringerung sowie: BAG 27.07.2005 – 7 AZR 486/04, NZA 2006, 40; welche ausdrücklich eine analoge Anwendung des TzBfG für die Befristung einzelner Arbeitsbedingungen ablehnen; dem folgt auch die Literatur: *Mennen/Schellert/Wolf*, Mitarbeiterentsendung, S. 44; *Künzl*, in: Ascheid/Preis/Schmidt, § 2 KSchG, Rdnr. 84; *Preis*, in: ErfK, §§ 305–310 BGB, Rdnr. 74; einzelne Gesichtspunkte welche die frühere Rspr beherrschten (Kernbereich, sachlicher Grund, aus § 14 TzBfG entnommene Wertentscheidungen) können durchaus im Körper des § 307 BGB „weiterleben", so jedenfalls: *Preis/Bender*, NZA-RR 2005, S. 339.

555 BAG 14.01.2004 – 7 AZR 213/03, NJW 2004, 3138; BAG 08.08.2007 – 7 AZR 855/06, NZA 2008, 229; BAG 10.12.2014 – 7 AZR 1009/12, NZA 2015, 811.

556 *Meinel*, in: Meinel/Heyn/Herms, Kommentar zum TzBfG, § 14, Rdnr. 77 so auch das BAG immer deutlicher, zuletzt: BAG 15.12.2011 – 7 AZR 394/10, NZA 2012, 674.

Nach der ständigen Rechtsprechung des Bundesarbeitsgerichts sind Arbeitsverträge bezogen auf die Inhaltskontrolle einzelner Klauseln als Verbraucherverträge i. S. d. AGB-Kontrolle einzuordnen, weshalb die einzelnen Klauseln des Arbeitsvertrages der AGB-Kontrolle nach §§ 307 ff. BGB unterliegen.[557]

§ 307 Abs. 1 BGB ist auch anwendbar, wenn die Regelung nur zur einmaligen Verwendung bestimmt ist und der Arbeitnehmer keinen Einfluss auf die Formulierung nehmen konnte, weil sie vorformuliert war (§ 307 Abs. 3 Nr. 2 BGB).[558] Tritt aber der Arbeitnehmer an den Arbeitgeber mit dem Wunsch nach einer befristeten Änderung der Arbeitsbedingungen heran und wird daraufhin eine befristete Änderung des Arbeitsvertrages vereinbart, ist diese Abrede nicht nach §§ 307 ff. BGB kontrollfähig. Das wird damit begründet, dass es sich um eine individuelle Vertragsabrede nach §§ 305 Abs. 1 S. 3, 305 b BGB handelt, bei der kein Verhandlungsungleichgewicht vorliegt.

Die Inhaltskontrolle nach § 307 Abs. 1 S. 1 BGB bezogen auf die Befristung von Entsendungsverträgen umfasst die Frage, ob die Befristung der einzelnen Arbeitsbedingungen den Arbeitnehmer anhand einer umfassenden einzelfallbezogenen Interessenabwägung nach den Grundsätzen von Treu und Glauben unangemessen benachteiligt. Bei der Beurteilung ist ein genereller, vom Einzelfall losgelöster Maßstab anzuwenden, nach dem zu prüfen ist, ob die Befristung generell unter Berücksichtigung der typischen Interessen von Arbeitgeber und Arbeitnehmer eine unangemessene Benachteiligung des Arbeitnehmers ergibt. Das ist der Fall, wenn sie nicht durch begründete und billigenswerte Interessen des Arbeitgebers gerechtfertigt ist oder durch gleichwertige Vorteile ausgeglichen wird.[559] Begründete und billigenswerte Interessen des Arbeitgebers

---

557 Grundlegend: BAG 25.05.2005 – 5 AZR 572/04, NZA 2005, 1111; ebenso BAG 31.08.2005 – 5 AZR 545/04, NZA 2006, 324; Arbeitsverträge sind aber nicht generell als Verbraucherverträge einzuordnen: Ein Arbeits- oder Aufhebungsvertrag ist kein Verbrauchervertrag bezogen auf das gesetzliche Widerrufsrecht nach §§ 312, 355 BGB, so BAG 27.11.2003 – 2 AZR 1135/03, NJW 2004, 2401; begründet wird die Entscheidung damit, dass das Widerrufsrecht bei Haustürgeschäften besteht, weil diesen als besonderer Vertriebsform eine überraschende Situation aufgrund des Verhandlungsortes zugrunde liegt, was bei Arbeits- oder Aufhebungsverträgen, welche im Personalbüro des Arbeitgebers geschlossen werden, nicht der Fall ist.

558 BAG 08.08.2007 – 7 AZR 855/06, NZA 2008, 229; BAG 25.05.2005 – 5 AZR 572/04, AP BGB § 310 Nr. 1.

559 BAG 04.03.2004 – 8 AZR 196/03, NZA 2004, 727; BAG 08.08.2007 – 7 AZR 855/06, NZA 2008, 229; AG 15.12.2011 – 7 AZR 394/10, NZA 2012, 674; *Meinel*, in: Meinel/Heyn/Herms, Kommentar zum TzBfG, § 14, Rdnr. 79; *Maschmann*, in: Annuß/Thüsing TzBfG, § 14, Rdnr. 16 e.

an einer Befristung des Entsendungsvertrages liegen regelmäßig in der zeitlich begrenzten Projektdauer. Gründe, welche die Befristung eines Arbeitsvertrages nach § 14 TzBfG insgesamt rechtfertigen, sind für die Interessenabwägung nach § 307 Abs. 1 BGB insofern von Bedeutung, als sie auf überwiegende Interessen des Arbeitgebers hinweisen.[560] Gleichwertige Vorteile des Arbeitnehmers sind beispielsweise eine Lohnerhöhung für die Tätigkeit im Ausland oder eine Rückkehrklausel.

Eine unangemessene Benachteiligung kann sich nach § 307 Abs. 1 S. 2 BGB auch aus einer unklaren oder unverständlichen Formulierung der Befristung ergeben, sog. Transparenzgebot.

Bei einer Zweckbefristung sind sowohl Rechtsprechung als auch Literatur der Ansicht, dass dem Transparenzgebot nach § 307 Abs. 1 S. 2 BGB nur Genüge getan wird, wenn das zukünftige Ereignis, von dem die vorübergehende Geltung der einzelnen Arbeitsbedingungen abhängt, klar und verständlich zwischen Arbeitgeber und Arbeitnehmer vereinbart wird.[561] In einer neueren Entscheidung hat das Bundesarbeitsgericht hervorgehoben, dass der Gegenstand der Inhaltskontrolle nach § 307 Abs. 3 BGB ausschließlich die Befristung selbst ist und nicht etwa die in der Teilbefristung geänderten Hauptleistungspflichten wie z.B. Arbeitsort, Vergütung, Arbeitszeit.[562]

Bei datumsmäßigen Befristungen fordert ein Teil der Literatur zudem, dass der Grund für die Befristung zu nennen ist, um den Anforderungen des Transparenzgebotes nach § 307 Abs. 1 S. 2 BGB zu genügen, und begründet dies damit, dass Teilbefristungen zu den Änderungsvorbehalten und Leistungsbestimmungen zählen.[563] Das Transparenzerfordernis ist nach dieser Meinung

---

560 BAG 15.12.2011 – 7 AZR 394/10, NJW 2012, 2296.

561 BAG 02.09.2009 – 7 AZR 233/08, NZA 2009, 1253; BAG 11.10.2006 – 5 AZR 721/05, NZA 2007, 87; *Preis,* in: ErfK, §§ 305–310 BGB, Rdnr. 75; *Preis/Bender,* NZA-RR 2005, S. 341; *Maschmann,* in: Annuß/Thüsing TzBfG § 14, Rdnr. 16c; *Mestwerdt,* in: Gallner/Mestwerdt/Nägele, Kündigungsschutzrecht, § 14 TzBfG, Rdnr. 36 ohne Trennung zwischen datumsmäßigen Befristungen und Zweckbefristungen, ein Grund ist nach dieser Ansicht generell entbehrlich.

562 BAG 18.06.2008 – 7 AZR 245/07, AP TzBfG § 14 Nr. 52 wonach sich die Unangemessenheit aus der vertraglich vereinbarten Befristung ergeben muss; ebenso in der Literatur: *Preis/Bender*, NZA-RR 2005, S. 340; *Preis,* in: ErfK, §§ 305–310 BGB, Rdnr. 75; *Maschmann,* RdA 2005, S. 216.

563 *Preis,* in: ErfK, §§ 305–310 BGB, Rdnr. 75; *Preis/Bender,* NZA-RR 2005, S. 341 begründet diese hohen Anforderungen damit, dass die befristeten Änderungen ebenso als Widerrufsvorbehalt hätten formuliert werden können, weshalb an sie auch mindestens die gleichen Anforderungen wie an Widerrufsvorbehalte zu stellen sind;

noch höher anzusetzen als bei Widerrufsvorbehalten, weil die Ausübungskontrolle bei datumsmäßigen Befristungen fehlt und die Befristungsabrede im Abschlusszeitpunkt gerechtfertigt sein muss.[564]

Die Rechtsprechung und ein Teil der Literatur sind anderer Ansicht.[565] Teilbefristungen seien nicht vergleichbar mit Änderungsvorbehalten und Widerrufsvorbehalten, denn bei den Letztgenannten hänge die Änderung der Arbeitsbedingungen von der Ausübung des Rechts durch den Arbeitgeber ab, weshalb es für den Arbeitnehmer wichtig sei, zu wissen, unter welchen Voraussetzungen der Arbeitgeber seine Entscheidung treffen kann.[566] Bei einer datumsmäßigen Befristung ist der Endzeitpunkt dagegen von vornherein festgelegt. Für den Arbeitnehmer bestehen keine Unklarheiten.[567]

Die hier vertretene Auffassung schließt sich der herrschenden Meinung der Rechtsprechung an. Will die Literaturmeinung noch höhere Anforderungen an das Transparenzgebot bei datumsmäßigen Befristungen stellen als bei Widerrufsvorbehalten, verkennt sie, dass es nur bei Widerrufsvorbehalten durch die Entscheidung des Arbeitgebers zur Ausübung des Widerrufsrechts zu Unsicherheiten für den Arbeitnehmer kommt, welche die Angabe von Sachgründen erfordern.[568]

d) Sonderfall: Der Arbeitnehmer wird erst für die Entsendung eingestellt und es bestand zuvor kein Grundarbeitsverhältnis zum deutschen Arbeitgeber (sog. Einvertragsmodell)

Entsendungsverträge kennzeichnet ein bestehender Grundarbeitsvertrag, der für die Dauer der Entsendung durch einen Entsendungsvertrag modifiziert wird, sog. Zweivertragsmodell.

---

a.A. die Rspr. BAG 02.09.2009 – 7 AZR 233/08, NZA 2009, 1253; dem BAG folgt *Maschmann,* in: Annuß/Thüsing TzBfG, § 14, Rdnr. 16 c.

564 *Preis,* in: ErfK, §§ 305–310 BGB, Rdnr. 75.

565 *Maschmann,* in: Annuß/Thüsing TzBfG § 14, Rdnr. 16 c; bei Zweckbefristungen stimmt die Rspr. der Literatur allerdings zu; BAG 02.09.2009 – 7 AZR 233/08, NZA 2009, 1253; BAG 11.10.2006 – 5 AZR 721/05, NZA 2007, 87.

566 *Maschmann,* in: Annuß/Thüsing TzBfG § 14, Rdnr. 16 c; BAG 02.09.2009 – 7 AZR 233/08, NZA 2009, 1253; BAG 11.10.2006 – 5 AZR 721/05, NZA 2007, 87.

567 BAG 02.09.2009 – 7 AZR 233/08, NZA 2009, 1253; *Maschmann,* in: Annuß/Thüsing TzBfG, § 14, Rdnr. 16 c.

568 BAG 02.09.2009 – 7 AZR 233/08, NZA 2009, 1253.

In der Praxis werden als Entsendungsverträge häufig jedoch auch solche Arbeitsverträge bezeichnet, bei denen der Arbeitnehmer nur für den Auslandseinsatz eingestellt wird, ohne dass zuvor eine arbeitsvertragliche Beziehung zwischen Arbeitgeber und Arbeitnehmer bestand.[569] Für die rechtliche Einordnung ist aber nicht die Bezeichnung relevant, sondern die tatsächlichen Gegebenheiten, nach denen ein Vertrag über eine Auslandstätigkeit in Form des Einvertragsmodells nach der hier vertretenen Auffassung und der verwendeten Definition kein Entsendungsvertrag ist.

Dennoch wird der Vollständigkeit halber auf den Sonderfall des Einvertragsmodells eingegangen. Für diese sog. Einvertragsmodelle werden ausnahmsweise doch die Regelungen des TzBfG anzuwenden sein, weil ohne bereits bestehendes Arbeitsverhältnis zwischen dem Arbeitnehmer und dem deutschen Arbeitgeber der Entsendungsvertrag keine Teilbefristung darstellt.[570] Es besteht nämlich gerade nicht gleichzeitig ein unbefristetes deutsches Arbeitsverhältnis. Durch die Befristung des Entsendungsvertrages wird das gesamte Arbeitsverhältnis befristet und unterliegt der Anwendbarkeit des TzBfG, insbesondere dem Erfordernis eines Sachgrundes.

In § 14 Abs. 1 S. 2 Nr. 1–8 TzBfG sind Regelbeispiele normiert, die einen solchen Sachgrund darstellen.

Ein Befristungsgrund kann nach § 14 Abs. 1 S. 2 Nr. 1 TzBfG ein nur vorübergehender Bedarf an der Tätigkeit des Arbeitnehmers im Ausland sein. Das Bundesarbeitsgericht hat in einem Fall entschieden, dass die Befristung gerechtfertigt ist, wenn der Arbeitgeber nach eigener Prognose bei Vertragsabschluss davon ausging, dass das Auslandsprojekt und die Position des Arbeitnehmers dort vorübergehend sind und deshalb eine vergleichbare Stelle nach Vertragsende nicht mehr zur Verfügung steht.[571] Diese Entscheidung kann nach Ansicht der Literatur aber keinesfalls generalisiert werden und dazu führen, dass jeder Einsatz eines Mitarbeiters bei einem ausländischen Projekt die Befristung des Entsendungsvertrages rechtfertigt.[572] Die Prognoseeinschätzung des Arbeitgebers muss sich nur auf die Dauer des konkreten Projektes beziehen. Es spielt für die Wirksamkeit der Befristung daher keine Rolle, ob der Arbeitnehmer nach

---

569 *Mennen/Schellert/Wolf,* Mitarbeiterentsendung, S. 44; *Werthebach,* NZA 2006, S. 250.

570 *Mennen/Schellert/Wolf,* Mitarbeiterentsendung, S. 44; *Werthebach,* NZA 2006, S. 250.

571 BAG 13.06.1990 – 7 AZR 361/89, juris zu einem befristeten Auslandsarbeitsvertrag für eine Baustelle; *Backhaus,* in: Ascheid/Preis/Schmidt, § 14 TzBfG, Rdnr. 156.

572 Die Befristung ist nicht gerechtfertigt, wenn z.B. Auslandsprojekte zur typischen Tätigkeit des Unternehmens gehören so *Backhaus,* in: Ascheid/Preis/Schmidt, § 14 TzBfG, Rdnr. 156.

Ablauf des einen Projekts bei einem anderen Projekt weiter beschäftigt werden könnte.[573]

Besteht ein vorübergehender betrieblicher Bedarf an der Arbeitsleistung, weil im Bereich von Daueraufgaben ein erhöhter Arbeitsbedarf anfällt, hat der Arbeitgeber Umstände bei Abschluss der befristeten Verträge darzulegen, die darauf schließen lassen, dass nach Ende der Befristung der Arbeitsbedarf von den Stammmitarbeitern alleine bewältigt werden kann.[574]

Entscheidend ist die Abgrenzung von Projekten zu Daueraufgaben, welche nach dem Unternehmenszweck vom Arbeitgeber dauerhaft ausgeführt werden oder zu denen der Arbeitgeber allgemein verpflichtet ist.[575] Um Projekte handelt es sich dagegen, wenn diese von der regelmäßigen Geschäftstätigkeit abgrenzbar sind und eine besondere Projektorganisation erfolgt oder ein Dritter Geld- oder Sachmittel für das Projekt zur Verfügung stellt.[576]

Vertritt der Mitarbeiter im Ausland einen Kollegen, ist der Befristungsgrund der Vertretung nach § 14 Abs. 1 Nr. 3 TzBfG einschlägig. Die Rechtsprechung erkennt den sachlichen Grund der Vertretung an, weil der Arbeitgeber zu dem vorübergehend ausgefallenen Arbeitnehmer bereits in einem Rechtsverhältnis steht, weshalb nur ein zeitlich begrenztes Bedürfnis an einer Ersatzkraft besteht.[577] Erforderlich ist für eine unmittelbare Vertretung ein Kausalzusammenhang zwischen dem vorübergehenden Ausfall und der befristeten Einstellung, welcher vom Arbeitgeber zu beweisen ist, beispielsweise indem er darlegt, dass der Vertreter Aufgaben erfüllt, mit denen der ausgefallene Arbeitnehmer zuvor

---

573 BAG 25.08.2004 – 7 AZR 7/04, NZA 2005, 357; BAG 07.11.2007 – 7 AZR 484/06, NZA 2008, 467; *Koch,* in: Schaub Arbeitsrechts-Handbuch, IV Buch § 40, Rdnr. 13.

574 *Boecken,* in: Boecken/Joussen, § 14 TzBfG, Rdnr. 45; *Koch,* in: Schaub Arbeitsrechts-Handbuch, IV Buch § 40, Rdnr. 1; BAG 17.03.2010 – 7 AZR 640/08, NZA 2010, 633.

575 BAG 07.04.2004 – 7 AZR 441/03, AP Nr. 4 zu § 17 TzBfG; BAG 07.11.2007 – 7 AZR 484/06, NZA 2008, 467; *Koch,* in: Schaub Arbeitsrechts-Handbuch, IV Buch § 40, Rdnr. 9; *Maschmann,* in: Annuß/Thüsing TzBfG, § 14, Rdnr. 27.

576 BAG 07.11.2007 – 7 AZR 484/06, NZA 2008, 467 kein Projekt liegt dagegen beispielsweise in der Abwicklung eines einzelnen Bauauftrages durch ein Bauunternehmen, weil die „Erbringung baulicher Leistungen zu der fortlaufend verfolgten Unternehmenstätigkeit zählt;“ ebenso: *Boecken,* in: Boecken/Joussen, § 14 TzBfG, Rdnr. 47; *Maschmann,* in: Annuß/Thüsing TzBfG, § 14, Rdnr. 27.

577 BAG 12.01.2011 – 7 AZR 194/09, NZA 2011, 507; dem folgen *Koch,* in: Schaub Arbeitsrechts-Handbuch, IV Buch § 40, Rdnr. 19 und *Maschmann,* in: Annuß/Thüsing TzBfG, § 14, Rdnr. 33.

betraut war.[578] Zudem erfordert die Befristung aufgrund einer Vertretung eine Prognose des Arbeitgebers bezogen auf die Frage, ob damit zu rechnen ist, dass der vertretene Arbeitnehmer seine Tätigkeit wieder aufnimmt.[579]

Ein weiterer Grund für die Befristung ist nach § 14 Abs. 1 S. 2 Nr. 4 TzBfG die Eigenart der Arbeitsleistung, mit der verschiedene, vor der Einführung des TzBfG von der Rechtsprechung entwickelte Beispiele zusammengefasst werden sollten.[580] Die Eigenart der Arbeitsleistung ist gekennzeichnet durch einen inneren Zusammenhang zwischen dem Inhalt der Arbeitsleistung und der Befristung und umfasst in erster Linie befristete Arbeitsverhältnisse im Bereich Wissenschaft, Forschung, Rundfunk, Presse, Spitzensport oder Kirche.[581] Der Gesetzgeber begründet die Befristungsmöglichkeit mit einem aus der Rundfunkfreiheit in Art. 5 Abs. 1 GG abgeleiteten Recht der Rundfunkanstalten, programmgestaltende Mitarbeiter nur für eine bestimmte Zeit zu beschäftigen, um die Programmplanung nach Ablauf dieser Zeit neu gestalten zu können.[582] In

---

578 BAG 15.02.2006 – 7 AZR 232/05, NZA 2006, 781; ausreichend ist aber auch eine mittelbare Vertretung BAG 24.01.2001 – 7 AZR 208/99, NWB 2001, 2253; BAG 10.03.2004 – 7 AZR 402/03, NZA 2004, 925; BAG 13.10.2004 – 7 AZR 654/03, NZA 2005, 649; *Koch,* in: Schaub Arbeitsrechts-Handbuch, IV Buch § 40, Rdnr. 20; *Gräfl,* in: Arnold/Gräfl TzBfG, § 14, Rdnr. 106; *Maschmann,* in: Annuß/Thüsing TzBfG, § 14, Rdnr. 36 d; *Boecken,* in: Boecken/Joussen, § 14 TzBfG, Rdnr. 59 daneben gibt es noch die mittelbare Vertretung, bei welcher der Aufgabenbereich nicht von dem Vertreter, sondern von einem anderen Arbeitnehmer übernommen wird.

579 BAG 10.03.2004 – 7 AZR 402/03, NZA 2004, 925; BAG 25.03.2009 – 7 AZR 34/08, NZA 2010, 34; BAG 05.06.2002 – 7 AZR 201/01, BB 2002, 2179; BAG 13.10.2004 – 7 AZR 654/03, NZA 2005, 649 wonach der Arbeitgeber grundsätzlich damit rechnen kann, dass der Arbeitnehmer seine Tätigkeit nach dem Wegfall des Verhinderungsgrundes, z.B. Krankheit, Urlaub, Wehrdienst wieder aufnimmt; nur, wenn die zu vertretene Stammkraft gegenüber dem Arbeitgeber vor Abschluss des befristeten Vertrages mit dem Vertreter erklärt er werde nicht zurückkommen, liegt Vertretung als Befristungsgrund nicht vor; ebenso: *Gräfl,* in: Arnold/Gräfl TzBfG, § 14, Rdnr. 93; *Maschmann,* in: Annuß/Thüsing TzBfG, § 14, Rdnr. 34.

580 *Mennen/Schellert/Wolf,* Mitarbeiterentsendung, S. 65; *Gräfl,* in: Arnold/Gräfl TzBfG, § 14, Rdnrn. 121 ff.

581 *Mennen/Schellert/Wolf,* Mitarbeiterentsendung, S. 65; *Meinel,* in: Meinel/Heyn/Herms, Kommentar zum TzBfG, § 14, Rdnr. 141; *Gräfl,* in: Arnold/Gräfl TzBfG, § 14, Rdnr. 123.

582 *Boecken,* in: Boecken/Joussen, § 14 TzBfG, Rdnr. 66; *Koch,* in: Schaub Arbeitsrechts-Handbuch, IV Buch § 40, Rdnr. 28; BT-Drs. 14/4374, S. 19; *Maschmann,* in: Annuß/Thüsing TzBfG, § 14, Rdnr. 40; BVerfG 13.01.1982, AP Nr. 1 Rundfunkfreiheit zu Art. 5 Abs. 1 GG wonach Rundfunkanstalten bei der Auswahl, Einstellung und

gleicher Art und Weise ergibt sich aus der Kunstfreiheit das Recht der Bühnen, aufgrund des jeweils vom Intendanten verfolgten künstlerischen Konzepts die Arbeitsverträge von Solisten zu befristen.[583] Die Eigenart der Arbeitsleistung kann bei Auslandseinsätzen mittels Entsendungsverträgen vergleichbar mit den oben genannten Beispielen sein, wenn der Entsendungsvertrag eine Tätigkeit innerhalb eines bestimmten Projekts in der Wissenschaft und Forschung regelt. In sonstigen Fällen liegt die Besonderheit bei Entsendungsverträgen aber nicht in der Art der Arbeitsleistung, sondern in dem ausländischen Tätigkeitsort, weshalb ein innerer Zusammenhang zwischen dem Inhalt der Arbeitsleistung und der Befristung nicht besteht.[584]

Des Weiteren kommen in der Person des Arbeitnehmers liegende Gründe nach § 14 Abs. 1 S. 2 Nr. 6 TzBfG für die Befristung von Entsendungsverträgen infrage. Der Wunsch des Arbeitnehmers nach einer Befristung kann einen solchen Grund darstellen, wenn objektive Anhaltspunkte dafür vorliegen, dass der Arbeitnehmer ein Interesse gerade an einer befristeten Beschäftigung im Ausland hat und diese Gründe auch dokumentiert werden.[585] Denkbare Gründe sind v. a. solche privater Natur, wenn der Arbeitnehmer beispielsweise wegen seiner in Deutschland schulpflichtigen Kinder nicht länger als zwei Jahre im Ausland arbeiten möchte. Auch eine befristete Aufenthalts- und Arbeitserlaubnis des Expatriates im Ausland kann ein in der Person liegender Grund nach § 14 Abs. 1 S. 2 Nr. 6 TzBfG sein, wenn zum Zeitpunkt der Vereinbarung einer Befristung hinreichend klar ist, dass die Erlaubnis nicht verlängert wird.[586]

Der Wortlaut des § 14 Abs. 1 S. 2 TzBfG macht mit der Formulierung „insbesondere“ deutlich, dass die Aufzählung der Sachgründe nicht abschließend

---

Beschäftigung programmgestaltender Mitarbeiter dem Gebot der Vielfalt der Inhalte und dem Bedürfnis des Publikums nach Abwechslung Rechnung tragen dürfen.

583 *Boecken,* in: Boecken/Joussen, § 14 TzBfG, Rdnr. 66; *Koch,* in: Schaub Arbeitsrechts-Handbuch, IV Buch § 40, Rdnr. 28; zur Befristung eines wissenschaftlichen Mitarbeiters einer Parlamentsfraktion BAG 26.08.1998 – 7 AZR 450/97, NZA 1999, 149; BT-Drs. 14/4374, S. 19.

584 *Mennen/Schellert/Wolf,* Mitarbeiterentsendung, S. 65.

585 *Borgmann,* in: Grobys/Panzer SWK Arbeitsrecht, Auslandstätigkeit/Entsendung, Rdnr. 29; vgl. *Gräfl,* in: Arnold/Gräfl TzBfG, § 14, Rdnr. 186; *Maschmann,* in: Annuß/Thüsing TzBfG, § 14, Rdnr. 57.

586 BT-Drs. 14/4374, S. 19 die Gesetzesbegründung knüpft an die von der Rechtsprechung entwickelten Beispiele für einen personenbedingten Rechtfertigungsgrund an; darauf verweisen auch *Boecken,* in: Boecken/Joussen, § 14 TzBfG, Rdnr. 84; *Gräfl,* in: Arnold/Gräfl TzBfG, § 14, Rdnr. 169; *Mennen/Schellert/Wolf,* Mitarbeiterentsendung, S. 66.

ist.[587] Als unbenannten Sachgrund billigt die Rechtsprechung die Befristung eines Auslandsarbeitsverhältnisses, wenn diese bezweckt, die deutsche Sozialversicherung nach § 4 SGB IV aufrechtzuerhalten.[588] Der Grund liegt darin, dass der § 4 SGB IV die zeitliche Begrenzung der Entsendung voraussetzt und somit eine Befristungsvereinbarung der Parteien fordert.[589]

e) *Mitbestimmung des Betriebsrates nach §§ 99 Abs. 1 S. 1 und 95 Abs. 3 S. 1 BetrVG bei Befristung des Entsendungsvertrages*

Ist im Entsendungsvertrag eine Dauer der Auslandstätigkeit von mehr als einem Monat vereinbart, kann diese aus betriebsverfassungsrechtlicher Sicht eine Versetzung i. S. d. § 95 Abs. 3 S. 1 BetrVG darstellen und zu einem Mitbestimmungsrecht des Betriebsrates nach § 99 Abs. 1 S. 1 BetrVG führen. Das setzt die Anwendbarkeit des BetrVG voraus. Das BetrVG gilt in sachlicher Hinsicht nur für Betriebe mit mehr als 20 wahlberechtigten Arbeitnehmern (§ 99 Abs. 1 S. 1 BetrVG).

aa) Räumlicher/persönlicher Anwendungsbereich des BetrVG bei Entsendungsverträgen

Für die Anwendbarkeit des BetrVG gilt das Territorialitätsprinzip, wonach sich der räumliche Anwendungsbereich des BetrVG auf alle Betriebe deutscher oder ausländischer Unternehmen mit Sitz in Deutschland erstreckt.[590] Für den räumlichen Anwendungsbereich ist nur entscheidend, dass der Betrieb, dem der Arbeitnehmer zuzuordnen ist, in Deutschland liegt. Die Staatsangehörigkeit von Arbeitgeber und Arbeitnehmer spielen ebenso wenig eine Rolle wie eine wirksame Vereinbarung über die Anwendung ausländischen Rechts auf den

---

587 BAG 16.03.2005 – 7 AZR 289/04, NZA 2005, 923 wonach die Befristung auch durch andere mit den Wertungsmaßstäben des § 14 Abs. 1 TzBfG vergleichbare Sachgründe gerechtfertigt sein kann; *Koch,* in: Schaub Arbeitsrechts-Handbuch, IV Buch § 40, Rdnr. 8; *Gräfl,* in: Arnold/Gräfl TzBfG, § 14, Rdnr. 3.

588 BAG 14.07.2005 – 8 AZR 392/02, NZA 2005, 1411, so auch die Literatur beispielsweise *Meinel,* in: Meinel/Heyn/Herms, Kommentar zum TzBfG, § 14, Rdnr. 239.

589 BAG 14.07.2005 – 8 AZR 392/02, NZA 2005, 1411; LAG Köln 06.11.1998 – 11 Sa 345/98, NZA-RR 1999, 118.

590 Grundlegender Beschluss bejaht die Anwendbarkeit des BetrVG bei vorübergehender Tätigkeit, verneinend bei dauerhafter Tätigkeit BAG 25.04.1978 – 6 ABR 2/77, DB 1978, 1840; *Trümner,* in: Däubler/Kittner/Klebe/Wedde BetrVG, § 1, Rdnr. 23; *Boemke,* NZA 1992, S. 114 f; *Braasch,* in: Düwell BetrVG, § 102, Rdnr. 16.

Entsendungsvertrag.[591] Eine Vereinbarung der Parteien über den Ausschluss der Anwendung des BetrVG ist nicht möglich, was damit begründet wird, dass ansonsten einzelarbeitsvertraglich die „betriebsverfassungsrechtliche Stellung der Belegschaft und ihrer Organe durch Vereinbarung eines ausländischen Arbeitsrechts geschmälert werden könnte."[592]

Das Bundesarbeitsgericht beantwortet die Frage der Anwendbarkeit des BetrVG auf im Ausland tätige Arbeitnehmer in ständiger Rechtsprechung als einen Teil des persönlichen Anwendungsbereichs des BetrVG.[593] Der persönliche Anwendungsbereich des BetrVG ist für einen ins Ausland entsendeten Arbeitnehmer eröffnet, wenn sich seine Auslandstätigkeit als sog. „Ausstrahlung" des Inlandsbetriebes darstellt, d.h., auch während der Entsendung die Betriebszugehörigkeit zum deutschen Betrieb erhalten bleibt.[594] Die Ausstrahlung ist, anders als im Sozialversicherungsrecht, im BetrVG nicht definiert.[595] Für die persönliche Anwendbarkeit des BetrVG ist eine Betriebszugehörigkeit zum Inlandsbetrieb erforderlich, welche es rechtfertigt „die Auslandstätigkeit der im Inland entfalteten Betriebstätigkeit zuzuordnen."[596] Nach der Rechtsprechung des Bundesarbeitsgerichts zur Ausstrahlung ist der persönliche Anwendungsbereich des BetrVG auch eröffnet, wenn der Arbeitnehmer im Ausland arbeitet, aber dennoch dem deutschen Betrieb zuzuordnen ist, indem er rechtlich und tatsächlich weiterhin an diesen gebunden ist.[597] Eine rechtliche Bindung besteht durch ein Arbeitsverhältnis, welches auch ein ruhendes sein kann. Bei dem Entsendungsvertrag ruht gerade das Grundarbeitsverhältnis, was aber im o. g. Sinne

---

591 *Koch*, in: Ascheid/Preis/Schmidt, § 102 BetrVG, Rdnr. 11; *Mückl/Kaueroff*, ArbRAktuell 2013, S. 568.

592 *Schulte*, in: Münchener Anwaltshandbuch ArbR, Teil I, § 47 Beteiligung des Betriebsrats bei Kündigungen, Rdnr. 25.

593 *Mückl/Kaueroff*, ArbRAktuell 2013, S. 568; BAG 21.08.2007 – 3 AZR 269/06, NZA-RR 2008, 649; BAG Beschluss vom 20.02.2001 – 1 ABR 30/00, NZA 2001, 1033; BAG Beschluss vom 22.03.2000 – 7 ABR 34/98, NZA 2000, 1119.

594 *Mückl/Kaueroff*, ArbRAktuell 2013, S. 568; *Boemke*, NZA 1992, S. 113; *Reiter*, NZA 2004, S. 1251, ebenso: *Lambrich/Schwab*, NZA-RR 2013, S. 169.

595 *Heuser/Heidenreich/Fritz*, Auslandsentsendung, Rdnr. 230; *Mückl/Kaueroff*, ArbRAktuell 2013, S. 568; *Boemke*, NZA 1992, S. 113; *Trümner*, in: Däubler/Kittner/Klebe/Wedde BetrVG, § 1, Rdnr. 23.

596 BAG Beschluss vom 20.02.2001 – 1 ABR 30/00, NZA 2001, 1033.

597 BAG 21.10.1980 – 6 AZR 640/79, NJW 1981, 1175; BAG Beschluss vom 22.03.2000 – 7 ABR 34/98, NZA 2000, 1119; BAG Beschluss vom 25.11.1992 – 7 ABR 7/92, NZA 1993, 955.

für eine rechtliche Bindung ausreichend ist.[598] Indizien für eine tatsächliche Bindung sind neben der Dauer der Auslandstätigkeit ein während der Entsendung weiterhin bestehender Entsendungsvertrag zwischen dem deutschen Arbeitgeber und Expatriate, die Zahlung des Gehalts vom deutschen Arbeitgeber, eine Weisungsabhängigkeit vom deutschen Unternehmen, eine fortbestehende Eingliederung in die betriebliche Struktur des deutschen Betriebes und die Vereinbarung einer Wiedereingliederungsklausel.[599] Auch die Vereinbarung einer Rückrufklausel ist ein Indiz für eine bestehende Anbindung an den deutschen Betrieb.[600] Die Dauer der Auslandstätigkeit spielt eine bedeutende Rolle, weil eine Befristung des Entsendungsvertrages grundsätzlich für eine Betriebszugehörigkeit zum Inlandsbetrieb spricht, wobei es keine feste zeitliche Grenze gibt. Bei der Abwägung gilt aber: je länger die Tätigkeit im Ausland andauert, desto mehr andere Indizien müssen dazukommen, um die Anwendbarkeit des BetrVG zu bejahen.[601] Im Ergebnis ist für die Zuordnung des Expatriates zum deutschen Betrieb eine Gesamtwürdigung aller Umstände des Einzelfalles unter Berücksichtigung der o. g. wichtigen Indizien entscheidend.[602]

Der persönliche Anwendungsbereich des BetrVG ist nicht eröffnet, wenn es sich bei dem Expatriate um einen leitenden Angestellten i. S. v. § 5 Abs. 3 BetrVG handelt, was nach § 5 Abs. 3 S. 2 BetrVG der Fall ist, wenn er selbstständig Arbeitnehmer einstellen und entlassen kann, Prokura hat oder eine Schlüsselaufgabe im Unternehmen weisungsfrei ausübt.

Wird der Arbeitnehmer erst für den Auslandseinsatz eingestellt, ist in der Literatur und Rechtsprechung umstritten, ob das BetrVG für ihn fortgelten kann.

Ein Teil der Literatur bejaht eine Ausstrahlungswirkung des BetrVG auch für diesen Fall nach den o. g. Kriterien, es gelten keine Besonderheiten.[603] Begründet

---

598 *Reiter,* NZA 2004, S. 1250.

599 *Koch,* in: Ascheid/Preis/Schmidt, § 102 BetrVG, Rdnr. 12; vgl. *Ricken,* in: Henssler/Willemsen/Kalb, Arbeitsrecht Kommentar, § 102 BetrVG, Rdnr. 8; *Heuser/Heidenreich/Fritz,* Auslandsentsendung, Rdnr. 235; *Reiter,* NZA 2004, S. 1250, *Mückl/Kaueroff,* ArbRAktuell 2013, S. 568; BAG Beschluss vom 20.02.2001 – 1 ABR 30/00, NZA 2001, 1033; BAG Beschluss vom 16.01.1990 – 1 ABR 47/88; juris.

600 *Heuser/Heidenreich/Fritz,* Auslandsentsendung, Rdnr. 236; *Reiter,* NZA 2004, S. 1250.

601 *Mückl/Kaueroff,* ArbRAktuell 2013, S. 568; *Boemke,* NZA 1992, S. 114; *Schulte,* in: Münchener Anwaltshandbuch ArbR, Teil I, § 47 Beteiligung des Betriebsrats bei Kündigungen, Rdnr. 28; BAG 07.12.1989 – 2 AZR 228/89, NZA 1990, 658; *Bachner,* in: Däubler/Kittner/Klebe/Wedde, BetrVG, § 99, Rdnr. 22.

602 *Reiter,* NZA 2004, S. 1250; *Mückl/Kaueroff,* ArbRAktuell 2013, S. 568; BAG Beschluss vom 16.01.1990 – 1 ABR 47/88; juris.

603 *Boemke,* NZA 1992, S. 115.

wird dies damit, dass die Betriebszugehörigkeit sich danach bestimmt, ob die im Ausland ausgeübte Tätigkeit des Arbeitnehmers unter Berücksichtigung sämtlicher Umstände des Einzelfalles inländischen Betriebszwecken dient.[604] Wird der Arbeitnehmer in den ausländischen Betrieb eingegliedert und fördert er dessen arbeitstechnischen Betriebszweck, liegt keine Ausstrahlung vor.[605] Danach würden beispielsweise auch im Ausland tätige Reiseleiter oder Fernfahrer dem BetrVG unterliegen, wenn ihre Tätigkeit den Zweck des deutschen Betriebes fördern würde, vorausgesetzt, der deutsche Betrieb steuert die Arbeit.

Nach der anderen Ansicht liegt bei reiner Auslandstätigkeit kein Bezug zum deutschen Betrieb vor.[606] Ist ein Arbeitnehmer nur für die Auslandstätigkeit eingestellt worden und war dieser vorher nie in Deutschland tätig, fehlt eine Zugehörigkeit zum inländischen Betrieb.[607] Dieser Fall ist gleich zu beurteilen wie der von Ortskräften. Bei der Ausstrahlung geht es darum, dass ein einmal begründeter betriebsverfassungsrechtlicher Status nicht durch einen vorübergehenden Auslandseinsatz des Arbeitnehmers im Interesse des Betriebes beendet wird.[608] Zudem dürfen keine Anhaltspunkte gegen eine Wiederaufnahme der Tätigkeit im deutschen Betrieb im Anschluss an die Auslandstätigkeit sprechen.[609]

Die hier vertretene Auffassung folgt der zweiten Meinung, nach welcher der Sonderfall, dass der Arbeitnehmer nur für den Auslandseinsatz eingestellt wird, nicht zu einer Ausstrahlung des BetrVG führt. War der Arbeitnehmer nicht zuvor im deutschen Betrieb tätig, kann auch seine betriebsverfassungsrechtliche Rechtsposition während einer Auslandstätigkeit nicht erhalten werden. Zwar besteht eine rechtliche Bindung durch den Entsendungsvertrag, aber die tatsächliche Bindung besteht in diesem Sonderfall nicht. Die Beurteilung der Ausstrahlung des BetrVG bei diesem Sonderfall ist vergleichbar mit der Beurteilung des sozialversicherungsrechtlichen Entsendungsbegriffs des § 4 SGB IV, wie ihn das Bundessozialgericht versteht. Danach handelt es sich auch nur dann um eine Ausstrahlung des deutschen Sozialversicherungsrechts, wenn der Arbeitnehmer

---

604 *Boemke,* NZA 1992, S. 114.

605 *Boemke,* NZA 1992, S. 114.

606 *Reiter,* NZA 2004, S. 1249; BAG 21.10.1980 – 6 AZR 640/79, AP Nr. 17 zu Internationales Privatrecht, Arbeitsrecht.

607 *Reiter,* NZA 2004, S. 1249; BAG 21.10.1980 – 6 AZR 640/79, AP Nr. 17 zu Internationales Privatrecht, Arbeitsrecht.

608 BAG 21.10.1980 – 6 AZR 640/79, AP Nr. 17 zu Internationales Privatrecht, Arbeitsrecht.

609 *Boemke,* NZA 1992, S. 114; BAG 21.10.1980 – 6 AZR 640/79, AP Nr. 17 zu Internationales Privatrecht, Arbeitsrecht.

zuvor in Deutschland gearbeitet hat und keine Anhaltspunkte gegen seine Rückkehr nach Deutschland im Anschluss an die Auslandstätigkeit sprechen.[610]

bb) Ausgestaltung des Mitbestimmungsrechts bei Entsendungsverträgen

§ 95 Abs. 3 S. 1 BetrVG definiert die Versetzung als „Zuweisung eines anderen Arbeitsbereichs, der die voraussichtliche Dauer von einem Monat überschreitet.“ Nach § 99 Abs. 1 S. 1 BetrVG hat der Arbeitgeber dafür die Zustimmung des Betriebsrates einzuholen. Das Mitbestimmungsrecht soll erforderliche personelle Entscheidungen des Arbeitgebers für die Belegschaft durchschaubar machen und sie an objektive Kriterien binden, damit es nicht zu einer willkürlichen Auswahl kommt.[611] Durch die gerechte Behandlung der Arbeitnehmer wird auch der Betriebsfrieden gefördert.[612]

Das Mitbestimmungsrecht entfällt, wenn ein dauerhafter Wechsel des Arbeitsplatzes dem Wunsch des Arbeitnehmers entspricht, eine Informationspflicht bleibt aber weiterhin bestehen.[613] Das wird damit begründet, dass bei Einverständnis des Arbeitnehmers jederzeit das Arbeitsverhältnis in dem alten Betrieb beendet und im neuen Betrieb begründet werden kann.[614] Bei Entsendungsverträgen ist aber eine Rückkehr in den deutschen Betrieb vorgesehen,

---

610 Siehe oben auf S. 120 f.

611 *Kania,* in: ErfK, § 95 BetrVG, Rdnr. 1; *Bachner,* in: Däubler/Kittner/Klebe/Wedde BetrVG, § 99, Rdnrn. 3 f.

612 *Kania, in:* ErfK, § 95 BetrVG, Rdnr. 1; *Bachner,* in: Däubler/Kittner/Klebe/Wedde BetrVG, § 99, Rdnrn. 3 f.

613 *Kania,* in: ErfK, § 99 BetrVG, Rdnr. 15; *Koch,* in: Ascheid/Preis/Schmidt, § 102 BetrVG, Rdnr. 12; *Koch,* in: Schaub Arbeitsrechts-Handbuch, XXI Buch § 241, Rdnr. 24; *Preuss,* in: Hümmerich/Boecken/Düwell, § 99 BetrVG; Rdnr. 58; BAG Beschluss vom 19.02.1991 – 1 ABR 36/90, AP § 95 BetrVG 1972 Nr. 26; BAG Beschluss vom 20.09.1990 – 1 ABR 37/90, AP BetrVG 1972, § 99 Nr. 84.

614 BAG Beschluss vom 20.09.1990 – 1 ABR 37/90, AP BetrVG 1972, § 99 Nr. 84; *Kania,* in: ErfK, § 99 BetrVG, Rdnr. 13; differenziert wird bei Fällen in denen der Arbeitnehmer dauerhaft im Ausland auf ständig wechselnden Arbeitsstätten tätig werden soll, wie z. B. Reiseleiter oder Kraftfahrer danach, ob die Tätigkeit des Arbeitnehmers einen „dem inländischen Hauptbetrieb dienenden und zugeordneten Zweck verfolgt und wer das Weisungsrecht ausübt“ was letztendlich auch dazu führen kann, dass selbst bei dauerhafter Auslandstätigkeit eine Eingliederung in den deutschen Betrieb vorliegt, so: *v. Hoyningen-Huene,* in: Münchener Handbuch zum ArbR, Band 2, Drittes Buch, § 211 Sachlicher und räumlicher Geltungsbereich des BetrVG, Rdnr. 20; *Mückl/Kaueroff,* ArbRAktuell 2013, S. 569; BAG 07.12.1989 – 2 AZR 228/89, NZA 1990, 658 zu der Anwendbarkeit des BetrVG bei dauerhafter Auslandstätigkeit einer Reiseleiterin.

es liegt gerade kein dauerhafter Wechsel vor. Deshalb handelt es sich um eine „einheitliche Maßnahme des Ausscheidens aus und der Wiedereingliederung in den abgebenden Betrieb," die selbst mit Einverständnis des Arbeitnehmers der Mitwirkung des Betriebsrates bedarf.[615] Die Rechtsprechung und Literatur begründet diese Auffassung mit dem Schutzzweck der Beteiligungsrechte des Betriebsrats, welche nicht nur dem Schutz des unmittelbar betroffenen Arbeitnehmers dienen, sondern auch den von der vorübergehenden Entsendung mittelbar betroffenen Arbeitnehmern, deren Interessen er im Rahmen von § 99 Abs. 2 BetrVG zu wahren hat.[616] Die mittelbar betroffenen Arbeitnehmer können Nachteile erleiden, beispielsweise weil auch sie sich für diese Auslandsentsendung beworben haben und jetzt zurückstehen müssen oder durch eine Mehrbelastung, die Zuweisung anderer Aufgaben oder auch durch organisatorische oder tatsächliche Änderungen, die sich aus der Entsendung eines Arbeitnehmers ergeben.[617] Das bedeutet im Ergebnis ein Mitbestimmungsrecht des Betriebsrates in der Gestalt, dass er seine Zustimmung nach § 99 Abs. 1 S. 1 BetrVG zu der befristeten Auslandstätigkeit erteilen muss.

f) Der Begriff der Ausstrahlung im BetrVG im Vergleich zu dem Ausstrahlungsbegriff des Sozialversicherungsrechts

Die Ausstrahlungsbegriffe des BetrVG und des Sozialversicherungsrechts haben gemeinsam, dass sie die Zugehörigkeit eines Arbeitnehmers während einer Auslandstätigkeit zum einen zum deutschen Betrieb, zum anderen zur deutschen Sozialversicherung regeln. Das Sozialversicherungsrecht normiert in § 4 SGB IV neben dem Bestehen eines inländischen Beschäftigungsverhältnisses und einer Entsendung als dritte Voraussetzung noch die zeitliche Begrenzung dieser Entsendung für das Vorliegen einer Ausstrahlung. Das Betriebsverfassungsrecht bejaht eine Ausstrahlung bei einer fortbestehenden Betriebszugehörigkeit, die sich aus dem Zusammenspiel verschiedener Indizien, u.a. der Dauer

---

615 *Kania,* in: ErfK, § 99 BetrVG, Rdnr. 15; *Bachner,* in: Däubler/Kittner/Klebe/Wedde BetrVG, § 99, Rdnrn. 16 f; BAG Beschluss vom 18.02.1986 - 1 ABR 27/84, AP BetrVG 1972 § 99 Nr. 33 unentschieden bleibt dagegen, ob auch der Betriebsrat des aufnehmenden Betriebes zustimmen muss; BAG Beschluss vom 14.11.1989 - 1 ABR 87/88, AP BetrVG 1972 § 99 Nr. 76 „einheitliche Maßnahme."

616 *Bachner,* in: Däubler/Kittner/Klebe/Wedde BetrVG, § 99, Rdnr. 17; BAG Beschluss vom 18.02.1986 - 1 ABR 27/84, AP BetrVG 1972 § 99 Nr. 33; BAG 01.08.1989 - 1 ABR 51/88, DB 90, 382.

617 BAG Beschluss vom 18.02.1986 - 1 ABR 27/84, AP BetrVG 1972 § 99 Nr. 33; *Kreuder,* in: Düwell BetrVG, § 99, Rdnr. 36.

der Entsendung, einem fortbestehenden Arbeitsvertrag zum deutschen Unternehmen, der Gehaltszahlung vom deutschen Arbeitgeber, der Ausübung des Weisungsrechts vom deutschen Arbeitgeber und dem Bestehen einer Rückkehrklausel im Entsendungsvertrag, ergibt.[618]

Der Ausstrahlungsbegriff des BetrVG basiert neben einer rechtlichen Bindung auch auf der tatsächlich fortbestehenden Betriebszugehörigkeit des Arbeitnehmers zum deutschen Betrieb während der Auslandstätigkeit.[619] Die sozialversicherungsrechtliche Ausstrahlung nach § 4 SGB IV basiert dagegen auf der Beurteilung einer reinen Rechtsbeziehung.[620]

Auch von ihrer Funktion unterscheiden sich der betriebs- und der sozialverfassungsrechtliche Ausstrahlungsbegriff. Dies wird dadurch deutlich, dass der betriebsverfassungsrechtliche Ausstrahlungsbegriff dafür sorgt, dass der Betriebsrat auch die potenziell gleichgelagerten Interessen des vorübergehend im Ausland arbeitenden Arbeitnehmers repräsentiert und vertritt.[621] Die Ausstrahlung des Sozialversicherungsrechts erfüllt den Sinn und Zweck, gleichartige Risiken aufzufangen, indem vorübergehend im Ausland tätige Arbeitnehmer auch in die Sozialversicherung einbezogen werden.[622]

Für die Frage der Anwendbarkeit des BetrVG kann wegen der unterschiedlichen Funktionen der Ausstrahlungsbegriffe nicht auf den sozialversicherungsrechtlichen Ausstrahlungsbegriff des § 4 SGB IV zurückgegriffen werden.[623]

g) *Zusammenfassendes Ergebnis*

Da die Dauer in Entsendungsverträgen befristet ist, stellt sich die Frage, an welchen gesetzlichen Anforderungen die Befristung zu messen ist, wobei das TzBfG, das KSchG und § 307 Abs. 1 BGB infrage kommen.

Die Befristung von Entsendungsverträgen stellt eine Teilbefristung dar, weil das Arbeitsverhältnis insgesamt wegen des auch während der Auslandstätigkeit fortbestehenden Grundarbeitsverhältnisses unbefristet bestehen bleibt. Unter den Anwendungsbereich des TzBfG fallen Teilbefristungen nicht, weil das

---

618 Eine feste zeitliche Grenze für die von vornherein befristete Auslandstätigkeit gibt es nicht, wobei aber generell gilt, dass je länger die Tätigkeit im Ausland andauert, je eher müssen weitere Indizien hinzukommen, die auf eine fortbestehende Betriebszugehörigkeit hindeuten, *Mückl/Kaueroff*, ArbRAktuell 2013, S. 568 f.

619 *Reiter*, in: NZA 2004, S. 1250.

620 *Reiter*, in: NZA 2004, S. 1250.

621 *Reiter*, in: NZA 2004, S. 1250.

622 *Reiter*, in: NZA 2004, S. 1250.

623 *Reiter*, in: NZA 2004, S. 1250.

Arbeitsverhältnis insgesamt nach der Auslandstätigkeit fortbesteht und der ins Ausland entsendete Arbeitnehmer somit nicht vergleichbar schutzwürdig mit einem nur für eine befristete Zeit eingestellten Arbeitnehmer ist.

Die frühere Rechtsprechung verlangte bei der Befristung einzelner Arbeitsbedingungen ausnahmsweise doch einen sachlichen Grund wegen vergleichbarer Interessenlage zum TzBfG, wenn die Änderung dem Änderungskündigungsschutz nach § 2 KSchG unterlag und einen Eingriff in den Kernbereich des Arbeitsverhältnisses darstellte. Diese Rechtsprechung wurde aber wieder aufgegeben, weil der Kernbereich nicht sicher bestimmt werden konnte und die Anwendbarkeit des § 2 KSchG dazu führte, dass in den ersten sechs Monaten einer Beschäftigung und in Kleinbetrieben Teilbefristungen schrankenlos zulässig gewesen wären.

Die neue Rechtsprechung kontrolliert die Befristung von Entsendungsverträgen gem. § 307 Abs. 1 BGB also daran, ob die Befristung den Arbeitnehmer anhand einer umfassenden einzelfallbezogenen Interessenabwägung entgegen den Grundsätzen von Treu und Glauben unangemessen benachteiligt. Bei der Bestimmung der Angemessenheit nach § 307 Abs. 1 BGB werden die Grundwertungen des § 14 Abs. 1 TzBfG herangezogen. Bei Zweckbefristungen muss der Zweck der Befristung des Entsendungsvertrages klar und deutlich zwischen Arbeitgeber und Arbeitnehmer vereinbart werden. Bei datumsmäßiger Befristung des Entsendungsvertrages ist ein Grund nicht zu nennen, über das Ende der Befristung besteht durch Ablauf des Datums ausreichend Klarheit.

Aus betriebsverfassungsrechtlicher Sicht stellt die Befristung des Entsendungsvertrages auf länger als einen Monat eine zustimmungspflichtige Versetzung nach §§ 99 Abs. 1 S. 1 i. V. m. 95 Abs. 3 S. 1 BetrVG dar. Die Frage der persönlichen Anwendbarkeit des BetrVG auf vorübergehend im Ausland tätige Arbeitnehmer bejaht das Bundesarbeitsgericht bei fortbestehender Betriebszugehörigkeit, d.h., wenn der Arbeitnehmer rechtlich und tatsächlich auch während der Auslandstätigkeit an den deutschen Betrieb gebunden ist. Je länger die Auslandstätigkeit dauert, desto mehr Indizien, wie z.B. eine Weisungsabhängigkeit vom deutschen Arbeitgeber oder die Gehaltszahlung vom deutschen Arbeitgeber, sind für eine Betriebszugehörigkeit erforderlich.

Bei dem Sonderfall, dass der Arbeitnehmer erst für den Auslandseinsatz eingestellt wird, ohne zuvor im deutschen Betrieb gearbeitet zu haben, liegt keine Ausstrahlung des BetrVG ins Ausland vor, weil schon kein betriebsverfassungsrechtlicher Status in Deutschland begründet wurde.

2. *Steuerrechtliche Bedeutung der Befristung des Entsendungsvertrages*

In steuerrechtlicher Sicht erlangt die im Entsendungsvertrag vereinbarte Dauer nur Relevanz bei der Frage der Vermeidung einer Doppelbesteuerung in einem DBA-Fall nach Art. 15 Abs. 2 a)-c) OECD-MA. Behält der Arbeitnehmer seinen deutschen Wohnsitz bei, fallen Tätigkeitsstaat und Ansässigkeitsstaat während der Auslandstätigkeit auseinander. Es besteht die Gefahr einer Doppelbesteuerung, wenn der ausländische Staat nach einer gewissen Dauer den vom Arbeitnehmer erwirtschafteten Lohn besteuert. In Deutschland bleibt der Arbeitnehmer aufgrund seines Wohnsitzes unbeschränkt einkommenssteuerpflichtig nach § 1 Abs. 1 EStG. Art. 15 Abs. 2 a)-c) OECD-MA vermeidet die Doppelbesteuerung, indem er ausnahmsweise dem Ansässigkeitsstaat Deutschland das Besteuerungsrecht zuweist, wenn die Voraussetzungen des Art. 15 Abs. 2 a)-c) OECD-MA kumulativ vorliegen. Liegen die Voraussetzungen des Art. 15 Abs. 2 a)-c) OECD-MA nicht vor, bleibt es bei der Regel des Art. 15 Abs. 1 OECD-MA, wonach das Besteuerungsrecht bei dem ausländischen Tätigkeitsstaat verbleibt. Voraussetzung nach Art. 15 Abs. 2 OECD-MA ist ein weniger als 183 Tage dauernder Aufenthalt des Arbeitnehmers im ausländischen Tätigkeitsstaat innerhalb eines Zwölfmonatszeitraumes, der im betreffenden Steuerjahr beginnt oder endet.[624] Der Begriff des Aufenthaltes ist nicht mit dem abkommensrechtlichen oder im deutschen Steuerrecht verwendeten Begriff des „gewöhnlichen Aufenthaltes“ vergleichbar, weil der gewöhnliche Aufenthalt der Bestimmung des Wohnsitzes, der Ansässigkeit und damit einem völlig anderen Zweck dient.[625] Dabei sind nach Nr. 5 OECD-Kommentar die Tage „physischer

---

624 Die 183-Tage-Frist bezieht sich in einigen DBA, abweichend vom OECD-MA auf das Kalenderjahr (z.B. Art. 15 Abs. 2 a DBA-Italien, Art. 15 Abs. 2 a DBA-Schweiz) oder das Steuerjahr. Weicht das Steuerjahr des Tätigkeitsstaates von dem des Ansässigkeitsstaates ab, ist das Steuerjahr des Tätigkeitsstaates maßgeblich für die Berechnung der 183-Tage-Frist, z.B. Australien 01.07-30.06; in Deutschland ist das Steuerjahr gleichbedeutend mit dem Kalenderjahr (BMF 14.09.2006 - IV B 6 - S 1300- 367/06, BStBl. I 2006, 532, Nr. 4.2.4 Rz 51); ausnahmsweise ist nach einigen DBA für die 183-Tage-Frist nicht der reine Aufenthalt, sondern die Dauer der tatsächlichen Arbeitsausübung relevant, z.B. Art. 15 Abs. 2 Nr. 1 DBA-Belgien; Art. 15 Abs. 2 a DBA-Dänemark; so BMF-Schreiben vom 14.09.2006 IV B 6 – S 1300-367/06, Rdnrn. 34, 46 ff.; darauf verweist auch *Bourseaux/Levedag*, in: Schönfelder/Ditz DBA, Art. 15, C. Ausnahmen vom Arbeitsortprinzip (Abs. 2), Rdnr. 95.

625 *Prokisch*, in: Vogel/Lehner DBA, Abschnitt III. Besteuerung des Einkommens und des Vermögens, Art. 15 Abs. 1 und 2, Rdnr. 37; neue, geänderte Rechtsprechung des BFH 10.07.1996 – I R 4/96, BStBl. II 1997, 15; die alte Rechtsprechung des BFH

Anwesenheit" relevant, nicht die Dauer der tatsächlichen Arbeitstätigkeit des Arbeitnehmers.[626] Der Grund liegt in der zumeist leichten Nachweisbarkeit der physischen Anwesenheit für den Steuerpflichtigen (Nr. 5 OECD-Kommentar).[627] Bei den Tagen physischer Anwesenheit werden nach Nr. 5 OECD-Kommentar auch Tage bloßer Teilanwesenheit, der Ankunfts- und Abreisetag, Samstage, Sonntage und Feiertage, Krankheitstage und kurze Arbeitsunterbrechungen wegen Streik oder Fortbildung in die Berechnung der 183-Tage-Frist einbezogen. Bei der steuerrechtlichen Beurteilung der Befristung spielt es keine Rolle, ob im Entsendungsvertrag eine datumsmäßige oder eine Zweckbefristung vereinbart wurde, weil nur die tatsächliche Anwesenheit des Arbeitnehmers im Tätigkeitsstaat zählt. Die physische Anwesenheit beginnt mit Überfliegen oder Überfahren der Landesgrenze.[628] Tage, die komplett nicht im Tätigkeitsstaat verbracht werden, werden nicht mitgezählt, genauso wie Reisezeiten außerhalb des Tätigkeitsstaates oder Heimfahrten an Wochenenden oder Feiertagen (Nr. 5 OECD-Kommentar).[629] Die Ermittlung physischer Anwesenheit ist dabei tagesgenau vorzunehmen, was dazu führt, dass einzelne Tage oder Wochenenden, die komplett nicht im Tätigkeitsstaat verbracht werden, auch bei der Ermittlung der 183 Tage herausgerechnet werden.[630]

Diese Auslegung des OECD-Kommentars stößt in der Literatur teilweise auf Kritik, weil die 183-Tage-Regelung den Sinn und Zweck hat, den Gesamtzeitraum zu beurteilen und einen „kurzfristigen" von einem „langfristigen" Auslandsaufenthalt abzugrenzen.[631] Eine derart restriktive Auslegung der 183-Tage-Regelung, die

10.05.1989 – I R 50/85, BStBl. II 1989, 755 griff bei der Bestimmung des Aufenthaltes auf die Kriterien des in § 9 AO 1977 verwendeten entsprechenden Begriffs zurück.

626 So auch BFH 12.04.1978 – I R 100/75, BStBl. II 1978, 425; *Reuter,* in: Kessler/Kröner/Köhler, Konzernsteuerrecht, § 9, Rdnr. 13; *Bourseaux/Levedag,* in: Schönfelder/Ditz DBA, Art. 15, C. Ausnahmen vom Arbeitsortprinzip (Abs. 2), Rdnr. 93; BMF-Schreiben vom 14.09.2006 IV B 6 – S 1300-367/06, Rdnr. 37.

627 Ebenso: *Bourseaux/Levedag,* in: Schönfelder/Ditz DBA, Art. 15, C. Ausnahmen vom Arbeitsortprinzip (Abs. 2), Rdnrn. 93 f.

628 *Reuter,* in: Kessler/Kröner/Köhler, Konzernsteuerrecht, § 9, Rdnr. 13; *Prokisch,* in: Vogel/Lehner DBA, Abschnitt III. Besteuerung des Einkommens und des Vermögens, Art. 15 Abs. 1 und 2, Rdnr. 37.

629 Ebenso: *Bourseaux/Levedag,* in: Schönfelder/Ditz DBA, Art. 15, C. Ausnahmen vom Arbeitsortprinzip (Abs. 2), Rdnrn. 93 f.

630 *Bourseaux/Levedag,* in: Schönfelder/Ditz DBA, Art. 15, C. Ausnahmen vom Arbeitsortprinzip (Abs. 2), Rdnrn. 93 f.

631 *Prokisch,* in: Vogel/Lehner DBA, Abschnitt III. Besteuerung des Einkommens und des Vermögens, Art. 15 Abs. 1 und 2, Rdnr. 39; dem OECD-Kommentar folgt dagegen

als Tageszählung den einzelnen Tag ins Auge fasst, sei mit dem Sinn und Zweck nicht vereinbar.[632] Nach dieser Ansicht sollen kurze Wochenendheimfahrten oder Heimfahrten an Feiertagen in die Berechnung der 183-Tage-Regelung mit einbezogen werden, denn die Beurteilung des Gesamtzeitraumes ist maßgeblich.[633] Dies führe zu einer sachgerechten Auslegung der Regelung.[634]

Der Kritik ist aber nach der hier vertretenen Auffassung entgegenzuhalten, dass gerade eine tagesgenaue Zählung zu eindeutigen und klaren Ergebnissen führt. Außerdem bestehen Unklarheiten, bis zu welcher Dauer Heimfahrten noch in den 183-Tage-Zeitraum einzubeziehen sind. Die Zählweise nach tatsächlicher Anwesenheit ist einfach, da der Arbeitnehmer im Tätigkeitsstaat entweder anwesend ist oder nicht (Nr. 5 OECD-Kommentar). Für eine tagesgenaue Zählung sprechen auch Praktikabilitätserwägungen.[635]

Besteht mit dem ausländischen Tätigkeitsstaat kein DBA, spielt die im Entsendungsvertrag festgelegte Dauer der Auslandstätigkeit keine Rolle, weil die drohende Doppelbesteuerung nach § 34 c EStG in Deutschland i. d. R. mittels der Anrechnung- oder Freistellungsmethode vermieden oder gemindert wird.

3. *Die Bedeutung der Befristung des Entsendungsvertrages im Sozialversicherungsrecht*

Bei einer Entsendung von Deutschland in die EU/EWR regelt Art. 12 Abs. 1 VO 883/2004, dass der Arbeitnehmer bei einer Entsendungsdauer von bis zu 24 Monaten weiterhin der deutschen Sozialversicherung unterliegt. Bei darüber hinaus andauernder Auslandstätigkeit unterliegt der Arbeitnehmer dem ausländischen Sozialversicherungsrecht. Der Europäische Rat und die Kommission sehen bis zu dieser Zeitgrenze den Schwerpunkt des Beschäftigungsverhältnisses weiterhin im Ausgangsstaat und halten eine Verantwortlichkeit des ausländischen Sozialversicherungssystems für diesen überschaubaren Zeitraum für

---

Reuter, in: Kessler/Kröner/Köhler, Konzernsteuerrecht, § 9, Rdnr. 13; *Schmidt,* in: Haase DBA, MA Art. 15, Rdnr. 123 und die deutsche Finanzverwaltung in BMF 14.09.2006 – IV B 6 – S 1300- 367/06, BStBl. I 2006, 532; 4.2.2. Rdnrn. 37 ff.

632 *Prokisch,* in: Vogel/Lehner DBA, Abschnitt III. Besteuerung des Einkommens und des Vermögens, Art. 15 Abs. 1 und 2, Rdnr. 39.

633 *Prokisch,* in: Vogel/Lehner DBA, Abschnitt III. Besteuerung des Einkommens und des Vermögens, Art. 15 Abs. 1 und 2, Rdnr. 39.

634 *Prokisch,* in: Vogel/Lehner DBA, Abschnitt III. Besteuerung des Einkommens und des Vermögens, Art. 15 Abs. 1 und 2, Rdnr. 39.

635 *Schmidt,* in: Haase DBA, MA Art. 15, Rdnr. 123.

nicht angemessen.[636] Nach der Rechtsprechung des EuGH kann eine Entsendebescheinigung auch noch rückwirkend und auch noch nach Beendigung der Entsendung erteilt werden.[637] Bei datumsmäßigen Befristungen ist es relativ einfach, festzustellen, ob die 24-Monatsfrist eingehalten ist. Bei Zweckbefristungen kann es möglich sein, dass bei Antritt der Entsendung nicht feststeht, ob die 24-Monatsgrenze überschritten wird. Ist die Entsendung von Anfang an auf mehr als 24 Monate geplant, ergibt sich im Laufe der Entsendung die Notwendigkeit einer Verlängerung oder stellt sich bei einer Zweckbefristung im Nachhinein heraus, dass sie doch länger als 24 Monate dauert, kann nach Art. 16 Abs. 1 VO 883/2004 eine Ausnahmevereinbarung erteilt werden. Die meisten Staaten, so auch Deutschland, machen von dieser Regelung großzügig Gebrauch und lassen Entsendungen bis zu einer Dauer von fünf Jahren, bei besonderen Umständen mit Verlängerung um drei Jahre zu.[638]

Die Erteilung der Ausnahmegenehmigung ist eine Ermessensentscheidung, für die ein individuell zu begründendes Interesse des Arbeitnehmers an der Fortgeltung der deutschen Rechtsvorschriften erforderlich ist.[639] Ein individuelles Interesse kann beispielsweise darin liegen, dass der entsendete Arbeitnehmer ausschließlich in Deutschland Sozialversicherungsbeiträge gezahlt hat und davon ausgeht, dass er nach Ende der Auslandstätigkeit nicht weiter im ausländischen Staat beschäftigt sein wird.[640] Kriterium für ein Interesse an dem Fortbestehen der deutschen Sozialversicherung kann auch sein, dass der Arbeitnehmer seine ergänzende Altersvorsorge nach Beendigung der Erwerbstätigkeit auf das deutsche Sozialversicherungssystem abgestellt hat.[641] Die arbeitsrechtliche Bindung des Arbeitnehmers an den deutschen Arbeitgeber während der Entsendung ist ebenfalls von Relevanz, sie liegt bei Entsendungsverträgen durch

---

636 *Steinmeyer,* in: Fuchs Europäisches Sozialrecht, Art. 12 VO 883/2004, Rdnr. 13.

637 EuGH vom 30.03.2000 – Rs. C-178/97 Barry Banks u.a., Slg. 2000, I-2005, Rdnrn. 49 ff.

638 *Plagemann/Seifert,* in: Münchener Anwaltshandbuch Sozialrecht, § 5 Der versicherte Arbeitnehmer, Rdnrn. 36 f; *Steinmeyer,* in: Fuchs Europäisches Sozialrecht, Art. 16 VO 883/2004, Rdnr. 1; *Schreiber,* in: Schreiber/Wunder/Dern, Art. 12 VO 883/2004, Rdnr. 15.

639 Auf der Internetseite der dvka (Deutsche Verbindungsstelle Krankenversicherung-Ausland) finden sich zahlreiche Merkblätter u.a. auch zu den Voraussetzungen für Ausnahmegenehmigungen, z.B. „Arbeiten in Großbritannien," S. 6.

640 www.dvka.de Merkblatt „Arbeiten in Großbritannien," S. 6.

641 www.dvka.de Merkblatt „Arbeiten in Großbritannien," S. 6.

den weiterhin bestehenden Grundarbeitsvertrag vor.[642] Von der Literatur werden als Arbeitnehmerinteresse auch das Sicherstellen eines einheitlichen Versicherungsverlaufes, das Vermeiden von späteren Teilrenten, das Vermeiden unterschiedlicher Rentenniveaus und ein Aufrechterhalten von Ansprüchen auf Familienleistungen, wie z.B. Kindergeld, anerkannt.[643]

Bei Entsendungen in Nicht-EU-Staaten mit Sozialversicherungsabkommen ist für das Fortbestehen der deutschen Sozialversicherung die zeitliche Begrenzung des Auslandseinsatzes im Entsendungsvertrag maximal auf die im Abkommen festgelegte Dauer erforderlich. Die Dauer ist in den Abkommen unterschiedlich geregelt, sie reicht von 12 über 24 und 36 bis hin zu 60 Monaten.[644] In manchen Abkommen ist keine Begrenzung der Dauer vorgesehen.[645] Eine Verlängerungsmöglichkeit ist in den Abkommen nicht vorgesehen.[646] Überschreitet die Entsendung die in den Abkommen festgelegte Dauer, ist es je nach Abkommen möglich, dass das Recht des Entsendestaates von vornherein nicht anwendbar ist oder dass nach Ablauf der maximalen Frist die Zuständigkeit für die Sozialversicherung vom Entsendestaat zum Tätigkeitsstaat wechselt.[647]

Wird ein Arbeitnehmer in einen Nicht-EU-Staat entsandt, mit dem auch kein Abkommen besteht, gilt nach den Regeln der Ausstrahlung gem. § 4 SGB IV, dass der Arbeitnehmer in der deutschen Sozialversicherung beschäftigt bleibt, wenn u.a. die Entsendung infolge ihrer Eigenart oder vertraglich im Voraus zeitlich begrenzt ist. § 4 SGB IV knüpft dabei nicht an eine bestimmte Zeitgrenze, sondern nur an eine zeitliche Begrenzung im Entsendungsvertrag überhaupt an. Diese zeitliche Begrenzung kann durch datumsmäßige Befristung erfolgen oder durch Zweckbefristung. Bei Zweckbefristungen ist entscheidend, dass sich die zeitliche Beschränkung im Vorfeld aus dem Wesen, Inhalt oder Umfang der Beschäftigung ergibt (3.4.2. Gemeinsame Verlautbarung). Als Beispiele nennt

---

642 dvka.de Merkblatt „Arbeiten in Großbritannien," S. 6, wonach auch ein ruhendes Rumpfarbeitsverhältnis eine ausreichende arbeitsrechtliche Bindung darstellt, wenn Nebenpflichten, wie z.B. Berichtspflichten oder die Fortführung der betrieblichen Altersvorsorge bestehen bleiben und das alte Arbeitsverhältnis bei Rückkehr nach Deutschland in vollem Umfang wieder auflebt.

643 *Mennen/Schellert/Wolf,* Mitarbeiterentsendung, S. 417 f.

644 *Pade,* in: Schlegel/Voelzke SGB IV, § 4, Rdnr. 30; *Allary,* Entsendung, S. 32; *Heuser/Heidenreich/Fritz,* Auslandsentsendung, Rdnrn. 446 ff.

645 *Pade,* in: Schlegel/Voelzke SGB IV, § 4, Rdnr. 30; *Allary,* Entsendung, S. 32; *Heuser/Heidenreich/Fritz,* Auslandsentsendung, Rdnrn. 446 ff.

646 *Heuser/Heidenreich/Fritz,* Auslandsentsendung, Rdnr. 457.

647 *Heuser/Heidenreich/Fritz,* Auslandsentsendung, Rdnr. 457.

3.4.2. Gemeinsame Verlautbarung Beschäftigungen, die im Rahmen von Projekten erfolgen und deren Fertigstellung eine begrenzte Zeit in Anspruch nimmt, insbesondere Montage- und Einweisungsarbeiten und Arbeiten im Zusammenhang mit der Errichtung von Bauwerken und Betriebsanlagen. Es handelt sich nicht um eine Ausstrahlung nach § 4 SGB IV, wenn sich die Befristung erst im Laufe der Entsendung ergibt (3.4.1. Gemeinsame Verlautbarung).

4. *Informations- und Aufklärungspflicht des Arbeitgebers bzgl. des Krankenversicherungsschutzes*

Sowohl arbeits- als auch sozialversicherungsrechtliche Relevanz hat die Frage, ob der Arbeitgeber gegenüber dem Arbeitnehmer eine Informations- und Aufklärungspflicht darüber hat, dass etwa sein deutscher Krankenversicherungsschutz u. U. endet, wenn die Befristung des Entsendungsvertrages die o. g. Fristen übersteigt.

Nach Ansicht der Rechtsprechung und Literatur ergibt sich aus den allgemeinen Nebenpflichten des Arbeitgebers während eines bestehenden Arbeitsverhältnisses keine Informations- und Aufklärungspflicht über den Umfang des Krankenversicherungsschutzes im Ausland.[648]

Im Arbeitsrecht besteht grundsätzlich keine Pflicht des Arbeitgebers zur allgemeinen Rechtsberatung des Arbeitnehmers. Über die einschlägigen Vorschriften muss der Arbeitnehmer sich i. d. R. selbst informieren und für die Wahrnehmung seiner Interessen selbst sorgen.[649]

In Ausnahmefällen können Hinweis- und Aufklärungspflichten als Ergebnis einer umfassenden Interessenabwägung bestehen, wenn zugleich die besonderen Umstände des Einzelfalls dies erfordern.[650] Eine umfassende Interessenabwägung

648 LAG Hessen 04.09.1995 – 16 Sa 215/95, NZA 1996, 482 wonach den Arbeitgeber ausdrücklich keine Informations- und Beratungspflicht gegenüber dem Arbeitnehmer über den Umfang seines Krankenversicherungsschutzes im Ausland trifft, der Arbeitnehmer hat sich bei seiner Krankenkasse über den Versicherungsschutz während seiner vorübergehenden Auslandstätigkeit zu informieren; dem folgt *Reinfeld,* in: Münchener Anwaltshandbuch ArbR, Teil G, § 34 Nebenpflichten des Arbeitgebers, Rdnr. 100; *Preis,* in: ErfK, § 611 BGB, Rdnr. 635; *Heuser/Heidenreich/Fritz,* Auslandsentsendung, Rdnr. 107 und *Edenfeld,* NZA 2009, S. 939.

649 BAG 26.08.1993 – 2 AZR 376/93, NZA 1994, 281; BAG 13.11.2014 – 8 AZR 817/13, NZA 2015, 166; BAG 22.01.2009 – 8 AZR 161/08, NZA 2009, 608 lehnt die Aufklärungspflicht bei einer Doppelbesteuerung des Arbeitnehmers im Ausland ab.

650 Beispiele, wann eine Interessenabwägung und besondere Umstände zu einer Aufklärungspflicht führen: BAG 15.04.2014 – 3 AZR 288/12 juris zur Aufklärungs- und

und besondere Umstände des Einzelfalles führen auch zu einer Aufklärungspflicht, „wenn der Arbeitgeber aufgrund seiner überlegenen Sachkunde ohne Weiteres zu entsprechenden Auskünften und der Arbeitnehmer zur sachkundigen Entscheidung nur nach entsprechender Aufklärung imstande ist."[651] Wegen der Komplexität des Sozialrechts ist der Arbeitgeber aber nicht ohne Weiteres zu einer Auskunft imstande. Um den Arbeitnehmer über seinen Krankenversicherungsschutz aufzuklären, müsste der Arbeitgeber zunächst unterscheiden, ob der Arbeitnehmer in ein Land der EU/EWR, ein Land mit oder ohne Sozialversicherungsabkommen entsendet wird. Bei Entsendungen in die EU/EWR sind Befristungen bis 24 Monate nach Art. 12 Abs. 1 VO 883/2004 zulässig. Ist die Entsendung auf einen längeren Zeitraum angelegt, müsste der Arbeitgeber nach Art. 16 Abs. 1 VO 883/2004 beurteilen, ob das begründete Interesse des Arbeitnehmers an der Ausnahmegenehmigung, die bei einer Dauer bis zu fünf Jahren erteilt wird, besteht. Für eine länger als fünf Jahre befristete Entsendung müsste der Arbeitgeber einschätzen, ob besondere Umstände diese Verlängerung rechtfertigen. Diese Entscheidungen sind Ermessensentscheidungen, welche im Ermessen der Deutschen Verbindungsstelle Krankenversicherung-Ausland stehen und nicht vom Arbeitgeber mit einer solchen Sicherheit beurteilt werden können, dass er den Arbeitnehmer kompetent informieren und beraten kann.

Außerdem steht dem Arbeitnehmer als kompetenter und sachkundiger Ansprechpartner seine Krankenkasse oder die Deutsche Verbindungsstelle Krankenversicherung-Ausland zur Verfügung. Bei Entsendungen außerhalb der EU/EWR hätte der Arbeitgeber zu ermitteln, ob ein Sozialversicherungsabkommen mit diesem Staat besteht und ggf. welche Frist und welche weiteren Voraussetzungen für das Fortbestehen der deutschen Sozialversicherung danach vorliegen müssen.

Beratungspflicht des Arbeitgebers bei vorzeitiger Aufhebung des Arbeitsverhältnisses bzgl. Abfindung und betriebliches Ruhegeld; BAG 17.10.2000 – 3 AZR 605/99, AP BGB § 242 Auskunftspflicht Nr. 32 wonach Hinweis- und Aufklärungspflichten bestehen, wenn der Arbeitgeber einen Aufhebungsvertrag vorschlägt, zeitnah der Eintritt eines Versorgungsfalles droht und außergewöhnlich hohe Versorgungseinbußen durch die vorzeitige Beendigung des Arbeitsverhältnisses drohen; ebenso zur Aufklärungspflicht bei drohenden Versorgungsschäden BAG 14.01.2009 – 3 AZR 71/07, NZA 2010, 63; ebenso: BAG 11.12.2001 – 3 AZR 339/00, AP BGB § 242 Auskunftspflicht Nr. 40.

651 LAG Hessen 04.09.1995 – 16 Sa 215/95, NZA 1996, 483; BAG 26.08.1993 – 2 AZR 376/93, NZA 1994, 281.

Der Arbeitnehmer ist zudem nicht nur nach entsprechender Aufklärung des Arbeitgebers über seinen Krankenversicherungsschutz imstande, eine Entscheidung bzgl. des Entsendungsvertrages zu treffen. Die Entscheidung, eine Auslandsentsendung anzutreten, hängt von sehr vielen Faktoren ab, maßgeblich aber von der Position im Ausland, von privaten Faktoren und in Aussicht gestellten Karrierechancen.

Die Rechtsprechung begründet die Ablehnung der Informations- und Aufklärungspflicht des Arbeitgebers auch mit dem Regelungsgehalt des § 17 Abs. 1 S. 1 SGB V, der nur die Art der Leistungsabwicklung bestimmt und nicht etwa den Arbeitgeber zum Krankenversicherungsträger macht. Die Krankenkasse als Leistungsträger bleibt beratungspflichtig über die Rechte und Pflichten bzgl. der Sozialleistungen nach § 14 SGB I.[652] Würde § 17 Abs. 1 S. 1 SGB V dazu führen, dass der Arbeitgeber zum Leistungsträger wird, hätte er auch die Informations- und Beratungspflichten gegenüber dem Arbeitnehmer, die ansonsten die Krankenkasse wahrnimmt. § 17 Abs. 1 S. 1 SGB V führt aber nicht dazu, dass der Arbeitgeber Krankenversicherungsträger wird. Er muss nur Leistungen nach §§ 11–68 SGB V erbringen und übernimmt so lediglich die Funktion der gesetzlichen Krankenkasse. Dabei hat der Arbeitgeber seinerseits einen Erstattungsanspruch gegen die Kasse aus § 17 Abs. 2 SGB V.

Dem Arbeitnehmer ist es im Rahmen seiner Eigenverantwortung zumutbar, sich über seinen Krankenversicherungsschutz während der Auslandstätigkeit selbst zu informieren.[653] Erteilt der Arbeitgeber dennoch eine Information zum Krankenversicherungsschutz, haftet er auch für deren Richtigkeit, Vollständigkeit und Eindeutigkeit.[654] Bedient sich der Arbeitgeber eines sozialversicherungsrechtlichen Beraters, haftet der Arbeitgeber für die Richtigkeit der Auskunft nach § 278 BGB.[655]

---

652 LAG Hessen 04.09.1995 – 16 Sa 215/95, NZA 1996, 482; dem folgt *Reinfeld,* in: Münchener Anwaltshandbuch ArbR, Teil G, § 34 Nebenpflichten des Arbeitgebers, Rdnr. 100; darauf verweist auch *Preis,* in: ErfK, § 611 BGB, Rdnr. 635.

653 LAG Hessen 04.09.1995 – 16 Sa 215/95, NZA 1996, 483.

654 Vgl. BAG 13.11.2014 – 8 AZR 817/13, NZA 2015, 166; BAG 23.05.1989 – 3 AZR 257/88, NVwZ 1990, 407; BAG 18.12.1984 – 3 AZR 168/82, NZA 1985, 459 bestätigt BAG 24.05.1974 – 3 AZR 422/73, AP BGB § 242 Ruhegehalt-VBL Nr. 6; *Schliemann,* BB 2001, S. 1307.

655 BAG 24.05.1974 – 3 AZR 422/73, AP BGB § 242 Ruhegehalt-VBL Nr. 6; *Schliemann,* BB 2001, S. 1307.

5. *Informations- und Aufklärungspflicht des Arbeitgebers bei Abschluss des Entsendungsvertrages bzgl. einer drohenden Doppelbesteuerung*

Die Tätigkeit im Ausland kann aufgrund der im Entsendungsvertrag festgelegten Dauer zu einer Verpflichtung des Arbeitnehmers zur Abführung der Einkommenssteuer im Ausland führen. Die Frage, ob der Arbeitgeber im Zusammenhang mit dem Abschluss des Entsendungsvertrages verpflichtet ist, den Arbeitnehmer auf eine eventuelle Besteuerung im Ausland und damit eine drohende Doppelbesteuerung bei Beibehalten des Wohnsitzes in Deutschland hinzuweisen, hatte das Bundesarbeitsgericht bisher nur einmal zu entscheiden und verneint.[656] Diese Ansicht teilt die Literatur.[657]

Grundsätzlich hat jeder Vertragspartner für die Wahrnehmung seiner Interessen selbst zu sorgen.[658] Die Abführung der Lohnsteuer liegt im Interesse des Arbeitnehmers, denn er ist alleiniger Schuldner der Lohnsteuer nach § 38 Abs. 2 EStG, weshalb das Einholen von Informationen zur Besteuerung allein in seinem Interesse und seiner Sphäre liegt.[659] Der Arbeitgeber haftet nach § 42 d Abs. 1 Nr. 1 EStG nur für die Lohnsteuer, die er einzubehalten und abzuführen hat und erfüllt damit eine fremde Schuld. Besteht für den Arbeitnehmer Aufklärungsbedarf bzgl. einer drohenden Besteuerung im Ausland, stehen ihm geeignete Ansprechpartner wie z.B. das Finanzamt oder ein Steuerberater zur Verfügung.[660] Der Arbeitgeber muss deshalb von sich aus nicht auf die Rechtslage eines bestehenden Doppelbesteuerungsabkommens hinweisen.[661]

Der Gesetzgeber geht ebenfalls nicht von einer Informationspflicht des Arbeitgebers aus, denn er lässt es nach § 2 Abs. 1 NachwG genügen, dass der Arbeitgeber, um die Nachweispflicht zu erfüllen, im Nachweis oder Entsendungsvertrag nur

---

656 BAG 22.01.2009 – 8 AZR 161/08, NJW 2009, 2616; ebenso LAG Rheinland-Pfalz 17.11.2011 – 10 Sa 350/11, BeckRS 2012, 65577.

657 *Reinfeld*, in: Münchener Anwaltshandbuch ArbR, Teil G, § 34 Nebenpflichten des Arbeitgebers, Rdnr. 97; *Preis*, in: ErfK, § 611 BGB, Rdnr. 635; *Edenfeld*, NZA 2009, S. 941, a.A. aber *Heuser/Heidenreich/Fritz*, Auslandsentsendung, Rdnr. 100 wonach der Arbeitgeber verpflichtet sein soll über die Grundsätze der veränderten Besteuerung bei einer Auslandstätigkeit aufzuklären.

658 BAG 22.01.2009 – 8 AZR 161/08, NJW 2009, 2616.

659 BAG 22.01.2009 – 8 AZR 161/08, NJW 2009, 2616; genauso LAG Rheinland-Pfalz 17.11.2011 – 10 Sa 350/11, BeckRS 2012, 65577; BAG 13.11.2014 – 8 AZR 817/13, NZA 2015, 166.

660 Daneben stehen auch Lohnsteuerhilfevereine als Ansprechpartner zur Verfügung, so LAG Rheinland-Pfalz 17.11.2011 – 10 Sa 350/11, BeckRS 2012, 65577.

661 LAG Rheinland-Pfalz 17.11.2011 – 10 Sa 350/11, BeckRS 2012, 65577.

auf die jeweiligen gesetzlichen Regelungen bzgl. Urlaubsdauer oder Kündigungsfristen verweist.[662] Es ist dann Sache des Arbeitnehmers, sich über die jeweilige Gesetzeslage selbst zu informieren.[663] Zudem verlangt § 2 Abs. 2 NachwG nicht, dass der Nachweis oder Entsendungsvertrag einen Hinweis bzgl. der Besteuerung des im Ausland erzielten Arbeitsentgeltes enthält.[664]

Ausnahmsweise führen in besonderen Einzelfällen die Rücksichtnahmepflichten nach § 241 Abs. 2 BGB zu einer Informations- und Beratungspflicht des Arbeitgebers, wenn für den Arbeitnehmer besondere atypische Risiken bestehen.[665] Atypische Risiken liegen beispielsweise vor, wenn durch Zustimmung zu einem vom Arbeitgeber initiierten Aufhebungsvertrag dem Arbeitnehmer ein schwerer finanzieller Schaden droht.[666] Solche Risiken bestehen bei einer drohenden zusätzlichen Besteuerung der Tätigkeit im Ausland nicht, weshalb die Rücksichtnahmepflichten nicht zu Informations- und Beratungspflichten führen und die Rechtsprechung eine Informationspflicht des Arbeitgebers im Ergebnis ablehnt.

6. *Zusammenfassendes Ergebnis*

Nach § 2 Abs. 2 Nr. 1 NachwG ist die Mitteilung des Arbeitgebers an den Arbeitnehmer über die Dauer der Entsendung Mindestinhalt des Nachweises und damit auch des den Nachweis gem. § 2 Abs. 4 NachwG ersetzenden Entsendungsvertrages.

Der Entsendungsvertrag kann datumsmäßig oder nach seinem Zweck befristet sein. Die Zulässigkeit der Befristung des Entsendungsvertrages unterliegt den Anforderungen einer Inhaltskontrolle nach § 307 Abs. 1 BGB. Die Befristung des Entsendungsvertrages unterliegt nicht den Anforderungen des § 14 TzBfG,

---

662 BAG 22.01.2009 – 8 AZR 161/08, NJW 2009, 2616.

663 BAG 22.01.2009 – 8 AZR 161/08, NJW 2009, 2616.

664 BAG 22.01.2009 – 8 AZR 161/08, NJW 2009, 2616.

665 BAG 22.01.2009 – 8 AZR 161/08, NJW 2009, 2616; BAG 26.07.2007 – 8 AZR 707/06, DB 2007, 2319 bejaht ein atypisches Risiko und damit eine Aufklärungspflicht des Arbeitgebers gegenüber dem Arbeitnehmer über Umstände aufgrund derer der Arbeitnehmer verpflichtet ist einen Versicherungsfall selbst unmittelbar binnen einer bestimmten Frist einer Versicherungsgesellschaft anzuzeigen mit welcher der Arbeitgeber einen Gruppenunfallversicherungsvertrag geschlossen hat.

666 BAG 22.01.2009 – 8 AZR 161/08, NJW 2009, 2616 verweist auf BAG 03.07.1990 – 3 AZR 382/89, DB 1990, 2431 wonach der Arbeitgeber ausnahmsweise verpflichtet ist, den Arbeitnehmer über den Verlust einer Versorgungsanwartschaft zu informieren, wenn dem Arbeitnehmer schwere finanzielle Schäden drohen.

weil diese Vorschrift auf die Befristung des Arbeitsverhältnisses als Ganzes zugeschnitten ist. Bei dem Entsendungsvertrag besteht aber das Grundarbeitsverhältnis in unbefristeter Form weiter, es wird für die Dauer der Entsendung nur durch den Entsendungsvertrag modifiziert.

Anhand der Inhaltskontrolle nach § 307 Abs. 1 BGB prüft die Rechtsprechung, ob die Befristung den Arbeitnehmer nach einer umfassenden einzelfallbezogenen Interessenabwägung entgegen den Grundsätzen von Treu und Glauben unangemessen benachteiligt. Handelt es sich um eine Zweckbefristung, muss im Entsendungsvertrag der Zweck klar und deutlich beschrieben sein, z.B. die Leitung bei dem Errichten einer Fabrikanlage. Liegt eine datumsmäßige Befristung vor, besteht über das Ende der Befristung durch Ablauf des Datums ausreichend Klarheit für den Arbeitnehmer, weshalb die Nennung eines Grundes für die Befristung im Entsendungsvertrag entbehrlich ist.

Die Befristung des Entsendungsvertrages auf länger als einen Monat ist betriebsverfassungsrechtlich eine zustimmungspflichtige Versetzung nach §§ 99 Abs. 1 S. 1 i. V. m. 95 Abs. 3 S. 1 BetrVG. Die Anwendbarkeit des BetrVG auf vorübergehend im Ausland tätige Arbeitnehmer hängt von einer Ausstrahlungswirkung des BetrVG ab und wird vom Bundesarbeitsgericht bei fortbestehender Betriebszugehörigkeit bejaht, d.h., wenn der Arbeitnehmer rechtlich und tatsächlich auch während der Auslandstätigkeit an den deutschen Betrieb gebunden ist. Eine rechtliche Bindung besteht durch das auch während der Entsendung fortbestehende Grundarbeitsverhältnis. Für die tatsächliche Bindung sind Indizien wie z.B. eine Weisungsabhängigkeit vom deutschen Arbeitgeber oder die Gehaltszahlung vom deutschen Arbeitgeber relevant.

Bei dem Sonderfall, dass der Arbeitnehmer erst für den Auslandseinsatz eingestellt wird, ohne zuvor im deutschen Betrieb gearbeitet zu haben, liegt keine Ausstrahlung des BetrVG ins Ausland vor, weil schon kein betriebsverfassungsrechtlicher Status in Deutschland begründet wurde.

Zur Bestimmung der Ausstrahlung des BetrVG kann aus verschiedenen Gründen nicht auf den Ausstrahlungsbegriff des Sozialversicherungsrechts in § 4 SGB IV zurückgegriffen werden. Der sozialversicherungsrechtliche Ausstrahlungsbegriff basiert auf einer reinen Rechtsbeziehung, während der betriebsverfassungsrechtliche Ausstrahlungsbegriff neben der rechtlichen Bindung auch eine tatsächlich fortbestehende Betriebszugehörigkeit zum deutschen Betrieb während der Auslandstätigkeit erfordert.[667] Der betriebsverfassungs- und sozialversicherungsrechtliche Ausstrahlungsbegriff unterscheiden sich auch hinsichtlich ihrer

667 *Reiter*, in: NZA 2004, S. 1250.

Funktion. Der betriebsverfassungsrechtliche Ausstrahlungsbegriff sorgt dafür, dass der Betriebsrat auch die potenziell gleichgelagerten Interessen des vorübergehend im Ausland arbeitenden Arbeitnehmers repräsentiert und vertritt. Der Ausstrahlungsbegriff des Sozialversicherungsrechts erfüllt den Sinn und Zweck, gleichartige Risiken aufzufangen, indem vorübergehend im Ausland tätige Arbeitnehmer auch in die Sozialversicherung einbezogen werden.[668]

Aus steuerrechtlicher Sicht erlangt die im Entsendungsvertrag vereinbarte Dauer nur Relevanz, wenn ein DBA-Fall nach Art. 15 Abs. 2 a)-c) OECD-MA vorliegt. Behält der Arbeitnehmer seinen deutschen Wohnsitz während der Entsendung bei, fallen Tätigkeitsstaat und Ansässigkeitsstaat während der Auslandstätigkeit auseinander. Es besteht die Gefahr einer Doppelbesteuerung, wenn der ausländische Staat nach einer gewissen Dauer den vom Arbeitnehmer erwirtschafteten Lohn besteuert. Art. 15 Abs. 2 a)-c) OECD-MA vermeidet die Doppelbesteuerung, indem er ausnahmsweise dem Ansässigkeitsstaat Deutschland das Besteuerungsrecht zuweist, wenn die Voraussetzungen des Art. 15 Abs. 2 a)-c) OECD-MA kumulativ vorliegen. Voraussetzung nach Art. 15 Abs. 2 OECD-MA ist ein weniger als 183 Tage dauernder Aufenthalt des Arbeitnehmers im ausländischen Tätigkeitsstaat innerhalb eines Zwölfmonatszeitraumes, der im betreffenden Steuerjahr beginnt oder endet.[669]

Dabei sind nach Nr. 5 OECD-Kommentar die Tage „physischer Anwesenheit" relevant, nicht die Dauer der tatsächlichen Arbeitstätigkeit des Arbeitnehmers.[670]

---

668 *Reiter*, in: NZA 2004, S. 1250.

669 Die 183-Tage-Frist bezieht sich in einigen DBA, abweichend vom OECD-MA auf das Kalenderjahr (z.B. Art. 15 Abs. 2 a DBA-Italien, Art. 15 Abs. 2 a DBA-Schweiz) oder Steuerjahr. Weicht das Steuerjahr des Tätigkeitsstaates von dem des Ansässigkeitsstaates ab, ist das Steuerjahr des Tätigkeitsstaates maßgeblich für die Berechnung der 183-Tage-Frist, z.B. Australien 01.07-30.06; in Deutschland ist das Steuerjahr gleichbedeutend mit dem Kalenderjahr (BMF 14.09.2006 – IV B 6 – S 1300- 367/06, BStBl. I 2006, 532, Nr. 4.2.4 Rz 51); nach einigen DBA ist für die 183-Tage-Frist nicht der reine Aufenthalt, sondern die Dauer der tatsächlichen Arbeitsausübung relevant, z.B. Art. 15 Abs. 2 Nr. 1 DBA-Belgien; Art. 15 Abs. 2 a DBA-Dänemark; so BMF-Schreiben vom 14.09.2006 IV B 6 – S 1300-367/06, Rdnrn. 34, 46 ff.; darauf verweist auch *Bourseaux/Levedag*, in: Schönfelder/Ditz DBA, Art. 15, C. Ausnahmen vom Arbeitsortprinzip (Abs. 2), Rdnr. 95.

670 So auch BFH 12.04.1978 – I R 100/75, BStBl. II 1978, 425; *Reuter*, in: Kessler/Kröner/Köhler, Konzernsteuerrecht, § 9, Rdnr. 13; *Bourseaux/Levedag*, in: Schönfelder/Ditz DBA, Art. 15, C. Ausnahmen vom Arbeitsortprinzip (Abs. 2), Rdnr. 93; BMF-Schreiben vom 14.09.2006 IV B 6 – S 1300-367/06, Rdnr. 37.

In sozialversicherungsrechtlicher Hinsicht ist bei einer Entsendung in die EU/EWR bei der im Entsendungsvertrag festgelegten Dauer relevant, ob die in Art. 12 Abs. 1 der VO 883/2004 festgelegte Grenze von 24 Monaten eingehalten wird. Bei einer Entsendungsdauer bis zu 24 Monaten liegt der Schwerpunkt des Beschäftigungsverhältnisses weiterhin im Ausgangsstaat. Eine Verantwortlichkeit des ausländischen Sozialversicherungssystems ist für diesen überschaubaren Zeitraum nicht angemessen.[671] Bei einer Entsendungsdauer von mehr als 24 Monaten kann eine Ausnahmegenehmigung nach Art. 16 Abs. 1 VO 883/2004 bei Vorliegen eines individuell zu begründenden Interesses des Arbeitnehmers erteilt werden.

Eine Informations- und Aufklärungspflicht des Arbeitgebers bzgl. einer möglichen Veränderung des Krankenversicherungsschutzes während der Entsendung besteht nicht, denn im Rahmen seiner Eigenverantwortung ist es dem Arbeitnehmer zumutbar, sich über eine mögliche Veränderung seines Krankenversicherungsschutzes während der Auslandstätigkeit selbst zu informieren.[672] Auch eine Informationspflicht des Arbeitgebers bzgl. einer unter bestimmten Umständen drohenden Doppelbesteuerung besteht nicht, denn der Arbeitnehmer ist alleiniger Schuldner der Lohnsteuer, weshalb das Einholen von Informationen zur Besteuerung allein in seinem Interesse und seiner Sphäre liegt.[673]

II. Währung, in der das Entgelt ausgezahlt wird

Nach § 2 Abs. 2 Nr. 2 NachwG ist die Währung, in der das Arbeitsentgelt für die Auslandstätigkeit ausgezahlt wird, im Entsendungsvertrag anzugeben, damit der Entsendungsvertrag den Nachweis gem. § 2 Abs. 4 NachwG ersetzen kann.

1. Arbeitsrecht

a) Zulässigkeit der Überweisung auf ein Konto im Tätigkeitsstaat

Der gesetzliche Anknüpfungspunkt zur Berechnung und Zahlung des Arbeitsentgelts ist § 107 GewO. Nach § 107 Abs. 1 GewO ist das Arbeitsentgelt in Euro zu berechnen und auszuzahlen.

In dem Entsendungsvertrag können der deutsche Arbeitgeber und der Arbeitnehmer vereinbaren, dass das Entgelt auf ein Konto des Arbeitnehmers in

671 *Steinmeyer*, in: Fuchs Europäisches Sozialrecht, Art. 12 VO 883/2004, Rdnr. 13.

672 LAG Hessen 04.09.1995 - 16 Sa 215/95, NZA 1996, 483.

673 BAG 22.01.2009 - 8 AZR 161/08, NJW 2009, 2616; genauso LAG Rheinland-Pfalz 17.11.2011 - 10 Sa 350/11, BeckRS 2012, 65577; BAG 13.11.2014 - 8 AZR 817/13, NZA 2015, 166.

Deutschland gezahlt wird oder auf ein Konto des Arbeitnehmers im ausländischen Tätigkeitsstaat.

Bei einer Entsendung des Arbeitnehmers in ein anderes Land innerhalb des Eurowährungsraumes überweist der deutsche Arbeitgeber das Arbeitsentgelt wahrscheinlich auf das ausländische Konto des Arbeitnehmers und der Arbeitnehmer kann seinen Lohn in Euro abheben. Es ergeben sich keine Besonderheiten, weil dieser Vorgang im Einklang mit § 107 Abs. 1 GewO steht.

Bei Entsendung des Arbeitnehmers in ein Land außerhalb des Eurowährungsraumes wird der deutsche Arbeitgeber ebenfalls das Arbeitsentgelt auf das ausländische Konto des Arbeitnehmers überweisen, der Arbeitnehmer wird den Lohn aber nur in der ausländischen Währung abheben können. Ob dieses Vorgehen im Einklang mit § 107 Abs. 1 GewO steht, ist in der Literatur umstritten.

Nach § 107 GewO ist das Arbeitsentgelt in Euro zu berechnen und auszuzahlen.

Nach einer Auffassung widerspricht die Auszahlung des Entgelts in einer anderen Währung dem eindeutigen Wortlaut des § 107 Abs. 1 GewO, selbst wenn der Arbeitnehmer vorübergehend im Ausland arbeitet und lebt. Der Gesetzeswortlaut ist nach dieser Ansicht eindeutig und nicht dispositiv.[674] Zwar folgt aus § 107 GewO keine unmittelbare Sanktion bei der Auszahlung des Entgeltes in einer anderen Währung, allerdings kann der Arbeitnehmer gegen den Arbeitgeber z.B. Ansprüche auf den Ersatz von Schäden durch Fremdwährungsschwankungen haben.[675]

Nach einer anderen Auffassung ist eine Auszahlung des Entgelts in einer anderen Währung aus Praktikabilitätsgründen zulässig, wenn der Arbeitnehmer vorübergehend im Ausland arbeitet und lebt.[676] Der § 107 GewO geht von dem Grundfall aus, dass der Arbeitnehmer in Deutschland arbeitet und dort seinen

674 *Schöne*, in: Hümmerich/Boecken/Düwell, § 107 GewO, Rdnr. 8; *Bauer/Opolony*, BB 2002, S. 1592.

675 *Schöne*, in: Hümmerich/Boecken/Düwell, § 107 GewO, Rdnr. 9.

676 *Kolbe*, in: Dornbusch/Fischermeier/Löwisch, Kommentar zum Arbeitsrecht, § 106 GewO, Rdnr. 13; *Lembke*, in: Henssler/Willemsen/Kalb, Arbeitsrecht Kommentar, § 107 GewO, Rdnr. 16; *Schöne*, in: Hümmerich/Boecken/Düwell, § 107 GewO, Rdnr. 9; *Schulte*, in: Pielow GewO, § 107, Rdnr. 10; *Wank*, in: Tettinger/Wank/Ennuschat GewO, § 107, Rdnrn. 2 f; *Krause*, in: Münchener Handbuch zum ArbR, Band 1, Zweites Buch, § 62 Erfüllung des Entgeltanspruchs, Rdnr. 1; *Mennen/Schellert/Wolf*, Mitarbeiterentsendung, S. 72 wonach für Fälle der internationalen Mitarbeiterentsendung der § 107 Abs. 1 GewO nicht zwingend ist; *Wisskirchen*, DB 2002, S. 1887.

Lohn ausbezahlt bekommt. Sinn und Zweck der Festlegung auf den Euro nach § 107 Abs. 1 GewO ist es, den Arbeitnehmer davor zu schützen, eine fremde Währung in Deutschland erst umtauschen zu müssen.[677] Die Regelung will zudem verhindern, dass der Lohnanspruch des Arbeitnehmers entwertet oder übermäßig erschwert wird.[678] Wäre die Auszahlung der Landeswährung im Ausland rechtswidrig, würde der Sinn und Zweck des § 107 GewO unterlaufen.[679] Selbst wenn der Arbeitnehmer seinen Arbeitslohn im ausländischen Tätigkeitsstaat in Euro erhalten würde, müsste er diesen erst in die Landeswährung umtauschen, um seine Lebenshaltungskosten zu tragen. Eine solche Verkomplizierung will die Norm gerade verhindern.

Ein weiterer Grund liegt darin, dass der Gesetzgeber selbst davon ausgeht, dass der Lohn in einer anderen Währung als Euro gezahlt werden darf. Dies ergibt sich aus § 2 Abs. 2 Nr. 2 NachwG, der die Angabe der Währung, in der das Entgelt gezahlt wird, bei einer länger als einmonatiger Auslandstätigkeit fordert.[680] Das NachwG bietet also grundsätzlich die Möglichkeit, das Entgelt auch in einer fremden Währung auszuzahlen. Zudem verweist § 105 Abs. 2 GewO auf das NachwG.

Die Vorschriften des §§ 107 Abs. 1 und Abs. 2 GewO werden von der Literatur als systematische Einheit gesehen, weil beide den Zweck haben, den Arbeitnehmer vor der Erschwerung seines Lohnanspruchs zu schützen.[681] Nach § 107 Abs. 2 GewO können Sachbezüge vereinbart werden, wenn sie dem Interesse des Arbeitnehmers oder der Eigenart des Arbeitsverhältnisses entsprechen. Sieht man §§ 107 Abs. 1 und Abs. 2 GewO als Einheit, ist es möglich, eine andere Währung zu vereinbaren, wenn dies dem Interesse des Arbeitnehmers oder der

677 *Kolbe,* in: Dornbusch/Fischermeier/Löwisch, Kommentar zum Arbeitsrecht, § 106 GewO, Rdnr. 11; *Preis,* in: ErfK, § 107 GewO, Rdnr. 2.

678 *Kolbe,* in: Dornbusch/Fischermeier/Löwisch, Kommentar zum Arbeitsrecht, § 106 GewO, Rdnrn. 3; 13; *Preis,* in: ErfK, § 107 GewO, Rdnr. 2; *Wisskirchen,* DB 2002, S. 1887.

679 *Preis,* in: ErfK, § 107 GewO, Rdnr. 2; *Mennen/Schellert/Wolf,* Mitarbeiterentsendung, S. 72.

680 *Kolbe,* in: Dornbusch/Fischermeier/Löwisch, Kommentar zum Arbeitsrecht, § 106 GewO, Rdnr. 13; *Lembke,* in: Henssler/Willemsen/Kalb, Arbeitsrecht Kommentar, § 107 GewO, Rdnr. 16; *Preis,* in: ErfK, § 107 GewO, Rdnr. 2; *Gotthard,* in: Landmann/Rohmer GewO, § 107, Rdnr. 14; *Krause,* in: Münchener Handbuch zum ArbR, Band 1, Zweites Buch, § 62 Erfüllung des Entgeltanspruchs, Rdnr. 1.

681 *Kolbe,* in: Dornbusch/Fischermeier/Löwisch, Kommentar zum Arbeitsrecht, § 106 GewO, Rdnr. 13; *Preis,* in: ErfK, § 107 GewO, Rdnr. 2; *Gotthard,* in: Landmann/Rohmer GewO, § 107, Rdnr. 14.

Eigenart des Arbeitsverhältnisses entspricht.[682] Im Interesse des Arbeitnehmers liegt es, ein Auslandskonto zu unterhalten und die Landeswährung ausgezahlt zu bekommen, weil er auf diese Art seine Lebenshaltungskosten (Einkäufe, Miete) bezahlt.

Nach der hier vertretenen Auffassung ist der zweiten Meinung der Vorzug zu geben, denn die Überweisung in den Tätigkeitsstaat verbunden mit der Auszahlung in der Landeswährung entspricht dem Sinn und Zweck des § 107 GewO, den Lohnanspruch des Arbeitnehmers nicht zu erschweren. Zudem geht der Gesetzgeber in § 2 Abs. 2 Nr. 2 NachwG, der auf den § 105 Abs. 2 GewO verweist, ebenfalls von der Möglichkeit aus, das Entgelt in einer anderen Währung als dem Euro auszuzahlen.

b) Notwendigkeit und Zulässigkeit einer Wertsicherungsklausel

Vereinbaren Arbeitgeber und Arbeitnehmer das Entgelt in Euro und erfolgt die Auszahlung in der ausländischen Währung in einem Tätigkeitsstaat mit mehr oder weniger starken Wechselkursschwankungen im Vergleich zum Euro, kann sich ein Problem daraus ergeben, dass sich der Auszahlungsbetrag aus dem monatlichen Umrechnungskurs der Landeswährung ergibt.[683] Sind beispielsweise 5.000 € Arbeitsentgelt im Entsendungsvertrag vereinbart, kann es sein, dass der Arbeitnehmer im Januar z.B. dafür 5.450$, im Februar nur noch 5.400$ und im März 5.350$ im Tätigkeitsstaat ausgezahlt bekommt, je nach aktuellem Umrechnungskurs zum Euro. Die Gehaltsauszahlung in der Landeswährung kann so u. U. zu Geldeinbußen bei dem Arbeitnehmer führen.[684] Einen Anspruch des Arbeitnehmers gegen den Arbeitgeber auf Ausgleich der Differenzbeträge der Folgemonate zum ersten Monat verneint die Rechtsprechung, wenn nicht ausdrücklich im Vertrag ein Wechselkurs vereinbart wurde oder dem Vertrag zu entnehmen ist, dass der im Zeitpunkt des Vertragsabschlusses gültige Wechselkurs zugrunde zu legen ist.[685]

Um das Währungsrisiko nicht auf den Arbeitnehmer abzuwälzen, können Arbeitgeber und Arbeitnehmer Wertsicherungsklauseln im Entsendungsvertrag

---

682 *Preis,* in: ErfK, § 107 GewO, Rdnr. 2; *Krause,* in: Münchener Handbuch zum ArbR, Band 1, Zweites Buch, § 62 Erfüllung des Entgeltanspruchs, Rdnr. 1.

683 *Preis,* in: Preis, Der Arbeitsvertrag, II A. 140 Auslandstätigkeit, Rdnr. 24.

684 *Preis,* in: Preis, Der Arbeitsvertrag, II A. 140 Auslandstätigkeit, Rdnr. 24.

685 So bei LAG Rheinland-Pfalz 12.02.2009 – 11 Sa 365/08, juris wonach die Entgeltabrechnungen auf Basis des jeweils aktuellen Umrechnungskurses erstellt wurden, ein Ausgleich der Differenzbeträge war vom Arbeitgeber nicht zu bezahlen.

vereinbaren, nach denen sich der Auszahlungsbetrag des Entgelts an die Entwicklung des Umrechnungskurses anpasst.[686]

Grundsätzlich verbietet der Gesetzgeber nach § 1 Abs. 1 Preisklauselgesetz (PrKG) Wertsicherungsklauseln, wenn diese die Höhe der Geldschuld an eine außerhalb des Schuldverhältnisses liegende Bezugsgröße binden und die Klausel die Geldschulden unmittelbar und selbstständig an diese Bezugsgröße anpasst.[687] Der Grund für das generelle Verbot liegt darin, dass Wertsicherungsklauseln bei unbeschränkter Verwendung inflationäre Tendenzen fördern und die Preisstabilität gefährden können.[688] Das Risiko einer Geldentwertung liegt grundsätzlich bei dem Gläubiger.[689]

Von dem generellen Verbot gibt es Ausnahmeregelungen gem. §§ 2–7 PrKG, die „einem sachgerechten Ausgleich zwischen dem öffentlichen Interesse an einem Verbot von Preisklauseln zum Schutz vor inflationären Tendenzen und dem berechtigten Interesse der Vertragsparteien an einer Kompensation von Geldentwertungen, insbesondere bei langfristigen Verträgen, dienen.“[690]

Eine Ausnahmeregelung besteht nach § 3 Abs. 1 Nr. 1 PrKG für Verträge auf Lebenszeit, bis zum Erreichen der Erwerbstätigkeit oder für die Dauer von mindestens zehn Jahren. Entsendungsverträge fallen regelmäßig nicht unter diese Ausnahme, weil sie die Voraussetzungen nicht erfüllen. Allenfalls in Ausnahmefällen dürfte eine Mindestlaufzeit von zehn Jahren bei Entsendungsverträgen vereinbart werden.

Vom generellen Verbot nach § 1 Abs. 1 PrKG sind Leistungsvorbehaltsklauseln nach § 1 Abs. 2 Nr. 1 PrKG nicht erfasst. Leistungsvorbehaltsklauseln sind dadurch gekennzeichnet, dass bei Eintritt bestimmter Voraussetzungen (Zeitablauf, wesentliche Änderung, Änderung einer Vergleichsgröße) die Höhe der Geldschuld durch die Partei oder einen Dritten neu festgesetzt wird. Der wesentliche Unterschied zu dem generellen Preisklauselverbot nach § 1 Abs. 1 PrKG ist, dass bei Leistungsvorbehaltsklauseln keine automatische Anpassung

---

686 *Preis,* in: Preis, Der Arbeitsvertrag, II A. 140 Auslandstätigkeit, Rdnr. 24.

687 *Schulze,* in: Schulze BGB, § 244, Rdnr. 15; *Grüneberg,* in: Palandt, Anhang zu § 245 BGB, (§ 1 Preisklauselgesetz), Rdnr. 1; *Grundmann,* in: MüKo BGB, § 245 BGB, Rdnrn. 73 f; *Omlor,* in: Staudinger, Buch 2, Recht der Schuldverhältnisse, § 1 PrKG, Rdnrn. 8 ff.

688 BT-Drs. 16/4391, S. 27; *Omlor,* in: Staudinger, Buch 2, Recht der Schuldverhältnisse, § 1 PrKG, Rdnr. 1.

689 *Schaub,* in: Erman, § 244 BGB, Rdnr. 9; *Gnann/Gerauer,* Arbeitsvertrag bei Auslandsentsendung, S. 67.

690 BT-Drs. 16/4391, S. 27, ebenso: *Schaub,* in: Erman, § 244 BGB, Rdnr. 9.

stattfindet, sondern bei der Anpassung ein – wenn auch sehr begrenzter – Ermessensspielraum besteht.[691] Eine Klausel im Entsendungsvertrag, nach welcher der Arbeitgeber allein, der Arbeitgeber in Absprache mit dem Arbeitnehmer oder ein Dritter nach Ablauf einer bestimmten Zeit (monatlich) das Arbeitsentgelt an die Entwicklung des Umrechnungskurses zum Euro anpasst, ist eine Leistungsvorbehaltsklausel. Sie ist nach § 1 Abs. 2 Nr. 1 PrKG vom Preisklauselverbot nicht erfasst und damit als Vereinbarung im Entsendungsvertrag zulässig.

2. *Zusammenfassendes Ergebnis*

Eine Vereinbarung im Entsendungsvertrag zur Währung, in der das Arbeitsentgelt ausgezahlt wird, weist aus arbeitsrechtlicher Sicht zwei Besonderheiten auf:

Wird der Arbeitnehmer in einen Staat entsandt, der nicht Mitglied der Währungsunion ist, wird das Entgelt in der ausländischen Währung im Tätigkeitsstaat ausgezahlt. Die Klausel verstößt gegen den Wortlaut des § 107 Abs. 1 GewO, wonach das Arbeitsentgelt in Euro zu berechnen und auszuzahlen ist. Aus dem Sinn und Zweck der Regelung, aus Praktikabilitätsgründen und aus dem systematischen Zusammenhang mit § 107 Abs. 2 GewO ergibt sich aber, dass die Auszahlung der ausländischen Währung bei einem im Ausland tätigen Arbeitnehmer zulässig ist.

Die Vereinbarung einer Wertsicherungsklausel im Entsendungsvertrag, nach welcher der Arbeitgeber, der Arbeitgeber in Abstimmung mit dem Arbeitnehmer oder ein Dritter das Recht haben, das Entgelt an die Entwicklung des Umrechnungskurses der ausländischen Währung zum Euro anzupassen, ist als Leistungsvorbehaltsklausel zulässig, weil ein – wenn auch sehr eingeschränkter – Ermessensspielraum besteht.

Es gibt keine Besonderheiten unter steuer- oder sozialversicherungsrechtlichen Gesichtspunkten.

---

691 *Grüneberg,* in: Palandt, Anhang zu § 245 BGB (§ 1 Preisklauselgesetz), Rdnr. 3; *Schulze,* in: Schulze BGB, § 244, Rdnr. 17; ebenso: *Omlor,* in: Staudinger, Buch 2, Recht der Schuldverhältnisse, § 1 PrKG, Rdnrn. 14 ff.; *Mennen/Schellert/Wolf,* Mitarbeiterentsendung, S. 72; a.A. *Gnann/Gerauer,* Arbeitsvertrag bei Auslandsentsendung, S. 135 besteht ein Ausgleichsanspruch aus der allgemeinen Fürsorgepflicht des Arbeitgebers; auch *Gnann/Gerauer,* Arbeitsvertrag bei Auslandsentsendung, S. 161 wonach anstelle einer vereinbarten Klausel im Entsendungsvertrag Gespräche zwischen Mitarbeiter und Arbeitgeber eine Einigung über eine Anpassung herbeiführen sollen, basierend auf gegenseitigem Vertrauen, dass „im Falle des Eintretens unvorhergesehener Umstände jede Seite damit rechnen kann, dass der Vertragspartner zu einer sachgerechten Anpassungsregelung bereit ist."

III. Vergütung: Zusätzliches, mit der Entsendung verbundenes Entgelt und damit verbundene zusätzliche Sachleistungen

Nach § 2 Abs. 2 Nr. 3 NachwG muss der Entsendungsvertrag i. V. m. § 2 Abs. 4 NachwG Angaben über ein zusätzliches, mit der Auslandsentsendung verbundenes Entgelt und damit verbundene zusätzliche Sachleistungen enthalten, um einen gesonderten Nachweis zu ersetzen.

Diese Angaben sind aber nur in den Entsendevertrag aufzunehmen, wenn sie zwischen Arbeitgeber und Arbeitnehmer auch vereinbart werden.[692] Das NachwG ist keinesfalls dahingehend zu verstehen, dass es den Parteien eine Pflicht auferlegt, zusätzliche Vergütungsvereinbarungen zu treffen.[693] Eine so weitreichende Regelungskompetenz besitzt das NachwG nicht. Werden im Entsendungsvertrag kein zusätzliches Entgelt und keine zusätzlichen Sachleistungen vereinbart, muss darüber auch keine Bescheinigung (sog. Negativbescheinigung) erteilt werden.[694] In den allermeisten Fällen werden aber ein zusätzliches Entgelt und zusätzliche Sachleistungen für den Zeitraum der Entsendung vereinbart, um den Arbeitnehmer zu motivieren, weil er auf einer gehobenen Position im Ausland arbeitet oder zum Ausgleich von mit der Entsendung verbundenen Nachteilen und Erschwernissen.

Hinweise zur Besteuerung des im Ausland erzielten Arbeitsentgelts muss der Entsendungsvertrag nach § 2 Abs. 2 NachwG nicht enthalten, weil der Arbeitnehmer sich über steuerrechtliche Belange selbst informieren muss.[695]

1. Arbeitsrecht

Aus arbeitsrechtlicher Sicht spielt bei der Klausel zur Vergütung zunächst eine Rolle, nach welchen Kriterien sich das Grundgehalt und zusätzliche Vergütungsbestandteile ermitteln und wie sich das Gehalt nach der Rückkehr in den

---

692 *Preis,* in: ErfK, § 2 NachwG, Rdnr. 28; *Kliemt,* in: Henssler/Willemsen/Kalb, Arbeitsrecht Kommentar, § 2 NachwG, Rdnr. 50; *Wolff,* in: Dornbusch/Fischermeier/Löwisch, Kommentar zum Arbeitsrecht, § 2 NachwG, Rdnr. 27.

693 *Schaub,* in: Hümmerich/Boecken/Düwell, § 2 NachwG, Rdnr. 46; *Kliemt,* in: Henssler/Willemsen/Kalb, Arbeitsrecht Kommentar, § 2 NachwG, Rdnr. 50; *Wolff,* in: Dornbusch/Fischermeier/Löwisch, Kommentar zum Arbeitsrecht, § 2 NachwG, Rdnr. 27.

694 H. M. *Fischermeier,* in: Dornbusch/Fischermeier/Löwisch, Kommentar zum Arbeitsrecht, § 2 NachwG, Rdnr. 27; *Preis,* in: ErfK, § 2 NachwG, Rdnr. 28; a.A. *Kliemt,* in: Henssler/Willemsen/Kalb, Arbeitsrecht Kommentar, § 2 NachwG, Rdnr. 50.

695 *Kliemt,* in: Henssler/Willemsen/Kalb, Arbeitsrecht Kommentar, § 2 NachwG, Rdnr. 50.

deutschen Betrieb gestaltet. Die Frage nach einem Mitbestimmungsrecht des Betriebsrates stellt sich nach § 87 Abs. 1 Nr. 10 BetrVG. Inwieweit Rückzahlungsklauseln, nach denen der Arbeitgeber eine Rückzahlung vom Arbeitnehmer bei vorzeitiger Beendigung der Entsendung verlangt, angemessen sind, spielt aus arbeitsrechtlicher Sicht ebenfalls eine Rolle.

a) *Zusätzliches Entgelt und Sachleistungen*

In der Praxis ist es üblich, die Position im Ausland mittels eines Stellenbewertungssystems des Unternehmens zu kategorisieren, nach welchem dann auch das Grundgehalt festgelegt wird.[696] Ausgangspunkt kann auch das deutsche Grundgehalt sein, welches dann während der Entsendung fortgezahlt und gegebenenfalls entsprechend dem erweiterten Aufgaben- und Verantwortungsbereich für die Dauer der Auslandstätigkeit aufgestockt wird.[697]

Das Grundgehalt wird durch zusätzliche Vergütungsbestandteile in Form von Sach- und Barzulagen (sog. fringe benefits) ergänzt.[698] Sie dienen vorwiegend dazu, dem Arbeitnehmer alle Kosten zu ersetzen, die ihm nicht entstanden wären, wenn er in Deutschland geblieben wäre.[699] Zusätzliche Vergütungsbestandteile können auch mit einem Pauschalbetrag abgegolten werden.[700] Entscheidend für die Frage, welche zusätzlichen Sachleistungen gewährt werden, ist die übliche Verfahrensweise hierzu im Unternehmen. Auch eine Rolle spielen steuerrechtliche Erwägungen, die familiäre Situation des Arbeitnehmers und die tatsächlichen und kulturellen Gegebenheiten im Tätigkeitsstaat. In Ländern mit hoher Einkommenssteuer, wie Schweden oder Norwegen, kann die Gewährung von steuerbegünstigten Zusatzleistungen oft einen größeren Vorteil bedeuten als ein erhöhtes Grundgehalt.[701]

Zusätzliche Sachleistungen sind typischerweise Dienstwagen, Mietkosten, Heimflüge, Aktienoptionen, Schul- und Kindergartenkosten, private Zusatzversicherungen, Fortführung der betrieblichen Altersvorsorge im deutschen

---

696 *Laws,* in: Laws/Koziner/Waldenmaier, Mitarbeiter ins Ausland entsenden, S. 55.

697 *Gnann/Gerauer,* Arbeitsvertrag bei Auslandsentsendung, S. 65.

698 *Heuser/Heidenreich/Fritz,* Auslandsentsendung, Rdnr. 114; *Borgmann,* in: Grobys/Panzer SWK Arbeitsrecht, Auslandstätigkeit/Entsendung, Rdnr. 26.

699 *Laws,* in: Laws/Koziner/Waldenmaier, Mitarbeiter ins Ausland entsenden, S. 51; *Gnann/Gerauer,* Arbeitsvertrag bei Auslandsentsendung, S. 66.

700 *Laws,* in: Laws/Koziner/Waldenmaier, Mitarbeiter ins Ausland entsenden, S. 46; *Heuser/Heidenreich/Fritz,* Auslandsentsendung, Rdnr. 117.

701 *Laws,* in: Laws/Koziner/Waldenmaier, Mitarbeiter ins Ausland entsenden, S. 37.

Unternehmen und finanzielle Unterstützung des Ehegatten, wenn dessen Gehalt wegfällt.[702]

Umzugskosten sind vom Arbeitgeber nur zu erstatten, wenn der Umzug dienstlich veranlasst wurde und die Übernahme der Kosten zuvor im Entsendungsvertrag vereinbart wurde, was bei Entsendungsverträgen regelmäßig der Fall ist.[703] Eine Vereinbarung regelt häufig auch weitergehende Details im Zusammenhang mit dem Umzug, beispielsweise ob Maklerkosten, Inseratskosten, Einlagerung von Möbeln und Renovierungskosten auch vom Arbeitgeber übernommen werden.[704] Komplizierter gestaltet sich die Frage, ob der Arbeitgeber auch die Rückumzugskosten bei Auslandsentsendungen zu tragen hat, wenn nur die Übernahme der Umzugskosten im Entsendungsvertrag geregelt ist. Das Bundesarbeitsgericht hat diesen Fall entschieden, indem es eine Erstattungspflicht des Arbeitgebers bejaht, auch in Fällen, in denen keine ausdrückliche Regelung zu Rückumzugskosten im Entsendungsvertrag getroffen wurde.[705] Nach Ansicht des Bundesarbeitsgerichts ist die Vereinbarung zur Übernahme von Umzugskosten für einen Umzug ins Ausland so auszulegen, dass auch Rückumzugskosten für einen Rückumzug nach Deutschland von der Kostenübernahme erfasst sind.[706] Da Willenserklärungen nach den Grundsätzen von Treu und Glauben mit Rücksicht auf die Verkehrssitte nach §§ 133, 157 BGB auszulegen sind, darf der Arbeitnehmer regelmäßig davon ausgehen, dass mit der Übernahme der Umzugskosten bei einer Auslandsentsendung auch die Rückumzugskosten erstattet werden.[707] Der Arbeitgeber muss die Rückumzugskosten selbst dann erstatten, wenn der Rückumzug nach Deutschland tatsächlich nicht

702 *Maurer,* Personaleinsatz im Ausland, S. 74; *Heuser/Heidenreich/Fritz,* Auslandsentsendung, Rdnrn. 118 ff.; *Gnann/Gerauer,* Arbeitsvertrag bei Auslandsentsendung, S. 66; *Laws,* in: Laws/Koziner/Waldenmaier, Mitarbeiter ins Ausland entsenden, S. 51; *Däubler,* in: Däubler/Hjort/Schubert/Wolmerath, Arbeitsrecht, Art. 35 EGBGB, Rdnr. 35.

703 *Preis,* in: ErfK, § 611 BGB, Rdnrn. 428 ff.; *Müller-Glöge,* in: MüKo BGB, § 611 BGB, Rdnr. 890; *Joussen,* in: BeckOKommArbR, § 611 BGB, Rdnr. 235.

704 *Waldenmaier,* in: Laws/Koziner/Waldenmaier, Mitarbeiter ins Ausland entsenden, S. 133.

705 BAG 26.07.1995 – 5 AZR 216/94, NJW 1996, 741; *Gotthard,* MDR 2001, S. 968 f; *Preis,* in: ErfK, § 611 BGB, Rdnr. 429.

706 BAG 26.07.1995 – 5 AZR 216/94, NJW 1996, 741; *Gotthard,* MDR 2001, S. 968 f; *Preis,* in: ErfK, § 611 BGB, Rdnr. 429.

707 BAG 26.07.1995 – 5 AZR 216/94, NJW 1996, 741.

durchgeführt wird, weil es auf die tatsächliche Durchführung des Rückumzugs nicht ankommt.[708]

Ein Kaufkraftausgleich wird gezahlt, damit der Arbeitnehmer auch im Ausland einen mit Deutschland vergleichbaren Lebensstandard führen kann.[709] Ausgangspunkt für die Berechnung der Höhe des Kaufkraftausgleichs ist die Ermittlung der Lebenshaltungskostenindexe in Deutschland und im Tätigkeitsstaat, beispielsweise anhand der Daten des Statistischen Bundesamtes (z.B. Vergleich des Mietspiegels).[710] Ein Ausgleich niedrigerer Lebenshaltungskosten im Tätigkeitsstaat erfolgt umgekehrt regelmäßig nicht. Es würde bei dem Mitarbeiter auch auf Unverständnis stoßen, wenn ihm ein Teil seines Gehalts abgezogen würde, weil die Lebenshaltungskosten im ausländischen Tätigkeitsstaat geringer sind, zumal dann auch der Lebensstandard insgesamt geringer sein wird und der Aufenthalt sonstige Erschwernisse mit sich bringt.

Zudem wird häufig eine Härtezulage für erschwerte Lebensbedingungen im ausländischen Tätigkeitsstaat gezahlt, sog. Erschwernis- oder Hardship-Zulage.[711] Erschwerte Lebensbedingungen bestehen beispielsweise bei einem schwierigen kulturellen, politischen, sozialen oder religiösen Umfeld, Mängeln in der medizinischen Versorgung, Kriminalität, bei Nachteilen für die schulische Ausbildung der Kinder, Nachteilen für das berufliche Fortkommen des Ehepartners oder bei schwierigen klimatischen Bedingungen.[712]

b) Mitbestimmungsrecht des Betriebsrates nach § 87 Abs. 1 Nr. 10 BetrVG

Bei der Vereinbarung eines zusätzlichen Entgelts und zusätzlicher Sachleistungen für die Dauer der Entsendung stellt sich die Frage nach einem Mitbestimmungsrecht des Betriebsrates aus § 87 Abs. 1 Nr. 10 BetrVG. Für ein Mitbestimmungsrecht des Betriebsrates muss das BetrVG zunächst in seinem persönlichen Anwendungsbereich Entsendungssachverhalte erfassen.

---

708 BAG 26.07.1995 – 5 AZR 216/94, NJW 1996, 741.

709 *Laws,* in: Laws/Koziner/Waldenmaier, Mitarbeiter ins Ausland entsenden, S. 50.

710 *Laws,* in: Laws/Koziner/Waldenmaier, Mitarbeiter ins Ausland entsenden, S. 71; *Gnann/Gerauer,* Arbeitsvertrag bei Auslandsentsendung, S. 67.

711 *Maurer,* Personaleinsatz im Ausland, S. 72: Laws/Koziner/Waldenmaier, Mitarbeiter ins Ausland entsenden, S. 80 f.

712 *Maurer,* Personaleinsatz im Ausland, S. 72; *Gnann/Gerauer,* Arbeitsvertrag bei Auslandsentsendung, S. 66; *Laws,* in: Laws/Koziner/Waldenmaier, Mitarbeiter ins Ausland entsenden, S. 52.

aa) Persönlicher Anwendungsbereich des BetrVG

Grundsätzlich gilt das Territorialitätsprinzip, wonach vom Anwendungsbereich des BetrVG nur Betriebe mit Sitz in Deutschland erfasst sind.[713]

Ausnahmsweise kann sich der persönliche Anwendungsbereich des BetrVG im Rahmen einer sog. Ausstrahlung auf Arbeitnehmer erstrecken, die vorübergehend von einem deutschen Betrieb ins Ausland entsandt sind.[714] Die Ausstrahlung bewirkt, dass die vorherige Zugehörigkeit des Arbeitnehmers zum deutschen Betrieb nicht ohne Weiteres durch eine Auslandstätigkeit beendet wird.[715] Voraussetzung für die weiterhin bestehende Betriebszugehörigkeit ist, dass die Auslandstätigkeit nur vorübergehend erfolgt.[716]

Ein Teil der Literatur fordert für eine auch während der Entsendung bestehende Betriebszugehörigkeit eine rechtliche und tatsächliche Bindung zum deutschen Betrieb.[717] Eine rechtliche Bindung besteht durch ein (u. U. auch ruhendes) Arbeitsverhältnis.[718] Die tatsächliche Bindung ermittelt sich anhand von Indizien, wie der Dauer der Auslandstätigkeit, der Zahlung des Gehalts vom deutschen Arbeitgeber, einer Weisungsabhängigkeit vom deutschen Unternehmen, einer fortbestehenden Eingliederung in die betriebliche Struktur des deutschen Betriebes, der Vereinbarung einer Rückrufklausel und der Vereinbarung einer Wiedereingliederungsklausel.[719]

---

713 BAG 07.12.1989 – 2 AZR 228/89, NZA 1990, 658; *Koch*, in: Ascheid/Preis/Schmidt, § 102 BetrVG, Rdnr. 11, auch S. 164; *Richardi,* in: Richardi BetrVG, Einleitung, D. II., Rdnr. 73.

714 Die Frage der Ausstrahlung ist bezieht sich nicht auf den räumlichen, sondern auf den persönlichen Anwendungsbereich so BAG 07.12.1989 – 2 AZR 228/89, NZA 1990, 658; *Koch*, in: Ascheid/Preis/Schmidt, § 102 BetrVG, Rdnr. 11; *Richardi,* in: Richardi BetrVG, Einleitung, D. II., Rdnr. 73.

715 *Koch*, in: Ascheid/Preis/Schmidt, § 102 BetrVG, Rdnr. 12.

716 Z. B. Vertretung in einer ausländischen Niederlassung so BAG 21.10.1980 – 6 AZR 640/79, NJW 1981, 1175; *Koch*, in: Ascheid/Preis/Schmidt, § 102 BetrVG, Rdnr. 12; *Richardi,* in: Richardi BetrVG, Einleitung, D. II., Rdnr. 75 verweist auf den Ausstrahlungsbegriff des Sozialversicherungsrechts in § 4 SGB IV und wendet ihn auf die Betriebsverfassung entsprechend an.

717 *Mückl/Kaueroff,* ArbRAktuell 2013, S. 568; *Boemke,* NZA 1992, S. 113; *Reiter,* NZA 2004, S. 1251, ebenso: *Lambrich/Schwab,* NZA-RR 2013, S. 169.

718 *Reiter,* NZA 2004, S. 1250.

719 Vgl. *Ricken,* in: Henssler/Willemsen/Kalb, Arbeitsrecht Kommentar, § 102 BetrVG, Rdnr. 8; *Koch*, in: Ascheid/Preis/Schmidt, § 102 BetrVG, Rdnr. 12; *Heuser/Heidenreich/Fritz,* Auslandsentsendung, Rdnr. 235; *Reiter,* NZA 2004, S. 1250, *Mückl/*

Entsendungsverträge erfüllen regelmäßig die tatsächliche und rechtliche Bindung, womit die Voraussetzungen für die Ausstrahlung vorliegen und das BetrVG auch auf vorübergehend im Ausland tätige Arbeitnehmer anwendbar ist.

Der Entsendungsvertrag genügt regelmäßig den Anforderungen einer rechtlichen Bindung, weil der Grundarbeitsvertrag auch während der Entsendung weiterhin zwischen Arbeitgeber und Arbeitnehmer besteht und nur durch den Entsendungsvertrag für die Dauer der Entsendung modifiziert wird.

Eine tatsächliche Bindung lässt sich auch bejahen. In Entsendungsverträgen findet sich für gewöhnlich eine Wiedereingliederungsklausel. Die begrenzte Dauer der Entsendung wird im Entsendungsvertrag festgelegt und das Gehalt wird regelmäßig vom deutschen Arbeitgeber gezahlt, weil er ja Vertragspartner des Arbeitnehmers im Entsendungsvertrag ist.

bb) Lohnbegriff

Grundsätzlich hat der Betriebsrat nach § 87 Abs. 1 Nr. 10 BetrVG bei Fragen der betrieblichen Lohngestaltung ein Mitbestimmungsrecht, welches auch die Aufstellung und Änderung von Entlohnungsgrundsätzen und die Einführung und Anwendung neuer Entlohnungsmethoden erfasst.

Die betriebliche Lohngestaltung beinhaltet die „Festlegung abstrakt-genereller Grundsätze zur Lohnfindung." Sie bezieht sich nur auf die Grundlagen der Lohnfindung, nicht aber auf die Festlegung der individuellen Vergütung im Rahmen des Arbeitsvertrages.[720] Sinn und Zweck der Regelung bestehen darin, das Lohngefüge angemessen und transparent zu gestalten und eine abstrakte innerbetriebliche Lohn- und Verteilungsgerechtigkeit zu wahren.[721] Der Lohnbegriff des § 87 Abs. 1 Nr. 10 BetrVG erfasst alle Formen der leistungs- und tätigkeitsbezogenen Vergütung, die der Arbeitgeber im Zusammenhang mit der von dem Arbeitnehmer erbrachten Leistung gewährt. Dies ist unabhängig davon, ob es sich um einmalige oder laufende Zahlungen, Sach- oder Geldleistung, leistungsbezogene

---

Kaueroff, ArbRAktuell 2013, S. 568; BAG Beschluss vom 20.02.2001 – 1 ABR 30/00, NZA 2001, 1033; BAG Beschluss vom 16.01.1990 – 1 ABR 47/88; juris.

720 BAG Beschluss vom 30.01.1990 – 1 ABR 2/89, NZA 1990, 571 die Höhe einer Zulage ist nicht mitbestimmungspflichtig, so auch BAG Beschluss vom 22.10.1985 – 1 ABR 67/83, NZA 1986, 296; *Kohte,* in: Düwell BetrVG, § 87, Rdnr. 117; *Richardi,* in: Richardi BetrVG, § 87, Rdnr. 729; *Klebe,* in: Däubler/Kittner/Klebe/Wedde BetrVG, § 87, Rdnr. 298.

721 Fitting u.a. BetrVG Komm, § 87 Nr. 10, Rdnr. 407; *Worzalla,* in: Hess BetrVG, § 87 Nr. 10, Rdnr. 536; BAG 02.03.2004 – 1 AZR 271/03, NZA 2004, 852.

Vergütung oder Gratifikation handelt.[722] Demnach fallen auch die im Entsendungsvertrag vereinbarten zusätzlichen Vergütungsbestandteile, wie z.B. der Kaufkraftausgleich, eine Dienstwagennutzung, die Härtezulage oder Schul- und Kindergartenkosten unter den Lohnbegriff des BetrVG.[723] Nur Leistungen ohne Vergütungscharakter, wie z.B. Aufwendungsersatz für Dienstreisen, fallen nicht unter den Lohnbegriff.[724] Die Abgrenzung von mitbestimmungsfreiem Aufwendungsersatz und mitbestimmungspflichtigem Lohn bestimmt sich bei der Übernahme diverser Kosten der Entsendung durch den Arbeitgeber danach, ob der Arbeitnehmer einen „im Grundsatz festliegenden Anspruch auf Erstattung der Aufwendungen" durch den Arbeitgeber hat, und danach, ob die Übernahme der Kosten durch den Arbeitgeber das Vermögen des Arbeitnehmers mehrt, unmittelbar oder mittelbar dadurch, dass er ansonsten notwendige eigene Aufwendungen erspart.[725] Bei dienstlichen Flugreisen oder den Kosten für die Visa und Arbeitserlaubnis hat der Arbeitnehmer einen Aufwendungsersatzanspruch gegen den Arbeitgeber.[726] Übernimmt der Arbeitgeber auch die Kosten für private Heimflüge, erspart der Arbeitnehmer eigene Aufwendungen. Ohne Vereinbarung der Kostenübernahme durch den Arbeitgeber müsste der Arbeitnehmer diese Kosten selber tragen, sie gehören zu seiner privaten Lebensführung. Die Kostenübernahme hat deshalb Vergütungscharakter. Sie stellt Lohn im weiteren Sinne dar und ist deshalb mitbestimmungspflichtig.

---

722 Der Lohnbegriff ist im weitesten Sinne zu verstehen, *Rolfs,* in: BeckOKommArbR, § 87 BetrVG Rdnr. 153; *Kohte,* in: Düwell BetrVG, § 87, Rdnr. 117; *Richardi,* in: Richardi BetrVG, § 87, Rdnr. 734; *Klebe,* in: Däubler/Kittner/Klebe/Wedde BetrVG, § 87, Rdnr. 300.

723 BAG Beschluss vom 30.01.1990 – 1 ABR 2/89, NZA 1990, 571 bejaht ein Mitbestimmungsrecht des Betriebsrates bei der Zahlung von Auslandszulagen für vorübergehend entsandte Arbeitnehmer; *Kohte,* in: Düwell BetrVG, § 87, Rdnr. 117; *Richardi,* in: Richardi BetrVG, § 87, Rdnr. 734; *Klebe,* in: Däubler/Kittner/Klebe/Wedde BetrVG, § 87, Rdnr. 300.

724 BAG Beschluss vom 30.01.1990 – 1 ABR 2/89, NZA 1990, 571; BAG Beschluss vom 10.06.1986 – 1 ABR 65/84, NZA 1987, 30 zum Mitbestimmungsrecht des Betriebsrates u.a. bei Flugkosten für Heimreisen und Übernahme von Mietkosten von im Ausland tätigen Arbeitnehmern; *Kohte,* in: Düwell BetrVG, § 87, Rdnr. 114; *Richardi,* in: Richardi BetrVG, § 87, Rdnr. 743.

725 BAG Beschluss vom 10.06.1986 – 1 ABR 65/84, NZA 1987, 30; vgl.: *Kania,* in: ErfK, § 87 BetrVG, Rdnr. 98; *Klebe,* in: Däubler/Kittner/Klebe/Wedde BetrVG, § 87, Rdnr. 302.

726 *Kania,* in: ErfK, § 87 BetrVG, Rdnr. 98; *Kohte,* in: Düwell BetrVG, § 87, Rdnr. 113.

cc) Kollektiver Tatbestand

Ein Mitbestimmungsrecht besteht nur bei einem kollektiven Tatbestand, d.h. im Falle von § 87 Abs. 1 Nr. 10 BetrVG bei der Aufstellung allgemeiner Grundsätze zur Entlohnung.[727] Solche allgemeinen Entlohnungsgrundsätze für eine Gruppe von Arbeitnehmern, die ins Ausland entsendet werden, können vom Arbeitgeber in Richtlinien, z.B. Entsendungsrichtlinien, festgelegt werden.

Wird nur ein Arbeitnehmer ins Ausland entsendet, gestalten Arbeitgeber und Arbeitnehmer den Lohn für die Dauer der Entsendung individuell. Dieses Vorgehen ist nicht mitbestimmungspflichtig, weil kein innerer Zusammenhang zur Leistung anderer Arbeitnehmer besteht.[728] Werden im Laufe der Jahre mehr und mehr Mitarbeiter entsandt, kann der Arbeitgeber auf Dauer das Mitbestimmungsrecht nicht dadurch umgehen, dass er mit jedem Entsandten Einzelvereinbarungen trifft.[729] Die Gewährung von Zulagen aufgrund einzelvertraglicher Zusagen schließt ein Mitbestimmungsrecht nicht aus, denn ohne eine abstrakt-generelle Zahlungsgrundlage fehlt es an jeglichen Grundsätzen zur Lohnfindung.[730]

---

727 Die h. M. in der Literatur hält einen kollektiven Tatbestand in § 87 BetrVG generell für erforderlich; Ausnahmen gelten für § 87 Abs. 1 Nr. 5 und 9 BetrVG in denen ausnahmsweise das Gesetz einen Individualtatbestand der Mitbestimmungspflicht unterwirft so *Richardi,* in: Richardi BetrVG, § 87, Rdnr. 17; *Kania,* in: ErfK, § 87 BetrVG, Rdnr. 6; *Matthes*, in: Münchener Handbuch zum ArbR, Band 2, Drittes Buch, § 242 Allgemeine Lehren, Rdnr. 24; Mindermeinung: *Simitis/Weiss,* DB 1973, S. 1242; *Gamillscheg,* Kollektives Arbeitsrecht, Band II, S. 863 ff. und *Klebe,* in: Däubler/Kittner/Klebe/Wedde BetrVG, § 87, Rdnr. 23; grenzen zumindest nach dem jeweiligen Mitbestimmungstatbestand ab; keine generelle Stellungnahme des BAG hierzu, siehe BAG Beschluss vom 18.11.1980 – 1 ABR 87/78, AP BetrVG 1972, § 87 Arbeitszeit Nr. 3; für § 87 Abs. 1 Nr. 10 BetrVG hat das BAG jedenfalls im Beschluss vom 03.12.1991 – GS 2/90, AP BetrVG 1972, § 87 Lohngestaltung Nr. 51 klargestellt, dass ein kollektiver (allgemeiner, genereller) Tatbestand für das Mitbestimmungsrecht nach § 87 Abs. 1 Nr. 10 BetrVG erforderlich ist.

728 Für das Vorliegen eines kollektiven Tatbestandes, ist die Anzahl der betroffenen Arbeitnehmer ein Indiz; BAG Beschluss vom 30.01.1990 – 1 ABR 2/89, NZA 1990, 571; BAG 03.12.1991 – GS 2/90, NZA 1992, 749.

729 Fitting u.a. BetrVG Komm, § 87 Nr. 10, Rdnr. 422; BAG Beschluss vom 30.01.1990 – 1 ABR 2/89, NZA 1990, 571 wonach sich ein Dotierungsrahmen aus der Summe der gezahlten Auslandszulagen ergibt.

730 BAG Beschluss vom 30.01.1990 – 1 ABR 2/89, NZA 1990, 571; BAG Beschluss vom 21.12.1982 – 1 ABR 14/81, AP BetrVG 1972, § 87 Arbeitszeit Nr. 9.

c) Angemessenheit einer Rückzahlungsklausel

Häufig finden sich im Entsendungsvertrag im Zusammenhang mit dem zusätzlichen Entgelt und den zusätzlichen Sachleistungen Rückzahlungsklauseln, weil eine vorzeitige Beendigung der Entsendung für den Arbeitgeber mit hohen Kosten verbunden ist, z. B. Kosten für ein erneutes Auswahlverfahren für diese Stelle, erneuter Verwaltungsaufwand, erneute Umzugs- und Flugkosten. Es besteht ein generelles Interesse vonseiten des Arbeitgebers an der Vereinbarung von Rückzahlungsklauseln in dem Entsendungsvertrag, damit der Arbeitnehmer bis zum vertraglich vereinbarten Ende der Entsendung auch im Ausland arbeitet und sich somit die o. g. Kosten der Entsendung auch „amortisieren".

Nicht für jede Art von zusätzlichen Sachleistungen kann der Arbeitgeber Rückzahlung verlangen. Nur bei Sachleistungen, die der Arbeitgeber infolge der vorzeitigen Beendigung häufiger als geplant aufwenden muss, kann er Rückzahlung verlangen, weil nur bei diesen Mehrkosten für den Arbeitgeber entstehen. Das sind beispielsweise Sachleistungen wie Umzugskosten, Flugkosten oder Kosten für Visa und Aufenthaltsgenehmigungen, weil diese Kosten erst erneut entstanden wären bei regulärem Entsendungsende. Ihre Rückzahlung kann in Rückzahlungsklauseln verlangt werden. Zusätzliche Sachleistungen, wie z. B. der Kaufkraftausgleich, eine Härtezulage und Schul- und Kindergartenkosten, können dagegen nicht Teil der Rückzahlungsklausel sein, weil ihre Auszahlung bei vorzeitiger Beendigung nicht häufiger entsteht als geplant. Der Arbeitgeber zahlt diese Art von zusätzlichen Sachleistungen nur dem im Ausland tätigen Arbeitnehmer.

Der Arbeitnehmer hat das Recht der freien Wahl seines Berufes nach Art. 12 GG, woraus sich auch ein Recht zur vorzeitigen Beendigung der Entsendung ergibt.[731] Dieses Recht kann durch eine Rückzahlungsklausel beeinträchtigt werden, indem die Rückzahlungsklausel durch ihre finanzielle Belastung einen Druck auf den Arbeitnehmer erzeugt, der ihn an einer vorzeitigen Beendigung der Entsendung hindert.

Rückzahlungsklauseln unterliegen der Überprüfung der AGB-Kontrolle nach §§ 305 ff. BGB. Die Beurteilung ihrer Angemessenheit gem. § 307 Abs. 1 S. 1 BGB hängt davon ab, ob die Klausel begrenzt auf die Risiko- und Verantwortungssphäre

731 Art. 12 GG schützt auch die unternehmerische Freiheit auf Arbeitgeberseite in der Gestalt, dass er das Unternehmen nach seinen Vorstellungen führt, so *Kamanabrou*, in: RdA 2004, S. 334; *Papier*, in: RdA 2000, S. 4; BVerfG 27.01.1998 – 1 BvL 15/87, NJW 1998, 1475.

des Arbeitnehmers ist, von der in der Klausel festgelegten Höhe der Rückforderungssumme und der Bindungsdauer der Rückzahlungsklausel.

aa) Risiko- und Verantwortungssphäre

Eine angemessene Rückzahlungsklausel darf die Rückzahlung nur auf Fälle beschränken, in denen der Arbeitnehmer aus der vorzeitigen Beendigung der Entsendung insgesamt einen beruflichen Vorteil erlangt und die Beendigung aus der Risiko- und Verantwortungssphäre des Arbeitnehmers stammt.[732]

Der Arbeitnehmer erlangt einen beruflichen Vorteil, wenn er die im Rahmen seiner Auslandstätigkeit erworbenen Kenntnisse und Fähigkeiten auch außerhalb des Unternehmens verwenden und zum beruflichen Aufstieg nutzen kann.[733] Die Kenntnisse und Erfahrungen, die der Arbeitnehmer bei einer Entsendung erlangt (beispielsweise Sprachkenntnisse, Erfahrung mit anderer Kultur, Führungsverantwortung) sind regelmäßig auch für sein weiteres Berufsleben von Vorteil, er kann sie auch in anderen Unternehmen nutzen.

Die Klausel muss die Rückzahlungspflicht auf vorzeitige Beendigungen beschränken, die aus der Risiko- und Verantwortungssphäre des Arbeitnehmers stammen.[734] Dann hat der Arbeitnehmer es selbst in der Hand, der Rückzahlungsverpflichtung zu entgehen oder sie auszulösen.[735] Die vorzeitige Beendigung stammt aus der Sphäre des Arbeitnehmers, wenn er selbst kündigt. Er begründet dann durch sein Verhalten die Rückzahlungspflicht.[736] Die vorzeitige Beendigung der Entsendung ist auch der Sphäre des Arbeitnehmers zuzuordnen,

---

732 *Mennen/Schellert/Wolf,* Mitarbeiterentsendung, S. 81; vgl. auch zum beruflichen Vorteil bei Ausbildung *Müller-Glöge,* in: MüKo BGB, § 611 BGB, Rdnr. 883; BAG 06.05.1998 – 5 AZR 535/97, NJW 1999, 443; BAG 11.04.2006 – 9 AZR 610/05, NZA 2006, 1044; BAG 13.12.2011 – 3 AZR 791/09, NZA 2012, 738.

733 *Preis,* in: ErfK, § 611 BGB, Rdnr. 438; *Müller-Glöge,* in: MüKo BGB, § 611 BGB, Rdnr. 883; BAG 30.11.1994 – 5 AZR 715/93, NZA 1995, 727; BAG 21.11.2001 – 5 AZR 158/00, NZA 2002, 551.

734 Mit der vorzeitigen Beendigung der Entsendung übt der Arbeitnehmer auch sein Recht auf freie Berufswahl aus nach Art 12 GG; BAG 24.02.1975 – 5 AZR 235/74, DB 1975, 1083; BAG 11.04.2006 – 9 AZR 610/05, NZA 2006, 1044; *Mennen/Schellert/Wolf,* Mitarbeiterentsendung, S. 81; *Glaser,* in: Münchener Anwaltshandbuch ArbR, Teil E, § 26 Bildungs- und Umzugsbeihilfen, Rdnr. 21; *Müller-Glöge,* in: MüKo BGB, § 611 BGB, Rdnr. 884.

735 BAG 18.11.2008 – 3 AZR 192/07, NZA 2009, 435; *Preis,* in: ErfK, § 611 BGB, Rdnr. 445.

736 BAG 06.05.1998 – 5 AZR 535/97, NJW 1999, 443; BAG 11.04.2006 – 9 AZR 610/05, NZA 2006, 1044; *Müller-Glöge,* in: MüKo BGB, § 611 BGB, Rdnr. 884.

wenn der Arbeitgeber dem Arbeitnehmer aus verhaltensbedingten Gründen kündigt, was damit begründet wird, dass ein ordnungsgemäßes Verhalten im Verantwortungsbereich des Arbeitnehmers liegt.[737] Bei der Interessenabwägung ist dann das Recht des Arbeitnehmers auf freie Wahl des Arbeitsplatzes ohne finanzielle Belastung nach Art. 12 Abs. 1 GG geringer zu bewerten als das Interesse des Arbeitgebers an der Durchführung der Entsendung in vollständiger Länge der vereinbarten Dauer.[738]

Bei einer Kündigung aus betriebsbedingten Gründen liegt die vorzeitige Beendigung der Entsendung in der Risiko- und Verantwortungssphäre des Arbeitgebers.[739] Ein vorzeitiger Rückruf aus wirtschaftlichen Gründen wegen Beendigung der Zusammenarbeit mit dem ausländischen Unternehmen oder wenn der Arbeitgeber den Arbeitnehmer nach Deutschland zurückruft, weil seine Arbeitskraft hier gebraucht wird, liegt ebenfalls in der Sphäre des Arbeitgebers.[740] Kündigt der Arbeitnehmer zu Recht aufgrund gesetzter Gründe des Arbeitgebers, ist dies auch dem Verantwortungsbereich des Arbeitgebers zuzuordnen.[741]

Die personenbedingte Kündigung kann nach der hier vertretenen Auffassung nicht generell dem Risiko- und Verantwortungsbereich des Arbeitgebers zugeordnet werden.[742] Eine personenbedingte Kündigung beruht auf Gründen, die in der „Sphäre des Arbeitnehmers liegen, aber nicht von ihm verschuldet sein müssen".[743] Bei der Vielzahl an möglichen personenbedingten Kündigungsgründen, wie z.B. Krankheit, Wegfall der Berufsausübungserlaubnis, fehlende fachliche oder persönliche Eignung, fehlende Arbeitserlaubnis oder eine durch Glaubens- und Gewissensnot verursachte Unfähigkeit zur Arbeitsleistung, ist

737 *Mennen/Schellert/Wolf,* Mitarbeiterentsendung, S. 81.

738 *Mennen/Schellert/Wolf,* Mitarbeiterentsendung, S. 81; BAG 21.03.1973 - 4 AZR 187/72, BAT § 44 Nr. 4; BAG 24.02.1975 - 5 AZR 235/74, DB 1975, 1083; LAG Düsseldorf 03.12.1971 - 8 Sa 418/71, DB 1972, 97.

739 BAG 24.06.2004 - 6 AZR 383/03, NZA 2004, 1035; BAG 06.05.1998 - 5 AZR 535/97, NJW 1999, 443; BAG 11.04.2006 - 9 AZR 610/05, NZA 2006, 1044; BAG 18.03.2014 - 9 AZR 545/12, NZA 2014, 957; BAG 28.05.2013 - 3 AZR 103/12, NZA 2013, 1419; *Preis,* in: ErfK, § 611 BGB, Rdnr. 445.

740 *Mennen/Schellert/Wolf,* Mitarbeiterentsendung, S. 81; *Müller-Glöge,* in: MüKo BGB, § 611 BGB, Rdnr. 884.

741 Z. B. weil der Arbeitgeber sich aus dem Ausland zurückziehen wird LAG Bremen 25.02.1994 - 4 Sa 13/93, MDR 1994, 597.

742 So aber nach *Mennen/Schellert/Wolf,* Mitarbeiterentsendung, S. 81.

743 *Kerwer,* in: Boecken/Düwell/Diller/Hanau, Gesamtes Arbeitsrecht, § 1 KSchG, Rdnr. 407; *Linck,* in: Schaub Arbeitsrechts-Handbuch, XIV Buch § 131, Rdnr. 12.

es notwendig, je nach Kündigungsgrund im Einzelfall zu unterscheiden. Kündigt der Arbeitgeber dem Arbeitnehmer z.B. wegen einer lang andauernden Krankheit, ist es unangemessen, den Arbeitnehmer noch mit Rückzahlungen zu belasten. Wird dem Arbeitnehmer dagegen beispielsweise die Berufsausübungserlaubnis entzogen und kündigt der Arbeitgeber dann aus personenbezogenen Gründen, erscheint es durchaus angemessen, den Arbeitnehmer mit einer Rückzahlung zu belasten, denn für den Entzug seiner Berufsausübungserlaubnis trägt der Arbeitnehmer die Verantwortung.

bb) Rückforderungssumme

Die Rückforderungssumme muss ebenfalls angemessen im Sinne von § 307 Abs. 1 S. 1 BGB sein, d.h., sie muss das billigenswerte Interesse des Arbeitgebers an der Amortisierung seiner getätigten Aufwendungen und das Recht des Arbeitnehmers an einer vorzeitigen Beendigung der Entsendung in Einklang bringen.[744] Das Bundesarbeitsgericht hält in ständiger Rechtsprechung für beruflich veranlasste Umzüge innerhalb Deutschlands die Begrenzung der Rückforderung auf maximal ein Monatsgehalt für angemessen.[745] Höhere Rückforderungssummen stellen nach Ansicht des Bundesarbeitsgerichts ein Hindernis für eine rechtmäßige ordentliche Kündigung des Arbeitnehmers dar. Einseitige Kündigungserschwerungen zulasten des Arbeitnehmers sind unzulässig. Dieser Grundsatz leitet sich aus dem Wortlaut des §§ 622 Abs. 5, 134 BGB ab, wonach eine einzel- oder tarifvertragliche Verlängerung der Kündigungsfristen verboten ist.[746] Eine Rückzahlungsklausel mit einer Rückforderungssumme von mehr als einem Monatsgehalt verstößt damit grundsätzlich gegen das Recht des Arbeitnehmers auf Berufswahlfreiheit und Berufsausübung aus Art. 12 GG.[747]

Nach der hier vertretenen Auffassung können diese Erwägungen der Rechtsprechung für Umzüge innerhalb Deutschlands nicht ohne Weiteres auf Umzüge ins Ausland übertragen werden. Bei Umzügen aufgrund eines Entsendungsvertrages ins Ausland können für den Arbeitgeber Kosten entstehen, die um ein Vielfaches höher sind als bei einem Umzug innerhalb Deutschlands, z.B. wegen

744 *Gotthard,* MDR 2001, S. 965; BAG 24.02.1975 – 5 AZR 235/74, DB 1975, 1083 zu Umzugskosten bei fristgerechter Kündigung.

745 Für Umzüge im Inland BAG 24.02.1975 – 5 AZR 235/74, DB 1975, 1083; dies übernehmen *Gotthard,* MDR 2001, S. 965 und *Mennen/Schellert/Wolf,* Mitarbeiterentsendung, S. 81 für den Umzug infolge eines Entsendungsvertrages ins Ausland.

746 *Fischermeier,* in: Dornbusch/Fischermeier/Löwisch, Kommentar zum Arbeitsrecht, § 623 BGB, Rdnr. 19; BAG 06.09.1989 – 5 AZR 586/88, NZA 1990, 147.

747 BAG 24.02.1975 – 5 AZR 235/74, DB 1975, 1083.

eines weiteren Transportes oder möglicherweise einer Verschiffung des Umzugsgutes. Wegen der sehr viel höheren Aufwendungen für die Entsendung ist dem Interesse des Arbeitgebers an der ordnungsgemäßen Durchführung der Entsendung bis zu dem vereinbarten Ende ein höheres Gewicht beizumessen als bei Umzügen nur innerhalb Deutschlands. Eine Rückzahlungsklausel, nach der drei Monatsgehälter bei vorzeitiger Beendigung der Entsendung zurückgefordert werden, hält die hier vertretene Auffassung für angemessen.

cc) Bindungsdauer

Die maximale Bindungsdauer von Rückzahlungsklauseln ist aus logischen Gesichtspunkten auf die Entsendungsdauer begrenzt. Unabhängig davon hält die Rechtsprechung eine Bindungsdauer von höchstens zwei Jahren für angemessen im Sinne von § 307 BGB in Fällen, in denen ein überwiegendes Interesse des Arbeitgebers daran besteht, dass der Arbeitnehmer im Ausland tätig wird und die zusätzlichen Sachleistungen in erster Linie zum Antritt der Entsendung motivieren sollen.[748] In Fällen, in denen die Auslandstätigkeit vorwiegend Ausbildungszwecken dient und der Arbeitnehmer durch sie Vorteile für sein gesamtes weiteres Berufsleben erlangt, ist eine Bindungsdauer der Rückzahlungsklausel von maximal drei Jahren aus Sicht der Rechtsprechung angemessen.[749]

dd) Unangemessene Klauseln

Eine unangemessene Rückzahlungsklausel kann nicht auf ihren angemessenen Teil zurückgeführt werden und dann mit dem angemessenen Teil Wirkung entfalten (sog. Verbot der geltungserhaltenden Reduktion nach § 306 Abs. 2 BGB).[750] Ohne das Verbot der geltungserhaltenden Reduktion würde der Sinn und Zweck der §§ 305 ff. BGB unterlaufen, weil die Klauselverwender die Klauseln überzogen gestalten würden mit dem Hintergedanken, diese werden im Streitfall sowieso auf ihren noch zulässigen Teil reduziert.[751] Eine Rückzahlungsklausel, die der Angemessenheitskontrolle nicht standhält, stellt zugleich eine unzulässige

---

748 LAG Düsseldorf 03.12.1971 – 8 Sa 418/71, DB 1972, 97 zu Umzugskosten.

749 BAG 24.02.1975 – 5 AZR 235/74, DB 1975, 1083; LAG Düsseldorf 03.12.1971 – 8 Sa 418/71, DB 1972, 97, dem folgt die Literatur so *W. Hergenröder*, in: Henssler/Willemsen/Kalb, Arbeitsrecht Kommentar, Art. 12 GG, Rdnr. 68; *Preis*, in: ErfK, § 611 BGB, Rdnr. 431.

750 BAG 14.01.2009 – 3 AZR 900/07, NZA 2009, 666; *Glaser*, in: Münchener Anwaltshandbuch ArbR, Teil E, § 26 Bildungs- und Umzugsbeihilfen, Rdnr. 15.

751 *Glaser*, in: Münchener Anwaltshandbuch ArbR, Teil E, § 26 Bildungs- und Umzugsbeihilfen, Rdnr. 15.

Beeinträchtigung der Berufsausübungsfreiheit nach § 307 Abs. 1 BGB i. V. m. Art. 12 Abs. 1 GG dar.[752]

Die Rechtsprechung lässt eine Ausnahme vom Verbot der geltungserhaltenden Reduktion für Fälle zu, in denen der Arbeitgeber eine zu lange Bindungsdauer angibt, weil es für ihn im Vorfeld schwierig war, die zulässige Bindungsdauer im Einzelfall zu bestimmen. Die Bestimmung der zulässigen Bindungsdauer ist beispielsweise schwierig, wenn die Fortbildung dem Arbeitnehmer außergewöhnlich große Vorteile bietet oder der Arbeitgeber erhebliche Mittel aufwendet.[753] Das sich aus der Bewertung der Bindungsdauer als angemessen ergebende Prognoserisiko soll dem Arbeitgeber bei objektiv schwierigen Einzelfällen ausnahmsweise nicht auferlegt werden, weshalb mittels ergänzender Vertragsauslegung die unzulässige Bindungsdauer nur in besonderen Einzelfällen auf eine zulässige Dauer reduziert wird.[754]

Im Ergebnis lässt sich festhalten, dass Rückzahlungsklauseln angemessen sind, die eine Rückzahlung bis zur Höhe von drei Monatsverdiensten fordern und eine Bindungsdauer von maximal drei Jahren haben. Für die Angemessenheit darf außerdem die vorzeitige Beendigung der Entsendung nicht aus der Risiko- und Verantwortungssphäre des Arbeitgebers stammen und der Arbeitnehmer muss insgesamt einen beruflichen Vorteil aus der Entsendung ziehen.

2. *Steuerrecht*

Aus steuerrechtlicher Sicht ist bei dem im Entsendungsvertrag vereinbarten Entgelt und den zusätzlichen Vergütungsbestandteilen die Frage zu regeln, wie mit einem unterschiedlichen Besteuerungsniveau im ausländischen Tätigkeitsstaat im Vergleich zu Deutschland umzugehen ist.[755] Die Besteuerung im Tätigkeitsstaat kann bei einem höheren Steuerniveau einen erheblichen finanziellen Nachteil für den Arbeitnehmer bedeuten. Im umgekehrten Fall, bei einem niedrigeren

---

752 BAG 28.04.2004 - 10 AZR 356/03, NZA 2004, 924; BAG 21.05.2003 - 10 AZR 390/02, NZA 2003, 1032; *Preis,* in: ErfK, §§ 305–310 BGB, Rdnr. 94.

753 Besonderer Ausnahmefall nach BAG 14.01.2009 - 3 AZR 900/07, NZA 2009, 666; die sonstige Rechtsprechung wendet das Verbot der geltungserhaltenden Reduktion weiterhin streng an: BAG 19.12.2006 - 9 AZR 294/06, NZA 2007, 809; BAG 11.04.2006 - 9 AZR 610/05, NZA 2006, 1042; BAG 16.03.1994 - 5 AZR 339/92, 1994, 937.

754 BAG 14.01.2009 - 3 AZR 900/07, NZA 2009, 666; *Müller-Glöge,* in: MüKo BGB, § 611 BGB, Rdnr. 884.

755 Zur Frage, wann im ausländischen Tätigkeitsstaat besteuert wird, siehe oben ab S. 104.

Steuerniveau im Vergleich zu Deutschland, kann die Besteuerung im Tätigkeitsstaat aber auch einen finanziellen Vorteil bedeuten.

In Entsendungsverträgen werden regelmäßig Steuerausgleichsmodelle vereinbart, die bei einem unterschiedlichen Steuerniveau im In- und Ausland einen Ausgleich bei der Steuerbelastung des Arbeitnehmers herstellen.

Daneben besteht bei der Vereinbarung zum Entgelt und zu zusätzlichen Vergütungsbestandteilen aus steuerrechtlicher Sicht das Gestaltungsziel, durch Gewährung steuerfreier oder niedrig besteuerter Gehaltselemente ein höheres Nettogehalt zu erreichen, ohne zugleich Mehrkosten für das deutsche Unternehmen zu verursachen.

a) Steuerausgleichsmodelle

Der Arbeitnehmer erwartet von einer Auslandstätigkeit ein höheres Entgelt im Vergleich zu seinem bisherigen Lohn in Deutschland. Den Lohnvorteil beurteilt er auf Basis seines verfügbaren Nettoeinkommens. Dieses hängt bei Auslandstätigkeiten stark vom Steuerniveau des Tätigkeitsstaates ab. Steuersysteme im Ausland haben unterschiedliche Bemessungsgrundlagen und Tarife, sie können so erheblich vom deutschen Modell abweichen. Deshalb gibt es Steuerausgleichsmodelle, durch die der Arbeitnehmer vor einer höheren Steuerlast im Tätigkeitsstaat geschützt wird. Ein solches Steuerausgleichsmodell kann in den Entsendungsrichtlinien des deutschen Unternehmens einheitlich für alle im Ausland tätigen Arbeitnehmer festgelegt sein oder mit jedem Arbeitnehmer individuell bei der Frage der Vergütung vereinbart werden. Es gibt zwei Arten von Steuerausgleichsmodellen: die Steuerschutzvereinbarung (tax protection) und den echten Steuerausgleich (tax equalisation).

aa) Steuerschutzvereinbarung (tax protection)

Steuerschutzvereinbarungen schützen den Arbeitnehmer vor einer steuerlichen Mehrbelastung, indem sie ihn steuerlich nicht schlechterstellen als bei einer fortlaufenden Beschäftigung in Deutschland. Bei einem höheren Steuerniveau im Tätigkeitsstaat muss der Arbeitnehmer nur die Steuern zahlen, die er auch in Deutschland gezahlt hätte, bei einem niedrigeren Steuerniveau im Tätigkeitsstaat verbleibt der Steuervorteil bei dem Arbeitnehmer.[756] In der Praxis zahlt der

---

756 *Jacobs*, Internationale Unternehmensbesteuerung, S. 1379; *Laws*, in: Laws/Koziner/Waldenmaier, Mitarbeiter ins Ausland entsenden, S. 63; *Mennen/Schellert/Wolf*, Mitarbeiterentsendung, S. 73; *Borgmann*, in: Hümmerich/Reufels, Gestaltung von Arbeitsverträgen, A. § 1 Arbeitsverträge, 14. Auslandsarbeitsverträge, Rdnrn. 1033 ff.

Arbeitgeber dem Arbeitnehmer das ausländische Bruttogehalt und der Arbeitnehmer ist gegenüber der ausländischen Finanzverwaltung steuerpflichtig.[757] Ist die ausländische Steuer höher als die hypothetisch in Deutschland zu zahlende Steuer, erstattet der Arbeitgeber die Differenz, wobei der Erstattungsbetrag wiederum steuerpflichtiger Arbeitslohn ist.[758] Ist dagegen die ausländische Steuer geringer als die hypothetische deutsche Steuer, behält der Arbeitnehmer den Steuervorteil.[759]

Der Nachteil dieses Modells liegt für das deutsche Unternehmen in den zusätzlich entstehenden Verwaltungskosten und darin, dass keine steuersenkende Abschöpfung von Steuervorteilen bei einem niedrigeren Steuerniveau im ausländischen Tätigkeitsstaat zugunsten des Unternehmens vorgenommen wird.[760] Außerdem besteht die Gefahr, dass der Arbeitnehmer aus seiner Sicht eine möglichst geringe Steuer im Tätigkeitsstaat zahlen will, was ihn u. U. dazu verleiten kann, bei der Vielzahl von zusätzlichen Vergütungselementen seine Steuerbelastung unrechtmäßig zu verringern.[761] Das kann negative Auswirkungen auf ihn und letztendlich auch auf das Unternehmen haben.[762]

bb) Echter Steuerausgleich (tax equalisation)

Bei dem Modell des echten Steuerausgleichs wird der Arbeitnehmer steuerrechtlich so gestellt, als würde er weiterhin in Deutschland arbeiten. Der Arbeitgeber behält die Steuern von dem vereinbarten Bruttogehalt ein, die der Arbeitnehmer in Deutschland gezahlt hätte (hypothetische Steuer).[763] Für die Berechnung der Steuer wird also angenommen, der Arbeitnehmer wäre nicht ins Ausland entsandt worden. Ausgangspunkt der Berechnung ist die Ermittlung

---

757 *Jacobs,* Internationale Unternehmensbesteuerung, S. 1380.

758 *Jacobs,* Internationale Unternehmensbesteuerung, S. 1380; *Laws,* in: Laws/Koziner/Waldenmaier, Mitarbeiter ins Ausland entsenden, S. 63.

759 *Jacobs,* Internationale Unternehmensbesteuerung, S. 1380.

760 *Reuter,* in: Kessler/Kröner/Köhler, Konzernsteuerrecht, § 9, Rdnr. 73; *Laws,* in: Laws/Koziner/Waldenmaier, Mitarbeiter ins Ausland entsenden, S. 63.

761 *Laws,* in: Laws/Koziner/Waldenmaier, Mitarbeiter ins Ausland entsenden, S. 63; *Jacobs,* Internationale Unternehmensbesteuerung, S. 1382.

762 *Jacobs,* Internationale Unternehmensbesteuerung, S. 1382.

763 *Jacobs,* Internationale Unternehmensbesteuerung, S. 1379; *Laws,* in: Laws/Koziner/Waldenmaier, Mitarbeiter ins Ausland entsenden, S. 63; *Mennen/Schellert/Wolf,* Mitarbeiterentsendung, S. 73; *Borgmann,* in: Hümmerich/Reufels, Gestaltung von Arbeitsverträgen, A. § 1 Arbeitsverträge, 14. Auslandsarbeitsverträge, Rdnrn. 1033 ff.

der hypothetischen deutschen Steuer vom Bruttogehalt.[764] In der Praxis wird das deutsche Grundgehalt mit den zusätzlichen Vergütungsbestandteilen sowie einem möglichen inländischen Ehegatteneinkommen und sonstigen privaten Einkünften addiert und die inländischen Abzugsbeträge, wie z.B. Werbungskosten, werden subtrahiert. Diese Bemessungsgrundlage der hypothetischen Steuer wird mit dem Steuersatz multipliziert und ergibt dann die hypothetische inländische Steuer des Arbeitnehmers. Das Gehalt des Arbeitnehmers errechnet sich aus dem Bruttogehalt minus der hypothetischen inländischen Steuer. Das Steuerniveau im Ausland spielt für ihn keine Rolle. In der Praxis behält der deutsche Arbeitgeber die hypothetische Steuer vom monatlichen Bruttogehalt des Arbeitnehmers ein und entrichtet im Tätigkeitsstaat im Namen des Expatriates die Steuern und Sozialversicherungsbeiträge, soweit sie anfallen. So stellt der Arbeitgeber sicher, dass die Steuer ordnungsgemäß abgeführt wird.[765] Übernimmt der Arbeitgeber die Steuerlast, wird regelmäßig auch vereinbart, dass der Arbeitnehmer ihm seine Steuererstattungsansprüche, z.B. aufgrund einer Doppelbesteuerung, abtritt.[766]

Eine Steuermehrbelastung wird dem Arbeitnehmer auf Nettobasis vom Arbeitgeber erstattet, der Vorteil aus einer niedrigeren Steuerbelastung wird vom Unternehmen direkt einbehalten und nicht an den Arbeitnehmer weitergeleitet.[767]

Ein Unterschied zu dem Modell der Steuerschutzvereinbarung (tax protection) besteht nur, wenn der Arbeitnehmer im Ausland einer geringeren Besteuerung unterliegt als in Deutschland. In diesen Fällen bleibt bei der Steuerschutzvereinbarung der Steuervorteil bei dem Arbeitnehmer. Bei dem echten Steuerausgleich wird der Steuervorteil vom Unternehmen einbehalten und verbleibt auch bei diesem.[768] Bei einer höheren Besteuerung des Arbeitnehmers im Ausland wird dem Arbeitnehmer nach beiden Modellen die Mehrbelastung erstattet.

---

764 Grundlage der Berechnung ist *Jacobs,* Internationale Unternehmensbesteuerung, S. 1380.

765 *Laws,* in: Laws/Koziner/Waldenmaier, Mitarbeiter ins Ausland entsenden, S. 64.

766 *Mennen/Schellert/Wolf,* Mitarbeiterentsendung, S. 74.

767 *Reuter,* in: Kessler/Kröner/Köhler, Konzernsteuerrecht, § 9, Rdnr. 72; *Laws,* in: Laws/Koziner/Waldenmaier, Mitarbeiter ins Ausland entsenden, S. 63.

768 *Jacobs,* Internationale Unternehmensbesteuerung, S. 1380; *Reuter,* in: Kessler/Kröner/Köhler, Konzernsteuerrecht, § 9, Rdnr. 72; *Laws,* in: Laws/Koziner/Waldenmaier, Mitarbeiter ins Ausland entsenden, S. 63.

Das Modell wird aus Gründen der Vergütungstransparenz bevorzugt. Es ist fair und vergleichbar für alle Arbeitnehmer in allen Tätigkeitsländern.[769] Ein Vorteil für das Unternehmen gegenüber dem Steuerschutzmodell liegt auch darin, dass es insgesamt die erhöhten Steuern, die es für die Arbeitnehmer in einem Land bezahlt, gegen die Steuerersparnisse in anderen Ländern in einer Gesamtkostenbelastung aufrechnen kann.[770] Das Tax-Equalisation-Modell enthält aus Arbeitgebersicht den Nachteil, dass für den Arbeitnehmer im Ausland kein Anreiz besteht, seine Steuerbelastung niedrig zu halten, weil er von einer niedrigeren Belastung nicht profitiert.[771] Ihm kann der Anreiz fehlen, steuerliche Belange, die zu einer niedrigeren Besteuerung im Ausland führen, vorzutragen, was wiederum Mehrkosten bei dem Arbeitgeber verursachen kann.

b) Laissez-faire-Ansatz: Keine Vereinbarung eines Steuerausgleichs

Es besteht auch die Möglichkeit, dass Arbeitgeber und Arbeitnehmer im Entsendungsvertrag keine Vereinbarungen über einen Steuerausgleich für die Dauer der Entsendung treffen, sog. Laissez-faire-Ansatz.[772] Dann ist der Arbeitnehmer für alle Belange im Zusammenhang mit der Besteuerung seines Entgelts sowohl in Deutschland als auch im ausländischen Tätigkeitsstaat zuständig.[773]

Der deutliche Nachteil besteht darin, dass es für den Arbeitnehmer aufgrund des fremden Steuersystems und einer anderen Landessprache u. U. sehr schwierig sein kann, steuerliche Angelegenheiten alleine zu klären. Das kann leicht dazu führen, dass der Arbeitnehmer sich nicht entsprechend der Steuergesetzgebung des Tätigkeitsstaates verhält.[774] Entrichtet der Arbeitnehmer im ausländischen Tätigkeitsstaat die Steuer nicht oder nicht ordnungsgemäß, kann das gegebenenfalls zu einer Haftung für den Arbeitgeber gegenüber dem ausländischen Staat führen.[775]

---

769 *Reuter,* in: Kessler/Kröner/Köhler, Konzernsteuerrecht, § 9, Rdnr. 72; *Laws,* in: Laws/Koziner/Waldenmaier, Mitarbeiter ins Ausland entsenden, S. 63.

770 *Reuter,* in: Kessler/Kröner/Köhler, Konzernsteuerrecht, § 9, Rdnr. 72; *Laws,* in: Laws/Koziner/Waldenmaier, Mitarbeiter ins Ausland entsenden, S. 63 f wobei dieser Aufrechnung ein hoher Verwaltungsaufwand gegenübersteht.

771 *Jacobs,* Internationale Unternehmensbesteuerung, S. 1382.

772 *Laws,* in: Laws/Koziner/Waldenmaier, Mitarbeiter ins Ausland entsenden, S. 61.

773 *Laws,* in: Laws/Koziner/Waldenmaier, Mitarbeiter ins Ausland entsenden, S. 62.

774 *Laws,* in: Laws/Koziner/Waldenmaier, Mitarbeiter ins Ausland entsenden, S. 62.

775 *Bastian/Heinke,* in: Laws/Koziner/Waldenmaier, Mitarbeiter ins Ausland entsenden, S. 233.

Der Vorteil bei dem Laissez-faire-Ansatz liegt für das Unternehmen darin, dass zunächst keine direkten Kosten und nur ein sehr geringer administrativer Aufwand entstehen.[776] Für den Arbeitnehmer besteht der Vorteil darin, dass ihm steuerliche Vorteile belassen werden.[777] Das Unternehmen verzichtet auf Abschöpfung des individualsteuerlichen Vorteils, was in der Praxis wegen „fehlender subjektiver Akzeptanz“ seitens des Arbeitnehmers auch nur schwer vorstellbar wäre.[778]

Im umgekehrten Fall, bei einer Steuermehrbelastung im Tätigkeitsstaat, wird der Arbeitnehmer von dem Unternehmen den Ausgleich der Steuermehrbelastung durch die Auslandstätigkeit fordern.[779] Es erscheint aus seiner Sicht unbillig, die Kosten einer Steuermehrbelastung zu tragen, die durch die Entsendung verursacht wurden. Das Unternehmen wird diesem Begehren wahrscheinlich nachkommen, indem es dem Arbeitnehmer die Differenz zwischen der im Ausland zu zahlenden Steuer und der Steuer, die der Arbeitnehmer in Deutschland zu zahlen hätte, erstattet.[780] Dann entstehen für das Unternehmen doch Kosten und administrativer Aufwand. Es gleicht die Steuernachteile für den Arbeitnehmer aus, profitiert aber nicht von möglichen Steuerminderbelastungen im Ausland. Das entspricht im Ergebnis dem Steuerschutzmodell (tax protection), nur ohne formale Vereinbarung.[781]

c) Gewährung von steuerfreien oder steuerbegünstigten zusätzlichen Entgelten oder Sachleistungen als Gestaltungsmittel bei der Vergütung

Die Vergütung von einem ins Ausland entsandten Arbeitnehmer setzt sich aus dem Grundgehalt und zusätzlichen Sachleistungen zusammen. Aus arbeitsrechtlicher Sicht erfüllen zusätzliche Sachleistungen den Zweck, dem Arbeitnehmer alle Kosten zu ersetzen, die ihm nicht entstanden wären, wenn er in Deutschland geblieben wäre.[782] Außerdem dienen sie der Motivation des Arbeitnehmers und steigern seine Bereitwilligkeit, für eine Weile im Ausland zu leben und zu arbeiten.

---

776 *Laws*, in: Laws/Koziner/Waldenmaier, Mitarbeiter ins Ausland entsenden, S. 62 wonach der administrative Aufwand in der Abführung der Lohnsteuer vom Gehalt des Arbeitnehmers liegt, wenn es die Landesgesetzgebung des Tätigkeitsstaates vorsieht.

777 *Reuter*, in: Kessler/Kröner/Köhler, Konzernsteuerrecht, § 9, Rdnr. 73.

778 *Reuter*, in: Kessler/Kröner/Köhler, Konzernsteuerrecht, § 9, Rdnr. 74.

779 *Reuter*, in: Kessler/Kröner/Köhler, Konzernsteuerrecht, § 9, Rdnr. 73.

780 *Reuter*, in: Kessler/Kröner/Köhler, Konzernsteuerrecht, § 9, Rdnr. 74.

781 *Reuter*, in: Kessler/Kröner/Köhler, Konzernsteuerrecht, § 9, Rdnr. 73.

782 *Gnann/Gerauer*, Arbeitsvertrag bei Auslandsentsendung, S. 66; *Laws*, in: Laws/Koziner/Waldenmaier, Mitarbeiter ins Ausland entsenden, S. 51.

Aus steuerlicher Sicht können zusätzliche Vergütungselemente eine andere Funktion erfüllen: Wird der Arbeitnehmer im Tätigkeitsstaat besteuert und sind dort einige Zusatzleistungen steuerfrei oder steuerbegünstigt, können diese bei geschickter Steuergestaltung zu einem finanziell größeren Vorteil des Arbeitnehmers führen, als die Auszahlung der Zusatzleistungen in Arbeitsentgelt führen würde. Die finanzielle Belastung für den Arbeitgeber bleibt hingegen gleich.[783]

Die steuerliche Bewertung und Gestaltung zusätzlicher Vergütungsbestandteile setzt die Kenntnis der Rechtslage und Verwaltungspraxis der ausländischen Steuerordnung voraus.

Behält der Arbeitnehmer während der Entsendung seinen deutschen Wohnsitz bei und besteht mit dem ausländischen Tätigkeitsstaat ein Doppelbesteuerungsabkommen, richtet sich die Besteuerung der zusätzlichen Vergütungsbestandteile nach diesem Abkommen. Art. 15 OECD-MA regelt das Besteuerungsrecht für Einkünfte aus unselbstständiger Arbeit, wovon „Gehälter, Löhne und ähnliche Vergütungen, die eine … Person aus unselbstständiger Arbeit bezieht" umfasst sind. Voraussetzung für die Qualifizierung einer Zahlung als Gehalt, Lohn oder ähnliche Vergütung ist das Bestehen eines inneren Zusammenhangs zwischen der Arbeitsleistung und der Vergütung, der dann gegeben ist, wenn der Arbeitgeber ein wirtschaftliches und nicht nur persönliches Interesse an der Leistung hat.[784] Für ein wirtschaftliches Interesse ist schon ausreichend, wenn die Leistung dazu bestimmt ist, das Unternehmen für qualifiziertes Personal attraktiver zu gestalten.[785] Nach Ansicht des OECD-MK fallen unter den Ausdruck „Gehälter, Löhne und ähnliche Vergütungen" auch Sachzuwendungen des Arbeitgebers an den Arbeitnehmer, wie z. B. die Nutzung eines Wohnhauses oder Kraftfahrzeugs, die Übernahme von Beiträgen zur Kranken- oder Lebensversicherung oder Vereinsmitgliedschaften.[786] Besteht ein Doppelbesteuerungsabkommen, steht dem

---

783 *Duchetsmann,* AuA 2009, S. 697.

784 *Prokisch,* in: Vogel/Lehner DBA, Grundlagen des Abkommensrechts, Abschnitt III. Besteuerung des Einkommens und des Vermögens, Art. 15, Rdnr. 15; *Bourseaux/Levedag,* in: Schönfeld/Ditz DBA Kommentar, Art. 15, Rdnr. 70; *Wilke,* Int. SteuerR, Rdnr. 877.

785 Z. B. Gewährung der Möglichkeit Aktien des Arbeitgebers verbilligt zu erwerben, *Prokisch,* in: Vogel/Lehner DBA, Grundlagen des Abkommensrechts, Abschnitt III. Besteuerung des Einkommens und des Vermögens, Art. 15, Rdnr. 16; nach BFH 09.04.1997 – I R 20/96, NZA-RR 1998, 82 stellt selbst ein Zurverfügungstellen von Ferienhäusern zu Erholungszwecken einen Lohn für die erbrachte nichtselbstständige Arbeit dar.

786 OECD-MK, Art. 15, Rdnr. 2.2; so auch die Lit.: *Prokisch,* in: Vogel/Lehner DBA, Grundlagen des Abkommensrechts, Abschnitt III. Besteuerung des Einkommens und des Vermögens, Art. 15, Rdnr. 16.

Staat die Besteuerung der zusätzlichen Vergütungsbestandteile zu, der auch die Vergütung besteuert.

Ohne Doppelbesteuerungsabkommen und bei Beibehaltung des deutschen Wohnsitzes besteht die Gefahr einer Doppelbesteuerung auch der zusätzlichen Vergütungsbestandteile, denn diese fallen unter den Begriff des Einkommens aus nichtselbstständiger Arbeit nach §§ 1 Abs. 1 S. 1 Nr. 4, Abs. 2 S. 2 i. V. m. § 8 Abs. 2 S. 1 EStG. Nach § 8 Abs. 2 S. 1 EStG sind Einnahmen auch solche, die nicht in Geld bestehen, z. B. Wohnung, Kost, Waren, Dienstleistungen und sonstige Sachbezüge). Diese Sachleistungen sind mit dem üblichen Endpreis, gemindert um übliche Preisnachlässe, am Abgabeort anzusetzen (§ 8 Abs. 2 S. 1 EStG).

Gibt der Arbeitnehmer seinen deutschen Wohnsitz auf, unterliegen sein Gehalt und die zusätzlichen Vergütungsbestandteile ausschließlich der Besteuerung im ausländischen Tätigkeitsstaat.

aa) Beispiele für steuerbegünstigte Vergütungsbestandteile im ausländischen Tätigkeitsstaat

Besonders in Ländern mit hoher Einkommenssteuer spielen zusätzliche Vergütungsbestandteile eine bedeutende Rolle für eine steuerlich vorteilhafte Gehaltsgestaltung.[787] Die folgenden Einzelbeispiele verdeutlichen, wie zusätzliche Vergütungsbestandteile zu einer steuerlich vorteilhaften Gehaltsgestaltung optimal genutzt werden können:

In Großbritannien z. B. stellen notwendige Unterkunftskosten, vom Arbeitgeber zur Verfügung gestellte privat genutzte Handys, Umzugs- und Weiterbildungskosten steuerfreies Einkommen dar.[788] In Frankreich können Beiträge zur Lebensversicherung und Kinderbetreuungskosten steuermindernd berücksichtigt werden.[789] Für nach China entsandte Arbeitnehmer sind 480 € ihres Gehaltes steuerfrei, Erstattungen und Direktleistungen des Arbeitgebers für Miete, Verpflegung, Familienbesuche, Sprachtrainings oder Schul- und Kindergartenkosten ebenfalls.[790] Mietet der Arbeitgeber in Österreich für den Arbeitnehmer eine Wohnung an, sind nur 75 % der Miete ein steuerbarer geldwerter Vorteil.[791] In Japan unterliegen Mietzuschüsse der vollen Besteuerung, während

787 Z. B. in Norwegen und Schweden, so *Laws,* in: Laws/Koziner/Waldenmaier, Mitarbeiter ins Ausland entsenden, S. 37.

788 *Duchetsmann,* AuA 2009, S. 697.

789 *Duchetsmann,* AuA 2009, S. 697.

790 *Duchetsmann,* AuA 2009, S. 697.

791 *Jacobs,* Internationale Unternehmensbesteuerung, S. 1361.

Wohnungsüberlassungen an Mitarbeiter nur mit einem sehr geringen geldwerten Vorteil besteuert werden.[792]

Die Möglichkeit einer vorteilhaften Gestaltung der Vergütung besteht in der Vereinbarung von im Tätigkeitsstaat steuerfreien oder steuerbegünstigten zusätzlichen Vergütungsbestandteilen, anstatt den Wert dieser in das Grundgehalt einzubeziehen. Eine solche steuerlich vorteilhafte Gestaltung setzt allerdings die Kenntnis des aktuellen Steuerrechts im Tätigkeitsstaat voraus.

bb) Beispiele für steuerbegünstigte Vergütungsbestandteile in Deutschland

Zusätzliche Vergütungsbestandteile werden in Deutschland besteuert, wenn sie steuerrechtlich Arbeitslohn sind. Was Arbeitslohn im steuerrechtlichen Sinne ist, wird nicht gesetzlich definiert. Durch die in §§ 19 Abs. 1 und 38 Abs. 1 EStG genannten Beispiele für die zum Arbeitslohn verwandten Einkünfte aus nichtselbstständiger Arbeit lassen sich Rückschlüsse darauf ziehen, dass das Gesetz diese dort aufgeführten Einnahmen als Arbeitslohn ansieht.[793] Nach § 19 Abs. 1 Nr. 1 EStG fallen unter Einnahmen aus nichtselbstständiger Arbeit alle Gehälter, Löhne, Gratifikationen, Tantiemen und andere Bezüge und Vorteile, unabhängig davon, ob es sich um Bar- oder Sachvergütungen handelt. Nach ständiger Rechtsprechung des BFH enthält § 2 Abs. 1 S. 1, S. 2 LStDV eine zutreffende Auslegung des Begriffs Arbeitslohn als Einnahmen, die dem Arbeitnehmer aus dem Dienstverhältnis zufließen, wobei es keine Rolle spielt, wie die Zuwendung bezeichnet wird und in welcher Form sie erfolgt.[794]

Wesentliches Merkmal für das Vorliegen von Arbeitslohn ist, dass der Vorteil aus dem Dienstverhältnis zufließt, also ein Veranlassungszusammenhang zwischen Dienstverhältnis und Vorteil in der Art besteht, dass der Lohn in einem weiten Sinne eine Gegenleistung für das Zurverfügungstellen der individuellen Arbeitskraft des Arbeitnehmers darstellt.[795] Es handelt sich bei einem Vorteil ausnahmsweise nicht um Arbeitslohn, wenn er in einem überwiegend eigenbetrieblichen Interesse

---

792 *Roßmayer*, in: Gerauer, Auslandseinsatz von Arbeitnehmern, Rdnr. 120.

793 *Geserich*, in: Blümich, § 19 EStG, Rdnr. 150; *Ostermeyer/Lücke*, in: Hümmerich/Boecken/Düwell, § 19 EStG, Rdnr. 2.

794 BFH 23.04.2009 – VI R 81/06, BStBl. II 12, 262 zur privaten Fahrzeugnutzung als Arbeitslohn; BFH 02.12.1998 – X R 83/96, BStBl. II 99, 534.

795 *Ostermeyer/Lücke*, in: Hümmerich/Boecken/Düwell, § 19 EStG, Rdnr. 26; *Krüger*, in: Schmidt EStG, § 19, Rdnrn. 10, 40; *Eisgruber*, in: Kirchhof EStG § 19, Rdnr. 62; *Jacobs*, Internationale Unternehmensbesteuerung, S. 1361; z.B. die Gewährung von Personalrabatten nach BFH 04.06.1993 – VI R 95/92, DStR 1993, 1216; BFH 25.05.2000 – VI R 195/98, DStR 2000, 1641.

gewährt wird und für den Arbeitnehmer „bloß notwendige Begleiterscheinung betriebsfunktionaler Zielsetzung“ ist.[796]

Steuerfreie Einnahmen sind zum Großteil in § 3 EStG normiert. Daneben finden sich vereinzelt Vorschriften zu Steuerbefreiung in §§ 3b, 20 Abs. 1 Nr. 6 S. 2 EStG und im WoPG, EigZulG sowie in den DBA.

Nach §§ 3 Nr. 16, Nr. 9 EStG sind zusätzliche Vergütungsbestandteile steuerfrei, wenn sie dem Arbeitnehmer zur Erstattung von Reisekosten, Umzugskosten oder Mehraufwendungen bei doppelter Haushaltsführung gezahlt werden.

Als steuerfreie Reisekosten nach § 3 Nr. 16 1. Alt EStG können Fahrtkosten, Verpflegungsmehraufwendungen, Übernachtungskosten und Reisenebenkosten erstattet werden, soweit sie durch die auswärtige berufliche Tätigkeit veranlasst sind.[797] Fahrtkosten können nach § 9 Abs. 1 S. 3 Nr. 4 a S. 1 EStG auch bei einer Auslandsreise in Höhe der tatsächlichen Aufwendungen erstattet werden. Verpflegungsmehraufwendungen können vom Arbeitgeber in Höhe der zulässigen Beträge steuerfrei erstattet werden, auch in Form einer Sachleistung.[798] Bei Auslandsreisen sind nach § 9 Abs. 4 a S. 5 EStG die allgemeinen Verwaltungsvorschriften des BMF nach § 3 Auslandsreisekostenverordnung (ARV) für die in den einzelnen Länder festgelegten Auslandstagegelder anzuwenden.[799] Übernachtungskosten können bei Auslandsreisen in nachgewiesener Höhe oder als Pauschbetrag nach LStR 9.7 Abs. 3 S. 2–6 steuerfrei ersetzt werden, soweit sie dem Grunde nach zweifelsfrei entstanden sind.[800] Reisenebenkosten sind durch die Reise veranlasste Aufwendungen, die keine Fahrt-, Mehrverpflegungs- oder

796 „Notwendige Begleiterscheinungen“ sind z.B. das Überlassen einer Garage zur Unterstellung des Dienstwagens nach BFH 07.06.2002 – VI R 145/99, BStBl. II S. 829; ein Zurverfügungstellen eines KFZ während der Dauer einer Rufbereitschaft nach BFH 25.05.2000 – VI R 195/98, DStR 2000, 1641; hier besteht ein ganz überwiegend eigenbetriebliches Interesse, weshalb kein Arbeitslohn vorliegt; *Krüger,* in: Schmidt EStG, § 19, Rdnr. 55; *Eisgruber,* in: Kirchhof EStG § 19, Rdnr. 64.

797 *Erhard,* in: Blümich, § 3 Nr. 16 EStG, Rdnr. 11; *Krüger,* in: Schmidt EStG, § 3, Rdnr. 66; *von Beckerath,* in: Kirchhof EStG § 3 Nr. 16, Rdnr. 36.

798 Eine Sachleistung kann z.B. in dem zur Verfügung stellen eines Mittagessens bestehen so BFH 19.11.2008 – VI R 80/06, BStBl. II 09, 547; etwaige Mehrbeträge sind allerdings steuerpflichtig.

799 BMF-Schreiben zur steuerlichen Behandlung von Reisekosten und Reisekostenvergütungen bei betrieblich und beruflich veranlassten Auslandsreisen ab dem 01.01.2015: BMF-Schreiben vom 19.12.2014 – IV C 5 – S 2353/08/10006:005, BStBl. I 2015, 34.

800 BFH Beschluss vom 22.04.2004 – VI B 13/04, DStRE 2004, 932.

Übernachtungsaufwendungen sind.[801] Als Reisenebenkosten in Höhe der tatsächlichen Aufwendungen sind beispielsweise Kosten für Handytelefonate mit dem Arbeitgeber, Gepäckkosten, Straßenmaut und Parkgebühren steuerfrei.[802]

Als steuerfreie Umzugskosten i. S. v. § 3 Nr. 16 2. Alt EStG gelten Aufwendungen, die unmittelbar oder mittelbar mit einem beruflich veranlassten Umzug zusammenhängen.[803] Nach §§ 5–28 ARV umfassen Umzugskosten bei Auslandsumzügen alle Kosten für die Beförderung und Lagerung von Umzugsgut, Reisekosten, Kosten der Wohnung, sonstige Umzugsauslagen, Kosten für klimagerechte Bekleidung und umzugsbedingten zusätzlichen Unterricht.

Die Kosten einer doppelten Haushaltsführung sind steuerfrei, wenn die Voraussetzungen nach § 9 Abs. 1 S. 3 Nr. 5 EStG vorliegen, was bedeutet, dass die doppelte Haushaltsführung beruflich veranlasst sein muss, der Arbeitnehmer außerhalb seiner ersten Tätigkeitsstätte einen eigenen Hausstand unterhält und auch am Ort der ersten Tätigkeitsstätte wohnt.[804] Ein eigener Hausstand besteht, wenn er eine Wohnung innehat und die Kosten der Lebensführung trägt oder sich zumindest finanziell daran beteiligt (§ 9 Abs. 1 S. 3 Nr. 5 EStG). Bei verheirateten Arbeitnehmern ist der Hausstand und Lebensmittelpunkt generell dort, wo der Ehepartner wohnt.[805] Ein alleinstehender Arbeitnehmer kann einen eigenen Hausstand außerhalb des Beschäftigungsortes unterhalten, wenn er seinen Lebensmittelpunkt dort beibehält und sich außerhalb der Berufstätigkeit ständig dort aufhält, wobei ein Vorhalten einer Wohnung für gelegentliche Besuche oder Ferienaufenthalten nicht als Unterhalten eines Hausstandes zu bewerten ist. Die Anzahl der Heimfahrten ist, genauso wie die Entfernung zwischen Haupt- und Zweitwohnung, ein wichtiges Indiz für die Beantwortung der Frage, wo sich der Lebensmittelpunkt befindet.[806] Zudem hat der Gesetzgeber in § 9 Abs. 1 S. 3 Nr. 5 S. 3 EStG klargestellt, dass ein eigener Hausstand anzunehmen ist, wenn

---

801 *Erhard,* in: Blümich, § 3 Nr. 16 EStG, Rdnr. 26.

802 BMF-Schreiben vom 30.09.2013, BGBl. I S. 285, BStBl I S. 188, Rdnr. 118; *Erhard,* in: Blümich, § 3 Nr. 16 EStG, Rdnr. 26.

803 *Erhard,* in: Blümich, § 3 Nr. 16 EStG, Rdnr. 31; *von Beckerath,* in: Kirchhof EStG § 3 Nr. 16, Rdnr. 37; BFH Beschluss vom 26.05. 2003 – VI B 13/03, juris.

804 BFH 10.02.2000 – VI R 60/98, DStR 2000, 728; BFH Beschluss vom 12.06.2012 – VI B 73/12, juris; BFH 05.10.1994 – VI R 62/90, BStBl. II 95, 180; *Loschelder,* in: Schmidt EStG, § 9, Rdnr. 206; *von Beckerath,* in: Kirchhof EStG § 9, Rdnrn. 98 ff.

805 BFH 29.12.2012 – VI B 102/12, juris; *Loschelder,* in: Schmidt EStG, § 9, Rdnr. 209; *von Beckerath,* in: Kirchhof EStG § 9, Rdnr. 107 sog. „Familienhausstand."

806 Ständige Rspr. hierzu BFH 10.02.2000 – VI R 60/98, DStR 2000, 728; BFH Beschluss vom 12.06.2012 – VI B 73/12, juris; BFH 05.10.1994 – VI R 62/90, BStBl. II 95, 180; *Loschelder,* in: Schmidt EStG, § 9, Rdnr. 213.

der Arbeitnehmer sich an den Kosten zur Haushaltsführung beteiligt.[807] An den Kosten der Haushaltsführung beteiligt sich der Arbeitnehmer, wenn er mindestens 10 % der monatlich regelmäßig anfallenden laufenden Kosten trägt.[808]

Die Kosten der doppelten Haushaltsführung umfassen nach § 9 Abs. 1 S. 3 Nr. 5 S. 1 EStG Unterbringungskosten, wie Aufwendungen für Miete, Heizung und Strom. Der Gesetzgeber lässt die tatsächlichen Aufwendungen zum Abzug zu, legt aber in § 9 Abs. 1 S. 3 Nr. 5 S. 4 EStG eine Höchstgrenze von 1.000 € monatlich fest.[809] Als Teil der doppelten Haushaltsführung sind auch Mehraufwendungen für Verpflegung nach § 9 Abs. 1 S. 3 Nr. 4 a S. 12 EStG abziehbar. Dabei gelten die Verpflegungspauschalen nach § 9 Abs. 4 a S. 5 EStG bei einer Tätigkeit im Ausland. Zudem ist die Geltendmachung der Verpflegungspauschale auf die ersten drei Monate der Tätigkeit an derselben Tätigkeitsstätte beschränkt.

Fahrtkosten aus Anlass des Wohnungswechsels zu Beginn und Ende der doppelten Haushaltsführung sind steuerfrei und notwendige Nebenkosten wie Umzugskosten oder Visakosten, ebenso wie mit dem Auslandsaufenthalt verbundene Gesundheitsuntersuchungen.[810]

Der Kaufkraftausgleich ist nach § 3 Nr. 64 S. 3 EStG steuerfrei, wenn der Arbeitnehmer von einem inländischen Arbeitgeber für einen begrenzten Zeitraum ins Ausland entsendet wird und dort einen Wohnsitz nach § 8 AO oder gewöhnlichen Aufenthalt nach § 9 AO begründet. Der Kaufkraftausgleich ist die Zahlung eines besonderen Lohnbestandteils zum Ausgleich von Kaufkraftverlusten, wobei es einer ausdrücklichen Bezeichnung als Kaufkraftausgleich bei der Vergütung nicht bedarf.[811] Der steuerfreie Vorteil bestimmt sich nach den Sätzen des Kaufkraftausgleichs zu den Auslandsdienstbezügen im öffentlichen Dienst (LStR

---

807 *Von Beckerath,* in: Kirchhof EStG § 9, Rdnr. 104; BFH 21.04.2010 – VI R 26/09, BStBl. II 2012, 618 wonach die Eingliederung in den Haushalt der Eltern keinen eigenen Hausstand begründet.

808 *Thürmer,* in: Blümich, § 9 EStG, Rdnr. 357; *Loschelder,* in: Schmidt EStG, § 9, Rdnr. 216; *von Beckerath,* in: Kirchhof EStG § 9, Rdnr. 109; BMF-Schreiben v. 30.09.2013, BStBl. I 2013, 1279, Rdnr. 94.

809 BT-Drs. 17/10774, 21 begründet die Höchstgrenze damit, dass sich die 1000 € an der Miete einer 60 qm großen Wohnung orientieren; BMF-Schreiben v. 30.09.2013, BStBl. I 2013, 1279, Rdnr. 96.

810 FG Düsseldorf 27.09.2001 – 11 K 9306/98 H L, juris wonach Visagebühren und Aufwendungen für damit verbundene Gesundheitsuntersuchungen vom Arbeitgeber als Reisekosten bzw. Mehraufwendungen wegen doppelter Haushaltsführung steuerfrei übernommen werden können.

811 *Erhard,* in: Blümich, § 3 Nr. 64 EStG, Rdnr. 3.

3.64 Abs. 2 S. 1).[812] Die für die einzelnen Länder in Betracht kommenden Kaufkraftzuschläge werden im BStBl. I bekannt gegeben, für 2016 z.B. zuletzt am 01.04.2016 BStBl. I 2015, 142 (LStR 3.64 Abs. 2 S. 2). Für Arbeitnehmer außerhalb des öffentlichen Dienstes werden die Sätze nach einem speziellen System errechnet (LStR 3.64 Abs. 5 S. 2). Nach LStR 3.64 Abs. 1 S. 2 fallen unter den § 3 Nr. 64 S. 3 EStG ins Ausland entsendete Arbeitnehmer der Privatwirtschaft, wenn ihre Rückkehr nach Deutschland vorgesehen ist, wobei eine Höchstdauer weder dem § 3 Nr. 64 S. 3 EStG noch LStR 3.64 Abs. 1 S. 2 zu entnehmen ist. Ein begrenzter Aufenthalt kann allerdings ab dem Zeitpunkt nicht mehr angenommen werden, ab dem sich der Arbeitnehmer für einen dauerhaften Verbleib im Ausland entscheidet.[813]

Neben den nach § 3 Nr. 16 i. V. m. Nr. 9 EStG steuerfreien Reisekosten, Umzugskosten und Kosten der doppelten Haushaltsführung und dem nach § 3 Nr. 64 S. 3 EStG steuerfreien Kaufkraftausgleich gibt es einige andere Vorschriften, nach denen zusätzliche Vergütungsbestandteile steuerfrei oder steuerbegünstigt sind. Einen steuerbegünstigten Vergütungsbestandteil stellt beispielsweise die private Nutzung eines Dienstwagens nach §§ 8 Abs. 2 S. 2 i. V. m. 6 Abs. 1 Nr. 4 S. 2 EStG dar, die nur mit 1 % des inländischen Listenpreises im Zeitpunkt der Erstzulassung (zzgl. der Kosten für Sonderausstattung und der USt) in jedem Kalendermonat als Zusatzlohn zu versteuern ist. Auch kleine Aufmerksamkeiten (Genussmittel, Getränke, Blumen) sind als Sachzuwendungen bis zu einem Wert von 60 € (bis zum 01.01.2015 nur 40 €) steuerfrei, die der Arbeitgeber dem Arbeitnehmer oder seiner Familie aus Anlass eines besonderen persönlichen Ereignisses zuwendet (LStR R 19.6).

3. *Sozialversicherungsrecht*

Im Sozialversicherungsrecht sind das Entgelt und zusätzliche Vergütungsbestandteile Anknüpfungspunkt für die Berechnung der Beiträge in der Kranken-, Pflege- und der Rentenversicherung sowie der Arbeitsförderung (§§ 47, 220 ff., 226 ff. SGB V für die Krankenversicherung; § 57 SGB IX für die Pflegeversicherung; §§ 21, 63, 157 ff., 161, 162 SGB VI für die Rentenversicherung und §§ 142, 149 ff., 167 ff., 312 ff., 341 ff. SGB III für die Arbeitsförderung). § 14 Abs. 1 SGB

---

812 § 3 Nr. 64 EStG gilt nach S. 1 für öffentlich Bedienstete, nach S. 2 für Mitarbeiter von Einrichtungen, die durch öffentliche Mittel finanziert werden und die von einer öffentlichen Kasse besoldet werden (z. B. das Deutsche Zentrum für Luft- und Raumfahrt e. V., das Goethe-Institut).

813 *Erhard*, in: Blümich, § 3 Nr. 64 EStG, Rdnr. 2.

IV definiert für alle Zweige des Sozialversicherungsrechts einen Arbeitsentgeltbegriff. Dieser ist nicht isoliert zu sehen, sondern im Zusammenhang mit einigen Bestimmungen des EStG und der aufgrund von § 17 SGB IV erlassenen Verordnung über die sozialversicherungsrechtliche Beurteilung von Zuwendungen des Arbeitgebers als Arbeitsentgelt (SvEV).[814] Die SvEV wurde mit Wirkung zum 01.01.2007 erlassen und ersetzte die bis dahin geltende Arbeitsentgeltverordnung.[815]

a) Definition des Arbeitsentgeltbegriffs nach § 14 SGB IV

Arbeitsentgelt i. S. v. § 14 SGB IV sind alle Einnahmen, die aus einer Beschäftigung oder im Zusammenhang mit ihr erzielt werden. Ob die Beschäftigung im Ausland ausgeübt wird, ist irrelevant, solange der Arbeitnehmer auch während einer Auslandstätigkeit den Vorschriften des deutschen Sozialversicherungsrechts unterliegt. Da § 14 Abs. 2 SGB IV explizit den Fall der Vereinbarung eines Nettoarbeitsentgeltes regelt, ergibt sich aus dem Umkehrschluss, dass § 14 Abs. 1 SGB IV von einem Bruttoarbeitsentgelt ausgeht.[816]

Kein Arbeitsentgelt sind die Beiträge des Arbeitgebers zur Unfallversicherung, was damit begründet wird, dass sie die vermögensrechtliche Seite des Arbeitnehmers komplett unberührt lassen und der Arbeitgeber diese Beiträge aufgrund einer eigenen gesetzlichen Verpflichtung aus § 150 Abs. 1 SGB VII erbringt, um die ihm gegenüber seinen Arbeitnehmern obliegende Unternehmerhaftung abzulösen.[817]

Sinn und Zweck des § 14 Abs. 1 SGB IV ist es, die Bruttoeinnahmen des Versicherten lückenlos zu erfassen, weshalb bei Nettolohnabreden auch die Lohn- und Kirchensteuer, die Arbeitnehmeranteile zur Sozialversicherung, Werbungskosten und andere Saldierungsposten des Steuerrechts im Sinne von § 2 Abs. 3–5 EStG dem Nettoentgelt hinzugerechnet werden.[818]

---

814 *Von Koppenfels-Spies,* in: Knickrehm/Kreikebohm/Waltermann, Komm SozR, 40. § 14 SGB IV, Rdnr. 1; *Zieglmeier*, in: KassKomm, § 14 SGB IV, Rdnrn. 1–3.

815 BGBl. I 2006, 3385.

816 *Von Koppenfels-Spies,* in: Knickrehm/Kreikebohm/Waltermann, Komm SozR, 40. § 14 SGB IV, Rdnr. 8; *Zieglmeier*, in: KassKomm, § 14 SGB IV, Rdnr. 1.

817 BSG 12.12.1991 – 7 RAr 26/90, NZA 1992, 622; *Von Koppenfels-Spies,* in: Knickrehm/Kreikebohm/Waltermann, Komm SozR, 40. § 14 SGB IV, Rdnr. 5; *Zieglmeier*, in: KassKomm, § 14 SGB IV, Rdnr. 64.

818 *Von Koppenfels-Spies,* in: Knickrehm/Kreikebohm/Waltermann, Komm SozR, 40. § 14 SGB IV, Rdnr. 5; *Zieglmeier*, in: KassKomm, § 14 SGB IV, Rdnr. 64; die Arbeitnehmeranteile zur Sozialversicherung sind selbst dann dem Nettoentgelt für

b) Einordnung der zusätzlichen Vergütungsbestandteile nach der SvEV

Zusätzliche Vergütungsbestandteile sind als einmalige oder laufende Sachbezüge zu bewerten, ebenso wie Geldbezüge, Arbeitsentgelt nach § 14 Abs. 1 SGB IV, weil es bei der Einordnung als Arbeitsentgelt im sozialrechtlichen Sinne nicht auf die Form ankommt.[819] Die sozialversicherungsrechtliche Bewertung derartiger zusätzlicher Vergütungsbestandteile erfolgt nach der gem. § 17 Abs. 1 S. 1 Nr. 4 SGB IV erlassenen SvEV, insb. §§ 2 und 3 SvEV.[820]

§ 2 SvEV regelt die Bewertung von Verpflegung, Unterkunft und Wohnung. Für die Bewertung der Verpflegung werden nach §§ 2 Abs. 1 und 2 SvEV feste Werte angesetzt, die pauschal als Arbeitsentgelt im sozialversicherungsrechtlichen Sinne angerechnet werden. Ist im Rahmen einer Vergütungsabrede vereinbart, dass der Arbeitnehmer in einer vom Arbeitgeber bezahlten Wohnung im Tätigkeitsstaat wohnen kann, regelt § 2 Abs. 4 S. 1 SvEV, dass diese Zusatzleistung für die Höhe der Sozialversicherungsbeiträge mit der Höhe der ortsüblichen Miete zu bewerten ist.

§ 3 SvEV regelt die Bewertung sonstiger unentgeltlich zur Verfügung gestellter Sachbezüge, worunter alle Sachbezüge fallen, die nicht bereits von § 2 SvEV erfasst werden. Bei Entsendungsvereinbarungen kommen als zusätzliche Vergütungsbestandteile Dienstwagen, Heimflüge, Umzugskosten, Kosten für Ein- und Ausreise, Schul- und Kindergartenkosten, Zusatzversicherungen, Fortführung der betrieblichen Altersvorsorge im deutschen Unternehmen und finanzielle Unterstützung des Ehegatten (wenn dessen Gehalt durch die Entsendung wegfällt) in Betracht. Diese sind nach § 3 Abs. 1 SvEV mit dem Wert des Endpreises am Abgabeort anzusetzen, vermindert um übliche Preisnachlässe. Werden die Sachleistungen verbilligt zur Verfügung gestellt, ist die Differenz zwischen vereinbartem und tatsächlichem Preis dem Arbeitsentgelt hinzuzurechnen (§ 3 Abs. 2 SvEV). Für zusätzliche Vergütungen zu Löhnen und Gehältern besteht keine Beitragspflicht, wenn und soweit diese kraft Gesetzes steuerfrei sind (§§ 17 SGB IV i. V. m. 1 Abs. 1 Nr. 1 SvEV).

In ausländischer Währung gezahltes Entgelt ist nach dem Referenzkurs der Europäischen Zentralbank gem. § 17 a SGB IV in Euro umzurechnen.

---

die Berechnung des Arbeitsentgelts i. S. v. § 14 SGB IV hinzuzurechnen, wenn der Arbeitgeber sie aufgrund einer arbeitsvertraglichen Vereinbarung übernimmt, so BSG 12.11.1975 – 3/12 RK 22/74, BB 1976, 887.

819 *Von Koppenfels-Spies,* in: Knickrehm/Kreikebohm/Waltermann, Komm SozR, 40. § 14 SGB IV, Rdnr. 8; *Zieglmeier,* in: KassKomm, § 14 SGB IV, Rdnr. 137.

820 *Von Koppenfels-Spies,* in: Knickrehm/Kreikebohm/Waltermann, Komm SozR, 40. § 14 SGB IV, Rdnr. 8; *Zieglmeier,* in: KassKomm, § 14 SGB IV, Rdnrn. 137 ff.

4. *Zusammenfassendes Ergebnis und Schnittstelle*

a) Zusammenfassendes Ergebnis

Die Vergütungsabrede ist einer der zentralen Inhalte eines Entsendungsvertrages. Werden zwischen Arbeitgeber und Arbeitnehmer ein zusätzliches Entgelt und Sachleistungen vereinbart, ist dies nach §§ 2 Abs. 2 Nr. 3 NachwG i. v. m. 2 Abs. 4 NachwG im Entsendungsvertrag festzuhalten, damit dieser einen gesonderten Nachweis ersetzen kann.

Typische zusätzliche Vergütungsbestandteile sind Mietkosten, Heimflüge, Kosten für Ein- und Ausreise, Schul- und Kindergartenkosten, private Zusatzversicherungen, Fortführung der betrieblichen Altersvorsorge im deutschen Unternehmen und finanzielle Unterstützung des Ehegatten, wenn dessen Gehalt wegfällt.[821] Als zusätzliche Vergütungsbestandteile werden von deutschen Unternehmen regelmäßig auch die Umzugskosten, ein Kaufkraftausgleich und eine Härtezulage bezahlt.

Die Frage nach einem Mitbestimmungsrecht des Betriebsrates bei der Vergütungsgestaltung für Auslandsentsendungen bestimmt sich nach § 87 Abs. 1 Nr. 10 BetrVG. Der Lohnbegriff des § 87 Abs. 1 Nr. 10 BetrVG erfasst alle Formen der leistungs- und tätigkeitsbezogenen Vergütung und deshalb auch Auslandszulagen, die auch als Anreiz und Motivation für die Auslandstätigkeit gezahlt werden.[822] Abzugrenzen ist zwischen mitbestimmungsfreiem Aufwendungsersatz und mitbestimmungspflichtigem Lohn danach, ob der Arbeitnehmer einen „im Grundsatz festliegenden Anspruch auf Erstattung der beruflich veranlassten Aufwendungen" durch den Arbeitgeber hat und ob die Übernahme der Kosten durch den Arbeitgeber das Vermögen des Arbeitnehmers mehrt, unmittelbar oder mittelbar dadurch, dass er ansonsten notwendige, eigene Aufwendungen erspart.[823]

Die Übernahme von Kosten für Flüge ist beispielsweise mitbestimmungsfrei, wenn es sich um dienstliche Flüge handelt, denn bei diesen hat der Arbeitnehmer

---

821 *Maurer,* Personaleinsatz im Ausland, S. 74; *Heuser/Heidenreich/Fritz,* Auslandsentsendung, Rdnrn. 118 ff.; *Gnann/Gerauer,* Arbeitsvertrag bei Auslandsentsendung, S. 66; *Laws,* in: Laws/Koziner/Waldenmaier, Mitarbeiter ins Ausland entsenden, S. 51; *Däubler,* in: Däubler/Hjort/Schubert/Wolmerath, Arbeitsrecht, Art. 35 EGBGB, Rdnr. 35.

822 BAG Beschluss vom 30.01.1990 – 1 ABR 2/89, NZA 1990, 571; *Kohte,* in: Düwell BetrVG, § 87, Rdnr. 117; *Richardi,* in: Richardi BetrVG, § 87, Rdnr. 734.

823 BAG Beschluss vom 10.06.1986 – 1 ABR 65/84, NZA 1987, 30; *Kania,* in: ErfK, § 87 BetrVG, Rdnr. 98.

einen Aufwendungserstattungsanspruch gegen den Arbeitgeber. Mitbestimmungspflichtig ist dagegen die Übernahme der Kosten für private Flüge, denn diese Kosten müsste der Arbeitnehmer selber tragen, sie gehören zu seiner privaten Lebensführung.

Im Zusammenhang mit der Vereinbarung einer Vergütung und zusätzlichen Vergütungsbestandteilen werden regelmäßig auch Rückzahlungsklauseln vereinbart, die beispielsweise regeln, dass Umzugskosten zurückzuzahlen sind, wenn der Arbeitnehmer die Entsendung vorzeitig beendet. Sie sind angemessen, wenn nach § 307 Abs. 1 S. 1 BGB das Interesse des Arbeitgebers an der Rückzahlung dem Interesse des Arbeitnehmers auf freie Berufswahl und -ausübung vorrangig ist, z.B. indem der Arbeitnehmer einen generellen beruflichen Vorteil aus der Entsendung zieht und die vorzeitige Beendigung der Entsendung nicht aus der Risiko- und Verantwortungssphäre des Arbeitgebers stammt.[824] Die Rückzahlungssumme muss angemessen im Sinne von § 307 Abs. 1 S. 1 BGB sein. Nach der hier vertretenen Ansicht ist eine Rückforderungssumme von maximal drei Monatsgehältern angemessen. Die Rechtsprechung hält eine Bindungsdauer von höchstens zwei Jahren für angemessen im Sinne von § 307 BGB.

Bei der Vergütungsvereinbarung besteht die Möglichkeit der Vereinbarung von Steuerausgleichsmodellen, die den Arbeitnehmer vor einer höheren Steuerbelastung im ausländischen Tätigkeitsstaat schützen. Das Steuerschutzmodell (tax protection) schützt den Arbeitnehmer vor einer steuerlichen Mehrbelastung, indem es ihn steuerlich nicht schlechterstellt als bei einer durchgängigen Beschäftigung in Deutschland, was dazu führt, dass der Arbeitnehmer bei einem höheren Steuerniveau im ausländischen Tätigkeitsstaat nur die Steuern zahlen muss, die er in Deutschland gezahlt hätte. Bei einem niedrigeren Steuerniveau verbleibt der Steuervorteil bei dem Arbeitnehmer. Nach dem echten Steuerausgleich (tax equalisation) wird der Arbeitnehmer so gestellt, als würde er weiterhin in Deutschland arbeiten. Das bedeutet, dass die Steuern, die er in Deutschland gezahlt hätte, von seinem vereinbarten Bruttogehalt vom Arbeitgeber einbehalten werden. Eine Mehrbelastung wird dem Arbeitnehmer auf Nettobasis erstattet, der Vorteil aus einer niedrigeren Belastung wird vom Unternehmen direkt einbehalten. Das führt dazu, dass ein Steuervorteil bei dem Unternehmen verbleibt.

824 *Mennen/Schellert/Wolf,* Mitarbeiterentsendung, S. 81; vgl. auch zum beruflichen Vorteil bei Ausbildung *Müller-Glöge,* in: MüKo BGB, § 611 BGB, Rdnr. 883; BAG 06.05.1998 – 5 AZR 535/97, NJW 1999, 443; BAG 11.04.2006 – 9 AZR 610/05, NZA 2006, 1044; BAG 13.12.2011 – 3 AZR 791/09, NZA 2012, 738.

Im Rahmen der Vergütung mittels zusätzlicher Vergütungsbestandteile besteht die Möglichkeit der Steuergestaltung insofern, als diese Zusatzleistungen, wenn sie im Tätigkeitsstaat steuerfrei oder steuerbegünstigt sind, das Nettogehalt erhöhen oder stabil halten und gleichzeitig die Kosten für den Arbeitgeber verringern können. In Deutschland sind z.B. nach §§ 3 Nr. 16, Nr. 9 EStG zusätzliche Vergütungsbestandteile steuerfrei, wenn sie dem Arbeitnehmer zur Erstattung von Reisekosten, Umzugskosten oder Mehraufwendungen bei doppelter Haushaltsführung gezahlt werden. Der Kaufkraftausgleich ist nach § 3 Nr. 64 S. 3 EStG steuerfrei, wenn der Arbeitnehmer von einem inländischen Arbeitgeber für einen begrenzten Zeitraum ins Ausland entsendet wird und dort einen Wohnsitz nach § 8 AO oder gewöhnlichen Aufenthalt nach § 9 AO begründet.

Aus sozialversicherungsrechtlicher Sicht stellt das Arbeitsentgelt den Anknüpfungspunkt für die Berechnung der Sozialversicherungsbeiträge in der Kranken-, Pflege- und der Rentenversicherung sowie der Arbeitsförderung dar. Nach § 14 SGB IV sind dem Arbeitsentgelt alle Einnahmen zuzuordnen, die aus einer Beschäftigung oder im Zusammenhang mit ihr erzielt werden. Unter den Arbeitsentgeltbegriff nach § 14 Abs. 1 SGB IV fallen zusätzliche Vergütungsbestandteile als einmalige oder laufende Sachbezüge, ebenso wie Geldbezüge. Die Bewertung der zusätzlichen Vergütungsbestandteile erfolgt nach der gem. § 17 Abs. 1 S. 1 Nr. 4 SGB IV erlassenen SvEV, insb. §§ 2 und 3 SvEV.

b) *Schnittstelle: Mitbestimmungsrecht nach § 87 Abs. 1 Nr. 10 BetrVG bei den Steuerausgleichsmodellen*

Das echte Steuerausgleichsmodell (tax equalisation) und das Steuerschutzmodell (tax protection) unterliegen der zwingenden Mitbestimmung des Betriebsrates nach § 87 Abs. 1 Nr. 10 BetrVG.[825]

Das Mitbestimmungsrecht des Betriebsrates umfasst nach § 87 Abs. 1 Nr. 10 BetrVG alle Fragen der betrieblichen Lohngestaltung. Die betriebliche Lohngestaltung beinhaltet die „Festlegung abstrakt-genereller (kollektiver) Grundsätze zur Lohnfindung," worunter insbesondere die Aufstellung von Entlohnungsgrundsätzen und die Einführung und Anwendung neuer Entlohnungsmethoden fallen.[826] Die betriebliche Lohngestaltung bezieht sich dabei ausschließlich auf die

---

825 *Jacobs,* Internationale Unternehmensbesteuerung, S. 1390; zum persönlichen Anwendungsbereich des BetrVG siehe oben auf S. 164.

826 BAG Beschluss vom 30.01.1990 – 1 ABR 2/89, NZA 1990, 571; BAG 28.03.2006 – 1 ABR 59/04, NZA 2006, 1367; *Richardi,* in: Richardi BetrVG, § 87, Rdnr. 729.

Grundlagen der Lohnfindung, nicht auf die Höhe des Lohns.[827] Sie umfasst dabei die „Strukturformen des Entgelts einschließlich ihrer näheren Vollziehungsformen."[828] Mitbestimmungspflichtig ist daher die „normative Festlegung der materiellen Gesichtspunkte und des Verfahrens, von denen die Entgeltfindung im Einzelfall abhängt."[829] Von dem sehr weit gefassten Begriff der betrieblichen Lohngestaltung werden alle Geldleistungen und geldwerten Vorteile erfasst, die im Rahmen eines Arbeitsverhältnisses gezahlt werden.[830] Die Vereinbarung des Steuerausgleich- oder Steuerschutzmodells stellt für den Arbeitnehmer einen geldwerten Vorteil in Form einer Steuerersparnis dar, wenn das Steuerniveau im Ausland höher ist als in Deutschland. Sie sind deshalb vom weiten Begriff der betrieblichen Lohngestaltung erfasst und damit mitbestimmungspflichtig.

Zudem hat die Vereinbarung des Steuerausgleichs- und Steuerschutzmodells einen kollektiven Bezug, weil sich die Modelle abstrakt auf eine Gruppe von Arbeitnehmern beziehen, nämlich allen ins Ausland entsandten Arbeitnehmern.[831]

Der Betriebsrat hat ein Mitbestimmungsrecht bei der Einführung und Anwendung von Steuerausgleichs- und Steuerschutzmodellen im Unternehmen nach § 87 Abs. 1 Nr. 10 BetrVG.[832]

Eine Missachtung des Mitbestimmungsrechts führt dazu, dass individualrechtliche Erklärungen und Maßnahmen des Arbeitgebers unwirksam sind, wenn diese die Rechtstellung des Arbeitnehmers verschlechtern.[833] Die Anwendung des echten Steuerausgleichsmodells verschlechtert die Rechtstellung des Arbeitnehmers nicht in jedem Fall. Durch den echten Steuerausgleich wird der Arbeitnehmer so gestellt, als würde er weiterhin in Deutschland für das Unternehmen tätig sein, mit der Folge, dass das deutsche Unternehmen die Steuern, die er bei fortgeführter Tätigkeit in Deutschland zu zahlen hätte, von seinem

---

827 BAG Beschluss vom 30.01.1990 – 1 ABR 2/89, NZA 1990, 571 die Höhe einer Zulage ist nicht mitbestimmungspflichtig, so auch BAG Beschluss vom 22.10.1985 – 1 ABR 67/83, NZA 1986, 296; *Kohte,* in: Düwell BetrVG, § 87, Rdnr. 117; *Richardi,* in: Richardi BetrVG, § 87, Rdnr. 729.

828 BAG Beschluss vom 29.03.1977 – 1 ABR 123/74, NJW 1977, 1654; BAG Beschluss vom 03.12.1991, AP BetrVG 1972, § 87 Lohngestaltung Nr. 51; BAG 11.06.2002 – 1 AZR 390/01, NZA 2003, 570; BAG 29.01.2008 – 3 AZR 42/06, NZA 2009, 81.

829 *Richardi,* in: Richardi BetrVG, § 87, Rdnr. 749.

830 *Kothe,* in: Düwell BetrVG, § 87, Rdnr. 113.

831 *Jacobs,* Internationale Unternehmensbesteuerung, S. 1290; vgl. *Kania,* in: ErfK, § 87 BetrVG, Rdnr. 6.

832 *Jacobs,* Internationale Unternehmensbesteuerung, S. 1290.

833 *Werner,* in: BeckOKommArbR, § 87 BetrVG, Rdnr. 184; vgl. BAG 16.09.1986 – GS 1/82, RdA 1987, 124.

ausländischen Bruttogehalt einbehält. Eine Belastung stellt dieses Modell nur in Fällen dar, in denen der Arbeitnehmer in ein Niedrigsteuerland entsandt ist und der Vorteil gegenüber der Besteuerung in Deutschland aus der niedrigeren Besteuerung direkt vom Unternehmen einbehalten wird. In diesen Fällen ist die Anwendung des echten Steuerausgleichsmodells durch den Arbeitgeber rechtswidrig, wenn das Mitbestimmungsrecht missachtet wurde.

Die Anwendung des Steuerschutzmodells belastet den Arbeitnehmer nicht, wenn die Steuer im ausländischen Staat höher ist als in Deutschland, denn dann zahlt er nur die hypothetische deutsche Steuer. Ist die Steuer im ausländischen Tätigkeitsstaat niedriger als in Deutschland, zahlt der Arbeitnehmer nur die geringere ausländische Steuer, der Steuervorteil verbleibt bei ihm. Die Anwendung des Steuerschutzmodells belastet den Arbeitnehmer in keinem Fall. Wird also das Steuerschutzmodell ohne vorherige Zustimmung des Betriebsrates im Unternehmen angewendet, ist die Anwendung nicht unwirksam, weil sie den Arbeitnehmer nicht belastet.

IV. Rückkehrbedingungen

Vereinbaren der Arbeitgeber und der Arbeitnehmer Bedingungen für die Rückkehr des Arbeitnehmers nach Ende der Entsendung, müssen diese Bedingungen nach § 2 Abs. 2 Nr. 4 NachwG im Entsendungsvertrag festgehalten werden, damit dieser den Nachweis gem. § 2 Abs. 4 NachwG ersetzen kann.[834] Die Regelung in § 2 Abs. 2 Nr. 4 NachwG ist keinesfalls dahin gehend zu verstehen, dass die Parteien verpflichtet sind, Rückkehrbedingungen zu vereinbaren, eine so weite Regelungskompetenz besitzt das NachwG nicht.[835] Üblicherweise sind Vereinbarungen zu Rückkehrbedingungen aber Teil des Entsendungsvertrages.

1. Arbeitsrechtliche Vereinbarungen zu Rückkehrbedingungen in Entsendungsverträgen

Die Bedingungen für die Rückkehr des Arbeitnehmers nach Deutschland werden bei Entsendungsverträgen üblicherweise in einer Wiedereingliederungsklausel, sog. Weiterbeschäftigungszusage, vereinbart.[836] Der Arbeitnehmer und

834 *Preis,* in: ErfK, § 2 NachwG, Rdnr. 28; *Schaub,* in: Hümmerich/Boecken/Düwell, § 2 NachwG, Rdnr. 6.

835 *Preis,* in: ErfK, § 2 NachwG, Rdnr. 28; *Mennen/Schellert/Wolf,* Mitarbeiterentsendung, S. 83 ff.; *Schaub,* in: Hümmerich/Boecken/Düwell, § 2 NachwG, Rdnr. 46.

836 Im englischen „Re-entry-Klausel" *Gnann/Gerauer,* Arbeitsvertrag bei Auslandsentsendung, S. 104; *Mennen/Schellert/Wolf,* Mitarbeiterentsendung, S. 100; *Dörner/*

der Arbeitgeber können zudem Rückkehrbedingungen in der Art gestalten, dass sie ein Rückrufrecht oder eine Rückrufpflicht des Arbeitgebers oder auch ein Rückkehrrecht des Arbeitnehmers im Entsendungsvertrag vereinbaren.

a) *Wiedereingliederungsklausel*

Das Arbeitsverhältnis des Arbeitnehmers zum deutschen Unternehmen wird durch den Abschluss des Entsendungsvertrages und auch während der Entsendung nicht beendet, sondern nur ruhend gestellt. Deshalb leben die Hauptleistungspflichten des ursprünglichen Arbeitsvertrages, beispielsweise die Pflicht zur Beschäftigung und Gehaltszahlung, automatisch bei Rückkehr in das deutsche Unternehmen wieder auf. Konsequenterweise bedürfe es deshalb keiner separaten Regelung durch eine Wiedereingliederungsklausel.[837] Bei einer Entsendung besteht aber die Besonderheit, dass für die Dauer der Entsendung die im deutschen Unternehmen freigewordene Stelle durch einen anderen Mitarbeiter neu besetzt wird. Dadurch besteht bei Rückkehr die Gefahr für den Arbeitnehmer, dass er nach § 1 Abs. 2 S. 1 KSchG betriebsbedingt gekündigt wird, wenn keine vergleichbare Stelle frei ist.[838] Er wird deshalb im Entsendungsvertrag auf die Vereinbarung einer Wiedereingliederungsklausel bestehen, vorwiegend mit dem Ziel, die betriebsbedingte Kündigung bei seiner Rückkehr auszuschließen.

aa) Ausgestaltung der Wiedereingliederungsklausel

Es gibt verschiedene Möglichkeiten, eine Wiedereingliederungsklausel zu gestalten.[839] Es ist möglich, in der Wiedereingliederungsklausel die Rückkehr auf die konkrete Position, die der Arbeitnehmer vor Antritt der Entsendung besetzte, zu vereinbaren. Denkbar ist auch die Rückkehr auf eine vergleichbare Position, die

---

Vossen, in: Ascheid/Preis/Schmidt, § 626 BGB, Rdnr. 35; *Borgmann*, in: Hümmerich/Reufels, Gestaltung von Arbeitsverträgen, A. § 1 Arbeitsverträge, 14. Auslandsarbeitsverträge, Rdnr. 1047; *Novak*, in: *Schaub/Schrader/Staube/Vogelsang*, Arbeitsrechtliches Formular- und Verfahrenshandbuch, A. Individualarbeitsrecht, 2. Entsendungsvertrag, Rdnr. 276; *Borgmann*, in: Grobys/Panzer SWK Arbeitsrecht, Auslandstätigkeit/Entsendung, Rdnr. 30.

837 *Mennen/Schellert/Wolf*, Mitarbeiterentsendung, S. 84 wonach die Beschäftigung nach Maßgabe des bisherigen Arbeitsvertrages erfolgen würde.

838 *Preis*, in: Preis, Der Arbeitsvertrag, II A. 140 Auslandstätigkeit, Rdnr. 31.

839 Beispiele hierzu: *Borgmann*, in: Hümmerich/Reufels, Gestaltung von Arbeitsverträgen, A. § 1 Arbeitsverträge, 14. Auslandsarbeitsverträge, Rdnr. 1047; Unterteilung nach *Hofmann/Rohrbach/Nowak*, Auslandsentsendung, S. 64; ebenso: *Mennen/Schellert/Wolf*, Mitarbeiterentsendung, S. 84.

der Arbeitnehmer vor oder während der Auslandstätigkeit innehatte. Als vierte Variante können Arbeitgeber und Arbeitnehmer vereinbaren, nach Rückkehr lediglich Vertragsverhandlungen über eine Wiedereingliederung aufzunehmen.

Die Wiedereingliederung kann als einseitig- oder beidseitig verpflichtende Regelung im Entsendungsvertrag festgelegt werden.[840] Sie kann zum einen nur einseitig für den Arbeitgeber vereinbart werden, wobei der Arbeitnehmer lediglich das Recht, aber nicht die Pflicht hat, auf den Arbeitsplatz zurückzukehren. Zum anderen ist es möglich, die Wiedereingliederung sowohl für den Arbeitgeber als auch für den Arbeitnehmer als verpflichtende Regelung zu vereinbaren.

Die Wiedereingliederungszusage kann nicht nur bei Ablauf der Entsendung, sondern auch für den Fall der vorzeitigen Beendigung vereinbart werden. Das geschieht meist unter der Bedingung, dass der Auslandseinsatz vertragsgemäß beendet wurde.[841] Als nicht vertragsgemäß wird die Beendigung angesehen, wenn die Entsendung aus einem vom Arbeitnehmer zu vertretenden Grund beendet wurde.[842] Beendet der Arbeitnehmer die Entsendung vorzeitig, kann er sich folglich nicht auf die Wiedereingliederungsklausel berufen und bei dem deutschen Arbeitgeber Beschäftigung verlangen.[843]

(1) Interessenlage des Arbeitnehmers

Während der Auslandstätigkeit wird die alte Stelle des Arbeitnehmers im deutschen Unternehmen neu besetzt. Ohne Wiedereingliederungsklausel müsste der Arbeitnehmer bei seiner Rückkehr mit einer betriebsbedingten Kündigung nach § 1 Abs. 2 S. 1 KSchG rechnen, weil sein alter Arbeitsplatz nicht mehr verfügbar ist und eventuell keine vergleichbare Stelle frei ist.[844] Ohne Rückkehrklausel könnte der Arbeitgeber ihn auch im Rahmen seines Direktionsrechts gem. §§ 315 BGB i. V. m. 106 Abs. 1 GewO nach der Entsendung auf einen unattraktiven Arbeitsplatz versetzen.[845] Bei seiner Rückkehr nach Deutschland will der Arbeitnehmer zudem seine während der Auslandstätigkeit weiterentwickelten Kenntnisse und

840 *Borgmann,* in: Hümmerich/Reufels, Gestaltung von Arbeitsverträgen, A. § 1 Arbeitsverträge, 14. Auslandsarbeitsverträge, Rdnr. 1047.

841 *Mennen/Schellert/Wolf,* Mitarbeiterentsendung, S. 86.

842 *Hofmann/Rohrbach/Nowak,* Auslandsentsendung, S. 67.

843 *Hofmann/Rohrbach/Nowak,* Auslandsentsendung, S. 67.

844 *Preis,* in: Preis, Der Arbeitsvertrag, II A. 140 Auslandstätigkeit, Rdnr. 31; *Mennen/Schellert/Wolf,* Mitarbeiterentsendung, S. 84.

845 *Preis,* in: Preis, Der Arbeitsvertrag, II A. 140 Auslandstätigkeit, Rdnr. 31; *Mennen/Schellert/Wolf,* Mitarbeiterentsendung, S. 84.

Fähigkeiten auf einer entsprechend höheren Position einsetzen.[846] Das Interesse an einer höheren Position in Deutschland geht zudem einher mit einem damit verbundenen höheren Gehalt. Eine Weiterbeschäftigungsperspektive im deutschen Unternehmen nach der Auslandstätigkeit motiviert den Arbeitnehmer auch während der Entsendung dazu, eine gute Arbeitsleistung zu erbringen, und dient der Bindung des Arbeitnehmers an das deutsche Unternehmen.[847]

(2) Position des deutschen Arbeitgebers

Tritt der Arbeitnehmer seine Auslandstätigkeit an, ist es notwendig für den Arbeitgeber, die nun frei gewordene Position im deutschen Unternehmen neu zu besetzen. Der neu eingesetzte Arbeitnehmer arbeitet sich auf dieser Position ein und kennt die aktuellen Strukturen und Abläufe. Er soll deshalb auch bei Rückkehr des ins Ausland entsendeten Arbeitnehmers auf dieser Position verbleiben. Der Arbeitgeber kann bei Abschluss des Entsendungsvertrages und Vereinbarung der Wiedereingliederungsklausel die konkreten Beschäftigungsmöglichkeiten zum Zeitpunkt der Rückkehr nicht vorhersehen.[848]

Eine Wiedereingliederung des Arbeitnehmers nach der Auslandstätigkeit liegt generell auch im Interesse des Arbeitgebers, weil er von den gesammelten Erfahrungen und Kenntnissen des Arbeitnehmers auch in Zukunft in seinem Unternehmen profitieren möchte.

Jede erfolgreiche Wiedereingliederung nach einer Entsendung ist zudem ein positives Zeichen und ein Motivationsfaktor für die in Zukunft ins Ausland zu entsendenden Arbeitnehmer.[849]

(3) Sinnvoller Ausgleich der Interessen

Die Zusage der Wiedereingliederung auf den konkreten Arbeitsplatz, den der Arbeitnehmer vor der Entsendung besetzte, bedeutet große Sicherheit für den Arbeitnehmer, allerdings hat er während der Auslandstätigkeit eine höhere Position besetzt und ein höheres Gehalt bekommen. Für den Arbeitgeber bereitet die Zusage auf eine konkrete Position Schwierigkeiten, weil der alte Arbeitsplatz neu besetzt oder durch Umstrukturierungsmaßnahmen weggefallen sein kann. Nach

846 *Reichel/Spieler,* BB 2011, S. 2742; *Mennen/Schellert/Wolf,* Mitarbeiterentsendung, S. 84.
847 *Reichel/Spieler,* BB 2011, S. 2742.
848 *Reichel/Spieler,* BB 2011, S. 2742.
849 *Gnann/Gerauer,* Arbeitsvertrag bei Auslandsentsendung, S. 181 spricht zudem von einem „Gradmesser für die eigene Reintegration".

einer mehrjährigen Auslandstätigkeit verändern sich häufig zumindest teilweise die Verhältnisse und Gegebenheiten im deutschen Unternehmen. Der auf der alten Position nunmehr tätige Arbeitnehmer wird sich in die Tätigkeit einarbeiten und bei Rückkehr des Arbeitnehmers aus dem Ausland die aktuellen Strukturen und Abläufe besser kennen. Dann wird es nicht dem Interesse des Arbeitgebers entsprechen, den aus dem Ausland zurückgekehrten Arbeitnehmer wieder neu auf seine alte Position einzuarbeiten.

Auch mit der Zusage der Rückkehr auf eine konkrete höhere Position wird der Arbeitgeber sich schwertun, denn er möchte nach der Entsendung die im Ausland gesammelten Kenntnisse und Fähigkeiten des Arbeitnehmers zunächst bewerten und erst dann über die fachliche und hierarchische Besetzung eines neuen Arbeitsplatzes entscheiden.[850]

Sichert der Arbeitgeber lediglich die Aufnahme von Vertragsverhandlungen zu, bedeutet das für ihn den größtmöglichen Freiraum.[851] Er muss mit dem Arbeitnehmer nur Verhandlungen aufnehmen, die er ohne Weiteres scheitern lassen kann. Der Arbeitnehmer hat mit dieser Vereinbarung keinerlei Sicherheiten und wird sich deshalb wahrscheinlich nicht darauf einlassen.[852]

Interessengerecht aus der Sicht beider Parteien ist es, keine konkrete Anschlussposition für die Rückkehr festzulegen, sondern die Wiedereingliederung in einer Position zu vereinbaren, die den erweiterten Kenntnissen und konkreten Fähigkeiten des Expatriates entspricht. Die Position sollte hierarchisch zwischen der vor der Entsendung ausgeübten Tätigkeit und der während der Entsendung ausgeübten Tätigkeit liegen.[853] Aus Sicht des Arbeitgebers ist es zudem sinnvoll, sich das Recht vorzubehalten, den Arbeitnehmer bei Rückkehr auch vorübergehend auf einer anderen, auch niedrigeren Position zu beschäftigen, wenn zu diesem Zeitpunkt keine den Fähigkeiten entsprechende Position frei ist, um der dann aktuellen Personalsituation gerecht zu werden.[854]

---

850 *Reichel/Spieler,* BB 2011, S. 2742; *Mennen/Schellert/Wolf,* Mitarbeiterentsendung, S. 84 f.

851 *Hofmann/Rohrbach/Nowak,* Auslandsentsendung, S. 67.

852 *Hofmann/Rohrbach/Nowak,* Auslandsentsendung, S. 67.

853 Novak, in: *Schaub/Schrader/Staube/Vogelsang,* Arbeitsrechtliches Formular- und Verfahrenshandbuch, A. Individualarbeitsrecht, 2. Entsendungsvertrag, Rdnr. 276 hinsichtlich Funktion, Qualifikation und Vergütung gleichwertig zu bisheriger Position; ebenso: *Borgmann,* in: Grobys/Panzer SWK Arbeitsrecht, Auslandstätigkeit/ Entsendung, Rdnr. 30; *Gnann/Gerauer,* Arbeitsvertrag bei Auslandsentsendung, S. 104.

854 *Reichel/Spieler,* BB 2011, S. 2742; *Gnann/Gerauer,* Arbeitsvertrag bei Auslandsentsendung, S. 104.

Diese Vereinbarung scheint aus arbeitsvertraglicher Sicht am geeignetsten, beide Interessen, motivierende Weiterbeschäftigungsperspektive und ausreichend Handlungsspielraum aufgrund der aktuellen Personalsituation, in Ausgleich zu bringen.

bb) Abgrenzung zur Wiedereinstellungszusage

Die Wiedereingliederungsklausel ist abzugrenzen von der Wiedereinstellungszusage (Recontracting-Klausel). Bei einer Wiedereingliederungsklausel besteht das ursprüngliche Arbeitsverhältnis für die Dauer der Entsendung fort. Es wird durch den Entsendungsvertrag nur für die Dauer der Entsendung modifiziert.[855] Dagegen wird eine Wiedereinstellungszusage vom Arbeitgeber in einer Situation erteilt, in der das Arbeitsverhältnis für die Zeit der Auslandstätigkeit beendet wird, beispielsweise beim Lokalvertrag.[856]

Bei Vereinbarung der Wiedereinstellungszusage handelt es sich um den Abschluss eines Optionsvertrages. Ein Optionsvertrag ist ein Vertrag, der unter der aufschiebenden Bedingung der Ausübung des Optionsrechts unbedingt wird.[857] Durch den Optionsvertrag wird der Optionsgeber (deutscher Arbeitgeber) zum festen Abschluss eines neuen Arbeitsvertrages verpflichtet, während es dem Optionsnehmer (Arbeitnehmer) freisteht, von dem Recht bei seiner Rückkehr nach Deutschland Gebrauch zu machen oder nicht.

Es ist zwischen drei Arten von Wiedereinstellungszusagen zu unterscheiden.[858] Die einfache Wiedereinstellungszusage enthält nur die Zusage zur Neubegründung des Arbeitsverhältnisses bei Rückkehr nach Deutschland. In ihr wird häufig auch vereinbart, dass die Position und das Gehalt bei Rückkehr zwischen der zuvor in Deutschland ausgeübten Tätigkeit und der während der Entsendung im Ausland ausgeübten Tätigkeit liegt. Mit einer bedingten Zusage erklärt der Arbeitgeber, dass nur unter bestimmten Voraussetzungen eine Wiedereinstellung erfolgt, beispielsweise unter der Bedingung des planmäßigen Ablaufs der Auslandstätigkeit. Eine befristete Zusage enthält die Erklärung, dass

---

855 *Schrader/Straube,* NZA-RR 2003, S. 337; *Reiter,* NZA 2014, S. 22; *Gnann/Gerauer,* Arbeitsvertrag bei Auslandsentsendung, S. 181 spricht von einer Rückkehrgarantie.

856 *Schrader/Straube,* NZA-RR 2003, S. 337; *Reiter,* NZA 2014, S. 22; auch BAG 05.04.2001 – 2 AZR 580/99, NJW 2002, 698.

857 *Ellenberger,* in: Palandt, Einf. v § 145 BGB, Rdnr. 23; *Armbrüster,* in: Erman, Vor § 145 BGB, Rdnr. 52.

858 Nach *Schrader/Straube,* NZA-RR 2003, S. 340; *Borgmann,* in: Hümmerich/Reufels, Gestaltung von Arbeitsverträgen, A. § 1 Arbeitsverträge, 14. Auslandsarbeitsverträge, Rdnr. 1051.

sich der Arbeitnehmer nur bis zu einem bestimmten Zeitpunkt auf eine Wiedereinstellungszusage berufen darf.

In Entsendungsverträgen spielt die Wiedereinstellungszusage keine Rolle, weil der deutsche Grundarbeitsvertrag während der Auslandstätigkeit aufrechterhalten bleibt. Die Wiedereinstellungszusage kann aber bei der Vereinbarung eines Lokalvertrages mit dem ausländischen Unternehmen eine Rolle spielen, weil der Arbeitnehmer zudem eine Zusatzvereinbarung mit dem deutschen Unternehmen schließt, nach welcher der deutsche Arbeitsvertrag u. U. auch beendet wird. Beendet die Zusatzvereinbarung den deutschen Arbeitsvertrag, kann eine Wiedereinstellungszusage vereinbart werden, die für den Fall der Beendigung des Lokalvertrages die Wiedereinstellung bei dem deutschen Arbeitgeber regelt.

cc) Ausschluss der betriebsbedingten Kündigung

Nach einhelliger Meinung in Rechtsprechung und Literatur führt die Vereinbarung einer Wiedereinstellungszusage zu einer die betriebsbedingte Kündigung ausschließenden Wirkung.[859] Dieser Ausschluss der betriebsbedingten Kündigung gilt jedenfalls für den Zeitraum unmittelbar nach Wiedereintritt in das Inlandsarbeitsverhältnis, ein langfristiger Schutz vor betriebsbedingter Kündigung besteht aber nicht.[860] Der Arbeitgeber darf dem Arbeitnehmer nicht betriebsbedingt kündigen und sich darauf berufen, dass sein Arbeitsplatz neu besetzt sei und ein gleichwertiger nicht zur Verfügung stehe. Ein vertragliches Abbedingen einer Kündigung aus betriebsbedingten Gründen oder eine Begrenzung der Gründe für eine ordentliche Kündigung ist rechtlich zulässig, jedenfalls für die betriebsbedingten Kündigungsgründe.[861] Begründet wird diese Ansicht damit, dass das Gesetz selbst unter den Voraussetzungen der Missachtung des Arbeitgebers von § 66 BetrVG (a. F. von 1952) das Sichberufen des Arbeitgebers auf die in § 1 KSchG genannten Gründe für unzulässig hält.[862] Daraus schließt die Rechtsprechung, dass es, soweit es sich um betriebsbedingte Kündigungsgründe handelt, keinen Anlass gibt, dass nicht auch eine vertragliche Beschränkung zulässig ist, nach der dem Arbeitgeber ein Sichberufen auf betriebsbedingte

859 BAG 28.11.1968 – 2 AZR 76/68, MDR 1969, 679; *Dörner/Vossen*, in: Ascheid/Preis/Schmidt, § 626 BGB, Rdnr. 35; *Borgmann*, in: Hümmerich/Reufels, Gestaltung von Arbeitsverträgen, A. § 1 Arbeitsverträge, 14. Auslandsarbeitsverträge, Rdnr. 1048.

860 *Borgmann*, in: Hümmerich/Reufels, Gestaltung von Arbeitsverträgen, A. § 1 Arbeitsverträge, 14. Auslandsarbeitsverträge, Rdnr. 1048.

861 BAG 28.11.1968 – 2 AZR 76/68, MDR 1969, 679.

862 BAG 28.11.1968 – 2 AZR 76/68, MDR 1969, 679; § 66 BetrVG 1952 regelte in Abs. 1 die Pflicht des Arbeitgebers den Betriebsrat vor jeder Einzelkündigung anzuhören.

Gründe versagt wird.[863] Diese vertragliche Einschränkung reicht nicht so weit wie eine Verletzung von § 66 BetrVG a. F., weshalb sie für zulässig erachtet werden muss.[864] Eine Kündigung aus personen- oder verhaltensbedingten Gründen bleibt aber weiterhin möglich.

Die Ansicht der Rechtsprechung und Literatur zum Ausschluss der betriebsbedingten Kündigung bei Wiedereinstellungszusagen ist nach der hier vertretenen Auffassung auch auf die Wiedereingliederungsklausel übertragbar. Die Interessenlage bei Rückkehr aus dem Ausland ist vergleichbar. Bei einer Wiedereinstellungszusage und Wiedereingliederungsklausel bekommen die Arbeitnehmer bei ihrer Rückkehr im deutschen Unternehmen eine Position zugewiesen. Nur mit einer die ordentliche Kündigung ausschließenden Wirkung erlangt die Klausel für den Arbeitnehmer eine relevante Bedeutung. Bestünde die Gefahr einer betriebsbedingten Kündigung nach dem Ende der Auslandstätigkeit, hätte die Wiedereingliederungsklausel keine Relevanz. Der Arbeitnehmer würde sich zudem wahrscheinlich nicht auf die Entsendung einlassen, wenn die Gefahr einer ordentlichen Kündigung bei seiner Rückkehr nach Deutschland besteht.

b) Vorzeitige Beendigung des Auslandseinsatzes: Rückrufrecht und Rückrufpflicht des Arbeitgebers; Rückkehrrecht des Arbeitnehmers

Rückkehrbedingungen werden in Entsendungsverträgen überwiegend in Gestalt von Wiedereingliederungsklauseln vereinbart. Arbeitgeber und Arbeitnehmer können Rückkehrbedingungen aber auch als Rückrufrechte oder -pflichten oder Rückkehrrechte für eine vorzeitige Beendigung des Auslandseinsatzes vereinbaren.[865]

---

863 BAG 28.11.1968 – 2 AZR 76/68, MDR 1969, 679.

864 BAG 28.11.1968 – 2 AZR 76/68, MDR 1969, 679.

865 Z. B. zum Rückrufrecht bei *Lingemann,* in: Bauer/Lingemann/Diller, Anwalts-Formularbuch Arbeitsrecht, Kapitel 11 Auslandseinsatz, II. Muster § 11 Beendigung des Auslandseinsatzes; *Schaub/Schrader/Staube/Vogelsang,* Arbeitsrechtliches Formular- und Verfahrenshandbuch, A. Individualarbeitsrecht, 2. Entsendungsvertrag, Rdnr. 276; *Küttner/Röller,* in: Küttner, Personalbuch, M7.1 Vertrag über die Entsendung bei fortbestehendem Inlandsarbeitsvertrag § 8 Vorzeitige Beendigung und Abberufung; *Wisswede,* in: Hümmerich/Lücke/Mauer, Arbeitsrecht Formularbuch, § 1 Verträge mit Arbeitnehmern, Kapitel 1, VIII, 2. Muster: Auslandsentsendungsvertrag, § 1, Rdnr. 256; *Schmidt,* in: BeckOFV 2.1.23 Entsendungsvereinbarung § 4 vorzeitiger Rückruf; *Maurer,* Personaleinsatz im Ausland, S. 131.

aa) Rückrufrecht des Arbeitgebers

Der Arbeitgeber kann einen Rückruf des Arbeitnehmers aus dem Ausland aus den gleichen Gründen wie die Entsendung ins Ausland nicht allein aufgrund seines Direktionsrechts anordnen.[866] Ein Rückruf nach Deutschland bewegt sich nicht mehr in den Grenzen des billigen Ermessens nach §§ 106 GewO i. V. m. 315 Abs. 1, 3 BGB, weil im Entsendungsvertrag als Arbeitsort für die Dauer der Entsendung der ausländische Tätigkeitsstaat festgelegt ist.[867] Vereinbaren Arbeitgeber und Arbeitnehmer aber eine Rückrufklausel im Entsendungsvertrag, erweitert diese das Direktionsrecht des Arbeitgebers derart, dass er unter den vereinbarten Voraussetzungen eine vorzeitige Rückkehr in das deutsche Unternehmen anordnen kann.[868]

Das Rückrufrecht ist nicht an den Maßstäben des § 308 Nr. 4 BGB zu messen, denn der § 308 Nr. 4 BGB gilt nur für Leistungen des Verwenders (Arbeitgebers), also solche Leistungen, die der Arbeitgeber versprochen hat.[869] Eine Klausel, wonach der Arbeitgeber sich als Verwender das Recht vorbehält, die vom Arbeitnehmer geschuldete Leistung zu verändern (Versetzungs- oder Umsetzungsklauseln), ist nicht am Maßstab des § 308 Nr. 4 BGB, sondern nach § 307 Abs. 1, 1 BGB zu bewerten, wobei aber die Maßstäbe des § 308 Nr. 4 BGB heranzuziehen sind.[870] Versetzungsvorbehalte betreffen die geschuldete Leistung des Arbeitnehmers. Sie erweitern das Direktionsrecht des Arbeitgebers, betreffen aber nicht die Leistung des Arbeitgebers.[871] Ein Rückrufrecht des Arbeitgebers erweitert sein Direktionsrecht und betrifft die geschuldete Leistung des Arbeitnehmers.

---

866 *Stoffels,* in: Preis, Der Arbeitsvertrag, II A. 140 Auslandstätigkeit, Rdnr. 27; *Mennen/Schellert/Wolf,* Mitarbeiterentsendung, S. 86; *Lingemann,* in: Bauer/Lingemann/Diller, Anwalts-Formularbuch Arbeitsrecht, Kapitel 11 Auslandseinsatz, II. Muster § 11 Beendigung des Auslandseinsatzes; *Duchetsmann,* AuA 2009, S. 695 ff.

867 *Stoffels,* in: Preis, Der Arbeitsvertrag, II A. 140 Auslandstätigkeit, Rdnr. 27; *Mennen/Schellert/Wolf,* Mitarbeiterentsendung, S. 86; *Lingemann,* in: Bauer/Lingemann/Diller, Anwalts-Formularbuch Arbeitsrecht, Kapitel 11 Auslandseinsatz, II. Muster § 11 Beendigung des Auslandseinsatzes; *Duchetsmann,* AuA 2009, S. 695 ff.; *Schneider,* NZA 2010, S. 1383.

868 *Mennen/Schellert/Wolf,* Mitarbeiterentsendung, S. 86.

869 *Boemke/Ulrici,* in: Däubler/Hjort/Schubert/Wolmerath, Arbeitsrecht, § 308 BGB, Rdnr. 22.

870 *Peterhänsel,* in: Boecken/Düwell/Diller/Hanau, Gesamtes Arbeitsrecht, § 308 BGB, Rdnr. 6; *Boemke/Ulrici,* in: Däubler/Hjort/Schubert/Wolmerath, Arbeitsrecht, § 308 BGB, Rdnr. 22; BAG 11.04.2006, 9 AZR 557/05, NZA 2006, 1149; BAG 13.03.2007 – 9 AZR 433/06, DB 2007, 1985; BAG 25.08.2010 – 10 AZR 275/09, NZA 2010, 1357.

871 *Jacobs,* in: BeckOKommArbR, § 308 BGB, Rdnr. 19.

Es ist deshalb, wie ein Versetzungsvorbehalt, nicht an den Maßstäben des § 308 Nr. 4 BGB, sondern nur am § 307 Abs. 1 S. 1 BGB zu messen.

Für die Zumutbarkeit nach § 307 Abs. 1 S. 1 BGB ist nach Ansicht des Bundesarbeitsgerichts zum einen ein Sachgrund erforderlich, der den Rückruf „wegen der unsicheren Entwicklung der Verhältnisse als Instrument der Anpassung notwendig" werden lässt.[872] Die Rückrufgründe müssen in dem Rückrufvorbehalt benannt sein und erkennen lassen, aus welcher Richtung ein Rückruf möglich sein soll, z.B. wirtschaftliche Gründe, Leistung oder Verhalten des Arbeitnehmers.[873] Zulässige Sachgründe sind beispielsweise die Beendigung oder erhebliche Einschränkung der ausländischen Geschäftstätigkeit oder dringende betriebliche Erfordernisse im deutschen Unternehmen.[874]

Ein Rückruf des Arbeitnehmers aus dem Ausland bedeutet zugleich auch immer den Rückruf von Vergütungsbestandteilen. Nach Ansicht des Bundesarbeitsgerichts ist für die Zumutbarkeit der Rückrufklausel nach § 307 BGB zum anderen erforderlich, dass durch den Rückruf nicht mehr als 25 % der Gesamtvergütung betroffen sind.[875] Wirkt sich der Rückruf von der Auslandstätigkeit auf Vergütungsbestandteile aus, die mehr als 25 % der Gesamtvergütung ausmachen, wird nach Meinung des Bundesarbeitsgerichts das Verhältnis von Leistung und Gegenleistung derart gestört, dass das Wirtschaftsrisiko des Arbeitgebers in unzulässiger Weise auf den Arbeitnehmer verlagert wird.[876]

Die Besonderheit bei Auslandsentsendungen besteht darin, dass neben dem erhöhten Grundgehalt zusätzliche Vergütungsbestandteile als Aufwendungen für die erschwerte Lebenssituation im Ausland gezahlt werden, z.B. eine Härtezulage, ein Kaufkraftausgleich oder ein Steuerausgleich. Das Bundesarbeitsgericht hat für den Fall, dass der Arbeitgeber auch Zahlungen widerruft, die Aufwendungen des Arbeitnehmers ersetzen sollen, entschieden, dass der widerrufliche Teil 30 % nicht

---

872 BAG 12.01.2005 – 5 AZR 364/04, NJW 2005, 1820; BGH 17.02.2004 – XI ZR 140/03 – BGHZ 158, 149 zu II 2 b bb der Gründe.

873 BAG 12.01.2005 – 5 AZR 364/04, NJW 2005, 1820; *Thüsing*, in: Henssler/Willemsen/Kalb, Arbeitsrecht Kommentar, § 611 BGB, Rdnr. 512.

874 *Straube*, DB 2012, S. 2810.

875 Ständige Rspr. BAG 12.01.2005 – 5 AZR 364/04, NJW 2005, 1820, ebenso BAG 19.12.2006 – 9 AZR 294/06, DB 2007, 1253; BAG 11.10.2006 – 5 AZR 721/05, NZA 2007, 87; dem folgt die Lit.: *Thüsing*, in: Henssler/Willemsen/Kalb, Arbeitsrecht Kommentar, § 611 BGB, Rdnr. 512.

876 BAG 12.01.2005 – 5 AZR 364/04, NJW 2005, 1820, ebenso BAG 19.12.2006 – 9 AZR 294/06, DB 2007, 1253.

übersteigen darf.[877] Nach Auffassung der Rechtsprechung ist bei zusätzlichen Vergütungsbestandteilen, die einem Aufwendungsersatz dienen und keine unmittelbare Gegenleistung für die Tätigkeit sind, der Vertrauensschutz des Arbeitnehmers gering.[878] Dies wird damit begründet, dass diese Art von Vergütungsbestandteilen häufig befristet oder um Arbeitnehmer zu gewinnen gewährt werden.[879] Diese Art von Zuschüssen wird häufig in Zeiten des Arbeitskräftemangels gewährt, wobei auch unternehmens- und arbeitsmarktpolitische Erwägungen bei der Gewährung eine Rolle spielen, die einem Wandel unterliegen, so das Bundesarbeitsgericht.[880]

Ob diese von der Rechtsprechung entwickelte 30 %-Grenze ohne Weiteres auf Entsendungsfälle übertragen werden kann, erscheint fraglich. Erfolgt ein Rückruf aus verhaltensbedingten Gründen, beispielsweise wegen einer schwerwiegenden arbeitsvertraglichen Pflichtverletzung, besteht ein deutlich überwiegendes Interesse aufseiten des Arbeitgebers, damit verbundene Gehaltseinbußen auch von mehr als 30 % für zulässig zu erachten. Die Vergütung bei Auslandsentsendungen setzt sich zu einem Großteil aus Vergütungsbestandteilen zusammen, die keine unmittelbare Gegenleistung für die Tätigkeit sind, z.B. eine Härtezulage, ein Kaufkraftausgleich oder ein Steuerausgleich. Nach der hier vertretenen Auffassung ist ein Rückruf, der zu einer Gehaltseinbuße von bis zu 50 % führt, zumutbar, weil die Vergütung bei Entsendungsverträgen aus einem großen Anteil an Bestandteilen besteht, die einem Aufwendungsersatz dienen, und das Bundesarbeitsgericht den Vertrauensschutz des Arbeitnehmers bei diesen Vergütungsbestandteilen ohnehin als gering einordnet.

In der Rückrufklausel muss zudem eine Ankündigungsfrist enthalten sein. Die Vereinbarung eines jederzeitigen Rückrufrechts des Arbeitgebers ist unwirksam, sie ist unangemessen im Sinne von § 307 Abs. 1 S. 1 BGB.[881] Der Arbeitnehmer braucht eine gewisse Vorlaufzeit, um den Umzug nach Deutschland vorzubereiten.

---

877 BAG 11.10.2006 – 5 AZR 721/05, NZA 2007, 87 und zuvor BAG 12.01.2005 – 5 AZR 364/04, NZA 2005, 467, die ihre Ansicht damit begründen, dass zusätzlichen Vergütungsbestandteilen, die keiner unmittelbaren Gegenleistung unterliegen, ein geringer Vertrauensschutz zukommt und diese trotz einer gewissen Höhe nur gering in das Vertragsgefüge eingreifen; dem folgt die Literatur *Schimmelpfennig*, NZA 2005, S. 606, *Jacobs*, in: BeckOKommArbR, § 308 BGB, Rdnr. 15.

878 BAG 11.10.2006 – 5 AZR 721/05, NZA 2007, 87; BAG 11.10.2006 – 5 AZR 721/05, NZA 2007, 87; *Schimmelpfennig*, NZA 2005, S. 606.

879 BAG 11.10.2006 – 5 AZR 721/05, NZA 2007, 87; BAG 11.10.2006 – 5 AZR 721/05, NZA 2007, 87; *Schimmelpfennig*, NZA 2005, S. 606.

880 BAG 11.10.2006 – 5 AZR 721/05, NZA 2007, 87.

881 *Straube*, DB 2012, S. 2810 hält eine Ankündigungsfrist von mindestens zwei Monaten für angemessen; *Borgmann*, in: Grobys/Panzer SWK Arbeitsrecht, Auslandstätigkeit/

Die Ausübung des Rückrufs unterliegt einer Billigkeitskontrolle nach §§ 106 GewO i. V. m. 315 Abs. 3 BGB, bei der das Arbeitnehmer- und Arbeitgeberinteresse berücksichtigt und gegeneinander abgewogen wird. Sie ergänzt die Inhaltskontrolle nach §§ 307–309 BGB, indem sie prüft, ob die Berufung auf einen wirksamen vertraglichen Rückrufvorbehalt im Einzelfall angemessen ist.[882] Die Auswirkungen des Rückrufs auf die Lebensumstände des Arbeitnehmers müssen dabei nach Ansicht des Bundesarbeitsgerichts besonders berücksichtigt werden.[883] Der Rückumzug nach Deutschland hat für ihn nicht nur eine einschneidende berufliche Veränderung zur Folge, sondern auch erhebliche Auswirkungen auf sein Privatleben.

bb) Rückkehrrecht des Arbeitnehmers

Ein Rückkehrrecht von ins Ausland entsandten Arbeitnehmern wurde anlässlich der Anschläge auf das World Trade Center 2001 und der Atomkatastrophe von Fukushima 2011 in der arbeitsrechtlichen Literatur thematisiert.

Bei einer eigenmächtigen Rückkehr des ins Ausland entsandten Arbeitnehmers nach Deutschland stellt sich die Frage nach der arbeitsrechtlichen Situation bei Eintritt einer Gefahrenlage und der Pflicht des Arbeitgebers zur Weiterzahlung des Gehalts.[884] Die besondere Schwierigkeit bei der Beurteilung, ob die Rückkehr notwendig ist, besteht darin, dass die objektive Gefahrenlage bei jedem Arbeitnehmer eine andere ist und die Gefahrenlage auch von den Arbeitnehmern subjektiv unterschiedlich eingeschätzt wird, selbst von Arbeitnehmern, die im selben Land und demselben Unternehmen tätig sind.

Ein Rückkehrrecht des Arbeitnehmers bei Krisensituationen im Entsendungsvertrag zu vereinbaren, ist durchaus denkbar, aber in der Praxis nicht üblich, was

---

Entsendung, Rdnr. 30; *Lingemann,* in: Bauer/Lingemann/Diller, Anwalts-Formularbuch Arbeitsrecht, Kapitel 11 Auslandseinsatz, II. Muster § 11 Beendigung des Auslandseinsatzes; Rdnr. 18; *Schneider,* NZA 2010, S. 1383; *Thüsing,* in: Henssler/Willemsen/Kalb, Arbeitsrecht Kommentar, § 611 BGB, Rdnr. 512.

882 Vgl. *Hexel,* in: Münchener Anwaltshandbuch ArbR, Teil E, § 25 Änderung und Flexibilisierung von Entgeltzahlungen, Rdnr. 32; *Müller-Glöge,* in: MüKo BGB, § 611 BGB, Rdnr. 445; *Preis,* in: ErfK, §§ 305–310 BGB, Rdnr. 62; BAG 12.01.2005 – 5 AZR 364/04, NJW 2005, 1820.

883 BAG 12.01.2005 – 5 AZR 364/04, NJW 2005, 1820; BAG 15.11.1995 – 2 AZR 521/95, NZA 1996, 603; das übernehmen *Stoffels,* in: Preis, Der Arbeitsvertrag, II A. 140 Auslandstätigkeit, Rdnr. 27; *Reichel/Spieler,* BB 2011, S. 2742; *Schneider,* NZA 2010, S. 1383; *Hexel,* in: Münchener Anwaltshandbuch ArbR, Teil E, § 25 Änderung und Flexibilisierung von Entgeltzahlungen, Rdnr. 32.

884 *Diller/Winzer,* DB 2001, S. 2094.

wahrscheinlich an der Vielzahl der denkbaren Krisensituationen und ihrer Unvorhersehbarkeit liegt.[885]

Fehlt ein vertragliches Rückkehrrecht, ist der Arbeitnehmer grundsätzlich auch bei Eintritt einer Krisensituation verpflichtet, weiter im Ausland tätig zu sein.

(1) Arbeitsrechtliche Situation bei Eintritt einer Gefahrenlage

Ohne ein im Entsendungsvertrag vereinbartes Rückkehrrecht ist eine Befreiung von der Arbeitspflicht nach § 275 Abs. 1 BGB denkbar, wenn dem Arbeitnehmer die Erbringung der Arbeitsleistung im Tätigkeitsstaat unmöglich geworden ist. Bei der Unmöglichkeit ist zu unterscheiden zwischen der objektiven Unmöglichkeit und der subjektiven Unmöglichkeit, dem sog. Unvermögen. Objektive Unmöglichkeit liegt vor, wenn die Arbeitsleistung von niemandem erbracht werden kann. Das ist beispielsweise der Fall, wenn die Betriebsstätte im Ausland durch eine Naturkatastrophe oder Anschläge zerstört wurde. Subjektive Unmöglichkeit, sog. Unvermögen, liegt vor, wenn speziell dieser Arbeitnehmer die Arbeitsleistung nicht erbringen kann. Das ist beispielsweise der Fall, wenn seine Aufenthalts- oder Arbeitserlaubnis im Ausland nicht verlängert wird.[886] Eine Naturkatastrophe oder ein Anschlag hat nicht nur Auswirkungen auf einen Arbeitnehmer und kann deshalb nicht zu einer subjektiven Unmöglichkeit führen.

Die Pflicht des Arbeitgebers gem. § 618 BGB, Schutzmaßnahmen zu treffen, resultiert aus der allgemeinen Fürsorgepflicht des Arbeitgebers, den Arbeitnehmer vor Gefahren für seine Gesundheit oder sein Leben zu schützen, die mit der Dienstleistung verbunden sind. Kommt der Arbeitgeber dieser Verpflichtung nicht nach, hat der Arbeitnehmer ein Leistungsverweigerungsrecht nach § 273 Abs. 1 BGB.[887] Ob aus dem Leistungsverweigerungsrecht auch ein Rückkehrrecht des Arbeitnehmers resultiert, kann dahinstehen, weil die Schutzpflicht des Arbeitgebers sich nur auf den Arbeitsraum und das gesamte Betriebsgelände bezieht.[888] Der Arbeitgeber kann die Schutzpflicht nur in Bereichen erfüllen, die er selbst gestalten und beeinflussen kann. Die Pflicht zu Schutzmaßnahmen nach

---

885 *Reichel/Spieler,* BB 2011, S. 2743; *Diller/Winzer,* DB 2001, S. 2094; in keinem der durchgesehenen Musterverträge ist eine solche Klausel vereinbart.

886 *Diller/Winzer,* DB 2001, S. 2094.

887 *Joussen,* in: BeckOKommArbR, § 618 BGB, Rdnr. 39; *Wank,* in: ErfK, § 618 BGB, Rdnr. 25.

888 *Weidenkaff,* in: Palandt, § 618 BGB, Rdnr. 3; *Belling,* in: Erman BGB, § 618, Rdnr. 10; *Kamanabrou,* in: Dornbusch/Fischermeier/Löwisch, Kommentar zum Arbeitsrecht, § 618 BGB, Rdnr. 13.

§ 618 BGB umfasst deshalb nicht einen generellen Schutz des Arbeitnehmers im Zusammenhang mit politischen Unruhen oder Naturkatastrophen.

Nach Eintritt einer Krisensituation (Naturkatastrophe, Anschläge) kann dem Arbeitnehmer die Erbringung der Arbeitsleistung aber unzumutbar sein. Normativer Anknüpfungspunkt für eine Einschränkung der Leistungspflicht aufgrund von Unzumutbarkeit ist §§ 275 Abs. 3 i. V. m. 242 BGB.[889] Die Erbringung der Arbeitsleistung ist danach unzumutbar, wenn für den Arbeitnehmer eine konkrete Gefahr von einer gewissen Intensität für sein Leben oder seine Gesundheit besteht.[890] Die Beurteilung einer konkreten Gefahr für Leib oder Leben wird jeder Arbeitnehmer in seiner Situation anders einschätzen. Für die Beurteilung der Gefahrenlage als unzumutbar muss deshalb an ein objektives Kriterium angeknüpft werden. Die Einschätzung des Auswärtigen Amtes zu den aktuellen Reise- und Sicherheitshinweisen ist ein solches objektives Kriterium. Fordert das Auswärtige Amt deutsche Staatsangehörige dazu auf, das Land zu verlassen, ist von einer objektiven, unzumutbaren Gefahrenlage für den dort tätigen Arbeitnehmer auszugehen.[891]

Nach einer Ansicht in der Literatur ist darüber hinaus zu differenzieren, ob das Auswärtige Amt eine allgemeine Ausreiseempfehlung oder nur eine Reisewarnung für Touristen ausspricht.[892] Der Grund für die Differenzierung zwischen Touristen und im Ausland tätigen Arbeitnehmern besteht darin, dass die Arbeitnehmer weitaus besser und länger mit den dortigen Bedingungen und Gegebenheiten im Ausland vertraut sind als Touristen.[893]

Bei einer allgemeinen Ausreiseempfehlung ist von einer objektiven Gefahr für Leib oder Leben des Arbeitnehmers auszugehen.[894] Ist die Erbringung der Arbeitsleistung unzumutbar, darf der Arbeitgeber ihn nicht wegen einer eigenmächtigen Ausreise abmahnen oder kündigen.[895]

---

889 *Diller/Winzer,* DB 2001, S. 2095; *Lindemann,* ArbRAktuell 2011, S. 133; *Löwisch,* in: Dornbusch/Fischermeier/Löwisch, Kommentar zum Arbeitsrecht, § 275 BGB, Rdnr. 7.

890 *Ernst,* in: MüKo BGB, § 275 BGB, Rdnr. 116; *Stadler,* in: Jauernig Kommentar zum BGB, § 275 BGB, Rdnr. 30; *Diller/Winzer,* DB 2001, S. 2095; *Lindemann,* ArbRAktuell 2011, S. 133.

891 *Heuser/Heidenreich/Fritz,* Auslandsentsendung, Rdnr. 286 ff.; *Lindemann,* ArbRAktuell 2011, S. 133.

892 *Diller/Winzer,* DB 2001, S. 2095.

893 *Diller/Winzer,* DB 2001, S. 2095.

894 *Diller/Winzer,* DB 2001, S. 2095.

895 *Diller/Winzer,* DB 2001, S. 2095.

Spricht das Auswärtige Amt dagegen nur eine Reisewarnung für Touristen aus, kann daraus nicht zwingend auf die Unzumutbarkeit der Arbeitsleistung für den Arbeitnehmer geschlossen werden. Bei einer bloßen Reisewarnung ist die Unzumutbarkeit anhand einer umfassenden Interessenabwägung der Umstände des Einzelfalles zu ermitteln.[896] Hierbei sind die körperliche Verfassung des Arbeitnehmers, sein Familienstand, die Nähe des Tätigkeitsortes zum Krisengebiet aufseiten des Arbeitnehmers und die wirtschaftlichen Interessen an der Erbringung der Arbeitsleistung vor Ort aufseiten des Arbeitgebers zu berücksichtigen und gegeneinander abzuwägen.[897]

(2) Entgeltfortzahlungspflicht des Arbeitgebers bei Rückkehr des Arbeitnehmers nach Deutschland

Kehrt der Arbeitnehmer vorübergehend wegen Unzumutbarkeit aufgrund einer eingetretenen Krisensituation nach Deutschland zurück, braucht der Arbeitgeber das Gehalt nicht weiter zu zahlen, wenn er den Arbeitnehmer nicht anderweitig beschäftigen kann, sog. Befreiung von der Gegenleistung (§ 326 Abs. 1 S. 1 BGB). Eine Lohnfortzahlungspflicht des Arbeitgebers bei Rückkehr ergibt sich weder aus dem Annahmeverzug nach § 615 BGB noch aus der vorübergehenden Verhinderung nach § 616 BGB noch aus den Grundsätzen der Betriebsrisikolehre nach § 615 S. 3 BGB oder der Fürsorgepflicht des Arbeitgebers nach § 241 Abs. 3 BGB.[898]

Der Annahmeverzug nach § 615 BGB stellt eine Ausnahme vom Grundsatz „ohne Arbeit kein Lohn" dar, indem er den Lohnanspruch des Arbeitnehmers aus dem Arbeitsvertrag bei Vorliegen bestimmter Voraussetzungen aufrechterhält, obwohl dieser die geschuldete Arbeitsleistung nicht erbringt.[899] Die Regelung zum Annahmeverzug beruht auf der Überlegung, dass der Arbeitnehmer „regelmäßig nicht in der Lage ist, seine Arbeitskraft kurzfristig anderweitig zu verwerten", aber zum Bestreiten seines Lebensunterhaltes auf die Vergütung angewiesen ist.[900] Der Eintritt des Annahmeverzugs nach §§ 615 i. V. m. 293 ff. BGB

---

896 *Krieger/Herzberg*, BB 2012, S. 1090; *Lindemann*, ArbRAktuell 2011, S. 133.

897 *Krieger/Herzberg*, BB 2012, S. 1090.

898 *Heuser/Heidenreich/Fritz*, Auslandsentsendung, Rdnrn. 289 f.

899 *Preis*, in: ErfK, § 615 BGB, Rdnrn. 1 f; *Mansel*, in: Jauernig Kommentar zum BGB, § 615 BGB, Rdnr. 9; *Waas/Palonka*, in: Däubler/Hjort/Schubert/Wolmerath, Arbeitsrecht, § 615 BGB, Rdnr. 1; *Kamanabrou*, in: Dornbusch/Fischermeier/Löwisch, Kommentar zum Arbeitsrecht, § 615 BGB, Rdnr. 2.

900 *Waas/Palonka*, in: Däubler/Hjort/Schubert/Wolmerath, Arbeitsrecht, § 615 BGB, Rdnr. 1; *Preis*, in: ErfK, § 615 BGB, Rdnr. 1.

setzt zunächst voraus, dass der Arbeitnehmer dem Arbeitgeber seine Arbeitsleistung anbietet.[901] Verlässt der Arbeitnehmer in einer Krisensituation den ausländischen Tätigkeitsstaat, bietet er dem Arbeitgeber seine Arbeitsleistung gerade nicht an. Eine Entgeltfortzahlungspflicht des Arbeitgebers ergibt sich somit nicht aus den Grundsätzen des Annahmeverzuges.

Eine Lohnfortzahlungspflicht nach § 616 BGB besteht bei einer vorübergehenden Verhinderung des Arbeitnehmers aus persönlichen Gründen. Persönliche Gründe sind solche, die in der Sphäre des Arbeitnehmers liegen. Dies sind beispielsweise Vorladungen bei Behörden oder Gericht, Familienereignisse wie Hochzeit des Kindes oder Konfirmation/Kommunion des Kindes oder die kurzzeitige Pflege erkrankter, naher Angehöriger.[902] Zu persönlichen Hinderungsgründen zählen nicht objektive Leistungshindernisse, die einen größeren Personenkreis betreffen. In Fällen, in denen der Arbeitnehmer aufgrund einer Krisensituation aus dem Ausland zurückkehrt, liegt der Grund für die Rückkehr in der Krisensituation, die von außen auf das Arbeitsverhältnis einwirkt und eine Vielzahl an Personen betrifft.[903] Der Eintritt einer Krisensituation ist ein objektives Leistungshindernis, welches nicht von § 616 BGB erfasst ist.

Nach der Betriebsrisikolehre gem. § 615 S. 3 BGB besteht ein Entgeltfortzahlungsanspruch des Arbeitnehmers, wenn der Arbeitgeber das Risiko des Arbeitsausfalles trägt. Das ist der Fall, wenn der Arbeitgeber den Arbeitnehmer ohne eigenes Verschulden aus betriebstechnischen Gründen nicht beschäftigen kann, z.B. wegen einer Naturkatastrophe oder Stromausfall.[904] In Fällen, in denen der Arbeitnehmer wegen einer Gefährdungslage im Ausland nach Deutschland zurückkehrt, ist die Betriebsrisikolehre nicht anzuwenden, weil die bloße Gefahrenlage im Ausland nicht die Funktionsfähigkeit des Betriebes beeinträchtigt.[905] Eine Entgeltfortzahlungspflicht kann also in Fällen bestehen, in denen

---

901 *Preis*, in: ErfK, § 615 BGB, Rdnrn. 16 ff.; *Waas/Palonka*, in: Däubler/Hjort/Schubert/Wolmerath, Arbeitsrecht, § 615 BGB, Rdnr. 2; *Kamanabrou*, in: Dornbusch/Fischermeier/Löwisch, Kommentar zum Arbeitsrecht, § 615 BGB, Rdnrn. 15 ff.

902 *Preis*, in: ErfK, § 616 BGB, Rdnr. 8; *Mansel*, in: Jauernig Kommentar zum BGB, § 616 BGB, Rdnrn. 3 ff.; *Kamanabrou*, in: Dornbusch/Fischermeier/Löwisch, Kommentar zum Arbeitsrecht, § 616 BGB, Rdnrn. 7 ff.

903 *Heuser/Heidenreich/Fritz*, Auslandsentsendung, Rdnr. 290; *Lindemann*, ArbRAktuell 2011, S. 133.

904 BAG 22.12.1980 – 1 ABR 2/79, NJW 1981, 937; BAG 09.07.2008 – 5 AZR 810/07, NZA 2008, 1407; ebenso: *Preis*, in: ErfK, § 616 BGB, Rdnr. 120; *Mansel*, in: Jauernig Kommentar zum BGB, § 616 BGB, Rdnr. 7.

905 *Diller/Winzer*, DB 2001, S. 2096; *Lindemann*, ArbRAktuell 2011, S. 133.

der entsandte Arbeitnehmer an einer ausländischen Betriebsstätte tätig ist, die beispielsweise von einem Erdbeben betroffen ist.[906]

Auch aus der allgemeinen arbeitgeberseitigen Fürsorgepflicht nach § 241 Abs. 3 BGB lässt sich kein Vergütungsanspruch des Arbeitnehmers nach seiner Rückkehr ableiten, denn die Fürsorgepflicht bezieht sich nur auf vertragliche Nebenpflichten und ist keinesfalls Anspruchsgrundlage für eine Hauptpflicht wie die Lohnzahlungspflicht.[907]

(3) Arbeitsunfall und Gesundheitsschaden

Im Zusammenhang mit der Vereinbarung eines Rückkehrrechts des Arbeitnehmers aufgrund von Naturkatastrophen, Terroranschlägen oder politischen Unruhen stellt sich auch die Frage, ob der Arbeitgeber für einen im Ausland eingetretenen Gesundheitsschaden des Arbeitnehmers haftet.

Der Arbeitgeber ist unter bestimmten Voraussetzungen durch die gesetzliche Unfallversicherung nach § 104 SGB VII haftungsprivilegiert, wenn der Arbeitnehmer durch einen Arbeitsunfall geschädigt wurde.[908]

Zunächst muss der Arbeitnehmer Versicherter in der gesetzlichen Unfallversicherung sein. In der gesetzlichen Unfallversicherung sind Beschäftigte versichert (§ 2 Abs. 1 Nr. 1 SGB VII). Die Voraussetzungen für ein Fortbestehen der Mitgliedschaft in der deutschen Sozialversicherung müssen nach den Regelungen zur Ausstrahlung nach Art. 12 Abs. 1 VO 883/2004, nach einem Sozialversicherungsabkommen oder nach § 4 SGB IV während der Auslandstätigkeit gegeben sein. Als weitere Voraussetzung muss es sich bei dem schädigenden Ereignis um einen Arbeitsunfall nach § 8 Abs. 1 SGB VII handeln. Ein Arbeitsunfall liegt vor, wenn der Unfall durch die versicherte Tätigkeit verursacht wurde, also ein ursächlicher Zusammenhang zwischen der versicherten Tätigkeit und dem Unfall besteht.[909] Unfälle sind nach § 8 Abs. 1 S. 2 SGB VII zeitlich begrenzte, von außen auf den Körper einwirkende Ereignisse, die zu einem Gesundheitsschaden oder zum Tod führen. Versicherte Tätigkeiten dienen der Erfüllung von

---

906 *Lindemann,* ArbRAktuell 2011, S. 133.

907 *Müller-Glöge,* in: MüKo BGB, § 611 BGB, Rdnrn. 986 f; *Ring/Boemke,* in: Däubler/Hjort/Schubert/Wolmerath, Arbeitsrecht, § 611 BGB, Rdnr. 378; *Preis,* in: ErfK, § 611 BGB, Rdnr. 615.

908 *Ricke,* in: KassKomm, § 104 SGB VII, Rdnr. 2; *von Koppenfels-Spies,* in: Knickrehm/Kreikebohm/Waltermann, Komm SozR, 70. § 104 SGB VII, Rdnrn. 1 f.

909 *Ricke,* in: KassKomm, § 8 SGB VII, Rdnr. 3; *Holstraeter,* in: Knickrehm/Kreikebohm/Waltermann, Komm SozR, 70. § 8 SGB VII, Rdnrn. 2 ff.; *Rolfs,* in: ErfK, § 8 SGB VII, Rdnr. 1.

Rechten und Pflichten aus dem Beschäftigungsverhältnis.[910] Ein ursächlicher Zusammenhang besteht, wenn die versicherte Tätigkeit Ursache des Unfalls ist und das äußere Ereignis zu einem Gesundheitsschaden oder dem Tod führt.[911]

Im Zusammenhang mit dem Unglück von Fukushima weitete die Deutsche Gesetzliche Unfallversicherung e. V. (DGUV) den Unfallversicherungsschutz auf den gesamten Sachverhalt des Erdbebens und der Atomkatastrophe aus.[912] Für Versicherte, die wegen des Erdbebens, des Tsunamis oder der erhöhten Radioaktivität einen Gesundheitsschaden erlitten, bestand der Unfallversicherungsschutz des SGB VII. Dies galt unabhängig davon, ob der Schaden während der Arbeitstätigkeit eingetreten war. Die DGUV bejahte den Zusammenhang zwischen dem Unfall und der betrieblichen Tätigkeit ausnahmsweise bereits durch den Vorgang der Entsendung.

cc) Rückrufpflicht des Arbeitgebers

Eine Pflicht des Arbeitgebers, den Arbeitnehmer bei Eintritt einer Krisensituation oder bei Auftreten einer besonderen Gefahrenlage aus dem Ausland zurückzurufen, besteht nicht. Eine solche Rückrufpflicht ergibt sich insbesondere nicht aus § 618 BGB. Die sich aus § 618 BGB ergebende Pflicht zu Schutzmaßnahmen bezieht sich nur auf die Gestaltung des Arbeitsumfeldes, auf das der Arbeitgeber Einfluss hat, beispielsweise Räume, in denen der Arbeitnehmer arbeitet, oder Vorrichtungen und Gerätschaften, mit denen er arbeitet.[913]

Im Entsendungsvertrag können Arbeitgeber und Arbeitnehmer eine Rückrufpflicht des Arbeitgebers vereinbaren.[914] Als Gründe für die Rückrufpflicht kommen das Entstehen einer besonderen Gefahrenlage oder der Eintritt einer Krisensituation, z.B. durch eine Umweltkatastrophe oder einen Terroranschlag, in Betracht. Sie würde allenfalls Sinn machen, wenn beiden Parteien bewusst wäre, dass es während der Entsendung zu einer konkreten Gefahr für Leben oder Gesundheit des Arbeitnehmers kommen kann.[915] Die Klausel könnte den Arbeitgeber beispielsweise zum Rückruf verpflichten, wenn das Auswärtige Amt eine Ausreiseempfehlung ausspricht. Dann besteht eine objektive Gefahrenlage.

---

910 BSG 15.05.2012 – B 2 U 8/11 R, DB 2012, 16; *Ricke,* in: KassKomm, § 8 SGB VII, Rdnr. 10 a.

911 *Ricke,* in: KassKomm, § 8 SGB VII, Rdnr. 4 a.

912 Pressemitteilung der DGUV vom 18.03.2011.

913 *Wank,* in: ErfK, § 618 BGB, Rdnr. 14; *Lindemann,* ArbRAktuell 2011, S. 133.

914 *Wank,* in: ErfK, § 618 BGB, Rdnr. 14; *Lindemann,* ArbRAktuell 2011, S. 133.

915 *Heuser/Heidenreich/Fritz,* Auslandsentsendung, Rdnrn. 299 ff.

2. Zusammenfassendes Ergebnis

Eine Vereinbarung zwischen Arbeitgeber und Arbeitnehmer über die Bedingungen für die Rückkehr des Arbeitnehmers nach Deutschland ist nach § 2 Abs. 2 Nr. 4 NachwG im Entsendungsvertrag schriftlich festzuhalten, damit dieser den Nachweis gem. § 2 Abs. 4 NachwG ersetzen kann.[916] Zu einer Vereinbarung von Rückkehrbedingungen sind Arbeitgeber und Arbeitnehmer nicht verpflichtet, regelmäßig sind sie aber Teil des Entsendungsvertrages.[917]

Rückkehrbedingungen werden zum einen als Wiedereingliederungsklauseln vereinbart, zum anderen können Arbeitgeber und Arbeitnehmer Rückkehrbedingungen als Rückrufrecht, als Rückrufpflicht des Arbeitgebers oder auch als Rückkehrrecht des Arbeitnehmers im Entsendungsvertrag vereinbaren.[918]

Wiedereingliederungsklauseln im Rahmen von Entsendungsverträgen regeln die Art und Weise der Wiedereingliederung des Arbeitnehmers bei Rückkehr in das deutsche Unternehmen. Der Vereinbarung von Wiedereingliederungsklauseln liegt eine Situation zugrunde, bei der das Arbeitsverhältnis zum deutschen Unternehmen auch während der Entsendung besteht, aber ruht. Das führt bei der Rückkehr dazu, dass die gegenseitigen Hauptleistungspflichten wieder aufleben. Die Stelle, auf welcher der Arbeitnehmer vor der Entsendung tätig war, wird jetzt anderweitig besetzt sein, weshalb für den wiederkehrenden Arbeitnehmer ohne eine im Entsendungsvertrag vereinbarte Wiedereingliederungsklausel die Gefahr der betriebsbedingten Kündigung besteht. Die Vereinbarung einer Wiedereingliederungsklausel schließt eine betriebsbedingte Kündigung aus, eine personen- oder verhaltensbedingte Kündigung bleibt allerdings möglich. Im Interesse von Arbeitgeber und Arbeitnehmer liegt eine Wiedereingliederungsklausel, welche die Wiedereingliederung in eine Position vorschreibt, die den erweiterten Kenntnissen und konkreten Fähigkeiten des zurückkehrenden Arbeitnehmers entspricht. Behält der Arbeitgeber sich das Recht vor, den

---

916 *Preis,* in: ErfK, § 2 NachwG, Rdnr. 28; *Schaub,* in: Hümmerich/Boecken/Düwell, § 2 NachwG, Rdnr. 6.

917 *Preis,* in: ErfK, § 2 NachwG, Rdnr. 28; *Mennen/Schellert/Wolf,* Mitarbeiterentsendung, S. 83 ff.

918 *Gnann/Gerauer,* Arbeitsvertrag bei Auslandsentsendung, S. 104; *Mennen/Schellert/Wolf,* Mitarbeiterentsendung, S. 100; *Dörner/Vossen,* in: Ascheid/Preis/Schmidt, § 626 BGB, Rdnr. 35; *Borgmann,* in: Hümmerich/Reufels, Gestaltung von Arbeitsverträgen, A. § 1 Arbeitsverträge, 14. Auslandsarbeitsverträge, Rdnr. 1047; *Novak,* in: *Schaub/Schrader/Staube/Vogelsang,* Arbeitsrechtliches Formular- und Verfahrenshandbuch, A. Individualarbeitsrecht, 2. Entsendungsvertrag, Rdnr. 276; *Borgmann,* in: Grobys/Panzer SWK Arbeitsrecht, Auslandstätigkeit/Entsendung, Rdnr. 30.

Arbeitnehmer bei Rückkehr vorübergehend auf einer anderen, auch niedrigeren Position zu beschäftigen, kann er flexibel auf die aktuelle Personalsituation zum Zeitpunkt der Rückkehr des Arbeitnehmers reagieren.[919]

Ein im Entsendungsvertrag vereinbartes Rückrufrecht des Arbeitgebers unterliegt den Anforderungen nach § 307 Abs. 1 BGB, wonach es die Gründe für die Ausübung des Rückrufrechts und eine Ankündigungsfrist enthalten muss. Die Ausübung des Rückrufs unterliegt einer Billigkeitskontrolle nach §§ 106 GewO i. V. m. 315 Abs. 3 BGB, bei der das Arbeitnehmer- und Arbeitgeberinteresse berücksichtigt und gegeneinander abgewogen wird.

Die Vereinbarung zu einem Rückkehrrecht des Arbeitnehmers im Entsendungsvertrag kann an das Bestehen einer objektiven Gefahrenlage anknüpfen, z.B. eine Ausreiseempfehlung des Auswärtigen Amtes. Ohne die Vereinbarung eines Rückkehrrechts im Entsendungsvertrag ist die Rückkehr aus arbeitsrechtlicher Sicht nicht zu beanstanden, wenn dem Arbeitnehmer die Tätigkeit im Ausland aufgrund der Gefahrenlage unzumutbar ist (§§ 275 Abs. 3 i. V. m. 242 BGB).[920] Die Erbringung der Arbeitsleistung ist unzumutbar, wenn für den Arbeitnehmer eine objektive Gefahrenlage besteht, die anhand der Einschätzungen des Auswärtigen Amtes durch eine Ausreiseempfehlung ermittelt wird.[921] Mit der Rückkehr nach Deutschland entfällt auch der Lohnanspruch des Arbeitnehmers, wenn er nicht auf einer anderweitigen Stelle weiter beschäftigt werden kann.

---

919 *Reichel/Spieler,* BB 2011, S. 2742; *Gnann/Gerauer,* Arbeitsvertrag bei Auslandsentsendung, S. 104.

920 *Diller/Winzer,* DB 2001, S. 2095; *Lindemann,* ArbRAktuell 2011, S. 133.

921 *Ernst,* in: MüKo BGB, § 275 BGB, Rdnr. 116; *Stadler,* in: Jauernig Kommentar zum BGB, § 275 BGB, Rdnr. 30; *Diller/Winzer,* DB 2001, S. 2095; *Lindemann,* ArbRAktuell 2011, S. 133.

Zusammenfassung der wesentlichen Ergebnisse

Im Zuge der fortschreitenden Globalisierung und der Vernetzung der Märkte fordern immer mehr deutsche Arbeitgeber von ihren Arbeitnehmern, im Rahmen einer Auslandsentsendung vorübergehend im Ausland tätig zu sein.

Die vorliegende Arbeit analysiert in einem ersten Teil die Grundlagen zur Entsendung. Dies umfasst den Begriff der Entsendung, die Abgrenzung zwischen Entsendung und der Anordnung von Auslandstätigkeit aufgrund des Direktionsrechts, die Abgrenzung zur Arbeitnehmerüberlassung, die unterschiedlichen Vertragsmodelle bei einer Entsendung, die Bedeutung des NachwG für die Gestaltung des Entsendungsvertrages und das auf den Entsendungsvertrag anwendbare Recht.

Der zweite Teil der Arbeit umfasst die nach dem NachwG notwendigen Klauseln des Entsendungsvertrages zur Dauer, Währung, Vergütung und zu den Rückkehrbedingungen.

Eine differenzierte und umfassende Analyse der Entsendung und des Entsendungsvertrages erfordert zwingend die Einbeziehung der drei Rechtsgebiete des Arbeits-, Steuer- und Sozialversicherungsrechts.

Der erste Teil beginnt mit einer Definition der Entsendung. Arbeits-, Steuer- und Sozialversicherungsrecht definieren den Begriff der Entsendung unterschiedlich.

Nach dem arbeitsrechtlichen Entsendungsbegriff muss eine Entsendung vorübergehend sein, auf Veranlassung des deutschen Unternehmens erfolgen und der Arbeitnehmer muss während der Auslandstätigkeit weiterhin rechtlich und tatsächlich an das deutsche Unternehmen gebunden sein. Eine rechtliche Bindung ergibt sich aus dem ruhenden Grundarbeitsverhältnis, die tatsächliche Bindung aus Indizien wie der Dauer der Auslandstätigkeit und Weisungsabhängigkeit vom deutschen Unternehmen. Der arbeitsrechtliche Entsendungsbegriff ergibt sich aus der Literaturmeinung und der Untersuchung der Voraussetzungen, unter denen deutsches Arbeitnehmerschutzrecht (KSchG und BetrVG) auf im Ausland tätige Arbeitnehmer anwendbar ist.

Der sozialversicherungsrechtliche Entsendungsbegriff ergibt sich aus § 4 SGB IV in Verbindung mit der „Gemeinsamen Verlautbarung zur versicherungsrechtlichen Beurteilung entsandter Arbeitnehmer," der Rechtsprechung des Bundessozialgerichts und aus Art. 12 Abs. 1 VO 883/2004. Danach liegt eine Entsendung vor, wenn sich der zuvor im deutschen Unternehmen Beschäftigte auf Weisung des Arbeitgebers ins Ausland begibt, um dort für den Arbeitgeber tätig zu sein. Die Dauer muss dabei auf 24 Monate mit Verlängerungsmöglichkeit begrenzt sein (12 Abs. 1 VO 883/2004, der dem deutschen § 4 SGB IV nach § 6 SGB IV vorrangig ist).

Aus steuerrechtlicher Sicht handelt es sich um eine Entsendung, wenn Arbeitnehmer und bisheriger Arbeitgeber (entsendendes Unternehmen) eine Vereinbarung über eine zeitlich befristete Tätigkeit bei einem verbundenen Unternehmen (aufnehmenden Unternehmen) treffen und das aufnehmende Unternehmen eine arbeitsrechtliche Vereinbarung mit dem Arbeitnehmer schließt oder wirtschaftlich als Arbeitgeber anzusehen ist, Nr. 21 BMF-Schreiben vom 09.11.2001 IV B 4-S 1341-20/01, BStBl. I. 2001, 796.

Der steuerliche Entsendungsbegriff unterscheidet sich maßgeblich von dem arbeits- und sozialversicherungsrechtlichen, indem er eine Vereinbarung zwischen dem entsendenden und aufnehmenden Unternehmen und eine arbeitsrechtliche Vereinbarung zwischen dem aufnehmenden Unternehmen und dem Arbeitnehmer fordert. Mit dem Entsendungsbegriff grenzt das BMF-Schreiben in Fällen von grenzüberschreitenden Arbeitnehmerentsendungen zwischen verbundenen Unternehmen ab, welches Unternehmen anhand des Veranlassungsprinzips den Aufwand der Entsendung als Betriebsausgabe abziehen kann. Im Sozialversicherungsrecht dient der Entsendungsbegriff dazu, Arbeitnehmer, die unter bestimmten Voraussetzungen vorübergehend im Ausland tätig sind, auch während dieser Zeit in der deutschen Sozialversicherung zu behalten. Aus arbeitsrechtlicher Sicht dient der Entsendungsbegriff der Abgrenzung zu anderen Formen des Auslandseinsatzes, wie z.B. der Dienstreise oder einer Versetzung. Wegen des unterschiedlichen Sinns und Zwecks der Definitionen ist eine Übertragung des steuerlichen- oder sozialversicherungsrechtlichen Entsendungsbegriffes auf das Arbeitsrecht nicht möglich. Ausgangspunkt der vorliegenden Arbeit ist der weite, arbeitsrechtliche Entsendungsbegriff.

Der arbeitsrechtliche Entsendungsbegriff dient auch der Abgrenzung der Entsendung zu einer Auslandstätigkeit, die ohne zusätzlichen Vertrag, nur aufgrund des Direktionsrechts nach § 106 GewO angeordnet wird. Eine genaue zeitliche Abgrenzung, wann noch eine Weisung ausreicht und wann für die Entsendung ein Vertrag erforderlich ist, ist nicht möglich und ist auch nicht erforderlich. Sie ist nicht möglich, weil es bei der Abgrenzung auf das Tätigkeitsbild und die Dauer des Auslandseinsatzes im Einzelfall ankommt. Gelegentliche, kurzweilige Auslandsentsendungen halten sich am ehesten in den Grenzen des Arbeitsvertrages, wobei längerfristige Auslandstätigkeiten, die mit einer erheblichen Veränderung der privaten Lebensumstände verbunden sind, nicht vom Umfang des Arbeitsvertrages gedeckt sind und einer zusätzlichen Vereinbarung bedürfen.

Aus Sicht der Praxis ist eine genaue Abgrenzung nicht erforderlich, weil eine Anweisung zu einer Auslandstätigkeit gegen den Willen des Arbeitnehmers keinen Erfolg verspricht.

Eine Entsendung kann durch einen Entsendungsvertrag, einen Lokalvertrag oder ein geteiltes Arbeitsverhältnis (Split-Contract) arbeitsvertraglich geregelt werden. Der Entsendungsvertrag wird zwischen dem deutschen Unternehmen und dem Arbeitnehmer geschlossen; das deutsche Unternehmen ist und bleibt weiterhin alleiniger Arbeitgeber. Der ursprüngliche Arbeitsvertrag bleibt während der Dauer der Entsendung bestehen, er wird lediglich für die Dauer der Entsendung durch den Entsendungsvertrag modifiziert. Zwischen dem Arbeitnehmer und dem ausländischen Unternehmen besteht keine vertragliche Bindung. Sie ist auch nicht gewollt, weil der Arbeitnehmer rechtlich und tatsächlich ausschließlich dem deutschen Arbeitgeber zugeordnet bleibt. Dem deutschen Unternehmen obliegt auch während der Entsendung das fachliche Weisungsrecht; das ausländische Unternehmen kann ein organisatorisches Weisungsrecht innehaben. Der Entsendungsvertrag entspricht dem Grundgedanken der Entsendung im Arbeitsrecht als eine vergleichsweise kurze Auslandstätigkeit innerhalb eines lang andauernden Inlandsarbeitsverhältnisses. Dies kommt auch dadurch zum Ausdruck, dass beim Entsendungsvertrag das Grundarbeitsverhältnis während der vergleichsweise kurzen Entsendung aufrechterhalten bleibt und die rechtliche und tatsächliche Zuordnung zum deutschen Arbeitgeber auch während der Entsendung beibehalten wird.

Die Vertragskonstellation bei dem Lokalvertrag gestaltet sich derart, dass ein Arbeitsvertrag zwischen dem Arbeitnehmer und dem ausländischen Unternehmen geschlossen wird, während das deutsche Arbeitsverhältnis durch eine Zusatzvereinbarung ruhend gestellt oder aufgelöst wird. Hauptarbeitgeber wird das ausländische Unternehmen, welches auch das Weisungsrecht ausübt. Bei dem geteilten Arbeitsverhältnis wird ein Arbeitsvertrag zwischen dem Arbeitnehmer und dem ausländischen Arbeitgeber geschlossen, der zusätzlich zum deutschen Arbeitsvertrag besteht. Diese Konstellation wird überwiegend aus steuerrechtlichen Gründen gewählt. Sie entspricht genauso wenig wie der Lokalvertrag dem arbeitsrechtlichen Verständnis von Entsendung.

Im darauffolgenden Abschnitt wird der Entsendungsvertrag zum Leiharbeitsvertrag abgegrenzt. Beide Verträge ähneln sich, weil ein Dreipersonenverhältnis besteht, bei dem es nur einen Arbeitgeber gibt, beide Verträge Dienstverträge sind und beide Verträge zeitlich befristet sind. Bei Vorliegen einer Arbeitnehmerüberlassung gelten die Beschränkungen des AÜG. Eine Arbeitnehmerüberlassung liegt vor bei Eingliederung des Leiharbeitnehmers in den Betrieb des Entleihers und bei der ausschließlichen Ausübung des Weisungsrechts des Entleihers in der Gestalt, dass dem Vertragsarbeitgeber, dem Verleiher, nur noch die Personalauswahlentscheidung verbleibt.

Im letzten Abschnitt des ersten Teils wird analysiert, unter welchen Bedingungen deutsches oder ausländisches Arbeits-, Steuer- und Sozialversicherungsrecht auf den Entsendungsvertrag anwendbar ist und ob die Möglichkeit einer Rechtswahl besteht. Hier wird die Bedeutung der gemeinsamen Betrachtung der drei Rechtsgebiete deutlich.

Auf den Entsendungsvertrag ist nach Art. 8 Abs. 2 ROM I-VO deutsches Arbeitsrecht anzuwenden, weil der Arbeitnehmer gewöhnlich seine Tätigkeit in Deutschland verrichtet, woran auch eine vorübergehende Auslandstätigkeit nichts ändert. Der Arbeitnehmer und der deutsche Arbeitgeber können aber auch die Anwendbarkeit eines ausländischen Arbeitsrechts nach Art. 8 Abs. 1 S. 1 ROM I-VO i. V. m. Art. 3 Abs. 1 S. 1 ROM I-VO wählen. Das ausländische Recht ist aber nur anwendbar, wenn es den Arbeitnehmer, ermittelt nach den Grundsätzen des beschränkten Sachgruppenvergleichs, mindestens genauso gut schützt wie das deutsche Arbeitsrecht.

Die Frage, ob ausländisches oder deutsches Steuerrecht anwendbar ist, stellt sich nur, wenn der Arbeitnehmer seinen deutschen Wohnsitz oder gewöhnlichen Aufenthalt auch für die Dauer der Entsendung beibehält. Denn dann fallen Wohnsitzstaat und Tätigkeitsstaat auseinander, es besteht die Gefahr einer Doppelbesteuerung. In Ländern, mit denen Deutschland ein Doppelbesteuerungsabkommen geschlossen hat, wird die Gefahr der Doppelbesteuerung vermieden, indem das Besteuerungsrecht grundsätzlich nur dem ausländischen Tätigkeitsstaat zugewiesen wird (Art. 15 Abs. 1 OECD-MA). Nach Art. 15 Abs. 2 OECD-MA erhält ausnahmsweise Deutschland als Wohnsitzstaat das Recht zur Besteuerung des ausländischen Arbeitslohns, wenn der Arbeitnehmer sich innerhalb eines Zwölfmonatszeitraumes weniger als 183 Tage im ausländischen Tätigkeitsstaat aufhält, der Arbeitgeber, der die Vergütung zahlt, nicht im Tätigkeitsstaat ansässig ist und der Arbeitslohn nicht von einer Betriebsstätte oder festen Einrichtung des Arbeitgebers im Tätigkeitsstaat getragen wird. Ohne Doppelbesteuerungsabkommen wird eine drohende Doppelbesteuerung durch § 34 c EStG mittels Anrechnung, Abzug oder in Sonderfällen mittels Freistellung von der im Ausland gezahlten Steuer vermieden.

Ob der Arbeitnehmer während der Entsendung Mitglied der deutschen Sozialversicherung bleibt, hängt davon ab, ob er in einen Mitgliedsstaat der EU/EWR entsandt wird, in einen Staat, mit dem Deutschland ein Sozialversicherungsabkommen hat, oder in einen anderen Staat. Eine Entsendung innerhalb der EU/EWR mit bis zu einer Dauer von 24 Monaten führt nach Art. 12 Abs. 1 VO 883/2004 zu einem Verbleib in der deutschen Sozialversicherung. Besteht zwischen dem Tätigkeitsstaat und Deutschland ein Sozialversicherungsabkommen, verbleibt der Arbeitnehmer in der deutschen Sozialversicherung, wenn die Dauer der Entsendung sich im Rahmen der im jeweiligen Abkommen festgelegten Dauer hält. Bei einer Entsendung in einen Staat außerhalb der EU/EWR, mit dem auch kein Sozialversicherungsabkommen besteht, gilt § 4 SGB IV, wonach der Arbeitnehmer bei einer im Voraus zeitlich begrenzten Entsendung in Deutschland weiterhin sozialversichert bleibt.

Bei der Frage der Anwendbarkeit des deutschen oder ausländischen Rechts auf den Entsendungsvertrag enthalten die Regelungen des Arbeits- und Sozialversicherungsrechts den gleichen Grundgedanken, nämlich den Schutz des Arbeitnehmers. Dieser kommt dadurch zum Ausdruck, dass deutsches Recht anwendbar bleibt, weil es auf sein Grundarbeitsverhältnis vor der Entsendung anwendbar war und eine vorübergehende Auslandstätigkeit ihm diesen Schutz nicht entziehen soll.

Das Nachweisgesetz ist der Anknüpfungspunkt für die Frage, was die Kernbestandteile eines jeden Entsendungsvertrages sind. Es regelt in seinem § 2 Abs. 1 NachwG allgemein die essentialia negotii von Arbeitsverträgen. § 2 Abs. 2 NachwG regelt die essentialia negotii speziell für Arbeitsverhältnisse, bei denen der Arbeitnehmer seine Arbeitsleistung länger als einen Monat außerhalb der Bundesrepublik Deutschland erbringt. Neben den nach § 2 Abs. 1 NachwG allgemein erforderlichen Angaben, z.B. Name und Anschrift der Vertragspartner, Zeitpunkt des Beginns des Arbeitsverhältnisses usw., muss ein Entsendungsvertrag mindestens Angaben zur Dauer der Auslandstätigkeit, zur Währung, in der das Arbeitsentgelt ausgezahlt wird und, falls vereinbart, zu einer zusätzlichen Vergütung und Rückkehrbedingungen enthalten (§ 2 Abs. 2 NachwG). Die Vertragsbedingungen nach § 2 Abs. 2 Nr. 2 und Nr. 3 NachwG (Währung und zusätzliches Entgelt) können durch einen Hinweis auf einschlägige Tarifverträge nach § 2 Abs. 3 S. 1 NachwG ersetzt werden. Enthält der Entsendungsvertrag die nach §§ 2 Abs. 1 und Abs. 2 NachwG erforderlichen Angaben, kann er den Nachweis ersetzen (§ 2 Abs. 4 NachwG). Enthält der Entsendungsvertrag nicht die nach §§ 2 Abs. 1 und Abs. 2 NachwG erforderlichen Kernbestandteile, führt dies nicht zu seiner Unwirksamkeit. Es kann aber zu Schadensersatzansprüchen des Arbeitgebers gegenüber dem Arbeitnehmer kommen, wenn z.B. ein Hinweis auf einen Tarifvertrag nicht erfolgt ist und der Arbeitnehmer dadurch einen Rechtsverlust erleidet.

Bei der Analyse der notwendigen Klauseln des Entsendungsvertrages im zweiten Teil der Arbeit wird deutlich, dass das Steuer- und Sozialversicherungsrecht unterschiedliche Bedeutung bei der arbeitsvertraglichen Gestaltung haben.

Bei Entsendungsverträgen ist eine Klausel zur Dauer der Entsendung ein notwendiger Bestandteil nach § 2 Abs. 2 Nr. 1 NachwG. Aus arbeitsrechtlicher Sicht stellt sich die Frage, an welchen Anforderungen die Befristung des Entsendungsvertrages zu messen ist. Die Befristung des Entsendungsvertrages stellt eine Teilbefristung dar, die an den Anforderungen des § 307 Abs. 1 BGB zu messen ist, wobei bei der Angemessenheit auch die Grundwertungen des § 14 Abs. 1 TzBfG, die ja eigentlich nicht für Teilbefristungen gelten, heranzuziehen sind. Aus arbeitsrechtlicher Sicht ist ein Entsendungsvertrag mit einer Dauer von mehr als einem Monat eine zustimmungspflichtige Versetzung gem. §§ 99 Abs. 1 S. 1 i. V. m. 95 Abs. 3 S. 1 BetrVG.

Steuerrechtlich spielt die Dauer der Auslandstätigkeit nur bei der 183-Tage-Regelung eine Rolle. Damit ausnahmsweise nach Art. 15 Abs. 2 OECD-MA Deutschland als Wohnsitzstaat das Besteuerungsrecht zugewiesen wird, muss ein Doppelbesteuerungsabkommen zwischen Deutschland und dem ausländischen Tätigkeitsstaat bestehen. Nach den Voraussetzungen des Art. 15 Abs. 2 OECD-MA muss der Arbeitgeber, der die Vergütung zahlt, nicht im Tätigkeitsstaat ansässig sein, der Arbeitslohn nicht von einer Betriebsstätte oder festen Einrichtung des Arbeitgebers im Tätigkeitsstaat getragen werden und ein weniger als 183 Tage dauernder Aufenthalt des Arbeitnehmers im Tätigkeitsstaat innerhalb eines Zwölfmonatszeitraumes gegeben sein. Bei der Ermittlung der Aufenthaltstage sind nach Nr. 5 OECD-Kommentar die Tage physischer Anwesenheit relevant, nicht etwa die tatsächlichen Arbeitstage.

Die in einem Entsendungsvertrag festgelegte Dauer spielt bei Entsendungen in die EU/EWR aus sozialversicherungsrechtlicher Perspektive insofern eine Rolle, als nur bei einer Entsendungsdauer von bis zu 24 Monaten der Arbeitnehmer auch während der Entsendung Mitglied der deutschen Sozialversicherung bleibt (Art. 12 Abs. 1 VO 883/2004). Bei einer längeren Entsendungsdauer kann die Frist ausnahmsweise bei Vorliegen eines individuell zu begründenden Interesses des Arbeitnehmers verlängert werden (Art. 16 Abs. 1 VO 883/2004). Wird der Arbeitnehmer in einen Staat außerhalb der EU entsandt, mit dem ein Sozialversicherungsabkommen besteht, richtet sich die fortbestehende Zugehörigkeit zur deutschen Sozialversicherung nach der jeweils im Abkommen festgelegten Frist.

Die im Sozialversicherungs- und Steuerrecht festgelegte Frist bestimmt, bis zu welcher Dauer der Schwerpunkt des Beschäftigungsverhältnisses noch in

Deutschland anzusehen ist und ab wann sich der Schwerpunkt ins Ausland verlagert.

Eine zweite essentialia negotii des Entsendungsvertrages ist nach § 2 Abs. 2 Nr. 2 NachwG eine Klausel zur Währung, in der das Arbeitsentgelt ausgezahlt wird. Bei einer Entsendung des Arbeitnehmers in ein Land außerhalb des Eurowährungsraumes verstößt die Auszahlung des Entgelts in einer anderen Währung als dem Euro grundsätzlich gegen § 107 Abs. 1 GewO, wonach das Arbeitsentgelt in Euro zu berechnen und auszuzahlen ist. Aus dem Sinn und Zweck des § 107 Abs. 1 GewO, aus dem systematischen Zusammenhang mit § 107 Abs. 2 GewO und aus Praktikabilitätsgründen ergibt sich aber bei Entsendungsverträgen ausnahmsweise die Zulässigkeit einer Vereinbarung zur Auszahlung des Arbeitsentgelts in der ausländischen Währung des Tätigkeitsstaates. Vereinbaren der deutsche Arbeitgeber und der Arbeitnehmer im Entsendungsvertrag das Entgelt in Euro und erfolgt die Auszahlung in der Währung des Tätigkeitsstaates, ergeben sich Schwierigkeiten, weil die ausländische Währung gewissen Wechselkursschwankungen im Vergleich zum Euro unterliegt. Deshalb können Arbeitgeber und Arbeitnehmer im Entsendungsvertrag eine Wertsicherungsklausel vereinbaren, nach welcher der Arbeitgeber, der Arbeitgeber in Abstimmung mit dem Arbeitnehmer oder in Abstimmung mit einem Dritten das Recht hat, das Arbeitsentgelt an die Änderung des Umrechnungskurses anzupassen. Dies steht im Einklang mit § 1 Abs 2 Nr. 1 PrKG, wonach Leistungsvorbehaltsklauseln nicht vom generellen Preisklauselverbot des § 1 Abs. 1 PrKG erfasst sind, weil keine automatische Anpassung erfolgt. Bei der Anpassung besteht ein – wenn auch sehr begrenzter – Ermessensspielraum.

Haben Arbeitgeber und Arbeitnehmer ein zusätzliches, mit der Entsendung verbundenes Entgelt und zusätzliche Sachleistungen vereinbart, sind diese nach § 2 Abs. 2 Nr. 3 NachwG in den Entsendungsvertrag aufzunehmen. Arbeitsrechtliche Relevanz hat die Zusammensetzung des Entgelts und der zusätzlichen Sachleistungen. Wird der Arbeitnehmer im Ausland auf einer höheren Position eingesetzt, wird das Grundgehalt ebenfalls erhöht. Typische zusätzliche Sachleistungen sind beispielsweise Dienstwagen, Mietkosten, Heimflüge, Schul- und Kindergartenkosten, private Zusatzversicherungen und Umzugskosten, Kaufkraftausgleich und Härtezulage. Bei der Einführung von generellen Regelungen für die Vergütung von im Ausland tätigen Arbeitnehmern besteht ein Mitbestimmungsrecht des Betriebsrates gem. § 87 Abs. 1 Nr. 10 BetrVG, weil es sich um eine Frage der betrieblichen Lohngestaltung handelt. Arbeitsrechtliche Bedeutung erlangt auch die im Zusammenhang mit der Vergütung vereinbarte Rückzahlungsklausel. Eine Rückzahlungsklausel verpflichtet bei einer vorzeitigen

Beendigung der Entsendung den Arbeitnehmer zur Rückzahlung einer bestimmten Anzahl an Monatsgehältern. Die Angemessenheit einer derartigen Rückzahlungsklausel hängt davon ab, aus welcher Risiko- und Verantwortungssphäre die vorzeitige Beendigung stammt, sowie von der Rückforderungssumme und der Bindungsdauer. Eine Rückzahlungsklausel ist nur angemessen, wenn sie die Rückzahlung für Fälle verlangt, in denen der Arbeitnehmer für die vorzeitige Beendigung der Entsendung verantwortlich ist, z.B. aufgrund einer Arbeitnehmerkündigung oder einer verhaltensbedingten Kündigung. Liegt die Kündigung in seinem Verantwortungsbereich, ist es in seiner Sphäre, durch ordnungsgemäßes Verhalten einer Kündigung und damit auch der Rückzahlungsverpflichtung zu entgehen. Die hier vertretene Ansicht hält eine Rückforderungssumme von bis zu drei Monatsgehältern für angemessen, weil bei der Begrenzung auf nur ein Monatsgehalt (Rechtsprechung des Bundesarbeitsgerichts zu Umzugs- und Ausbildungskosten) die Verhältnismäßigkeit zu den bei einer Entsendung entstehenden sehr hohen Kosten für den Arbeitgeber nicht mehr gewahrt ist. Eine Bindungsdauer von bis zu zwei Jahren ist angemessen.

In steuerrechtlicher Hinsicht steht im Zusammenhang mit der Vergütung die Möglichkeit zur Vereinbarung von Steuerausgleichsmodellen im Vordergrund. Sie dienen dazu, den Arbeitnehmer vor einer möglicherweise höheren Steuerlast im ausländischen Tätigkeitsstaat zu schützen. Die Steuerschutzvereinbarung (tax protection) schützt den Arbeitnehmer vor einer höheren Steuerlast im Ausland. Bei einem niedrigeren Steuerniveau im ausländischen Tätigkeitsstaat darf der Arbeitnehmer den Steuervorteil behalten. Hierin liegt auch der wesentliche Unterschied zum zweiten Steuerschutzmodell, dem echten Steuerausgleich (tax equalisation). Das Modell des echten Steuerausgleichs schützt den Arbeitnehmer vor einer höheren Besteuerung im Ausland, ein möglicher Steuervorteil bei einem niedrigeren Steuerniveau im Ausland wird aber vom Arbeitgeber einbehalten. Steuerrechtliche Relevanz hat auch die Möglichkeit der Gewährung von steuerfreien oder steuerbegünstigten zusätzlichen Entgelten oder Sachleistungen als Mittel zur Gestaltung der Vergütung. Die Einführung von Steuerausgleichsmodellen ist nach § 87 Abs. 1 Nr. 10 BetrVG mitbestimmungspflichtig.

Bei den Regelungen zur Vergütung im Entsendungsvertrag hat das Sozialversicherungsrecht eine untergeordnete Rolle. Für die Berechnung der Sozialversicherungsbeiträge zur Kranken-, Pflege- und Rentenversicherung sowie der Arbeitsförderung sind das im Entsendungsvertrag vereinbarte Bruttoarbeitsentgelt und die zusätzlichen Vergütungsbestandteile bewertet nach § 17 Abs. 1 S. 1 Nr. 4 SGB IV i. V. m. §§ 2 und 3 SVEV relevant.

Haben der Arbeitgeber und der Arbeitnehmer Rückkehrbedingungen vereinbart, sind diese nach § 2 Abs. 2 Nr. 4 NachwG notwendiger Bestandteil des Entsendungsvertrages. Die Vereinbarung von Rückkehrbedingungen hat lediglich arbeitsrechtliche Relevanz. Üblicherweise werden in Entsendungsverträgen Rückkehrbedingungen als Wiedereingliederungsklauseln vereinbart, welche eine die betriebsbedingte Kündigung ausschließende Wirkung haben. Sie sichern dem Arbeitnehmer die Weiterbeschäftigung im deutschen Unternehmen nach dem Ende der Entsendung auf eine Position zu, die meist hierarchisch zwischen der vor der Entsendung ausgeübten Position im deutschen Unternehmen und der während der Entsendung im Ausland ausgeübten Position liegt, wobei der Arbeitnehmer bei seiner Rückkehr auch vorübergehend auf einer anderen Position im deutschen Unternehmen beschäftigt werden kann.

Rückkehrbedingungen können auch als Rückrufrecht des Arbeitgebers und Rückkehrrecht des Arbeitnehmers im Entsendungsvertrag vereinbart werden. Wird im Entsendungsvertrag ein Rückrufrecht des Arbeitgebers vereinbart, ist für die Angemessenheit dieser Klausel nach § 307 BGB erforderlich, dass sie die zum Rückruf berechtigenden Gründe, beispielsweise das Bestehen einer objektiven Gefahrenlage durch Ausreiseempfehlung des Auswärtigen Amtes, und eine Ankündigungsfrist enthält. Zudem muss die Ausübung des Rückrufs den Grundsätzen billigen Ermessens entsprechen.

Literaturverzeichnis

Allary, Stefan, Entsendung: Sozialversicherungs-, Steuer- und Arbeitsrecht bei ins Ausland entsandten Arbeitnehmern, Münster 2006.

Annuß, Georg/*Thüsing,* Gregor, Kommentar zum Teilzeit- und Befristungsgesetz, Frankfurt am Main 2012 (zit.: *Bearb.*, in: Annuß/Thüsing TzBfG).

Arnold, Manfred/*Gräfl,* Edith, Teilzeit- und Befristungsgesetz Praxiskommentar, 4. Aufl., Freiburg 2016 (zit.: *Bearb.*, in: Arnold/Gräfl TzBfG).

Ascheid, Rainer/*Preis,* Ulrich/*Schmidt,* Ingrid (Hrsg.), Großkommentar zum Kündigungsrecht, 4. Aufl., München 2012 (zit.: *Bearb.*, in: Ascheid/Preis/Schmidt).

Bamberger, Georg/*Roth,* Herbert, Kommentar zum Bürgerlichen Gesetzbuch, 3. Aufl., München 2012 (zit.: *Bearb.*, in: Bamberger/Roth).

Bauer, Jobst-Hubertus/*Lingemann,* Stefan/*Diller,* Martin/*Haußmann,* Katrin, Anwalts-Formularbuch Arbeitsrecht, 4. Aufl., Köln 2011.

Bauer, Jobst-Hubertus/*Opolony,* Bernhard, Arbeitsrechtliche Änderungen in der Gewerbeordnung, in: BB 2002, S. 1590 ff.

Beck'sche Online-Formulare Vertrag, Hrsg. *Weise,* Stefan/*Krauß,* Hans-Frieder, Stand: 01.06.2014, 29. Edition, München 2014 (zit.: *Bearb.*, in: BeckOFV).

Beck'scher Online-Kommentar Arbeitsrecht, Hrsg. *Rolfs,* Christian/*Kreikebrohm,* Ralf/*Geisen,* Richard/*Udsching,* Peter, Stand: 15.03.2016, 39. Edition, München 2016 (zit.: *Bearb.*, in: BeckOKommArbR).

Birk, Rolf, Die Bedeutung der Parteiautonomie im internationalen Arbeitsrecht, in: RdA 1989, S. 201 ff.

Bissels, Alexander/*Falter,* Kira, Ausgewählte Probleme der AÜG-Reform (Teil 1), in: ArbRAktuell 2017, S. 4 ff.

Bittner, Claudia, Arbeitsrechtlicher Gleichbehandlungsgrundsatz und ausländisches Arbeitsvertragsstatut, in: NZA 1993, S. 161 ff.

Blümich, EStG, KStG, GewSt Kommentar, Hrsg. *Heuermann,* Bernd/*Brandis,* Peter, 122. EL, München 2014 (zit.: *Bearb.*, in: Blümich).

Boecken, Winfried/*Düwell,* Franz Josef/*Diller,* Martin/*Hanau,* Hans, Gesamtes Arbeitsrecht Kommentar, Baden-Baden 2016 (zit.: *Bearb.*, in: Boecken/Düwell/Diller/Hanau, Gesamtes Arbeitsrecht).

Boecken, Winfried/*Joussen,* Jacob, Teilzeit- und Befristungsgesetz Handkommentar, 4. Aufl., Baden-Baden 2016 (zit.: *Bearb.*, in: Boecken/Joussen TzBfG).

Boemke, Burkhard, „Ausstrahlungen" des Betriebsverfassungsgesetzes ins Ausland, in: NZA 1992, S. 112 ff.

Braun, Axel, Sozialversicherungspflicht beim grenzüberschreitenden Arbeitsverhältnis, in: ArbRB 2002, S. 202 ff.

Braun, Axel/*Wisskirchen*, Gerlind, Konzernarbeitsrecht Handbuch, München 2015 (zit.: *Bearb.*, in: Braun/Wisskirchen Konzernarbeitsrecht).

Dahl, Holger/*Färber*, Marco, Auswahlverschulden in der Arbeitnehmerüberlassung, in: DB 2009, S. 1650 ff.

Dahnke, Hans, Kostenverrechnung bei internationaler Arbeitnehmerentsendung, in: IStR 1992, S. 99 ff.

Dauner-Lieb, Barbara, Der innerbetriebliche Fremdfirmeneinsatz auf Dienst- oder Werkvertragsbasis im Spannungsfeld zwischen AÜG und BetrVG, in: NZA 1992, S. 817 ff.

Däubler, Wolfgang, Tarifvertragsgesetz, 3. Aufl., Bremen 2012.

Däubler, Wolfgang/*Bertzbach*, Martin, Allgemeines Gleichbehandlungsgesetz Handkommentar, 3. Aufl., Bremen 2013.

Däubler, Wolfgang/*Hjort*, Jens Peter/*Schubert*, Michael/*Wolmerath*, Martin, Arbeitsrecht, 3. Aufl., München 2013 (zit.: *Bearb.*, in: Däubler/Hjort/Schubert/Wolmerath, Arbeitsrecht).

Däubler, Wolfgang/*Kittner*, Michael/*Klebe*, Thomas/*Wedde*, Peter, Betriebsverfassungsgesetz Kommentar für die Praxis mit Wahlordnung und EBR-Gesetz, 15. Aufl., Frankfurt am Main 2016 (zit.: *Bearb.*, in: Däubler/Kittner/Klebe/Wedde BetrVG).

Däubler, Wolfgang, Das neue Internationale Arbeitsrecht, RIW 1987, S. 249 ff.

Diller, Martin/*Winzer*, Thomas, Eigenmächtige Rückkehr bei Auslandseinsatz in gefährdeten Gebieten?, in: DB 2001, S. 2094 ff.

Dornbusch, Gregor/*Fischermeier*, Ernst/*Löwisch*, Manfred, Kommentar zum gesamten Arbeitsrecht, 7. Aufl., Köln 2015 (zit.: *Bearb.*, in: Dornbusch/Fischermeier/Löwisch, Kommentar zum Arbeitsrecht).

Duchetsmann, Iris, Entsendungsstrategien und Vergütung, in: AuA 2009, S. 695 ff.

Düwell, Josef, Betriebsverfassungsgesetz Kommentar, 4. Aufl., Baden-Baden 2014 (zit.: *Bearb.*, in: Düwell BetrVG).

Edenfeld, Stefan, Die Fürsorgepflicht des Arbeitgebers bei Auslandseinsätzen, in: NZA 2009, S. 938 ff.

Eichenhofer, Eberhard/*Wenner*, Ulrich, Kommentar zum Sozialgesetzbuch V, Kassel 2012 (zit.: *Bearb.*, in: Eichenhofer/Wenner SGB V).

Erfurter Kommentar zum Arbeitsrecht, Hrsg. *Müller-Glöge*, Rudi/*Preis*, Ulrich/*Schmidt*, Ingrid/*Dieterich*, Thomas, 16. Aufl., München 2016 (zit.: *Bearb.*, in: ErfK).

Erman, Bürgerliches Gesetzbuch, Hrsg. *Westermann*, Peter/*Grunewald*, Barbara/*Maier-Reimer*, Georg, 14. Aufl., Köln 2014 (zit.: *Bearb.*, in: Erman BGB).

Fitting, Karl/*Engels*, Gerd/*Schmidt*, Ingrid/*Trebinger*, Yvonne/*Linsenmaier*, Wolfgang, Betriebsverfassungsgesetz Handkommentar, 28. Aufl., München 2016 (zit.: Fitting u.a. BetrVG Komm).

Fuchs, Maximilian, Europäisches Sozialrecht Kommentar, 6. Aufl., Baden-Baden 2013 (zit.: *Bearb.*, in: Fuchs Europäisches SozialR).

Gallner, Inken/*Mestwerdt*, Wilhelm/*Nägele*, Stefan, Kündigungsschutzrecht Handkommentar, 5. Aufl., Baden-Baden 2015 (zit.: *Bearb.*, in: Gallner/Mestwerdt/Nägele Kündigungsschutzrecht).

Gamillscheg, Franz, Ein Gesetz über das internationale Arbeitsrecht, in: ZfA 1983, S. 307 ff.

Gamillscheg, Franz, Kollektives Arbeitsrecht Band II, München 2008.

Gerauer, Alfred, Auslandseinsatz von Arbeitnehmern im Arbeits-, Sozialversicherungs- und Steuerrecht, Heidelberg 2000.

Gnann, Thomas/*Gerauer*, Alfred, Arbeitsvertrag bei Auslandsentsendung, 2. Aufl., München 2002.

Görl, Maximilian, Steuerliche Probleme bei der Mitarbeiterentsendung, in: IStR 2002, S. 443 ff.

Gotthardt, Michael, Einsatz von Arbeitnehmern im Ausland – Arbeitsrechtliche Probleme und praktische Hinweise für die Vertragsgestaltung, in: MDR 2001, S. 961 ff.

Grobys, Marcel/*Panzer*, Andrea, Stichwort-Kommentar Arbeitsrecht, 2. Aufl., München 2014 (zit.: *Bearb.*, in: Grobys/Panzer).

Grosjean, Sascha, Kündigungsrechtliche Stellung im Ausland eingesetzter Arbeitnehmer, in: DB 2004, S. 2422 ff.

Günther, Jens/*Pfister*, Sina, Arbeitsverträge mit internationalen Bezügen

- Teil 1: Rechtswahl und Gerichtsstandsvereinbarungen, in: ArbRAktuell 2014, S. 215 ff;
- Teil 2: Entsendungen, in: ArbRAktuell 2014, S. 346 ff;
- Teil 3: Anwendbares Recht bei Arbeitsverhältnissen besonderer Arbeitnehmergruppen, in: ArbRAktuell 2014, S. 451 ff und
- Teil 4: Kündigungsschutz, in: ArbRAktuell 2014, S. 532 ff.

Haase, Florian, Außensteuergesetz, Doppelbesteuerungsabkommen, 2. Aufl., Heidelberg 2012 (zit.: *Bearb.,* in: Haase DBA).

Hamann, Wolfgang, Die Reform des AÜG im Jahr 2011, in: RdA 2011, S. 321 ff.

Hänlein, Andreas/*Kruse,* Jürgen, Sozialgesetzbuch V, Lehr- und Praxiskommentar, 4. Aufl., Baden-Baden 2012 (zit.: *Bearb.,* in: Hänlein/Kruse SGB V).

Hantel, Peter, Europäisches Arbeitsrecht, Berlin 2015.

Hasbargen, Ulrike, Grundlegende Aspekte internationaler Mitarbeiterentsendung, in: AuA 2012, S. 344 ff.

Henssler, Martin/*Willemsen,* Heinz/*Kalb,* Heinz-Jürgen, Arbeitsrecht Kommentar, 7. Aufl., Köln 2016 (zit.: *Bearb.,* in: Henssler/Willemsen/Kalb, Arbeitsrecht Kommentar).

Hess, Harald/*Worzalla,* Michael/*Glock,* Dirk/*Rose,* Franz-Josef/*Huke,* Kristina, BetrVG Kommentar, 9. Aufl., Neuwied 2014 (zit.: *Bearb.,* in: Hess BetrVG).

Heuser, Achim/*Heidenreich,* Jürgen/*Fritz,* Christoph, Auslandsentsendung und Beschäftigung ausländischer Mitarbeiter, 4. Aufl., Köln 2011.

Hofmann, Karl-Wilhelm/*Rohrbach,* Thomas/*Nowak,* Hans, Auslandsentsendung, Freiburg im Breisgau 2002.

Holwe, Joachim/*Kossens,* Michael/*Pielenz,* Cornelia/*Räder,* Evelyn, Teilzeit- und Befristungsgesetz Basiskommentar, 4. Aufl., Frankfurt am Main 2014 (zit.: *Bearb.,* in: Holwe/Krossens/Pielenz/Räder, TzBfG).

Huke, Rainer/*Neufeld,* Tobias/*Luickhardt,* Vera, Das neue AUG: Erste Praxiserfahrungen und Hinweise zum Umgang mit den neuen Regelungen, in: BB 2012, S. 961 ff.

Hümmerich, Klaus/*Boecken,* Winfried/*Düwell,* Franz Josef, NomosKommentar Arbeitsrecht, 2. Aufl., München 2010 (zit.: *Bearb.,* in: Hümmerich/Boecken/Düwell).

Hümmerich, Klaus/*Lücke,* Oliver/*Mauer,* Reinhold, Arbeitsrecht Formularbuch, 8. Aufl., München 2014.

Hümmerich, Klaus/*Reufels,* Martin, Gestaltung von Arbeitsverträgen, 3. Aufl., Köln 2015.

Hüßtege, Rainer/*Mansel,* Heinz-Peter, BGB: ROM-Verordnungen zum Internationalen Privatrecht, 2. Auflage, München 2015.

Jacobs, Otto, Internationale Unternehmensbesteuerung, 7. Aufl., München 2011.

Jauering, BGB Kommentar, Hrsg. *Stürner,* Rolf, 16. Aufl., München 2015 (zit.: *Bearb.,* in: Jauering Kommentar zum BGB).

Junker, Abbo/*Kamanabrou,* Sudabeh, Vertragsgestaltung, 4. Auf., München 2014.

Kamanabrou, Sudabeh, Verfassungsrechtliche Aspekte eines Abfindungsschutzes bei betriebsbedingter Kündigung, in: RdA 2004, S. 333 ff.

Kania, Thomas, Flexible Vergütungsgestaltung, DB 1998, S. 2418 ff.

Kasseler Kommentar zum Sozialversicherungsrecht, Hrsg. *Leitherer,* Stephan 80. EL, München 2013 (zit.: *Bearb.,* in: KassKomm SozVR).

Kessler, Wolfgang/*Kröner,* Michael/*Köhler,* Stefan, Konzernsteuerrecht, 2. Aufl., München 2008.

Kirchhof, Paul, EStG Kommentar, 14. Aufl., Köln 2015 (zit.: *Bearb.,* in: Kirchhof EStG).

Klein, Franz, Abgabenordnung – einschließlich Steuerstrafrecht, 12. Aufl., München 2014.

Knickrehm, Sabine/*Kreikebohm,* Ralf/*Waltermann,* Raimund, Kommentar zum Sozialrecht, 4. Aufl., München 2015 (zit.: *Bearb.,* in: Knickrehm/Kreikebohm/Waltermann, Komm. SozR).

Koenig, Ulrich, Abgabenordnung Kommentar, 3. Aufl., München 2014.

Kratzenberg, Heidi, Verrechnungspflicht und -entgelt bei der Entsendung von Arbeitnehmern zu ausländischen Beteiligungsgesellschaften, in: StBp 1989, S. 205 ff.

Kraft, Gerald, Außensteuergesetz, München 2009.

Krauskopf Kommentar Soziale Krankenversicherung Pflegeversicherung, Hrsg. *Wagner,* Regine/*Knittel,* Stefan, München, 90. EL, Stand Dezember 2015 (zit.: *Bearb.* in: Krauskopf, Komm Soziale Krankenversicherung).

Kreikebohm, Ralf, Sozialgesetzbuch – Gemeinsame Vorschriften für die Sozialversicherung – SGB IV-Kommentar, 2. Aufl., München 2014 (zit.: *Bearb.,* in: Kreikebohm, SGB IV).

Krieger, Steffen/*Herzberg,* Dana, Haftungsrisiken des Arbeitgebers bei der Entsendung von Arbeitnehmern in Krisenregionen, in: BB 2012, S. 1089 ff.

Küttner, Personalbuch, Hrsg. *Röller,* Jürgen, 20. Aufl., München 2013.

Lakies, Thomas, Das Weisungsrecht des Arbeitgebers und Vertragsgestaltungsoptionen (Versetzungsklauseln), in: ArbRAktuell 2013, S. 3 ff.

Lambrich, Thomas/*Schwab,* Stefan, Betriebsverfassungsrechtliche Fragen beim konzernweiten Personaleinsatz, in: NZA-RR 2013, S. 169 ff.

Lambrich, Thomas/*Happ,* Daniel/*Tucci,* Marco, Flexibler Personaleinsatz im Konzern, Frankfurt am Main 2015 (zit.: *Bearb.,* in: Lambrich/Happ/Tucci, Flexibler Personaleinsatz im Konzern).

Landmann/Rohmer, Hrsg. *Marcks,* Peter/*Neumann,* Dirk u.a., Gewerbeordnung und ergänzende Vorschriften, Band 1 Gewerbeordnung Kommentar, 70 EGL München 2015 (zit.: *Bearb.,* in: Landmann/Rohmer GewO).

Laws, Britta/*Koziner*, Armando/*Waldenmaier*, Marianne, Mitarbeiter ins Ausland entsenden – Verträge gestalten und Vergütung optimieren, Wiesbaden 2008.

Lembke, Mark, Die geplanten Änderungen im Recht der Arbeitnehmerüberlassung, in: DB 2011, S. 414 ff.

Lembke, Mark, Arbeitnehmerüberlassung im Konzern, in: BB 2012, S. 2497 ff.

Leuchten, Alexius, Wiederrufsvorbehalt und Befristung von Arbeitsvertragsbedingungen, insbesondere Provisionsforderungen, NZA 1994, S. 721 ff.

Leuchten, Alexius, Das neue Recht der Leiharbeit – Die wesentlichen Neuerungen im AÜG, in: NZA 2011, S. 608 ff.

Lindemann, Viola, Vorzeitige Rückkehr von entsandten Arbeitnehmern aus Krisenregionen – Rechte und Pflichten von Unternehmen und Mitarbeitern, in: ArbRAktuell 2011, S. 133 ff.

Löwisch, Manfred, Die Befristung einzelner Bedingungen des Arbeitsvertrages, ZfA 1986, S. 1 ff.

Lorenz, Egon, Die Rechtswahlfreiheit im internationalen Schuldvertragsrecht, in: RIW 1987, S. 569 ff.

Loritz, Karl-Georg, Die Dienstreise des Arbeitnehmers – Mitbestimmung, Vergütung, Haftungsfragen, in: NZA 1997, S. 1188 ff.

Mankowski, Peter, Arbeitskräfte bei Staaten und staatsnahen Einrichtungen im Internationalen Privat- und Prozessrecht, in: IPRax 2001, S. 123 ff.

Mankowski, Peter, Wichtige Klärungen im Internationalen Arbeitsrecht, in: IPRax 1994, S. 88 ff.

Marburger, Horst, Auslandseinsatz von Arbeitnehmern, 2. Aufl., Stuttgart 2009.

Maschmann, Frank, Die Befristung einzelner Arbeitsbedingungen, in: RdA 2005, S. 212 ff.

Mastmann, Gabriele/*Stark*, Josefine, Vertragsgestaltung bei Personalentsendungen ins Ausland, in: BB 2005, S. 1849 ff.

Maurer, Reinhold, Personaleinsatz im Ausland, 2. Aufl., München 2013.

Maydell, Bernd/*Ruland*, Franz/*Becker*, Ulrich, Sozialrechtshandbuch, 5. Aufl., München 2012 (zit.: *Bearb.*, in: Maydell/Ruland/Becker, Sozialrechtshandbuch).

Meinel, Gernod/*Heyn*, Judith/*Herms*, Sascha, Teilzeit- und Befristungsgesetz Kommentar, 5. Aufl., München 2015 (zit.: *Bearb.*, in: Meinel/Heyn/Herms Kommentar zum TzBfG).

Mennen, Heidi/*Schellert*, Ulrike/*Wolf*, Thomas, Mitarbeiterentsendung: Geschäftsmodelle, Entsendungsvereinbarungen, steuerliche und rechtliche Grundlagen, Frankfurt 2013.

Mückl, Patrick/*Kaueroff,* Cornelia, Mitbestimmungsrechtliche Aspekte einer Auslandsentsendung, ArbRAktuell 2013, S. 567 ff.

Münchener Anwaltshandbuch Arbeitsrecht, Hrsg. *Moll,* Wilhelm, 3. Aufl., München 2012 (zit.: *Bearb.,* in: Münchener Anwaltshandbuch ArbR).

Münchener Anwaltshandbuch Sozialrecht, Hrsg. *Plagemann,* Hermann, 4. Aufl., München 2013 (zit.: *Bearb.,* Münchener Anwaltshandbuch SozR).

Münchener Kommentar zum Bürgerlichen Gesetzbuch, Hrsg. *Säcker,* Jürgen, 6. Aufl., München 2012 (zit.: *Bearb.,* in: MüKo BGB).

Münchener Handbuch zum Arbeitsrecht, Hrsg. *Richardi,* Reinhard/*Wißmann,* Hellmut/*Wlotzke,* Otfried/*Oetker,* Hartmut, 3. Aufl., München 2009 (zit.: *Bearb.,* Münchener Handbuch zum ArbR).

Nowak, Alfons/*Bollin,* Pauline, Leistungspflicht des Arbeitgebers bei Beschäftigung von privat krankenversicherten Arbeitnehmern im Ausland, in: NZS 2010, S. 668 ff.

Oberthür, Natalie, Die Neuregelung des AÜG: Umsetzung der EU-Richtlinie und Einführung einer Lohnuntergrenze in der Leiharbeit, in: ArbRB 2011, 146 ff.

Oppertshäuser, Joachim, Das Internationale Privat- und Zivilprozessrecht im Spiegel Arbeitsgerichtlicher Rechtsprechung von 1995–1999, in: NZA-RR 2000, S. 393 ff.

Palandt, Bürgerliches Gesetzbuch, bearb. v. *Bassenge,* Peter u.a., 75. Aufl., München 2016 (zit.: *Bearb.,* in: Palandt).

Papier, Hans-Jürgen, Arbeitsmarkt und Verfassung, in: RdA 2000, S. 1 ff.

Pielow, Johann-Christian, Gewerbeordnung Kommentar, München 2009 (zit.: *Bearb,* in: Pielow GewO).

Preis, Ulrich, Das Nachweisgesetz – lästige Förmelei oder arbeitsrechtliche Zeitbombe?, in: NZA 1997, S. 10 ff.

Preis, Ulrich, Der Arbeitsvertrag, 5. Aufl., Köln 2015.

Preis, Ulrich/*Bender,* Wolfgang, Die Befristung einzelner Arbeitsbedingungen – Kontrolle durch Gesetz oder Richterrecht?, in: NZA-RR 2005, S. 337 ff.

Preis, Ulrich/*Genenger,* Angie, Die unechte Direktionserweiterung, in: NZA 2008, S. 969 ff.

Reichel, Christian/*Spieler,* Sven, Vertragsgestaltung bei internationalem Arbeitseinsatz, in: BB 2011, S. 2741 ff.

Reiter, Christian, Anwendbare Rechtsnormen bei der Kündigung ins Ausland entsandter Arbeitnehmer, in: NZA 2004, S. 1246 ff.

Reiter, Christian, Entsendung zu Tochtergesellschaften im In- und Ausland, in: NZA-Beilage 2014, S. 22 ff.

Richardi, Reinhard, Betriebsverfassungsgesetz mit Wahlordnung, 15. Aufl., München 2016 (zit.: *Bearb.,* in: Richardi BetrVG).

Rid, Claudia, Das Arbeitsverhältnis im Konzern und seine Auswirkungen auf den Kündigungsschutz, in: NZA 2011, S. 1121 ff.

Rupp, Thomas/*Knies,* Jörg-Thomas/*Ott,* Johann-Paul/*Faust,* Tanja, Internationales Steuerrecht, 3. Aufl., Stuttgart 2014.

Schaub, Günter, Arbeitsrechts-Handbuch, 15. Aufl., München 2013 (zit.: *Bearb.,* in: Schaub Arbeitsrechts-Handbuch).

Schaub, Günther/*Koch,* Ulrich, Arbeitsrecht von A-Z, 19. Aufl., Erfurt 2014 (zit.: *Bearb.,* in: Schaub/Koch Arbeitsrecht von A-Z).

Schaub, Günter/*Schrader,* Peter/*Staube,* Gunnar/*Vogelsang,* Heinrich, Arbeitsrechtliches Formular- und Verfahrenshandbuch, 10. Aufl., München 2013 (zit.: *Bearb.,* in: Schaub/Schrader/Staube/Vogelsang, ArbR Formular- und Verfahrenshandbuch).

Schimmelpfennig, Hans-Christoph, Inhaltskontrolle eines formularmäßigen Änderungsvorbehaltes – Zum Widerrufsvorbehalt in Arbeitsverträgen nach der Schuldrechtsreform, in: NZA 2005, S. 603 ff.

Schlachter, Monika, Grenzüberschreitende Arbeitsverhältnisse, in: NZA 2000, S. 57 ff.

Schlegel, Rainer/*Voelzke,* Thomas, Sozialgesetzbuch Viertes Buch, Kommentar, 2. Aufl., Saarbrücken 2011 (zit.: *Bearb.,* in: Schlegel/Voelzke SGB IV).

Schliemann, Harald, Fürsorgepflicht und Haftung des Arbeitgebers beim Einsatz von Arbeitnehmern im Ausland, in: BB 2001, S. 1302 ff.

Schmidt Einkommenssteuergesetz, Hrsg. *Weber-Grellet,* Heinrich, 34. Aufl., München 2015, (zit.: *Bearb.,* in: Schmidt EStG).

Schneider, Gero, Einfluss der ROM I-VO auf die Arbeitsvertragsgestaltung mit Auslandsbezug, in: NZA 2010, S. 1380 ff.

Schnorberger, Stephan/*Waldens,* Stefan, Einkommenszuordnung bei grenzüberschreitender Personalentsendung im Konzern – Verlagerungsneutralität statt Fremdvergleich als Richtschnur, in: IStR 2001, S. 39 ff.

Schönfeld, Jens/*Ditz,* Xaver, Doppelbesteuerungsabkommen Kommentar, Köln 2013 (zit.: *Bearb.,* in: Schönfeld/Ditz DBA).

Schrader, Peter/*Straube,* Gunnar, Die arbeitsrechtliche (Wieder-)Einstellungszusage, in: NZA-RR 2003, S. 337 ff.

Schreiber, Frank/*Wunder,* Annett/*Dern,* Susanne, VO (EG) Nr. 883/2004 Kommentar, München 2012 (zit.: *Bearb.,* in: Schreiber/Wunder/Dern, VO 883/2004).

Schulze, Reiner, u.a. Bürgerliches Gesetzbuch Handkommentar, 8. Aufl., Baden-Baden 2014 (zit.: *Bearb.,* in: Schulze BGB).

Schüren, Peter, Arbeitnehmerüberlassungsgesetz Kommentar, 4. Aufl., München 2010 (zit.: *Bearb.,* in: Schüren AÜG).

Seel, Henning-Alexander, Grenzüberschreitende Arbeitnehmerentsendung – Ein Überblick über arbeits-, sozial- und steuerrechtliche Fragen, in: MDR 2011, S. 5 ff.

Siebert, Jens/*Novak,* Nancy, Neue gesetzliche Regelungen zu AÜG und Werkvertrag – Update 2017, in: ArbRAktuell 2016, S. 391 ff.

Sievers, Jochen, Individualrechtliche Möglichkeiten und Grenzen einer Entgeltreduzierung, in: NZA 2002, S. 1182 ff.

Simitis, Spiros/*Weiss,* Manfred, Zur Mitbestimmung des Betriebsrates bei Kurzarbeit, DB 1973, S. 1240 ff.

Staudinger, J. Kommentar zum Bürgerlichen Gesetzbuch mit Einführungsgesetz und Nebengesetzen EGBGB/IPR (zit.: *Bearb.,* in: Staudinger)

- Buch 2 Recht der Schuldverhältnisse §§ 244–248; PrKG (Geldrecht) – Neubearbeitung 2016
- Einleitung zur ROM I-VO; Art. 1–10 ROM I-VO (Internationales Vertragsrecht 1) Neubearbeitung 2016.

Straube, Gunnar, AGB-Kontrolle von Entsendungsverträgen, in: DB 2012, S. 2808 ff.

Tettinger, Peter/*Wank,* Rolf/*Ennuschat,* Jörg, Gewerbeordnung Kommentar, 8. Aufl., München 2011 (zit.: *Bearb.,* in: Tettinger/Wank/Ennuschat, GewO).

Thüsing, Gregor, Rechtsfragen grenzüberschreitender Arbeitsverhältnisse – Grundlagen und Neuigkeiten im Internationalen Arbeitsrecht, in: NZA 2003, S. 1303 ff.

Thüsing, Gregor, Günstigkeitsvergleich und Ausweichklausel in Art. 30 EGBGB, in: BB 2003, S. 898 ff.

Thüsing, Gregor, Europäisches Arbeitsrecht, 2. Aufl., München 2011.

Thüsing, Gregor/*Siebert,* Tom, Zum Begriff „vorübergehend" in § 1 Abs. 1 S. 2 AÜG, in: DB 2012, S. 632 ff.

Tiedemann, Michael, Bestimmungen des anwendbaren Sozialversicherungsrechts bei Entsendung in der EU, in: NZS 2011, S. 41 ff.

Timmermann, Oliver, Die Beweisnot des Arbeitnehmers bei illegaler Arbeitnehmerüberlassung, in: BB 2012, S. 1729 ff.

Ulber, Jürgen, Arbeitnehmerüberlassungsgesetz Kommentar für die Praxis, 4. Aufl., Frankfurt am Main 2011 (zit.: *Bearb.,* in: Ulber AÜG Komm).

Urban-Crell, Sandra/*Germanowski,* Gudrun/*Bissels,* Alexander/*Hurst,* Adrian, Kommentar zum Arbeitnehmerüberlassungsgesetz, 2. Aufl., Köln 2013 (zit.: *Bearb.,* in: Urban-Crell/Germanowski/Bissels/Hurst AÜG).

Vögele, Alexander/*Borstell,* Thomas/*Engler,* Gerhard, Verrechnungspreise Betriebswirtschaft, Steuerrecht, 1. Aufl. München 2015 (zit.: *Bearb.,* in: Vögele/Borstell/Engler, Verrechnungspreise).

Vogel, Klaus/*Lehner,* Moris, Doppelbesteuerungsabkommen der Bundesrepublik Deutschland auf dem Gebiet der Steuern vom Einkommen und Vermögen, 6. Aufl., München 2015.

Wank, Rolf, Änderungen im Leiharbeitsrecht, in: RdA 2017, S. 100 ff.

Wellisch, Dietmar/*Näth,* Maik/*Thiele,* Kerstin, Vergütung bei internationalen Mitarbeiterentsendungen, 1. Aufl., Wiesbaden 2006.

Wellisch, Dietmar/*Näth,* Maik, Sozialversicherungspflicht bei internationaler Mitarbeiterentsendung – Vorschriften und Gestaltungsmöglichkeiten, in: IStR 2003, S. 746 ff.

Werthebach, Pia, Arbeitnehmereinsatz im Ausland – Sozialversicherung und anwendbares Recht bei befristeter Entsendung, in: NZA 2006, S. 247 ff.

Willemsen, Heinz Josef/*Mehrens,* Christian, Beabsichtigte Neuregelung des Fremdpersonaleinsatzes – Mehr Bürokratie wagen?, in: NZA 2015, S. 897 ff.

Windbichler, Christine, Arbeitsrecht im Konzern, München 1989.

Winkler, Jürgen, Sozialgesetzbuch IV – Gemeinsame Vorschriften für die Sozialversicherung Handkommentar, Konstanz 2007 (zit.: *Bearb.,* in: Winkler Kommentar SGB IV).

Wilke, Michael, Lehrbuch Internationales Steuerrecht, 11. Aufl., Karlsruhe 2012.

Wirth, Ekkehard, Mitarbeiter im Auslandseinsatz – Planung und Gestaltung, Wiesbaden 1992.

Wisskirchen, Gerlind, Novellierung arbeitsrechtlicher Vorschriften in der Gewerbeordnung, in: DB 2002, S. 1886 ff.

Wolf, Manfred, Inhaltskontrolle von Arbeitsverträgen am Beispiel der Befristung einzelner Arbeitsbedingungen, in: RdA 1988, S. 270 ff.